Management Psychology
管理心理学 第③版

主　编　吴晓义
副主编　姜荣萍　杜今锋

中山大學出版社
SUN YAT-SEN UNIVERSITY PRESS
·广州·

版权所有　翻印必究

图书在版编目（CIP）数据

管理心理学/吴晓义主编；姜荣萍，杜今锋副主编．—3版．—广州：中山大学出版社，2015.1

ISBN 978-7-306-05120-2

Ⅰ．①管…　Ⅱ．①吴…②姜…③杜…　Ⅲ．①管理心理学　Ⅳ．①C93-05

中国版本图书馆CIP数据核字（2014）第301890号

出　版　人：	王天琪
策划编辑：	徐诗荣
责任编辑：	徐诗荣
封面设计：	曾　斌
责任校对：	廖丽玲
责任技编：	何雅涛
出版发行：	中山大学出版社
电　　话：	编辑部 020-84110283，84113349，84111997，84110779
	发行部 020-84111998，84111981，84111160
地　　址：	广州市新港西路135号
邮　　编：	510275　传　真：020-84036565
网　　址：	http://www.zsup.com.cn　E-mail: zdcbs@mail.sysu.edu.cn
印　刷　者：	广东虎彩云印刷有限公司
规　　格：	787mm×1092mm　1/16　20.75印张　430千字
版次印次：	2006年2月第1版　2015年1月第3版　2022年12月第12次印刷
印　　数：	37 001-37 500册　定　价：38.00元

如发现本书因印装质量影响阅读，请与出版社发行部联系调换

前　言

管理心理学是心理科学的一个分支，是研究组织管理中人的心理活动规律的一门学科。作为一个在企业管理改革与发展实践基础上产生的学科，其主要任务是探索改进管理工作的心理依据，寻求激励人心理和行为的各种途径和方法，以最大限度地调动人的积极性、创造性，提高劳动生产率。其研究重点是组织管理中具体的心理现象，以及个体、群体、领导和组织活动中的心理规律。

一、管理心理学的全球化与本土化

西方管理心理学于 20 世纪 50 年代产生于美国，其主要标志是 1958 年美国斯坦福大学教授黎维特《管理心理学》（*Management Psychology*）一书的出版。我国管理心理学研究不但起步较晚，且一度中断，至 20 世纪 70 年代末才重新起步。1978 年至 1980 年，一些理论工作者和实际工作者对行为科学作了大量介绍和评论，成立了行为科学研究组织，开展中国式行为科学和管理心理学的探讨。之后，我国企业界、学术界等社会各界更加广泛地开展了对行为科学与管理心理学的研究活动，并尝试把有关理论应用于企业管理的实践，有力地促进了现代管理水平的提高。

我国的管理心理学研究，是从介绍和翻译国外尤其是美国的工业与组织心理学著作和学术动向开始的。从 20 世纪 80 年代起，我国翻译出版了一些国外较有影响的著作，如马斯洛的《动机与人格》、施恩的《组织心理学》、麦考密克等人的《工业与组织心理学》，以及一些以"组织行为学"命名的其他著作。1985 年，我国学者自己编写的第一部《管理心理学》教材正式出版。随后，我国陆续出版了不少关于管理心理学和组织行为学的著作。据不完全统计，目前这类著作有数百种。这些著作的出版，满足了管理院校教学和培训企业管理者的需要，为培养管理人才和促进企业管理的科学化作出了重要贡献。其中有些著作也在管理心理学的本土化研究上向前迈出了坚实的步伐。

当今世界迅速发展，中国的改革也在不断向前推进，国际和国内的社会、文化、经济、技术等环境都在不断地变化，这对管理心理学运用于实践不断发出挑战。环境的变化要求管理心理学不仅要面向全球，更要立足本土。由于经济的世界一体化及通讯技术的迅速发展，全球化对管理心理学的发展产生了重大影响。由于无法肯定管理心理学的实践在全世界都是有效的，所以学者们正密切关注跨文化的差异。当我们察觉到不同文化之间的差异、不同价值观互相作用的复杂性之后，当我们了解文化的差异会使人们对同样的事情产生完全不同的反应时，全球化的调查和研究开始变得更有必要。对我们学习管理心理学来说，有关文化差异的研究具有特殊重要的意义，因为这意味着基于美国文化的管理心理学理论，只有经过必要的本土化过程，才能真正在不同国家的管理实践中发挥其应有的作用。基于以上考虑，本书在结构安排上既注意到了全球化对世界各国的普遍影响，增加了跨文化案例；同时，为了帮助学习者更好地运用所学理论解决中国的现实问题，也一并增加了本土案例。

二、本书特点

与一些现行的管理心理学教材相比，本书有如下一些重要特征：

• 加强了本土化的内容。中国古代就有丰富的管理心理学思想，例如，关于人性的争论，荀子认为"今主人性，饥而欲饱，寒而欲暖，劳而欲休，此人之性情也"，而孟子则认为"人之善也，如水之下也"。中国古代管理心理学思想已经受到管理心理学家的广泛重视，而中国现在社会和经济环境的迅速变化也给管理心理学理论带来新的挑战。本书为了将管理心理学与中国的实际情况结合得更紧密，在理论、案例等方面都增加了与中国本土有关的内容。

• 架构明晰。本书采用了"个体心理——群体心理——领导心理——组织心理"的理论框架，对管理心理学的各个方面进行了全面和综合的论述。

• 对重点和难点内容加以着重阐述。我们通过多年的研究，在每个理论部分选取与管理实践最为密切相关且争议较多的主题进行深入和重点分析，以期让读者既能掌握管理心理学的全貌，又能深入分析与运用理论解决一些重点和常见的管理问题。

• 注重前沿和热点问题。例如，本书对于激励、领导行为、组织变革、知识经济时代智力型组织建设（国家社会科学基金项目"我国智力型组织知识隐藏的内容结构及相关问题研究"，项目号：13CGL066）等前沿和热点问题都进行了专门的论述，并采用了最新的研究成果。

● 体例丰富，强调案例、理论与实践相结合。我们从各种管理文献和个人经验中选取丰富的实例，来阐释相应的理论概念和原理。这些案例可以进一步强化对于相关基本原理的理解，有助于读者掌握有关抽象概念和原理的应用技巧。本书每章都以一个具体的引导案例开头，随着全章内容的展开，案例中的问题也逐步得到解决。每一章后面还附有"跨文化案例"与"本土案例"，通过对这些案例的深入讨论，可以较好地回顾该章所阐述的理论知识，并让读者能够灵活地掌握及运用。

三、本书框架

本书参考了现有管理心理学的各种文献。除了管理心理学概述，本书主要包含四个部分的内容：个体心理、群体心理、领导心理和组织心理。本书的具体篇章结构如下：

第一章 管理心理学概述。本章简要地介绍了管理心理学的研究对象、基本内容和研究方法，回顾了管理心理学形成、发展的历史过程和重大事件，分析了管理心理学产生的前提条件和主要原因。本章的重点和难点内容是人性假设理论及建立在各种人性假设基础上的管理原则和管理策略。

个体心理部分共有三章。

第二章 个体心理与行为基础。本章简要介绍了个体心理的基本问题，以及个体心理与管理的关系。其中，包括个心理特征与管理、个性倾向性与管理和自我意识与管理。本章的重点和难点内容是个体差异与管理和社会角色与管理。

第三章 情绪、态度与工作满意度。本章是围绕个体在工作场所的情绪和态度展开的，其基本线索是：情绪的概念、种类和基本功能，情绪劳动及情感智力；态度的概念、特性与功能，态度的测量方法，以及态度形成与改变的理论；影响工作满意度的主要因素，工作满意度与工作效率的关系，以及工作中的自我效能感。本章的重点和难点内容是态度理论和改变态度的方法。

第四章 激励理论。本章简要介绍了在国内外较有影响的以马斯洛的需要层次理论、阿尔德佛的 ERG 理论、赫茨伯格的双因素理论和麦克莱兰的成就需要理论为代表的内容型激励理论，以及以佛隆的期望理论、亚当斯的公平理论和斯金纳的强化理论为代表的过程型激励理论。并在此基础上从目标管理、薪酬设计和工作设计的角度，探讨了如何应用激励理论进行激励方案设计。

群体心理部分共有两章。

第五章 群体心理与行为基础。本章简要介绍了群体的概念、结构和分类，探讨了群体规范和群体凝聚力概念、形成过程及其对于群体成员的影响，并从理论上分析了人际知觉的过程、主要影响因素、人际知觉中各种偏见的形成原因和作用方式，以及如何利用人际知觉原理进行人际关系管理。本章的重点和难点内容是影响人际知觉的主体因素、情境因素和人际知觉的归因理论。

  第六章　团队与团队建设。本章简要介绍了团队的概念、类型及团队与工作群体和学习型组织的区别与联系，并在此基础上探讨了如何建设高绩效团队和如何使个体转变成团队队员，以及团队中的沟通方式和沟通在团队工作中的重要作用。本章的重点和难点内容是高绩效团队建设。

  领导心理部分共有两章。

  第七章　领导心理概述。本章简要介绍了领导、领导者的概念，领导者的影响力，领导者必备的心理品质和常见的心理障碍。在此基础上着重探讨了领导工作中的规划、决策和授权。本章的重点和难点内容是决策的有效性。

  第八章　领导有效性理论。本章简要介绍了目前较有影响的领导有效性理论。它们是以领导素质理论、领导风格理论和有效管理者理论为代表的领导特质理论，以领导行为四分图模型、领导方格模型和领导行为模式理论为代表的领导行为理论，以领导行为连续体模型、菲德勒模型和领导规范模型为代表的领导行为有效性的权变理论。本章的重点和难点内容是领导有效性的权变理论。

  组织心理部分共有两章。

  第九章　组织结构与组织文化。本章简要地介绍了组织的概念、结构与分类等组织心理研究的基本问题，并在此基础上探讨了组织的层次与管理幅度、组织管理的基本理论、组织结构的影响因素和设计方法，以及组织文化的创建、保持和发展等组织管理中的核心问题。本章的重点和难点内容是组织结构的设计和组织文化创建。

  第十章　组织发展与组织变革。本章简要地介绍了组织发展的概念、特征和理论基础，组织变革的概念、影响因素及主要征兆，并在此基础上分析了组织发展与变革的动力、阻力，以及如何对组织变革的阻力进行克服，探索了组织发展与变革的策略、方式和干预途径。

四、教辅资料

  对使用本教材的老师，我们将免费提供方便于教学的支持性材料，如有需要，请发送电子邮件至978218647@qq.com索取如下资料：

1. 电子版教学大纲
2. 电子版教学大纲实施方案
3. 电子版全程教案
4. 电子版全程课件
5. 电子版教学指导
6. 电子版学习指导
7. 电子版案例分析
8. 电子版真实情境练习
9. 电子版仿真情境练习
10. 电子版"情境—达标"式教学模式使用指南
11. 电子版"案例教学法"使用指南
12. 全程教学视频
13. 关键知识点微课视频
14. 关键知识点案例视频

五、后记

在过去的20年中，在讲授以及帮助别人应用管理心理学的过程中，我们学到了很多的东西。人们对于管理心理学的兴趣和期待越来越多，越来越多的企业和个人将管理心理学的运用视为提高绩效的一个重要途径。在经济发展蓬勃的中国，对于管理心理学的学习和研究已经不再局限于西方现成的理论，中国的传统文化、国情特点和迅速变化的社会与经济环境让人们对于管理心理学的本土化发展更感兴趣。

为满足教师和学生的需求，本书第三版的内容随着社会与经济环境的变化作了许多调整，我们也接受了许多人的建议。在前面两版广泛使用的基础上，来自各方的大量反馈使得本书更加符合读者的需求。教师们总是希望教材中包括相关领域的最新内容，以及令人信服的理论体系，我们希望本书的章节安排、具体内容以及教学方法设计能够得到广大读者的认同。

本书由吴晓义任主编，姜荣萍、杜今锋任副主编。具体编写分工是：第一章至第三章由吴晓义、赵兴庐编写，第四章由张燕、马骏编写，第五章由姜荣萍、魏少容编写，第六章由姚振华、唐斯纳编写，第七章由姜荣萍、张菡编写，第八章由李美红、姜微微编写，第九章至第十章由杜今锋、何小姬编写，全书由吴晓义统稿、审阅、定稿。

在本书的编写和修订过程中，广东省管理创新和发展研究会、广东汉略管理咨询公司给予了全程指导，中山大学出版社给予了大力协助和支持，在此谨对他们的支持和辛勤劳动表示衷心的感谢！另外，在本书的编写过程中，我们还参考、借鉴、引用了许多专家、学者和培训机构的研究成果，无法一一列举，在此一并表示感谢！

本书写作过程既耗费时间也耗费精力。尽管我们做了最大努力，希望本书能反映管理心理学的最新研究成果，但相关的研究还在继续发展，我们也在不断学习。最终，本书的价值还是要由使用本书的教师与学生来决定。我们欢迎并希望能够得到各位读者的反馈，我们将认真倾听您的意见，并酌情在以后的版本中加以改进以不断完善本书。

吴晓义

2014 年 11 月于广州

目 录

第一章 管理心理学概述 (1)
- 引导案例 (2)
- 第一节 管理心理学的研究对象、内容与方法 (3)
  - 一、管理心理学的研究对象 (3)
  - 二、管理心理学的研究内容 (4)
  - 三、管理心理学的研究方法 (5)
- 第二节 管理心理学的形成与发展 (8)
  - 一、管理心理学形成的理论准备 (8)
  - 二、管理心理学的产生与发展 (12)
  - 三、全球化时代管理心理学研究的新变化 (14)
- 第三节 人性假设理论与管理 (17)
  - 一、人性假设的含义 (17)
  - 二、人性假设的 X 理论与 Y 理论 (18)
  - 三、人性假设的经济人、社会人、自我实现人和复杂人理论 (20)
- 本章小结 (23)
- 本土案例 (23)
- 跨文化案例 (25)
- 思考题 (26)
- 网络情境练习 (26)
- 真实情境练习 (26)

第二章 个体心理与行为基础 (27)
- 引导案例 (28)
- 第一节 个性概述 (29)
  - 一、个性的概念 (29)
  - 二、个性的结构 (30)
  - 三、个性与工作匹配 (30)
- 第二节 个性心理特征与管理 (32)

  一、气质与管理 …………………………………………………… (32)
  二、性格与管理 …………………………………………………… (35)
  三、能力与管理 …………………………………………………… (37)
 第三节　个性倾向性与管理 ………………………………………… (40)
  一、动机与管理 …………………………………………………… (40)
  二、需要与管理 …………………………………………………… (43)
  三、价值观与管理 ………………………………………………… (45)
 第四节　自我意识与管理 …………………………………………… (48)
  一、自我意识概述 ………………………………………………… (49)
  二、自我意识的产生与发展 ……………………………………… (53)
  三、自我意识与角色知觉 ………………………………………… (55)
 本章小结 ……………………………………………………………… (59)
 本土案例 ……………………………………………………………… (60)
 跨文化案例 …………………………………………………………… (60)
 思考题 ………………………………………………………………… (62)
 网络情境练习 ………………………………………………………… (62)
 真实情境练习 ………………………………………………………… (62)

第三章　情绪、态度与工作满意度 ……………………………………… (63)
 引导案例 ……………………………………………………………… (64)
 第一节　工作场所中的情绪与情绪管理 …………………………… (64)
  一、工作场所的情绪 ……………………………………………… (64)
  二、情绪劳动 ……………………………………………………… (67)
  三、情感智力 ……………………………………………………… (69)
 第二节　工作态度与工作满意度 …………………………………… (72)
  一、工作态度概述 ………………………………………………… (72)
  二、态度的形成与改变 …………………………………………… (75)
  三、态度理论 ……………………………………………………… (78)
  四、工作满意度 …………………………………………………… (81)
 第三节　压力、挫折与自我效能感 ………………………………… (84)
  一、压力 …………………………………………………………… (84)
  二、挫折 …………………………………………………………… (87)
  二、自我效能感 …………………………………………………… (92)
 本章小结 ……………………………………………………………… (95)
 本土案例 ……………………………………………………………… (96)

跨文化案例 ……………………………………………………………… (97)
　　思考题 …………………………………………………………………… (98)
　　网络情境练习 …………………………………………………………… (99)
　　真实情境练习 …………………………………………………………… (99)

第四章　激励理论 ……………………………………………………………… (101)
　　引导案例 ………………………………………………………………… (102)
　　第一节　内容型激励理论 ……………………………………………… (103)
　　　一、需要层次理论 …………………………………………………… (103)
　　　二、生存、关系、成长理论 ………………………………………… (107)
　　　三、双因素理论 ……………………………………………………… (109)
　　　四、成就需要理论 …………………………………………………… (112)
　　第二节　过程型激励理论 ……………………………………………… (114)
　　　一、期望理论 ………………………………………………………… (115)
　　　二、公平理论 ………………………………………………………… (118)
　　　三、强化理论 ………………………………………………………… (121)
　　第三节　激励理论在实践中的应用 …………………………………… (123)
　　　一、目标管理 ………………………………………………………… (124)
　　　二、薪酬设计 ………………………………………………………… (126)
　　　三、工作设计 ………………………………………………………… (131)
　　本章小结 ………………………………………………………………… (135)
　　本土案例 ………………………………………………………………… (136)
　　跨文化案例 ……………………………………………………………… (137)
　　思考题 …………………………………………………………………… (138)
　　网络情境练习 …………………………………………………………… (138)
　　真实情境练习 …………………………………………………………… (138)

第五章　群体心理与行为基础 ………………………………………………… (139)
　　引导案例 ………………………………………………………………… (140)
　　第一节　群体概述 ……………………………………………………… (141)
　　　一、群体的概念、结构与分类 ……………………………………… (141)
　　　二、群体的规模 ……………………………………………………… (144)
　　　三、非正式群体 ……………………………………………………… (145)
　　第二节　群体规范、群体压力与群体凝聚力 ………………………… (147)
　　　一、群体规范 ………………………………………………………… (148)

二、群体压力 …………………………………………………………（150）
　　三、群体凝聚力 ………………………………………………………（152）
　第三节　群体中的人际知觉与人际关系管理 ………………………………（154）
　　一、影响人际知觉的主要因素 ………………………………………（155）
　　二、人际知觉中的偏见与归因 ………………………………………（157）
　　三、群体中的人际关系管理 …………………………………………（162）
　本章小结 …………………………………………………………………（164）
　本土案例 …………………………………………………………………（165）
　跨文化案例 ………………………………………………………………（166）
　思考题 ……………………………………………………………………（167）
　网络情境练习 ……………………………………………………………（167）
　真实情境练习 ……………………………………………………………（168）

第六章　团队与团队建设 …………………………………………………（169）
　引导案例 …………………………………………………………………（170）
　第一节　如何理解团队 ……………………………………………………（171）
　　一、团队概述 …………………………………………………………（171）
　　二、团队的类型 ………………………………………………………（173）
　　三、团队与学习型组织 ………………………………………………（175）
　第二节　高绩效团队建设 …………………………………………………（177）
　　一、团队效果模型 ……………………………………………………（177）
　　二、建设高效工作团队 ………………………………………………（179）
　　三、如何使个体转变成团队队员 ……………………………………（184）
　第三节　团队中的沟通 ……………………………………………………（185）
　　一、团队中人际沟通的过程、特点与基本类型 ……………………（186）
　　二、团队沟通网络与沟通障碍 ………………………………………（190）
　　三、团队中的冲突与冲突管理 ………………………………………（194）
　本章小结 …………………………………………………………………（198）
　本土案例 …………………………………………………………………（199）
　跨文化案例 ………………………………………………………………（200）
　思考题 ……………………………………………………………………（201）
　网络情境练习 ……………………………………………………………（202）
　真实情境练习 ……………………………………………………………（202）

第七章　领导心理概述……(203)

- 引导案例……(204)
- 第一节　领导与领导者……(205)
  - 一、领导与领导者的概念……(205)
  - 二、领导与管理的区别……(207)
  - 三、领导者的影响力……(207)
- 第二节　领导者的主要职责……(211)
  - 一、规划……(211)
  - 二、决策……(212)
  - 三、授权……(217)
- 第三节　领导者的心理品质……(218)
  - 一、领导者必备的心理品质……(218)
  - 二、领导者常见的心理障碍……(220)
- 本章小结……(222)
- 本土案例……(222)
- 跨文化案例……(223)
- 思考题……(224)
- 网络情境练习……(224)
- 真实情境练习……(224)

第八章　领导有效性理论……(225)

- 引导案例……(226)
- 第一节　领导有效性的特质理论……(227)
  - 一、领导素质理论……(227)
  - 二、领导风格理论……(228)
  - 三、有效管理者理论……(230)
- 第二节　领导行为理论……(232)
  - 一、领导行为四分图模型……(232)
  - 二、领导方格模型……(233)
  - 三、领导行为模式理论……(235)
- 第三节　权变理论……(237)
  - 一、专制—民主连续体模型……(237)
  - 二、菲德勒模型……(239)
  - 三、领导规范模型……(240)
- 本章小结……(242)

本土案例 …………………………………………………………………………（243）
　　跨文化案例 ………………………………………………………………………（243）
　　思考题 ……………………………………………………………………………（245）
　　网络情境练习 ……………………………………………………………………（245）
　　真实情境练习 ……………………………………………………………………（245）

第九章　组织结构与组织文化 ……………………………………………………（247）
　　引导案例 …………………………………………………………………………（248）
　　第一节　组织概述 ………………………………………………………………（249）
　　　一、组织的概念 ………………………………………………………………（249）
　　　二、组织层次与管理幅度 ……………………………………………………（250）
　　　三、组织理论 …………………………………………………………………（251）
　　第二节　组织结构 ………………………………………………………………（253）
　　　一、组织结构的概念与基本类型 ……………………………………………（253）
　　　二、影响组织结构的主要因素 ………………………………………………（254）
　　　三、组织结构设计的方法 ……………………………………………………（259）
　　第三节　组织文化 ………………………………………………………………（262）
　　　一、组织文化概述 ……………………………………………………………（262）
　　　二、组织文化构成要素 ………………………………………………………（265）
　　　三、组织文化创建、保持与发展 ……………………………………………（270）
　　本章小结 …………………………………………………………………………（274）
　　本土案例 …………………………………………………………………………（274）
　　跨文化案例 ………………………………………………………………………（276）
　　思考题 ……………………………………………………………………………（278）
　　网络情境练习 ……………………………………………………………………（278）
　　真实情境练习 ……………………………………………………………………（278）

第十章　组织发展与组织变革 ……………………………………………………（279）
　　引导案例 …………………………………………………………………………（280）
　　第一节　组织发展与组织变革概述 ……………………………………………（281）
　　　一、组织发展的概念、特征和理论基础 ……………………………………（281）
　　　二、组织变革的条件、征兆和主要方式 ……………………………………（284）
　　　三、组织变革的过程 …………………………………………………………（286）
　　第二节　组织变革的动力和阻力 ………………………………………………（289）
　　　一、组织变革的动力 …………………………………………………………（289）

二、组织发展与变革的阻力……………………………………………（290）
　　三、组织变革阻力的克服……………………………………………（292）
第三节　组织发展的目标、路径和策略…………………………………（295）
　　一、组织发展的目标…………………………………………………（295）
　　二、组织发展的路径…………………………………………………（296）
　　三、组织发展的策略…………………………………………………（299）
本章小结……………………………………………………………………（302）
本土案例……………………………………………………………………（302）
跨文化案例…………………………………………………………………（303）
思考题………………………………………………………………………（305）
网络情境练习………………………………………………………………（305）
真实情境练习………………………………………………………………（306）

参考文献………………………………………………………………（307）

第一章 管理心理学概述

学习目标

1. 了解管理心理学的研究对象和主要内容
2. 掌握管理心理学的研究方法
3. 熟悉管理心理学的形成和发展过程
4. 理解人性假设的含义及相关理论
5. 了解全球化给管理工作带来的挑战

引导案例

1914年1月5日,福特宣布将工人的日薪提高到5美元。这条具有重大历史意义的新闻大意如下:

1. 福特汽车公司,全世界最大、最成功的汽车制造公司,将于1月12日进行工业世界中迄今为止最伟大的有关工人报酬的改革。

2. 我们将一次性把每日工时从9小时下调到8小时,并向每名员工提供利润分成,年满22岁的员工,每人的最低日收入将是5美元。

这条新闻在当天的报纸上发布之后,底特律的曼彻斯特大道拥挤得让人难以移动,每个人都想到福特公司去拿5美元的日工资,因为他们现在的收入连5美元的一半都不到。1914年1月12日,这是一个寒冷的冬日,但这一天因为5美元日薪的正式生效而变得暖意融融。

在南方,长期受压迫的黑人听说在福特公司他们可以与白人一样获得5美元日薪,于是许多黑人开始向底特律迁移。他们写了无数的蓝调来歌颂福特:"我要去底特律,去找一个叫福特的人,找一份好工作,不再挨饿!"

"5美元"的伟大意义在于,福特公司重新定义了工业化中的利益调节机制,这种机制不仅可以调节动力,而且可以调节全社会对于"人"的认识。

福特在日薪5美元的政策中,有一个特殊规定,即并不是所有人都可以享受日薪5美元。如果某位员工不符合下列条件,那么,无论该员工多么努力,工作多么有成效,都不能享受日薪5美元的高工资,而只能享受日薪2.38美元的标准工资:

1. 同家人生活在一起的已婚者,并乐意照顾家庭。

2. 如果该员工是年满22岁的单身,那么,他要生活节俭。

3. 如果该员工的年龄在22岁以下,若有近亲需获得他的帮助,那么他也可以享受。

这可不是作秀式的规定,福特为此专门成立了一个社会部,去调查应聘者的表现与家庭情况,很少有人能够做得了假。通过这种堂吉·诃德式的"战风车"行为,福特非常清楚地向社会声明,福特提高薪酬,是为了体现上帝给予每个家庭的幸福时光。

有人问福特:"一个清洁工为何可以拿到那么高的工资?"福特回答说:"通过收集地板上的小工具和小零件,清洁工每天可以为我们节省5美元。"从这种思维中,我们清楚地看到,福特把自己的这一理念,上升到了如何经营公司、如何使企业强大这一层次。这一点,至今仍是经营公司的基本出发点,即员工对工作的热情付出,是一种成本很高的行为,绝对不可能通过强迫得到。

> 所以，如果你想让员工付出，那么，你就要首先对员工投资。就像沃尔玛说的那样：如果你想要员工照顾好你的顾客，那么，请首先照顾好你的员工。而一旦企业把投资重点从设备转移到员工身上，整个生产程序就将会产生超乎想象的效益。换句话说，真正使企业强大的是它的员工，而不是它的机器！
>
> 事实证明了福特这一伟大思想的正确性。
>
> "实行这一政策后，每一个人都把公司徽章别在衣服外面，他们都以成为一个福特人为荣。本来，徽章是进出工厂的一个证件，但无论是星期天还是下班之后，他们一直都戴着徽章，目的是告诉别人：我是福特人！"
>
> 历史学家布林克利在总结福特的一生时，发出了这样的感叹："如果没有福特管理层的执着努力与过人才能，工业化民主上的这种双重进步，可能需要数十年才能实现。但福特汽车公司的积极进取，使革新在短短的一年内就完成了。"

管理心理学是心理科学的一个分支，是研究组织管理中人的心理活动规律的一门学科。作为一个在企业管理改革与发展实践基础上产生的年轻学科，其主要任务是探索改进管理工作的心理依据，寻求激励人心理和行为的各种途径和方法，以最大限度地调动人的积极性和创造性，提高劳动生产率。其研究重点是组织管理中具体的心理现象，以及个体、群体、领导和组织活动中的心理规律。

第一节　管理心理学的研究对象、内容与方法

管理心理学也可称为组织管理心理学或行为管理学，是一门研究组织中人的行为与心理活动规律的科学。它是应用心理学、管理学、行为学、社会学、生理学、伦理学、人类学等学科的原理，来研究组织管理中的心理现象，以及个体、群体、领导、组织中的心理活动、人际关系和人的积极性的一门综合性科学。

一、管理心理学的研究对象

管理活动是人类活动的特殊形式，其对象包括"人"与"物"两个方面。它们之间构成了三种关系：物与物的关系、人与物的关系和人与人的关系。物与物的关系，是工程技术科学研究的对象。人与物的关系和人与人的关系都涉及人，而人总是具有某种心理活动的，因此都与心理学有关。其中人与物的关系，即人与机

器、人与工作环境之间的关系是工程心理学与劳动心理学研究的对象。而管理情境中人与人之间的关系、人对人的管理则是管理心理学的研究对象。作为一门从管理科学中派生出来的新兴独立学科，管理心理学主要研究人的行为激励问题，其主要任务是通过采用激励人心理和行为的各种途径与策略，以达到最大限度地提高工效的目的。

管理心理学之所以关注人的心理活动，以人的心理活动规律性为研究对象，主要是基于这样几个原因：首先，"企业就是人"。企业要靠人来实现企业的目标。即使是未来社会的管理，最主要的仍然是对人的管理，因此研究人的行为和心理规律，以调动人的积极性，必然成为管理心理学的研究对象。其次，人是企业的首要资源。在现代企业管理中，企业资源包括人、财、物等，而人是最重要的资源，随着现代科学技术的发展，重视人的因素，发挥人的主动精神，挖掘人的潜在能力显得更为重要。最后，人是企业管理的主体。现代企业管理强调以人为中心，科学技术越发展，就越要重视人的因素，建立以人为中心的管理制度。因此，管理心理学着重研究人的心理活动的规律性，以期在科学分析的基础上，了解人的心理规律，采取科学的管理方法，促使企业管理取得最佳的成绩。

二、管理心理学的研究内容

管理心理学研究的主要内容是组织管理中的心理现象，以及个体、群体、领导、组织中的心理活动规律。因此，可以将管理心理学的研究内容划分为个体心理、群体心理、领导心理和组织心理四个方面。

（一）个体心理

任何组织都是由个体组成的，任何个体都是有思想、有感情、有追求的活生生的有机体。个体心理研究从个体差异与个体共同的心理特征这两个方面的理论出发，对如何激励员工等管理手段进行有效的分析研究。本书的第二、三、四章，探讨的都是个体心理问题。

（二）群体心理

群体是组织的基本单元，在现代企业中，管理部门的工作主要是针对群体进行的。群体可分为正式群体与非正式群体。群体心理研究主要是从群体规范、群体压力、群体气氛、信息沟通、人际关系、群体凝聚力等多个维度，对群体中人的心理状态以及群体心理对群体活动的影响进行研究。

(三) 领导心理

领导心理是企业中影响人的积极性的重要因素。领导心理的研究包括三个方面：一为静态研究，侧重研究领导者的个性特征、领导集体的结构特点，以及领导者必备的心理品质；二为动态研究，侧重研究领导行为的有效性，探索不同的领导方式、领导行为、领导作风与领导效率的关系；三为领导力研究，侧重研究领导力的作用、结构、影响因素和形成过程，以及领导力与执行力的关系。

(四) 组织心理

现代企业都是以组织形式出现，以组织形式完成生产的全部过程，以组织形式同社会发生关系的。组织心理的研究主要包括四个方面的内容：一是组织结构；二是组织发展；三是组织文化；四是组织变革。本书由于篇幅所限，将组织结构与组织文化合并作为第九章，将组织发展与组织变革合并作为第十章。

三、管理心理学的研究方法

管理心理学的研究对象是人，人的行为和心理的复杂性，决定了管理心理学研究方法的多样性，如观察法、谈话法、实验法、测验法和案例法等。问题的性质不同，研究的方法也不一样，选择何种方法，通常取决于研究对象和具体的任务。下面介绍几种常用的研究方法。

(一) 观察法

在日常生活条件下，观察者以感官（如眼、耳等）为工具，直接观察他人的行为，并把结果按时间次序作系统记录的研究方法，称为观察法。在现代管理心理学研究中，必要时也采用视听器材如录像机、照相机、录音机等工具协助观察。

按照观察者所处的情境特点，可以把观察法分为自然观察与控制观察两种。自然观察是在完全自然的条件下所进行的观察，被观察者一般并不知道自己正处于被观察之中。例如，要了解某工人成就动机的水平，可以观察他在上班、打球、文化考试等各种不同场合的行为。而控制观察是在限定条件下所进行的观察，被观察者可能不了解、也可能了解自己正处于被观察地位。例如，为了进行"时间—动作"分析，观察者需要系统地观察工人的操作方式。

按照观察者与被观察者之间的关系，还可以把观察方法分为参与观察和非参与观察两种。观察者直接参与被观察者的活动，并在共同的活动中进行观察的方法称为参与观察；而观察者不参与被观察者的活动，以旁观者身份进行观察的方法则称为非参与观察。

观察法目的明确、使用方便，所得材料直接、具体，已在管理心理学的研究中得到广泛应用。但运用这种方法，只能了解大量的一般现象和表面现象，很难进一步了解复杂现象的本质特征，做出"为什么"的回答。因此，只有与其他方法配合使用，才能具有更大的效用。

（二）谈话法

研究者通过面对面的谈话，以口头信息沟通的途径直接了解他人心理状态的方法，称为谈话法。根据谈话过程中结构模式的差异，可以把谈话法分为结构性的谈话和非结构性的谈话。

结构性的谈话结构严密、层次分明，具有固定的谈话模式。访谈者根据预先拟定的提纲提出问题，被访谈者对所提问题的内容进行回答。非结构性谈话结构松散、层次交错、气氛活跃，没有一个固定的模式。访谈者提出的问题往往涉及很大的范围，被访谈者可以根据自己的想法回答问题。

运用谈话法时，既要根据谈话的目的，保持谈话问题的基本内容和方向，也要根据被访谈者的回答，对问题内容进行适当的调整，更要善于发现被访谈者的顾虑或思想动向，进行有效的引导。另外，还要注意在整个谈话过程中保持轻松愉快的和谐气氛。

谈话法简单易行，便于迅速取得第一手资料，使用范围较为广泛。但由于这种方法是以面对面的对话方式进行的，所以在时间、地点的选择上必须方便受访者。另外，由于访谈通常是以口头交谈的方式进行的，所以在内容的准确性和逻辑性上往往不如书面材料，访谈者必须从受访者的回答中去寻找符合研究需要的素材，所以具有较大的局限性。

（三）实验法

研究者有目的地在严格控制的环境中创设带有一定条件的环境，从中诱发被试产生某种心理现象，并在此基础上进行研究的方法，称为实验法。实验法依实验场地的差异，可以分为实验室实验和现场实验两种。

实验室实验是在专门的实验室内进行的，可借助各种仪器设备取得精确的数据。它具有控制条件严格、可以反复验证等特点。管理心理学研究中关于学习行为、信息沟通等许多实验，都是在实验室中进行的。但实验室实验具有很大的人为性，往往把复杂的问题简单化，使所得结果与实际情况存在一定的差距。

现场实验是在实际工作场所进行的。在这种实验中，一般都把对情境条件的适当控制与实际生产活动的正常进行有机地结合起来，因而具有较大的现实意义。但因为现实工作场地的具体条件是非常复杂的，许多控制变量很难排除或使其在一段时间内保持稳定不变，所以往往需要有一个周密的计划，并坚持长期观察研究才能获得成功。例如，著名的霍桑实验是分为五个阶段进行的，它费时长达五年半，投入了大量的人力、物力和财力。

（四）测验法

测验法是采用标准化的心理量表或精密的测量仪器测量被试有关心理品质的研究方法。测验法既可根据测验内容的不同分为能力测验、人格测验和兴趣测验等，也可根据测验时间的控制差异分为速度测验与难度测验，还可根据测验形式的不同分为书面测验与操作测验，等等。

测验法在时间上和经费上都比较经济，并且由于测验存在常模，通常可用测验法来研究个体心理与群体心理的关系。但是，要注意严格编制和使用测验量表。问卷是测验法最常用的测验手段，它运用内容明确、表达正确的问卷量表，让被试根据个人情况自行选择答案。除问卷测验外，较常用的测验还有操作测验和投射测验等。

测验法的优点是可以在较短的时间内取得广泛的材料，并能对结果进行量化处理。但测验法所取得的材料一般很难进行质量分析，因而无法把所得结论直接与被试的实际行为进行比较。

（五）案例法

案例法是一种通过对某一个体、群体或组织进行较长时间的研究，根据其发展特征来研究一般规律的方法。案例法对管理心理学研究具有特别重要的意义，它有利于对企业作全面分析和了解，在研究企业群体、人际关系等方面有一定的优势。

但是，由于案例法是以真实的组织、群体或个体为研究对象的，受研究对象和研究者主观因素影响较大，所以在运用案例法进行研究的过程中，要注意研究对象的选择和研究者主观因素对研究结果的影响。

案例法比其他研究方法给研究者提供了一个更开阔的视角，它能采用许多资料来源，其中包括研究人员对组织的考察、访谈对象和问卷调查提供的情况、组织工作的客观指标等。一般认为，一个案例就好像照相机一样，拍摄了组织在一定时期内的各种镜头。

以上提到的是管理心理学研究较常用的方法，这些研究方法都有各自的优点，也都存在某些局限性。进行管理心理学研究往往并不是只采用一种方法，而是同时采用几种方法，以达到取长补短、相得益彰的效果。究竟采用哪种方法最好，要根据所研究的具体课题和研究时所处的具体情景来确定。但是，无论采用哪种方法，都会涉及如何根据研究目的选择研究对象、确定研究变量与指标、选择研究工具与材料、制定研究程序等一系列共同的问题。考虑和处理好这些问题，需要采取合理、有效、经济的研究路线和方式，制订切实可行的具体实施方案。

第二节　管理心理学的形成与发展

管理心理学理论的形成与发展，与社会化大生产的需要密不可分。生产力的飞速发展和生产关系中劳资矛盾的激化，促使经营者追求新的管理理论与方法。同时，科学的发展与进步为管理心理学理论的形成提供了必要的条件，这一时期心理学和社会学等学科有了很大发展，出现了心理技术学、群体动力学、社会测量理论及需要层次理论等。这些理论的形成与发展，奠定了管理心理学的理论基础，使管理心理学的产生成为可能。

一、管理心理学形成的理论准备

管理心理学是在管理学和心理学发展到一定阶段后形成的一门边缘科学，它的产生固然离不开实际管理工作需要的呼唤和实际管理工作经验的滋养，但它的直接来源，却是管理学、心理技术学、群体动力学、人际交往理论、需要理论等领域的相关研究成果，它们是管理心理学形成的最为必要和基本的理论准备。

（一）古典管理理论

现代管理学是在古典管理理论的基础上发展起来的，而在管理学和心理学基础上形成的管理心理学，也可以在古典管理理论中找到它的源头。古典管理理论的第一人是"科学管理之父"泰勒（F. W. Taylor）。泰勒不但是一个成功的基层管理者，而且出版了《计件工资制》、《工场管理》、《车间管理》、《科学管理原理》等许多著作，当代许多重要的管理理论都是对泰勒制的继承和发展。泰勒是持"经济人"观点的典型代表，他所提倡的"时间—动作"分析，只考虑如何提高生产率，对工人的思想感情却漠不关心。他主张把管理者与生产工人严格分开，反对工人参与企业管理。他还规定，除经特殊批准外，不得有4名以上的工人在一起工作，以减少工人对管理当局的反抗。显然，泰勒的管理方式是缺少人情味的，但却是在对人的本性进行认真研究的基础上提出来的，尽管这种研究还不够全面不够客观。

被誉为"管理理论之父"的法约尔（H. Fayol），也对管理心理学的理论准备做出了重要贡献。法约尔虽然和泰勒一样是个工程师，但他却从进入企业开始，就参加了企业的管理集团，后来又担任了一个大公司的最高领导，并在法国多种机构从事过管理咨询和教学工作，所以他的理论是以大企业的整体为研究对象的，有更广泛的适用范围。法约尔的管理思想集中体现在他1916年出版的《工业管理和一般管理》一书中。在这部著作中，他不但对企业的活动、管理的基本要素和管理的一般原则作了详细的阐述，而且对企业中员工的需要、动机、态度，管理者的素质、能力、工作要求，以及员工的激励和管理教育等问题作了深入的分析和探讨。

古典管理理论的另一位代表人物是"组织理论之父"韦伯（M. Weber）。马克斯·韦伯出生在德国，他一生担任过教授、政府顾问、编辑等职，对社会学、经济学和政治学都有较深入的研究。在管理理论方面，他的主要贡献是在其著作《社会组织与经济组织理论》中，提出了理想行政组织体系理论。韦伯认为，任何组织都必须有某种形式的权力作为基础才能实现目标。但在现实的权力形式中，只有"理性—合法"的权力才宜作为理想组织体系的基础。他强调，在理想的组织体系中，担任管理职务的人员应是按照他完成任务的能力来挑选的，而管理人员的权力和责任是作为正式职责而被合法化了的。韦伯的组织理论的另一个突出特点，是重视人员的考评、教育和规则、纪律对人的约束作用，避免管理中的非理性。

（二）心理技术学

心理学知识在企业管理中的真正应用是从心理技术学开始的。心理技术学实际上是劳动心理学刚开始发展时的名称。最早进行心理技术学研究的是美国心理学家闵斯特伯格（H. Munsterberg）。闵斯特伯格于1863年出生在德国，是科学心理学创始人冯特（W. Wundt）的学生，后来移居美国，受聘于哈佛大学，并在那里建立了心理学实验室作为工业心理研究的基地。

当时在美国，社会上对于科学管理的兴趣由于泰勒的倡导，已经高涨起来。闵斯特伯格希望能对工业生产中的行为作进一步的科学研究。他认为，在当时的工业活动中，人们把注意力主要放在了材料和设备问题上面；很少有人注意工人的心理状态，比如有关疲劳问题、工作单调问题、兴趣和愉快、工作报酬以及其他工作情绪等。所以，闵斯特伯格把自己的研究重点放在发现人们的心理素质，在此基础上考虑如何把他们安置在最适合他们的工作岗位。同时，要研究在什么心理条件下，能够从每个工人处得到最大的、最令人满意的产量。此外，还要考虑如何使人们的情绪能产生有利于工作的最大影响。

1912年，闵斯特伯格出版了著名的《心理学与工业生产率》（*Pschology and Industrial Efficiency*）一书。他的这本书包括以下三方面内容：一是尽可能有的最好工人；二是尽可能有的最好工作；三是尽可能有的最好效果。这本书出版以后，受到当时美国工商界的赞赏和支持，他们为此成立了一个政府机构，专门研究、指导如何将心理学应用于解决工业中的问题。

闵斯特伯格与该研究机构的出色工作，使有关这方面的研究成果广泛应用于职业选择、劳动合理化以及改进工作方法、建立最佳工作条件等。选择适应于工人体力、心理特征的工作条件，在当时不仅是生产力增长的重要因素，也是减少工人同企业主矛盾冲突的重要条件。

闵斯特伯格在工业心理学领域所作的开创性贡献，使其赢得了"工业心理学之父"的美誉。但是应当看到，尽管闵斯特伯格的研究方向和路线，以及所采用的方法，符合管理心理学的发展方向，但他的理论依据还不够充分，缺乏社会心理学和人类学的理论支撑。所以，他的心理技术研究未能引起更广泛的注意。

（三）人际关系理论

1927—1932年，以麻省理工学院电气工程学教授杰克逊（Dugal C. Jackson）、哈佛大学著名心理学家梅约（George Elton Mayo）为首的一批学者，在美国西方电器公司的邀请下，在其所属的霍桑工厂进行了一系列实验研究，总称为霍桑实验。霍桑实验主要包括如下几个著名实验：

1. 照明实验

霍桑厂是一个制造电话交换机的工厂。主试先在厂内选择一个绕线圈的班组，把它分为实验组和对照组。实验组不断改善照明条件，而对照组的照明条件不变。实验者原来设想，实验组的产量一定会高于对照组，但结果并非如此。两组的产量都在增加。后来，又进一步把2名女工安排在单独的房间里劳动，照明降低到与月亮差不多的程度，但产量仍在提高。分析表明，让工人们在特定条件下进行实验，工人们认为这是管理当局对他们的重视。同时，由于在实验中管理人员与工人之间以及工人与工人之间有融洽的关系，促使了实验中两组产量都有提高。这表明，人际关系是比照明条件更为重要的因素。

2. 福利实验

主试选出6名女工在单独的房间里从事装配继电器的工作。在实验过程中逐步增加一些福利措施，如缩短工作日、延长休息时间、免费供应茶点等。实验者原来设想，这些福利措施会刺激生产积极性，一旦撤销这些福利措施，产量一定会下降，因此在实验进行了2个多月之后取消了各种福利措施。结果仍与实验者的设想相反，产量不仅没有下降，而是继续上升。经过深入的了解发现，这依然是融洽的人际关系在起作用。实验表明，在调动积极性、提高产量方面，人际关系因素是比福利措施更重要的因素。

3. 群体实验

主试选择14名男工人在单独的房间里从事绕线、焊接和检验工作，对这个班组实行特殊的个人计件工资制度。实验者原来设想，实行这套奖励办法会使工人更加努力工作，以便得到更多的报酬。但观察的结果发现，产量只保持在中等水平上，每个工人的日产量平均都差不多，而且工人并不如实地报告产量。深入的调查发现，这个班组为了保护他们群体的利益，自发地形成了一些规范。他们约定，谁也不能干得太多，突出自己；谁也不能干得太少，影响全组的产量。他们还约法三章，不准向管理当局告密，如有人违反这些规定，轻则挖苦谩骂，重则拳打脚踢。进一步的调查发现，工人们之所以维持中等水平的产量，是担心产量提高，管理当局会改变现行奖励制度，或裁减人员，使部分工人失业，或者会使干得慢的伙伴受到惩罚。这一实验表明，工人为了维护班组内部的团结，可以放弃物质利益的引诱。梅约由此提出"非正式群体"的概念，认为在组织中存在着自发形成的非正式群体，这种群体有自己的特殊规范，对人们的行为起着调节和控制的作用。

1933年，梅约在长达5年的实验研究基础上，出版了著名的《工业文明中的问题》一书。该书对上述实验以及其他实验研究进行了认真的总结，并从中得出了如下结论：

（1）传统管理把人假设为"经济人"，认为金钱是刺激积极性的唯一动力。霍桑实验认为，人是"社会人"，影响人的生产积极性的因素，除物质条件外，还有社会、心理因素。

（2）传统管理认为，生产效率主要取决于工作方法和工作条件。霍桑实验认为，生产效率的提高和降低主要取决于职工的"士气"，而"士气"则取决于家庭和社会生活，以及企业中人与人之间的关系。

（3）传统管理只注意"正式群体"问题，诸如组织结构、职权划分、规章制度等。霍桑实验还注意到存在着某种"非正式群体"，这种无形的组织有其特殊的规范，影响群体成员的行为。

（4）霍桑实验还提出新型领导的必要性。领导者在了解人们合乎逻辑的行为的同时，还必须了解不合乎逻辑的行为，要善于倾听和沟通，使正式组织的经济需要与非正式组织的社会需要取得平衡。

上述研究结论说明：生产条件的变化固然影响劳动者的生产热情，但生产条件与生产效率之间并不存在直接的因果关系；生产条件并非是增加生产的第一要素；改善劳动者的士气及人与人的关系，使人们心情愉快地工作并对自己的工作感到满足，才是增加生产、提高工效的决定性因素。

基于霍桑实验及由此引发的思考，梅约首次把管理中的人际关系问题摆到了管理工作的首位，提出了"人际关系理论"。也正因如此，梅约被誉为工业社会心理学的创始人。与"人际关系理论"相应的管理观念包括：

（1）管理者除了应该注意工作目标的完成外，还应该注意工人从事某项工作过程中的各种需求，并设法给予满足。

（2）管理人员不但要注意指挥、监督、计划、控制和组织等，而且应重视职工之间的关系，培养和形成职工的归属感和整体感。

(3) 在实行奖励时，提倡集体奖励制度，而不主张个人奖励制度。

(4) 管理人员的职能应有所改变，应在职工与上级之间起联络人的作用，一方面要倾听职工的意见和了解职工的思想感情，另一方面要向上级反映职工的呼声。

二、管理心理学的产生与发展

西方管理心理学于20世纪50年代产生于美国，其主要标志是1958年美国斯坦福大学教授黎维特（H. J. Leavitt）《管理心理学》（*Management Psychology*）一书的出版。因此，在管理心理学研究中常将美国管理心理学的产生和早期发展作为其发展史研究的标本。美国早期的管理心理学主要是围绕职工的士气对生产效率的影响等传统的工业心理学问题进行研究的。1959年，美国心理学家海尔（M. Haire）把工业心理学分为人事心理学、人类工程学和工业社会心理学，这种划分得到学术界的普遍认同。其中工业社会心理学实际上就是现在所称的管理心理学。1961年，弗鲁姆（V. H. Vroom）和海尔撰写的综述文章《工业社会心理学》指出，工业社会心理学应根据两个基本模型，即个体与社会系统这两个分析单元来研究管理中的社会心理问题。20世纪60年代至今，随着科学技术的迅猛发展和智力劳动在社会劳动结构中所占比重的迅速增加，管理心理学也发生了如下几方面显著变化：

(1) 研究机构不断扩大，专业研究人员迅速增加。据美国心理学会统计，美国工业与组织心理学学会的会员在1960年为734人，1991年增加到2 481人，目前美国工业与组织心理学专业人员在3 000人以上。据统计，这些人员约36%在大学和研究部门工作，57%在工业、商业、政府、军队和咨询部门从事实际工作，还有一些人在其他部门工作。到1989年，美国有88所大学培养管理心理学专业的博士研究生，其中有46所授予工业与组织心理学博士学位、42所在大学商学院授予组织行为学博士学位，另有26所培养硕士学位研究生。这些研究机构至今比较稳定。

(2) 研究课题日益广泛、深入。美国工业与组织心理学的研究课题在不断深化的基础上逐步扩大。其研究课题包括：劳动力的变化、组织特征、组织文化和组织气氛、培训体制、劳动团体及其效率、工作激励理论与实践、新工作场地技术的挑战、组织中的权力和领导、用模拟方法开发管理才能、管理中的妇女与少数民族问题、人力资源规划、工作现场压力的管理措施、员工的适应和良好状态项目规划、行为的组织背景和群体背景、绩效评定中的认知过程、雇用与吸引力、绩效标准、培训需要分析、培训设计的认知模型、训练迁移的促进、开发的经验与辅导，等等。此外，新的研究领域也正在不断开辟。例如，总体系统的布局、工会的社会化、失业人员的过渡组织、多样化的管理，以及以计算机为中介的信息沟通系统、组织研究中的多水平影响、职业经历中的晚期生活转变和全面质量管理等问题。

(3) 研究方法更为科学。过去的研究往往采用单因素分析方法，现在则运用多因素分析方法。过去研究工作主要采取实验室实验方法，现在则逐步向现场研究、行为研究、参与观察和大规模的问卷调查转变。从统计方法论来看，近些年来也有很大发展。除传统的统计技术外，又开发出一些较新的技术，如结构均衡模型、项目反应理论、元分析、事件历史分析以及其他研究变革的方法。

（4）研究方向逐渐趋于综合化。过去本学科研究人员主要是心理学家，现在社会学家、人类学家、经济学家等都参与到研究中来，这使工业与组织心理学问题的研究成为跨学科性质的研究。20世纪50年代，出现了组织行为学这一新兴的交叉边缘学科。组织行为学是综合运用与人有关的各种知识，采用系统分析的方法研究一定组织中人的行为规律，从而提高各级主管人员对人的行为的预测和引导能力，以便更有效地实现组织目标的一门科学。目前，尽管许多人认为组织行为学就是管理心理学，但至少在研究方向上，组织行为学比以往的管理心理学更加综合化。

我国管理心理学研究不但起步较晚，且曾一度出现过中断，至20世纪70年代末才重新起步。1978—1980年，一些理论工作者和实际工作者对行为科学做了大量介绍和评论，成立了行为科学研究组织，开展中国式行为科学和管理心理学的探讨。之后，我国企业界、学术界和社会各界，更加广泛地开展了对行为科学与管理心理学的研究活动，并尝试把有关理论应用于企业管理的实践，有力地促进了现代管理水平的提高。20世纪80年代以后，我国许多高校成立了管理系和有关的研究组织，开设了"行为科学"、"管理心理学"等课程。近20年来，我国管理心理学研究取得的成就主要体现在以下几个方面：

（1）建立了学术组织和教学与研究机构。中国心理学会工业心理专业委员会成立于1980年。在成立会上，心理学工作者一致认为，中国的工业心理学研究可分为两大方面，即工程心理学与管理心理学。工业心理专业委员会是一个完全由工业心理学工作者组成的专业性较强的学术团体，对成员资格有较严格的要求，目前该专业委员会的成员有几百人。中国行为科学学会成立于1985年，名为行为科学学会，实际上是组织行为学学会。该学会对成员资格的要求并不十分严格，除了心理学和管理学专业工作者以外，大部分成员是各类企业的领导人，现在全国分会达24个，成员逾千人。目前，我国有两个工业心理学的专门研究机构从事管理心理学的研究。一个是中国科学院心理研究所的工业心理研究室，另一个是浙江大学心理系的工业心理专业。此外，还有一些高等院校的管理学院也从事管理心理学的教学和研究，但人员不够集中，只是个别人独立开展研究工作。

（2）翻译和编写了一批管理心理学著作。我国的管理心理学研究，是从介绍和翻译国外尤其是美国的工业与组织心理学著作和学术动向开始的。从20世纪80年代起，我国翻译出版了一些国外较有影响的著作，如马斯洛的《动机与人格》、施恩的《组织心理学》、麦考密克等人的《工业与组织心理学》，以及一些以"组织行为学"命名的其他著作。1985年，我国学者自己编写的第一部《管理心理学》

教材正式出版。随后，我国陆续出版了不少管理心理学和组织行为学的著作。据不完全统计，目前这类著作有近百种。这些著作的出版，满足了管理院校教学和培训企业干部的需要，为管理人才的培养和促进企业管理的科学化作出了重要贡献。

（3）开设了管理心理学课程。20世纪80年代以后，除专门培养工业心理学专业人才的院系和研究机构外，全国各主要大学的管理学院和管理系几乎都开设了这门课程。这些机构还举办了大量的讲习班，向企业领导干部和管理人员讲授管理心理学的基本知识。如果加上各省、自治区、直辖市行为科学学会举办的讲习班，培训的范围则更广。应当指出，这类讲习班对于在企业中普及管理心理学知识起到了很大的推动作用。

（4）培养出了一批专业人员。目前，我国已有两个管理心理学博士学位授予单位（中国科学院心理学研究所和浙江大学心理系）和若干个硕士学位授予单位。在上述两个单位毕业的博士生和硕士生，被授予工学博士和工学硕士学位。从20世纪80年代初开始，这两个单位已培养出上百名博士和数百名硕士，尽管人数不多，但他们已成为我国管理心理学研究队伍中的骨干力量。

（5）开展了多方面的研究工作。我国的管理心理学研究工作者虽然人数不多，研究课题涉及的领域也不如西方发达国家广泛，但却能集中于一些重要领域，如激励、领导、决策和跨文化研究等方面。我国的管理心理学研究，虽然主要还是在吸收国外研究成果，并在此基础上结合我国企业存在的问题开展研究工作，但已经初步形成了自己的特色。具体表现在以下几个方面：①研究工作较多采用现场研究方式，较少在实验室内进行；②调查的对象很少是本专科学生，而主要是企业的管理人员和职工；③许多研究是与企业管理人员合作进行的。

三、全球化时代管理心理学研究的新变化

1962年，"全球化"（globalization）第一次出现在我们的词汇中，而现在这个词语已经从一个那时的专门术语变成了今天的一个口头禅。《经济学人》（The Economist）杂志把它称为"21世纪被滥用词语之最"。恐怕没有哪个词语能够像"全球化"一样对不同的人群有着如此不同的含义，也没有哪个词语能够召唤出如此丰富的情感。有很多人把它看成佛教里面的涅槃——一种被保佑的、安宁而繁华的太平盛世，然而同时也有一些人把它视为一种新的无序与混乱。

（一）全球化的历史演进

"全球化"被《韦氏字典》定义为一个在全球空间与实践领域中促进各种活动、孕育各种动机的演绎过程，而这个过程已经持续了很长一段时间。在全球化这个词的词根"球"（globe）出现的几千年以前，我们的祖先们就已经遍及世界各地

了。事实上，他们的迁徙和繁衍过程可以被看作早期的全球化。大约5万年前，人类的原始祖先首先出现在了非洲东部，他们慢慢扩散到包括南美和北美在内的世界各个角落。冰川期结束时，由于海水的上涨，美洲与欧亚大陆被分隔，形成了今天的两个大陆。直到1492年哥伦布意外地登陆加勒比海岛后，这两个大陆才被重新连接起来。同年，德国地理学家马丁·贝海姆（Martin Behaim）发明了地球仪。

1492年的这次人类重新连接被称为"哥伦布交换"，它是全球化历史上的一个里程碑，因为新大陆的发现让隔离了一万多年的人们重新团聚。对动植物物种的交流来说，它的意义也非同一般。比如，秘鲁的球根植物马铃薯从那时起便遍布世界各地，墨西哥的辣椒也传遍了亚洲；从巴西至越南，埃塞俄比亚的咖啡也开始在世界各地安家落户。在这期间，不同的社会不仅以不同方式演化并且建立了不同的政治和经济结构，而且还发明了不同的技术、种植着不同的作物，当然最重要的一点是发展了不同的语言和思考方式。这种多元化使得对不同文明的重新连接变得既有挑战性又极有收益。

（二）全球化的利与弊

全球化的发展，无疑为区域间相互联系的增强起到了积极的促进作用。巴西丛林里面的橡胶树被英国殖民者移植到了马来西亚，而这些橡胶在20世纪初为福特汽车公司提供了制造轮胎的原材料；来自中国和印度的橡胶采集契约奴也永久地改变了马来西亚的人种组成。新作物的引进，例如美洲新大陆的玉米和红薯，也对世界的人口分布产生了巨大影响。曾经由于水田不足而受到抑制的中国人口，在引进了这种在贫瘠的土地中能够生长的作物之后便迅速增长。同样，车臣地区的人口也由于新大陆玉米的种植而快速增长。从罗马帝国到200年前的"泛大不列颠时代"（Pax Britannica），再到今天的"泛美时代"（Pax Americana），超级大国的力量成了改变世界相互依赖性的另一个作用力。西方和美国的跨国公司在当今全球的消费者产品供应链中扮演了一个领头人的角色。

然而快速的增长也是有代价的，全球范围内消除贫困的行动带来了很多负面的影响。比如，因为农业的扩张和森林产品的贸易，每年世界上都有差不多1%的雨林在消失。紧密连接的全球通讯、运输网络在协助经济增长的同时也使这个世界在疾病、恶意破坏和恐怖主义面前更加脆弱。最明显的例子可以算艾滋病了，本来传播于非洲和南美洲的病毒现在已经扩散到了全世界几乎每一个角落，日感染人数高达14 000人；同样是病毒感染，1997年的"我爱你"电脑病毒在马尼拉的一台电脑中被制造出来，给全球带来了7亿美元的损失。

尽管如此，全世界的物质、思想、机构以及人员的交流还是在成指数增长。而且今天的全球化，比历史上任何时期的全球化来得都更加迅猛，也更加广泛和深刻。对此，《耶鲁全球》（Yale Global）在线杂志的主编钱达安（Nayan Chanda）撰文指出：当今全球化与过去最大的不同点便是它的可见性和速度，加速的全球相互作用放大了其影响，而各地传媒让这些影响马上被我们看见，这一传播阶段在过去是发生得很慢的而且经常是难以进入人们视野的。重新连接人类社会这一既充满希望又坎坷不平的历史进程无疑会继续下去，它会变得更加清晰也更具挑战性。不管是普通公民、学者或者政治家，我们的任务都应该是去更好地理解和把握全球化，尽我们的努力去发展其优势、规避其负面影响。

（三）全球化对企业经营管理的影响

全球化对企业的经营管理产生了广泛而深远的影响。以星巴克（Starbucks）为例，这家总部位于西雅图的咖啡提供商，已经从拥有北美 116 个分店的规模，发展成为在四大洲 21 个国家拥有 4 600 家分店的全球化品牌。星巴克强调的是喝咖啡的全球化习惯，而不只是美国人的传统。"它不是一个美国主旋律，"星巴克董事长霍华德·舒尔茨（Howard Schultz）说，"星巴克咖啡店有一种全世界适用的国际语言，它的第三空间的概念（家庭和办公室是前两个空间）、它的咖啡品质、它的社交氛围、它的浪漫气息，所有这些无论是在新加坡和中国，还是在苏黎世和西雅图都是适用的。"

全球化之所以受到欢迎，是因为它提高了组织活动的效率，为获得有价值的知识和技能提供了一个更开阔的网络。全球化还开辟了潜在的工作机会，并使人们更准确地评价不同的观点和需要。但是，全球化也带来了新的挑战。关于全球化使发展中国家更富还是更穷的争论，为企业决策添加了伦理色彩。企业还需要调整它们的组织结构和沟通形式以实现全球化。全球化还使得员工队伍更加多样化，进而影响到组织文化，并导致了在员工中产生新的因不同价值观而引发的冲突。

全球化也被认为是竞争压力加剧、企业并购和市场动荡的一个主要原因。这些外部条件的改变，反过来降低了人们的职业安全感，增加了工作强度，并要求员工提供更有弹性的工作。因此，全球化或许能够部分地解释，为什么最近几十年来，我们的工作时间越来越长，工作任务越来越重，工作与家庭的冲突越来越多。全球健康护理公司葛兰素史克（Glaxo Smith Kline）的一位主管说："任何一个公司，不管是不是全球化的公司，都必须看到全球化对我们的工作方式造成的影响。即使你不是一个全球化的公司，但你的竞争对手或客户可能是。"

全球化对管理心理学的发展也产生了重大影响。由于无法肯定管理心理学的实践在全世界都是有效的，所以学者们正密切关注跨文化的差异。例如，在一个"最佳实践项目组"，有三四十个学者发现，人力资源管理在世界各地的公司都发挥着作用。另一个称为"全球领导与组织行为有效性"的项目组，正在研究跨越几十个国家的领导行为和组织实践。当我们察觉到不同文化之间的差异、不同价值观互相作用的复杂性之后，这些全球化调查开始变得更有必要。对我们学习管理心理学来说，有关文化差异的研究具有特殊重要的意义。因为文化的差异会使人们对同样的事情产生完全不同的反应。这意味着基于美国文化的管理心理学理论，只有经过必要的本土化过程，才能真正在不同国家的管理实践中发挥其应有的作用。基于这一考虑，本书在结构安排上一方面注意到了全球化对世界各国的普遍影响，增加了跨文化案例；另一方面，为了帮助学习者更好地运用所学理论解决中国的现实问题，也一并增加了本土案例。

第三节 人性假设理论与管理

人性问题是管理心理学的重要研究领域，因为制定什么样的管理制度，采用什么样的管理方法，建立什么样的组织结构，都与如何看待人性问题有关。美国著名管理心理学家、麻省理工学院教授麦格雷戈（D. Mcgregor）对管理中的人性假设问题进行过深入的研究。在他看来："每一个管理决策或每一项管理措施的背后，都必然有某些关于人性本质及人性行为的假设。"

一、人性假设的含义

在现实的管理活动中，人们总是以他们对人性的假设为依据，运用不同的方式来组织、领导、控制和激励人。从某种意义上说，接受一种人性假设的管理人员会趋向于用一种方式来管理，而接受另一种人性假设的管理人员会趋向于用另一种方式来管理。例如，一个认为人是不会自觉地努力工作的管理者，必然会在组织内建立严密的监控手段，以保证职工按时上班和努力工作；而深信人会自觉努力工作的管理者，则会在组织内建立民主参与的管理制度，鼓励职工自我管理。

麦格雷戈认为，管理人员对人性所持的假定，实际上是管理人员世界观的一部分，即他对人为什么要工作，以及应该如何激励他们和管理他们的看法。因此，要想提高和改进管理工作，真正要解决的问题在于管理者世界观和价值观的改变，这个问题解决了，其他问题如何解决便成了细枝末节。

麦格雷戈有关人性的假设，概括起来包括如下三方面内容：

一是管理的理论与管理者的观念是第一位的，而管理的政策与具体措施是第二位的，不能本末倒置，也不能简单混同。他曾反复强调："在我看来，非常显然的，经理人的养成，其由于管理当局对管理发展的正规作业而获得者，成分实属甚低；而主要乃是由于管理当局的观念所促成，包括对其所负任务本质的观念，及其为实行该项观念而制定的各项政策与实际的性质。"

二是强调在管理中要着重开发人力资源,发掘人的潜在力量。麦格雷戈认为:"须知一项事业的管理方式,往往决定管理阶层对所属人员的潜在力量的认知,及对如何开发这份潜在力量的认知。倘使我们对管理发展的研究,系自各项管理发展计划的形式上的制度着手,我们便将走错路。"

三是管理人员采用哪种理论假定要看具体情况,但是所持理论的观点要旗帜鲜明。在他看来,管理者对控制人力资源所持的各项理论假设,实为企业的整体特性的决定因素,而且还是今后若干代理人的素质的决定因素。因此,管理界应检讨他们所持的假设,并使他们的假设明确化。唯有如此,才能开启走向未来的大门。

"人性"问题,自古以来就是学术界争论不休的问题。马克思认为:"人的本质并不是单个人所固有的抽象物,实际上,它是一切社会关系的总和。"这就是说,不能抽象地看待人性问题,人性不是由先天因素决定的,必须从人们在社会中所占的地位、从人们所处的社会关系来看待人性。管理心理学家莱波曼(Lieberman)则从测量的角度,提出了以下考察人性假设的六个维度。

(1) 我们相信人是可以信赖的,或是不可以信赖的程度。

(2) 我们相信人是利他的,或是利己、自私的程度。

(3) 我们相信人是独立的,或是依赖并顺从于群体或权威人物的程度。

(4) 我们相信人是有意志和理性力量的,或是相信他们是由非理性的内部或外部因素控制的程度。

(5) 我们相信人是有不同的思想、知觉和价值观的,或是相信他们的知觉与价值观等是基本一样的程度。

(6) 我们对人是简单的或是十分复杂的生物这一点的相信程度。

二、人性假设的 X 理论与 Y 理论

1960 年,麦格雷戈出版了他的著名著作《管理理论 X 或 Y 的抉择——企业的人性面》。在这部著作中,他总结了若干较有代表性的人性假设,并将其归纳为 X 理论或 Y 理论。

(一) 人性假设的 X 理论

麦格雷戈用 X 理论这一名称归纳了历史上控制导向的传统观点。其人性假设的基本点是:大多数人生来懒惰,总想少干一点工作;一般人都没有什么雄心,不喜欢负责任,宁可被别人指挥;多数人的个人目标都是与组织的目标相矛盾的,必须用强制、惩罚的办法,才能迫使他们为达到组织的目标而工作;多数人干工作都是为了满足基本的生理需要和安全需要,因此,只有金钱和地位才能鼓励他们努力工作;人大致可以分为两类,多数人都是符合于上述设想的人,另一类是能够自己鼓

励自己、能够克制感情冲动的人，这些人应负起管理的责任。

基于上述人性假设，应采取的管理措施可归纳为以下三点：

（1）管理工作的重点是提高生产率、完成生产任务，而对于人在感情和道义上应负的责任，则是无关紧要的。简单地说，就是重视完成任务，而不考虑人的感情。按照这种观点，管理就是进行计划、组织、经营、指导和监督。这种管理方式叫作任务管理。

（2）管理工作只是少数人的事，与广大工人群众无关。工人的主要任务是听从管理者的指挥，但由于其必须在强迫和控制之下才肯工作，所以在管理上要求由分权化管理回复到集权化管理。

（3）在奖励制度方面，主要用金钱来刺激工人生产的积极性，同时对消极怠工者采用严厉的惩罚措施。通俗些说，就是采取"胡萝卜加大棒"的政策。

对人性假设的 X 理论，麦格雷戈既有肯定的一面，同时也有相当的保留态度。他认为，"这是一种平凡大众的基本假定，说得如此坦白露骨。事实上，所谓人类价值的观念，仅仅是口头上的歌颂。所谓严父主义，虽是一句不合潮流的语言，但究其实，绝不是一句已经衰亡的管理哲学口号"。但是，他又认为，"我们在产业界和其他许多地方，却能看到更多显而易见的现象，与这项人类本质的看法不符"。

（二）人性假设的 Y 理论

Y 理论是将个人目标与组织目标融合的观点。麦格雷戈称之为 Y 理论的人性假设是指：人在工作中消耗体力和智力是极其自然的事，就像游戏和休息一样；促使人朝向组织的目标而努力，外力的控制和惩罚的威胁并非唯一的方法，人为了达到其本身已经承诺的目标，自然会实行自我监督和自我控制；人对目标的承诺，是为了目标达成后得到的报酬，这种报酬的项目很多，其中最重要的是自我需要和自我实现的满足；只要情况适当，一般人都不但能学会承担责任，而且能学会争取责任；以高度的想象力和创造力来解决组织中问题的能力，不是少数人独有的能力，而是大多数人都拥有的能力；在现代企业中，常人的智慧潜能仅有一部分被利用，大部分都未被开发。

Y 理论的各项人性假设，是对传统的管理思想和行为习惯的挑战。根据这种假设，必然会导致下述管理思想、原则和措施：

（1）任何组织绩效的低落都应归于管理的不利。在组织的舞台上，人与人之间的合作倘若有所限制的话，绝非人类本性所致，而是由于管理阶层的能力不足，未能充分挖掘和利用人力资源的潜力。

（2）人是依靠自己的主动性和自我督导去工作的，因而在管理上要由集权化管理回复到参与管理。

（3）组织的基本原则是创造一种环境，使组织中的成员在该环境下，既能达成各成员的个人目标，又能实现组织的目标。

麦格雷戈认为，与 X 理论比起来，Y 理论的假设与社会科学上既有的各项知识更一致，是一种更具挑战性的新思想。但同时他又指出，Y 理论的各项假定是否正确，毕竟尚未完全证实。而且在他看来，将 Y 理论的假定落到实处，绝不是一件容易的事情。

（三）人性假设的超 Y 理论

鉴于 X 理论和 Y 理论的局限与不足，摩尔斯（J. Morse）和洛斯奇（W. Lorsch）提出了超 Y 理论。这一理论对人性的假设是：人们到组织中工作的需要和动机是多种多样的，但主要的需要是取得胜任感。胜任感是指组织成员成功地掌握了周围的世界，其中包括完成所面对的任务而积累起来的满意感；取得胜任感的动机尽管人人都有，但不同的人可用不同的方式来实现，这取决于这种需要与其他需要之间的相互作用；组织目标与个人目标的一致易于导致胜任感，而胜任感即使实现了也仍会有激励作用；所有人都需要感到胜任，但由于人的个体差异的存在，因而取得胜任感的方式是不同的。

基于超 Y 理论的人性假设，在管理中应采用如下原则或措施：

（1）X 理论和 Y 理论都既非一无是处，也非普遍适用，应针对不同情况，将任务、组织、人员做最佳的配合，以激励人员取得有效的工作成绩。

（2）既要使组织的模式适合工作任务，也要使任务适合工作人员，以及使员工适合组织。

（3）管理人员可能采取的最佳的组织管理方法，就是整顿组织使之适合任务性质与人员。

三、人性假设的经济人、社会人、自我实现人和复杂人理论

在西方管理心理学研究中，另一种较有影响的人性假设理论是施恩（H. Schein）提出的四种与管理有关的人性假设，即"经济人"、"社会人"、"自我实现人"和"复杂人"的假设。施恩是当代著名管理心理学家，在哈佛大学获心理学博士，现任麻省理工学院斯隆管理学院的组织研究学会主席、管理与组织心理学教授。他在《组织心理学》一书中详细阐述的四种人性假设，展现了西方管理界对人性看法的发展历程。

（一）"经济人"假设

"经济人"假设又称"实利人"假设，这种假设起源于享乐主义哲学和亚当·斯

密（Adam Smith）关于劳动交换的经济学理论，是早期管理思想的体现。这一假设认为，人的行为动机源于经济诱因，在于追求自身利益最大化。在企业中，人的行为的主要目的是追求自身的利益，工作的动机是为了获得经济报酬。资本家是为了获取最大的利润才开设工厂，而工人则为了获得经济报酬才来工作，只要劳资双方共同努力，大家都可得到好处。

经济人假设包括如下基本观点：职工基本上都是受经济性刺激物激励的，不管是什么事，只要向他们提供最大的经济利益，他们就会去干；由于经济刺激在组织的控制之下，所以职工在组织中的地位是被动的，他们的行为是受组织控制的；感情是非理性的，必须加以防犯，否则会干扰人们对自己利益的理性的权衡；组织能够而且必须按照能中和并控制住人们感情的方式来设计，特别是针对那些无法预计的个人品质。

根据经济人假设制定的管理策略或措施有：

（1）组织应用经济性奖酬来获取职工们的劳务与服从。

（2）管理的重点应放在高效率的工作效益上，而对人们感情和士气方面负的责任是次要的。

（3）如果人们工作效率低、情绪消沉，解决的办法就是重新审查组织的奖酬刺激方案，并加以改变。

（二）"社会人"假设

"社会人"假设又称"社交人"假设。这种假设认为，人的最大需要是社会性需要，人在组织中的社交动机，如想被自己的同事接受和喜爱等，远比对经济性刺激物的需要的动机更加强烈。只有满足人的社会性需要，才能有最大的激励作用。

社会人假设可概括为如下几点：社交需要是人类行为的基本激励因素，而人际关系则是形成人们身份感的基本因素；从工业革命中延续过来的机械化，使工作丧失了许多内在的意义，这些丧失的意义现在必须从工作中的社交关系里寻找回来；与对管理部门所采用的奖酬和控制的反应比起来，职工更容易对同级同事所组成的群体的社交因素做出反应；职工对管理部门的反应能达到什么程度，取决于管理者对下级的归属需要、被人接受的需要以及身份感的需要能满足到什么程度。

根据社会人假设制订的管理策略或措施有：

（1）管理者不要把注意力只局限在完成任务上，应更多地注意为完成任务而工作的那些人的需要。

（2）管理者不仅要对下属进行监控和指导，还应关注其归属感、地位感和心理健康。

（3）管理者在进行奖励时，不仅要对个人进行奖励，还应考虑对集体进行奖励。

（4）管理者不是简单的任务下达者，他应充当下情上传的联络人，应成为职工利益的同情者和支持者。

（三）"自我实现人"假设

"自我实现人"的概念是由美国心理学家马斯洛提出的。施恩在总结了马斯洛、阿吉里斯、麦格雷戈等人的理论后，提出了以下自我实现人假设，并认为这种假设与麦格雷戈的Y理论假设是一致的。

自我实现人假设的基本内容是：当人们的最基本需要得到满足时，就会转而致力于较高层次的需要，寻求自身潜能的发挥和自我价值的实现；一般人都是勤奋的，他们会自主地培养自己的专长和能力，并以较大的灵活性去适应环境；人主要还是靠自己来激励和控制自己的，外部的刺激和控制可能会使人降低到较不成熟的状态中去；现代工业条件下，一般人的潜力只利用了一部分，如果给予适当的机会，职工们会自愿地把他们的个人目标与组织的目标结合为一体。

根据自我实现人假设提出的管理策略与措施是：

（1）管理者应尽量把工作安排得富有意义，让工作具有挑战性，使工人工作之后能引以为豪，满足自尊。

（2）管理者的职能要由控制者、激励者、指导者变为提供方便者，其责任在于寻找什么工作对什么人具有最大的挑战性，最能满足其自我实现的需求，并使其感受到生活的乐趣和意义。

（3）奖励分外在奖励和内在奖励，在实施中应强调内在奖励，注意员工个人潜能得到发挥的成就感，通过满足其自尊和自我实现的需要来调动其积极性和主动性。

（4）管理者要实行民主参与管理，给员工一定的自主权，为他们提供机会，由他们自我激励，从而自然地达到组织目标。

（四）"复杂人"假设

施恩在20世纪60年代末至70年代的调查研究中发现，人不只是单纯的"经济人"，也不是完全的"社会人"，更不可能是纯粹的"自我实现人"，而应该是因时、因地、因各种情况而具有不同需要和采取不同反应方式的"复杂人"。

复杂人假设的基本内容是：人的需要是多种多样的，而且这些需要随着人的发展和生活条件的变化而发生改变，每个人的需要都各不相同，需要的层次也因人而异；人在同一时间内有各种需要和动机，它们会发生相互作用并结合为统一的整体，形成错综复杂的动机模式。例如，两个人都想得到高额奖金，但他们的动机可能很不相同，一个可能是要改善家庭的生活条件，另一个可能把高额奖金看成是达到技术熟练的标志。人在组织中的工作和生活条件是不断变化的，因此会不断产生新的需要和动机。这就是说，在人生活的某一特定时期，动机模式的形成是内部需要和外界环境相互作用的结果。一个人在不同单位或同一单位的不同部门工作，会产生不同的需要。

根据"复杂人"的假设，应该采取以下的管理策略与措施：

（1）管理者要有权变论的观点，即以现实的情景为基础做出可变的或灵活的行为反应。为此，管理者要学会在某一给定的情景中正确地进行组织和管理，管理方式要根据实际情景而定。

（2）既然人的需要与动机是各不相同的，那么管理者就要根据不同人的不同情况，灵活地采取不同的管理措施，即因人而异、因事而异。

（3）管理者的管理策略与措施不能过于简单化和一般化，而是要具体情况具体分析，根据情况采取灵活多变的管理方法。

本章小结

本章简要地介绍了管理心理学的研究对象、基本内容和研究方法，回顾了管理心理学形成、发展的历史过程和重大事件，分析了管理心理学产生的前提条件和主要原因。本章的重点和难点内容是人性假设理论及建立在各种人性假设基础上的管理原则和管理策略。本章的主要概念是：

1. 管理心理学
2. 经济人
3. 社会人
4. 自我实现人
5. 复杂人

本土案例

看完案例后请回答：为什么海底捞会成为中国餐饮业的新生力量？为什么一句"把人当人对待"能成为海底捞的成功要诀？

海底捞成立于1994年，是一家以经营川味火锅为主、融汇各地火锅特色为一体的大型跨省直营餐饮品牌火锅店，全称是"四川海底捞餐饮股份有限公司"。刚开始创业时，张勇还是四川拖拉机厂的一名电焊工，他在家乡简阳支起了4张桌子，利用业余时间卖麻辣烫。而到了2008年，海底捞便在全国6个省市开了30多家店，张勇成了6 000多名员工的董事长。

去过海底捞的顾客有几个最直观的感觉：第一，顾客多，排队两个小时去吃上一顿火锅的现象很常见；第二，服务好，筷子的长度让人烫不到手，有专门供勺子搭着的钩，吃火锅眼镜容易有雾气他们给你绒布，头发长的女生就给你猴筋套，手机放在桌上吃火锅容易脏会给你专门包手机的塑料套，排队时有人帮你擦鞋、修指甲，还提供水果拼盘和饮料，还能免费上网、打扑克、下象棋；第三，服务员总是保持微笑，饭桌上刚准备做手势，服务员小妹已经心领神会地跑过来了，第二次去服务员就能叫出你的名字，第三次去就知道你喜欢吃什么。

张勇认为，人是海底捞的生意基石。客人的需求五花八门，单是用流程和制度培训出来的服务员最多能达到及格的水平。制度与流程对保证产品和服务质量的作用毋庸置疑，但同时也压抑了人性，因为它们忽视了员工最有价值的部位——大脑。让雇员严格遵守制度和流程，等于只雇了他的双手。

大脑在什么情况下才有创造力？心理学家的研究证明，当人用心的时候，大脑的创造力最强。于是，服务员都能像自己一样用心就变成张勇的基本经营理念。怎么才能让员工把海底捞当成家？答案很简单：把员工当成家里人。海底捞的员工住的都是正规住宅，有空调和暖气，可以免费上网，步行20分钟到工作地点。不仅如此，海底捞还雇人给员工宿舍打扫卫生，换洗被单。海底捞在四川简阳建了海底捞寄宿学校，为员工解决子女的教育问题。海底捞还想到了员工的父母，优秀员工的一部分奖金，每月由公司直接寄给在家乡的父母。

把员工当成家人，就要像信任家人那样信任员工。如果亲姐妹代你去买菜，你还会派人跟着监督吗？当然不会。所以，海底捞200万元以下的开支均由副总负责，而他们同张勇都无亲无故。大区经理的审批权为100万元，30万元以下各店店长就可以签字。40多岁的张勇，如今已经"半退休"。授权如此放心大胆，在民营企业实属少见。

张勇对管理层的授权让人吃惊，他对一线员工的信任更让同行匪夷所思。海底捞的一线员工都有免单权。不论什么原因，只要员工认为有必要就可以给客人免费送一些菜，甚至有权免掉一餐的费用。在其他餐厅，这种权力起码要经理才会有。张勇的逻辑是：客人从进店到离店始终是跟服务员打交道，如果客人对服务不满意，还得通过经理来解决，这只会使顾客更加不满，因此把解决问题的权力交给一线员工，才能最大限度消除客户的不满意。

当员工不仅仅是机械地执行上级的命令时，他就是一个管理者了。按照这个逻辑，海底捞的员工都是管理者，海底捞是一个由6 000名管理者组成的公司！难怪张勇说："创新在海底捞不是刻意推行的，我们只是努力创造让员工愿意工作的环境，结果创新就不断涌出来了。"如果你是海底捞的同行，想想看，你怎么跟这6 000个总是想着如何创新的脑袋竞争？

> 跨文化案例

　　试运用本章所学理论分析下述案例中晨星公司创始人、董事长乔·曼索托的人性假设和管理风格。

　　晨星是一家拥有400多名全职员工、出版15种资讯刊物的金融服务公司。公司董事长乔是谦和、平静、做事低调的人。有位员工在一篇回忆文章中说，她在申请晨星的一个编辑职位时，接受了公司许多人的面试，其中也包括乔。然而直到她在公司任职相当长时间以后，她才知道乔是公司的董事长。代表公司在外面抛头露面的事，他一般都安排经理们去，而他自己则更乐意做晨星的导航灯。

　　乔喜欢聘用有聪明才智的人。他不认为这些优秀的人才会对他构成威胁，相反，他认为他们为自己带来了学习的机会。他在招聘新人时，首先通过引导应聘者就不同话题进行广泛的讨论，如当前热门话题、最喜爱的作家等，以发现他们聪明与否。随后会立即转入考验应聘者的沟通能力，如是否直截了当、是否思路敏捷等。他愿意接受聪明、目标明确的人。在乔的周围，聚集了大批有聪明才智的人，借助他们的智慧，他可以找到解决问题的最佳方案。乔在进行决策时，十分注意避免个人正确主义，即使在对自己的观点坚信不疑时，只要有人提出新的、有见地的观点，他就有勇气改正自己。

　　乔希望他的员工在工作环境中创造和谐，而不是怒气冲冲、动辄摔门。他总是以平等的态度对待员工。在晨星，他的办公室和所有的员工一样，也是挡板隔成的不带门的方区。他开的车，既不是新的，也不引人注目。乔是个非常聪明博学的人，但却从不认为自己无所不能，更不恃才傲物、目中无人。他与人谈话总是心平气和、简明扼要，从不咄咄逼人。他为员工提供和睦的环境，让他们尽情地发挥自己的聪明才智。他放权给晨星所有员工，相信他们会全力以赴地工作。

　　乔还是一个优秀的倾听者。在晨星内部的情况介绍会上，他总是把自己的想法放到所有与会者陈述完之后。对他来说，倾听就是学习。他坚信，在任何问题上，只有获得尽可能多的信息后，才能做出最恰当的决定。乔从不凭借权势将自己的意志强加给公司，他在方方面面都注意听取员工的意见和建议。另外，他虽然喜欢倾听每件事情的方方面面，但绝不是个办事拖沓的人。他非常喜欢集中精力于某件事，然后解决它。

　　晨星公司总经理菲利普回忆说："乔在我上班的第一天就异乎寻常地放手让我工作……他放手的程度令人吃惊，有时甚至最重要的报告他都不写一个字。"乔获得最多的另一个赞誉是，他从不暗地审查他的员工，一贯非常支持他们的所想所做。晨星审计员萨顿说："我们这里最有成就的员工，都曾经在其他地方工作过，他们不喜欢那里的工作环境，那里的工作环境太严格。他们来这里可以做他们想做的事，或是他们认为最有效的事，而不受到猜疑。你可以冒险，可以根据自己的判断决定事情。因为你心里清楚，如果你错了，乔会很失望，但你的工作不会受到任何威胁。"

乔是这样解释他的管理风格的："我是受托人，我让人有充分的自主。如果我是一名经理，我也希望受到这样的对待。我给人们一个战场让他们去演习，告诉他们大目标和方针政策，由他们自己决定如何完成任务。我当然也不希望以微观方式管理人。我认为，许多事可以通过这种方式解决。人们需要空间发挥他们的创造力，按他们的意愿和方式做事。我根本不可能解决所有的问题。如果人们指望我解决一切，那就是大家的问题。"

思考题

1. 试述管理心理学的研究对象和主要内容。
2. 如何看待泰勒的管理思想？
3. 试析韦伯的管理思想及其主要特点。
4. 试析人际关系学派的主要观点及其理论贡献。
5. 试述麦格雷戈的人性假设理论。
6. 试述超 Y 理论的人性假设及其管理原则。
7. 如何评价施恩的人性假设理论？
8. 如何看待全球化对管理心理学的影响？

网络情境练习

在网上搜索有关"管理心理学"的教学和研究机构，有关管理心理学研究进展的文章，以及精品课程和网上论坛、沙龙等学习资源。同学间可就搜索和课程学习情况进行交流。

真实情境练习

进行"人的本性是善还是恶"的辩论。辩论分正反两方，每方 3～5 个同学，辩论由任课老师或同学主持，并邀请校内外人士参加。要求辩论前对辩论内容认真准备，辩论后双方要进行经验交流。

第二章 个体心理与行为基础

学习目标

1. 了解个性的概念和结构
2. 了解如何根据个体差异进行管理
3. 理解动机的激发过程及其对管理工作的意义
4. 理解需要、动机和行为之间的关系
5. 了解自我意识的作用并能正确看待自己

> **引导案例**

你用过 Google 吗？全世界各个角落的人都在用这个搜索引擎，以至于这个单词已成为我们网络语言的一部分。事实上，Google 公司的 10 000 台服务器每天处理着超过 2 亿条、用 90 种语言输入的搜索关键词，其中一半多来自于美国以外的用户。Google 的成功是一个奇迹。这家拥有 1 000 名员工的高利润公司仅有 16 年历史，它是 1998 年斯坦福大学研究生拉里·佩奇（Larry Page）和赛吉·布林（Sergey Brin）在学生宿舍里创办的。

Google 公司像一个活跃的实验室。在那里，不断的实验和用户反馈是知识创造过程中的一部分。Google 要求它的工程师们把 1/4 的时间花到新观念上。10 位全职员工浏览用户源源不断的电子邮件，并把一些重要的信息反馈分发到公司各部门。在 Google，科学家 Krishna Bharat 创建了一个动态新闻服务雏形之后的仅仅几个月时间里，公司就公开发布了它的测试版。随着广泛的公众反馈和进一步的发展，Google 新闻服务在全球已拥有几个版本，取得了出人意料的成功。一位在 Google 新闻项目组工作的工程师 Marissa Mayer 说："公开测试能帮助你更快地成长，如果它成功了，将会在公司内部产生激情和狂热。它让人们思考产品中的问题。"

Google 对员工也像对技术一样重视。Google 公司的总部 Googleplex 是一个独一无二的"绿洲"，在那里有包括迷幻熔岩灯、橡胶健身球和免费餐点在内的一整套福利设施。公司以拥有工作生活相互协调的办公环境而自豪，这里提供丰厚的医疗福利，以及以合作为基调的工作氛围。员工们工作在这样一个环境："就像我们的高密度服务器群组的结构一样，三四个员工与他们的沙发和狗一起分享着一个工作隔间。"每周五，员工们聚在一起聆听公司上一周的业绩报告。"我们希望每位员工都清楚地知道公司正在做什么，离我们的目标还差多远。"Google 技术总监 Craig Silverstein 说，他是佩奇和布林创立公司后的第一位雇员。

Google 精心挑选新员工。"因为采用了严格的招聘标准，我们确实在某些方面的发展速度要比应有的速度慢一些。"Silverstein 承认。这样做的结果是，产生了一种反映着公司创始人信仰的、迷恋于技术的"杂耍"文化。"员工们认为他们正在创造着世界上最好的产品，"Google 的工程总监 Peter Norvig 说，"这些产品正在改变着人们的生活。"

Google 已成为世界上最有影响力的网络公司，它不但为人们提供了极大的方便，而且为企业界树立了一个如何创建令员工满意公司的极好典范。Google 的成功,在于其拥有一支具有相同的价值观和工作态度的高素质员工队伍,以及时刻鼓舞着员工奋发向上的强大的公司文化。Google 选拔员工的最主要依据是看新人在知觉、态度、学习和价值观等方面,能否与企业的文化相适应。当然,管理者要想较好地完成这种选拔工作,就必须对人的心理品质及其个体差异有较深入的了解。

第一节 个性概述

个性也称人格(personality),是指一个人的整个心理面貌。"人心不同,各如其面",人的心理犹如人的面貌一样,是千差万别、各不相同的。人的个性不但各不相同,而且对人在工作中的行为表现影响很大。因此,我们有必要在探索组织管理中的各种具体的心理因素之前,首先对人的个性有一个基本的了解。

一、个性的概念

"什么是个性"这个问题,也许是心理学中最复杂的问题之一。到目前为止,心理学界对这个问题的回答也是众说纷纭,莫衷一是。从各派心理学家有关个性的界定中,我们可以将其共同之处大概归结为以下几点:

(1) 个性是每个人公开展现的一面,它是人们从自身中筛选出来的、公布于众的一个侧面。

(2) 个性是一系列复杂行为反应的总和,要想判定一个人的个性,只要考察其在不同情境下的行为反应即可。

(3) 个性是一种控制人的行为的内部机制,正是这种内部机制的特征,决定了人的个性特点及其外部表现。

(4) 个性是一种习惯性行为,它可以根据一个人的一贯的行为模式加以描述。

本书对个性的界定是:个性是一个人比较稳定的、经常影响其行为并使他与别人有所区别的、具有一定倾向性的心理特征的总和。个性也是个人所具有的和经常表现出来的行为模式,是一个人整个精神面貌的反映。

个性是多层次、多侧面的,由复杂的心理特征的独特结合构成的整体。这些层次有:①完成某些活动的潜在可能性的特征,即能力;②心理活动的动力特征,即气质;③完成活动任务的态度和行为方式方面的特征,即性格;④活动倾向方面的特征,如动机、兴趣、理想、信念等。这些特征不是孤立存在的,而是相互联系结合成一个有机的整体,对人的行为起调节和控制作用。

二、个性的结构

我国心理学界过去一直倾向于将个性的结构划分成两大部分，即个性心理特征和个性倾向性。近年来，随着对自我意识研究的不断深入，一些心理学著作开始把自我意识也纳入个性心理结构。

个性心理特征是指一个人身上经常地、稳定地表现出来的心理特点和行为风格，是人的多种心理特点的一种独特结合。因此，它集中地反映了人的心理面貌的独特性。个性心理特征主要包括能力、气质和性格，在个体发展过程中，这些心理特征形成较早，并在不同程度上受生理因素的影响，构成了个性结构中比较稳定的成分。

个性倾向性是个性结构中最活跃的因素，它是一个人进行活动的基本动力。个性倾向性主要包括需要、动机、兴趣、理想、信念和价值观。个性倾向性的各个成分并不是孤立的，而是相互联系、相互影响和相互制约的。其中，需要是个性倾向性乃至整个个性积极性的源泉，只有在需要的推动下，个性才能形成和发展。动机、兴趣、理想和信念等都是需要的表现形式。价值观居于最高层次，它制约着一个人的思想倾向和整个心理面貌。

自我意识是个体对自己各种身心状态的认识、体验和愿望，以及对自己与周围环境之间关系的认识、体验和愿望。它具有目的性、社会性、能动性等特点，对个性的形成和发展起着调节、监控和校正的作用。自我意识从内容上划分，包括个人自我、社会自我和理想自我。个人自我是指个体对自己各种特征的认识，是自己对自己的看法，具有较强的主观性。社会自我是个体所认识到的他人对自己各种行为的看法。理想自我是个体根据两个自我的经验，建构自己所希望达到的理想标准，进而引导个体达成理想中的自我。自我意识是个性形成和发展的前提，是个性成熟的标志。

三、个性与工作匹配

人们的个性各不相同，因此其喜欢和容易胜任的工作也千差万别。根据这种逻辑，管理者在人员安排上，总是想努力做到人职匹配。为满足这种要求所进行的研究很多，其中以霍兰德（J. L. Holland）的六人格类型理论最为著名。该理论指出，员工对工作的满意度和离开工作的倾向取决于他（她）的人格与其职业环境的适合程度。该理论概括了六种主要的人格类型，并给出了这些类型所对应的合适的职业，见表2-1。

表2-1 霍兰德的人格与职业样本类型

类　型	人格特点	职业样本
现实型：喜欢需要技巧、力量和协调的体力活动	害羞、诚恳、坚持、稳定、遵循、实际	机械师、钻床操作工、装配线工人、农夫
研究型：喜欢涉及思考、组织和理解的活动	善于分析、富于独创、好奇、独立	生物学家、经济学家、数学家、新闻记者
社会型：喜欢有关帮助和培养其他人的行为	好交际、友好、合作、宽容	社会工作者、教师、法律顾问、临床心理学家
常规型：喜欢有严格规范的、有秩序的和职责明确的工作	遵循、高效、实际、缺乏想象力、顽固	会计、公司经理、银行出纳、档案管理员
进取型：喜欢有机会借言辞影响别人和谋求权力的行为	自信、野心勃勃、精力充沛、专横	律师、房地产代理人、公共关系专家、小企业经理
艺术型：喜欢能提供创造性表达的模糊而无系统的行为	想象力丰富、混乱无序、理想主义、感情丰富、不实际	画家、音乐家、作家、室内设计师

资料来源：Holland J L. Making Vocational Choice: A Theory of Vocational Personalities and Work Environments. New Jersey: Prentice-Hall, Inc., 1985.

有人设计出包含有160种职业名称的职业偏好详细调查问卷。被调查者回答他们喜欢和不喜欢哪些职业，答案用于构造人格略图。通过这些程序，研究结果强烈支持如图2-1所示的六边形。该图形表示，两个域靠得越近，则它们越兼容一致。在图形上相邻的人格类型较相似，而正对着的人格类型则差别最大。

霍兰德认为，当人格与职业一致时，人的满意度最高而离职率最低。社会型个体应当做社会型工作，常规型人应做常规型工作，其他的也是一样。现实型的人更适合做现实型工作而不是研究型工作，社会型工作对于现实型人来说最不合适。霍兰德的六人格类型理论的要点是：

（1）不同个体的人格的确存在内在差别。
（2）有很多不同种类的工作。
（3）在适合自己人格类型的环境中工作的人与做不适合自己工作的人相比，通常对工作更为满意并且较少自动离职。

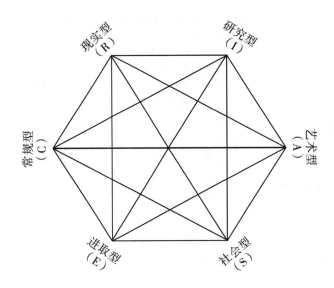

图 2-1 职业—个性类型关系六角图

资料来源：Holland J L. Making Vocational Choice：A Theory of Vocational Personalities and Work Environments. New Jersey：Prentice-Hall, Inc.，1985.

第二节 个性心理特征与管理

个性心理特征是指一个人身上经常表现出来的心理特点和行为风格，是人的个性中比较稳定的成分。研究个性心理特征对管理工作至关重要，因为个性心理特征中的气质是个性中最稳定的成分，它是决定人们是否适合某种工作的先天性条件；个性心理特征中的性格虽然受后天的教育和环境影响较大，但也比较稳定，它决定着人们对待各种人和事的基本态度；个性心理特征中的能力，决定着人们完成任务的本领，它对人们是否胜任某种工作，也具有决定性的影响。

一、气质与管理

气质（temperament）即人们常说的"性情、脾气"，是人的高级神经活动类型的心理表现，是不以活动目的和内容为转移的典型的、稳定的心理活动的动力特性。这种心理活动的动力特性，反映了个体心理过程的强度、速度、稳定性、灵活性以及心理活动的指向性等特点。心理过程的速度和稳定性包括知觉的速度、思维的灵活程度、注意力集中时间的长短等；心理过程的强度包括情绪的强弱、意志努力的程度；心理活动的指向性包括个体倾向于从外界获得印象，或倾向于经常体验自己的情绪，分析自己的思想和印象；等等。

（一）气质的类型

现代心理学把一类人身上共有的或相似的心理活动特征，称为气质的类型。并根据人的感受性、耐受性、兴奋性、内外倾向性等各种心理特征的不同结合，参照古希腊医生希波克利特（Hippocrates）的气质类型说，把人的气质划分为四种类型。

1. 胆汁质

胆汁质的主要心理特征是：直率、热情、精力旺盛、情绪易于冲动、心境变化剧烈，具有外倾性。

2. 多血质

多血质的主要心理特征是：活泼、好动、敏感、反应迅速、喜欢与人交往、注意力容易转移、兴趣容易变换，具有外倾性。

3. 粘液质

粘液质的主要心理特征是：安静、稳定、反应缓慢、沉默寡言，情绪不易外露，善于忍耐，注意力稳定，但难于转移，具有内倾性。

4. 抑郁质

抑郁质的主要心理特征是：孤僻、多疑、行动缓慢、柔弱易倦、多愁善感，能觉察他人不易觉察到的细小事物，具有内倾性。

气质类型是指表现为行为特征的神经系统基本特性的典型结合。表2-2列出了各种气质和神经类型的关系，以及这些类型的行为特点。但是，在现实生活中，仅有少数人是上述四种气质类型的典型代表，大多数人属于中间型或者混合型的气质类型。

表2-2 气质与神经类型的行为特点

气质与神经类型	强度	均衡性	灵活性	行为特点
胆汁质（兴奋型）	强	不均衡		攻击性强，易兴奋，不易约束，不可抑制
多血质（活泼型）	强	均衡	灵活	活泼好动，反应灵活，好交际
粘液质（安静型）	强	均衡	惰性	安静，坚定，迟缓有节制，不好交际
抑郁质（抑制型）	弱			胆小畏缩，消极防御，反应强

资料来源：俞文钊：《管理心理学》，东方出版中心2002年版，第198页。

（二）气质与工作效率

气质类型无好坏之分。气质类型不能决定人的社会价值大小与社会成就的高低。研究表明，在同一社会实践领域里的杰出人物中，均可找出不同气质类型的代表。任何气质类型都既有积极的一面，也有消极的一面。多血质者活泼热情、善交际、反应灵活、工作效率高，但稳定性差；胆汁质者外向开朗、反应快、效率高，但暴躁；抑郁质者自我控制力差、易疲劳、性情孤僻，但观察细致、感情细腻、办事谨慎。

在普通职业中，人的气质类型与工作效率之间往往呈现出双重关系，即互补性与适应性。互补性指人具有不自觉的自我取长补短能力，使普通人基本上能适应普通职业的要求（特殊职业例外）；适应性指不同职业常常对任职者提出不同的气质要求，从而使人的气质特征与职业之间存在着不同的适应水平。

不同气质特征的人在情感表达方式、接受新事物的速度、行为的稳定性、对挫折的忍耐程度等各个方面均各有特色，因而在对员工进行管理时，要注意根据人的不同气质特征，采取不同的方式方法。例如，多血质的人承受挫折的容忍力较大，对他们的批评不妨严厉些，并考虑到他们轻率、浮躁、易变的气质特点，在批评的同时要对他们加强日常纪律的约束；相反，抑郁质的人承受挫折的容忍力较小，又不善于暴露自己的思想，所以在批评他们时要特别注意方式方法，给他们更多的关怀和鼓励。

（三）气质与工作安排

在普通职业中，气质对工作的影响并不明显。虽然每种职业都要求人们具备相应的某种气质特点，但如果这些特点在某人身上表现较弱，此人会依靠自身的其他气质特点以及相应的职业训练加以补偿。所以，在许多企业中，我们可以看到不同气质类型的人从事同一种工作都可以干得很好。这里对工作成败起决定作用的不是气质特点，而是工作态度、工作积极性和技术熟练程度等。

在某些职业中，具有符合工作要求的气质特点者，易于适应工作，工作也更有成绩、更轻松。比如：营销员这类工作要求人热情开朗、反应灵敏，多血质的人就较易适应，而粘液质和抑郁质的人相对要困难些；反之，会计这类工作要求持久、细致、严谨，那么粘液质和抑郁质的人就要比多血质、胆汁质的人容易适应一些。试想，如果让抑郁质的人做营销工作，每天要与许多不同部门、不同个性的人打交道，为此他们得培养交际能力、语言表达能力，克服自己内向、沉默、冷淡等气质特点，这无疑要比多血质的人困难得多。

特殊工种、特殊岗位上的工作人员，如大型动力系统的调度员、飞机驾驶员、高空带电作业员等，从事的工作危险，负有重大的责任，要承受高度的身心紧张，唯有具备冷静、理智、胆大心细、临危不惧、反应迅速灵敏等特定气质特征者方能符合要求。在这种情况下，气质特征直接影响着一个人是否适合于从事该种职业。因此，在选择从事这类职业的工作人员时，应测定应聘人员的气质特征，并把是否具有特殊工作所要求的特殊气质特征作为职业选择和淘汰的依据之一。

二、性格与管理

性格（character）是表现在人们态度和行为上稳定心理特征的总和，它是通过个人对现实的稳定态度和习惯化的行为方式表现出来的。如同世界上没有两片完全相同的树叶一样，世界上也没有性格完全相同的人。性格特征是千姿百态的，它是决定人命运的重要因素和构成个体差异的重要内容。

（一）性格的结构

性格是一个十分复杂的心理现象，是一个由多个维度构成的系统。大多数心理学家认为，性格从结构上说主要包括如下四个要素：性格的理智特征、性格的情绪特征、性格的意志特征和性格的态度特征。

1. 性格的理智特征

性格的理智特征是指人们在感知、记忆、想象和思维的认识过程中所表现出来的个别差异。

2. 性格的情绪特征

性格的情绪特征是指情绪影响人的活动或受情绪控制时经常表现出来的稳定特点。性格的情绪特征具体表现为情绪的强度特征、情绪的稳定性特征、情绪的持久性特征和情绪主导心境方面的特征。

3. 性格的意志特征

性格的意志特征是指个体为了达到既定目标自觉地调节自己的行为，努力克服前进道路上的困难时所表现出来的意志特征的个别差异。性格的意志特征具体表现为意志的自觉性、意志的坚定性、意志的果断性和意志的自控性。

4. 性格的态度特征

性格的态度特征是指个体在处理各种社会关系方面所表现出来的个别差异。性格的态度特征具体表现为对他人、集体和社会的态度，对待事业和工作的态度以及对待自己的态度。

（二）性格的分类

心理学研究者从不同角度对性格进行了分类，如按照理智、情绪、意志在性格结构中占优势的情形，将人的性格分为理智型、情绪型和意志型；按照人倾向于从内部获取能量还是从外部获取能量，将人的性格划分为内向型与外向型；按照一个人的独立程度将人的性格划分为独立型和顺从型；按照人的社会意识倾向性，把人的性格分为理论型、实际型、审美型、社会型、政治型和宗教型；等等。

不同职业岗位的工作性质、工作情境、使用工具以及工作中派生的人际交往都具有不同的特性，因而会对任职者的性格特征提出不同的要求。如果职业分析的结果能确定不同职业任职者的性格标准，心理测验技术能判断个体间的性格差异，使人的性格与管理情境中的职务相匹配，就可以达到"人适其事，事得其人"的目标。但从目前情况看，对大多数职业而言，还很难做到这一点。因此，从管理的角度看，只能要求管理者在工作安排中尽量考虑部属的性格特点，并尽可能做到"人适其事"。

(三) 管理者的性格类型

1. 积极刚勇型

积极刚勇型管理者的行为特点为：活泼，有坚强的信念，有时候甚至过分地信任自己，积极地做正当的事，遇事不顺利也不灰心，有斗争性，由于自己的行为伴随的是感到愉快的事，所以行为被强化了。

2. 消极怯懦型

消极怯懦型管理者的行为特点为：缩手缩脚，对社会活动不感兴趣，生活单调；话题少，依赖性强；一切听从别人指挥，使自己的思维和行为停留在狭小的范围内；虽然消极但很敏感，自卑感很强；由于遇到的都是感到不愉快的事，因而对于采取行动持消极态度。

3. 折衷型

折衷型管理者的行为特点为：积极与消极的折衷型，做事没有条理，有点慌张情绪；令人感到有点任性与不诚实；有时有冒险行动，有时则采取逃避行动，其行动伴随有愉快的与不愉快的极端变化；做事不利索。

组织高效运行所需要的管理人员，应以积极刚勇型为主；但是，这种性格类型的管理者也有弱点，如过于自负，喜欢别人顺从他。消极型管理者虽然不是最理想的，但可以通过各种活动使之转化，增加其刚勇性的一面，使其在工作中更有干劲。对于折衷型管理者，则要通过多接触来增加与他的亲密程度，最终使其性格向积极刚勇型转化。

三、能力与管理

能力（ability）是指人们成功地完成某种活动所必须具备的个性心理特征。一般认为，能力有两种含义：其一是指已经发展出或是表现出的实际能力（actual ability），如能打篮球，会开汽车，可以用英语进行口头与书面交流，等等。其二是指潜在能力（potential ability），即各种实际能力展现的可能性。在现实生活中，潜在能力和实际能力是紧密相连、不可分割的。潜在能力是实际能力形成的条件和基础，而实际能力是潜在能力的展现，潜在能力只有在遗传和成熟的基础上，通过学习才能变成实际能力。

一个人的能力总是存在于具体的活动之中，通过活动表现出来。一个管理者的管理能力，也只有通过管理实践才能表现出来。有关研究和实践表明，要成功地完成某种复杂的活动,仅仅具备一种能力是不够的,通常需要多种能力的有机结合。能力高的人之所以取得较好的效果,是因为他的心理特征的综合与活动的要求相符合。大多数职业活动都是复杂的和多方面的,它们对人的智力和体力会提出不同的要求。如果一个人能力的某种结合符合活动的要求,那么这个人就能顺利地高水平地从事某种活动,表现出有能力;反之,就很难从事这种活动,表现出没有能力。

(一) 能力的个体差异

由于遗传素质、后天环境以及实践经历的不同,人与人之间在能力方面也存在着很大的个体差异。其具体表现在:

1. 能力的水平差异

即有的人能力水平高,有的人能力水平低。现代心理学通常把人在能力方面的表现划分为"超常"、"中常"和"低常"。从智力测量的结果看,大多数人的智力水平属于中常,只有极少数的人为超常或低常。

2. 能力的类型差异

在现实生活中,人在不同方面所表现出来的能力差异是很大的。但在传统的智力测验中,却只能测出人在书本知识学习方面的差异。为此,哈佛大学心理学教授嘉德纳(Gardner)提出了"多元智能"理论,强调人类的智慧至少应包括 7 种不同的智力,即言语智力、数理逻辑智力、空间智力、音乐智力、体能智力、人际智力、自知智力。在嘉德纳的观念中,上述 7 种智力在人们的实际生活中是同等重要的,并无主次之分。但由于各种原因,人们上述各种能力的发展是不均衡的,有的长于言语,有的长于音乐,有的长于人际,等等。因此,我们不能笼统地说哪个人的智力水平高、哪个人聪明,而只能说某个人在哪方面智力水平高、在哪方面聪明。

3. 能力表现的早晚差异

从能力发展的情况看,有的人成熟得早,有的人成熟得晚。在心理学上,把在儿童时期就表现出非凡智力或特殊才能的情况叫"早慧"。例如,我国唐朝初期的王勃,6 岁善文辞,10 岁能作赋;奥地利作曲家莫扎特 5 岁开始作曲,8 岁试作交响乐,11 岁创作歌剧。但这些都是特殊情况。对大多数人来说,都是在进入青年时期后,才逐渐在某些方面表现出特殊的才能。另外,还有一些人的才能显现的比较晚,即所谓"大器晚成"。如 40 岁才显现出绘画才能的我国著名画家齐白石、61 岁方完成医学巨著《本草纲目》的我国明代药物学家李时珍等,他们尽管不像"早慧"者那样灵气冲天,但却同样为人类作出了杰出的贡献。需要强调的是,无论是"早慧"还是"晚成",都需要个人的主观努力,不然即使是天才也会夭折。

(二) 能力与工作绩效

能力与工作绩效的关系,可用下面的公式加以说明:

$$工作绩效 = 能力 \times 动机$$

这一公式说明:影响工作绩效的关键因素是人的能力水平与人的工作动机,即能干与肯干。两者都属于人自身的主观因素。能力与动机的性质是不同的。能力是人在长期的工作与学习基础上逐步形成的,具有相对稳定性;人的动机是一种既相对稳定,又随时可能产生波动的因素。它一方面受人的世界观、价值观所支配,具有相对稳定性,另一方面又会随着工作情境中各种偶发因素的影响,产生很大起伏。

只要样本足够大,人的任何一种能力差异都呈现正态分布的状态,即50%的人能力处于中等水平,25%的人能力处于高水平,25%的人能力处于低水平。而现代管理的原则强调,通过科学的测定,以中等水平的人为标准,为每一个职务或工作岗位提出统一的工作标准或劳动定额。这便使不同能力水平的人面临不同的问题和形成不同的心态,管理心理学的重要作用就是为之提供相应的对策。

(三) 能力与人员配置

不同职务具有不同的工作内容与职责特点。它向任职者提出了相对独立的能力标准,这些标准是实施人员选择、培训、考核与人才流动的管理基础。例如,企业的管理者应该具备三种基本能力,即技术能力(或业务能力)、管理能力、人际关系能力。处于不同地位的管理者,因工作任务、管理范围、领导对象的不同,对三种能力的要求也略有不同。

职务分类是以不同职务对任职者提出的能力标准为依据而进行的,它在纵向上可以为人员晋升提供理论依据,横向上可以为人事调配提供参考信息。为了达到职务差异与能力差异的合理匹配,管理者应当用人之所长、避人之所短。对一个企业来说,并不是拥有的人才越多越好,问题的关键在于企业是否拥有最适合本企业工作性质的人才,并且是否已充分调动起本企业所有职工的积极性,并充分发挥出每个职工的最大潜能。

第三节 个性倾向性与管理

个性倾向性是个性中最重要、最活跃，也是最复杂的成分，研究个性倾向性对实际管理工作具有非常重要的作用，因为了解需要、动机和价值观等个性倾向的形成、变化的规律，可以为更好地调动人的工作积极性，进而提高工作的质量和效率奠定必要的基础。

一、动机与管理

美国心理学家威廉·詹姆士（William James）的研究表明，每个人都有很大潜力，通常情况下，一个人只要发挥出20%～30%的能力，就足以应付日常工作。但是，当他的动机处于被激发的状态下，他的能力则可以发挥到80%～90%。这就是说，人们通常的工作水平和激励下的工作水平相差3～4倍之多。可见人的动机强度对人的行为结果的影响是巨大的，管理者要提高员工的工作效率，就必须抓住动机这一关键环节。

（一）动机的界定

动机（motive）就是激励人们去行动，以达到一定目的的内在原因，是推动人们行动的内驱力。人们的一切活动总是从一定的动机出发，指向一定的目的，所以，人的动机和目的总是密切联系的。但是，动机和目的并不相同。目的是动机所指向的对象，是人们在活动中所期待的结果，而动机则是推动人们去实现目的的心理活动。在人们的行动中，有时目的相同，而推动他们达到目的的动机可能不同。同样，有时人们出于相同的动机，却达不到相同的目的。

在日常工作、生活和社会实践中，一个人的行为常常会受到各种动机的支配。根据动机的内容、性质、作用和产生的原因，可以对其进行不同的分类。下面列举的，都是管理心理学研究和实践领域较普遍的分类方式。

1. 生理性动机和心理性动机

根据动机的内容，可以将人的动机分为生理性动机（物质方面的动机）和心理性动机（精神方面的动机）。在人类产生的初级阶段，生理性动机在人的行为中占主导地位。但是，随着人类社会的不断进步，心理性动机显得越来越突出，逐渐成为推动人们社会行为的更为重要的力量。

2. 主导动机和辅助动机

根据动机的作用，可以分为主导动机和辅助动机。主导动机是一个人动机中最强烈、最稳定的动机，在各种动机中处于主导和支配地位。而辅助动机是指能够对主导动机起补充作用的动机，如爱好文娱和体育的动机。有成就的科学家和企业管理者，常常能够把辅助性动机迁移到他的工作和事业中来，成为他主导动机的补充，从而使他的主导动机得到增加，获得工作和事业的成功。

3. 短暂动机和长远动机

根据动机维持时间的长短，可以分为短暂动机和长远动机。如工作只是为了一时的成功或好评，称为短暂的直接动机。而长远动机则是为了一个远大的目标，这种动机来自于对目标的深刻认识和高度的责任感，这种动机一旦形成，往往具有很大的稳定性，不容易为偶然因素所左右。管理者要善于引导员工，把长远动机和短暂动机结合起来，并互为表里，使之取得良好的效果。

4. 内部动机和外部动机

根据引起动机的原因，可以分为内部动机和外部动机。所谓内部动机，就是人们对活动本身感兴趣，活动本身就构成了奖励或报酬，无需外力的推动，也不必外加奖赏。例如，某人发明了一件新工具，虽然未受到外人表扬，但他仍然感到满足，并愿意继续干下去。所谓外部动机，是指人们受到活动以外的刺激而诱发的动机。例如，人们为了当先进工作者而努力工作，或者是为了避免受到批评而完成工作指标，等等。这种动机并不是来自工作活动本身。

（二）动机的职能

动机具有以下职能：

1. 始动职能

动机具有唤起行动的始动职能。人的行为总是由一定的动机引起的，动机能够驱使人产生某种行为。当然，动机要引起行动，需要有一定的条件，即必须提出和动机相应的目的，并为达到这个目的去行动。只有在这种情况下，动机才能唤起行动。否则，动机便不能起到始动作用，因而也就不会导致满足需要的行为产生。在管理工作中，提供诱因十分重要。它不仅可以成为鼓舞员工的奋斗方向，还可以成为员工满足需要的目的物，对于调动员工积极性有极大的作用。

2. 指向职能

动机具有维持行为趋向一定目标的指向职能。个人一旦具有某种动机，其行为总是指向某一特定目标，而忽视其他事物，使行为表现出明显的选择性和积极性。这就是说，动机不仅能唤起行动，而且能使行动具有稳定和完整的内容，使人趋向一定的目标，使行为具有一定的指向。在培养和激发员工的工作动机时，首先要确定其方向，使动机方向符合企业的要求。如果员工的动机与企业的要求相符合，动机越强烈，其行为对企业就越具有积极的意义；相反，如果员工的动机与企业的要求相背离，则动机越强烈，其行为对企业带来的消极作用就越大。

3. 强化职能

动机具有保持和巩固行为的强化职能。一个人的行为结果，往往对他的动机产生巨大的影响，动机会因为良好的行为结果而使行为重复出现，使行为得到加强。反之，动机也会因为不好的行为结果，而使行为受到削弱，致使这种行为减少或不再出现。这两种情况，在心理学中都称为强化作用。前者为正强化，后者为负强化。正强化的作用，就是肯定行为，加强行为，鼓励行为；而负强化的作用，则是削弱行为，否定行为，惩罚行为，以致使行为消退。

4. 调整职能

人们在工作和日常生活中，为了达到一定的目标，常常以某种稳定的方式支配自己的行动。这种稳定的方式又被称为人的动机模式。人的动机模式能够对自己的行为起到调整作用。因为人的动机总是由一定的情境所激发，使人表现出对某种刺激物的积极态度，并力求在行动中达到目的。这种由情境所激发起的动机，最初只是在较小的范围内起作用，后来由于类似的情境经常出现，个体也就以类似的方式反复地反应。因而，这种行为动机就泛化到类似的情境中去，在人的头脑中系统化，形成一定的模式被固定下来，从而调整人们的行为。组织管理者如果期望得到员工某种相应的行为表现，则可以通过一定的情境训练，使之形成某种稳定的动机模式。

（三）动机的引发

动机的产生是由两个因素促成的：一个是需要，一个是刺激，两者缺一不可。需要包含两个方面：一是感到缺乏，二是期待满足。就是说，既有不足之感，又有求足之愿。所谓欲望就是个体对某一事物的强烈的获得欲，这种事物可能是维持个体生理需要的物质要素，如食物、衣着、家具等；也可能是社会环境中的心理因素，如友谊、荣誉、自尊和社会赞许等，这些东西的获得和满足，都能导致动机的产生。

个体如果对某种东西不感到缺乏，自然也就不会产生"求足之愿"。在另一种情况下，个体虽然对某种东西感到缺乏，但因种种原因并不"期待"满足。例如，受条件的制约，虽然没有豪华游艇，"感到缺乏"，但在一般情况下，一个人不会因此产生"求足之愿"，而构成买豪华游艇的动机。

刺激分为内在刺激和外在刺激。内在刺激是有机体的内部运动产生的。例如，饥饿产生胃的摩擦，使人产生进食的欲望，这是一种强烈的内驱力，使人产生觅食和准备食物的行为。外部刺激则是由外部诱因引起的。例如，饭店的美味食品，由于它的色、香、味刺激了人们的进食欲望，常常能够吸引路人进去"品尝"，而"品尝者"并非由于饥饿而品尝。可见，动机性行为的发生，往往是在内在条件与外在条件的相互作用下发生的。也就是说，人的动机行为，不仅与个体自身的身心状态有关，而且还会因时、因地、因其所处情境的不同而出现不同的反应。

从上面的例子中可以看出，动机和行为的关系不但是非常密切的，而且是十分复杂的。一般而言，动机是行为的动因，其作用在于引发和维持人的某一行为，使人的行为导向一定的目标。动机的强度不同，行为的结果就会不同。生活中经常会有这样的情况：能力不相上下的人，取得的成绩却大不一样，甚至能力差的人比能力强的人工作得更好。这是由于动机的强度，或者说是由于动机激发程度不同造成的。因此，在组织管理的过程中，应注意培养和激发员工的工作动机，使其自觉地为实现组织的目标而努力奋斗。

二、需要与管理

所谓需要（need），就是有机体缺乏某种物质时产生的一种主观状态，它是有机体对客观事物需求的反映。简单地说，需要就是人对某种目标的渴求或欲望。人为了自身和社会的生存与发展，必然会对客观世界中的某些东西产生需求，例如，衣、食、住、行、婚配、安全等，这种需求反映在个人的头脑中就形成了需要。需要能够推动人以一定的方式进行积极的活动。需要被人体会得越强烈，所引起的活动就越有力、有效。

（一）需要的种类

人类的需要是多种多样的。按照需要的起源，可以分为自然性需要和社会性需要两大类。自然性需要主要是指有机体为了维持生命和种族延续所必须的需要，它是人与生俱来的，是人的低级需要。其中，包括为了生存所必需的食物、水分和空气，必要的休息、睡眠和排泄，种族延续所必需的性激素分泌，为了避免某些有害的事物和不愉快的刺激所必要的回避和排除，等等。上述需要一般反映为生理的需要，它是人和动物所共有的，只是人的生理需要和动物的生理需要在满足方式上有根本的区别。动物仅仅是以自然环境中现成的天然物为对象，而人则是通过自己的劳动，生产出满足自己需要的对象，即使同样都是满足饱的需要，人与动物也存在着本质的区别，正如马克思所说："饥饿虽是饥饿，但是使用刀叉吃熟肉来解除的饥饿不同于用指甲和牙齿啃生肉来解除的饥饿。"

人的自然性需要有以下几个特点：①这种需要主要产生于人的生理机制，是与生俱有的；②这种需要以从外部获得一定的物质为满足；③这种需要多见于外表，容易被人察觉；④这种需要是有限度的，超过了一定的限度反而有害。

社会性需要主要是指个体在成长过程中，通过各种经验积累所获得的一种特有的需要，它是人后天形成的，是人的一种高级需要。其中，包括物质需要和精神需要。就其物质需要而言，主要是指社会化的物质产品，如必要的衣着、家具、住宅和生活用品；就其精神需要而言，主要是指一定的文化、艺术、科学知识、道德观念、政治信仰、宗教信仰和文化体育生活，以及必要的社会生产和社会交际活动等。

人的社会性需要主要有以下几个特点：①这种需要不是由人的本能决定的，而是通过后天的学习获得的，是由社会的发展条件决定的；②这种需要比较内在，往往蕴藏于一个人的内心世界，不容易被人察觉；③这种需要大多是从人的内在精神方面获得满足；④这种需要的弹性限度很大，并且带有连续性。

（二）需要的作用

在组织管理过程中，为了调动员工的积极性，首先应当注意了解员工的各种需要，并经过细致分析，有针对性地设置目标，尽可能地把组织目标与员工的合理需要有机结合起来，使得社会的需要、组织的需要逐步转化为员工的个人需要，从而更有效地挖掘人的内在潜力，激发出员工更大的积极性。

物质生活的需要是人们的基本需要，也是最强烈的需要。一个人的物质生活需要如果不能得到满足，往往会导致妨碍社会和集体的极端行为，即所谓"饥寒生盗心"。当物质生活得到满足之后，精神生活的需要就上升到主要地位，即所谓"衣食足而后知荣辱"。满足精神生活的正当需要，有不可忽视的作用，它往往能够推动人们对社会和集体作出更大的贡献。管理者的任务，就在于通过满足每个员工的各种正常需要，来调控他们的行为，使员工的行为都尽可能地符合整体的利益和要求。

但是，这里需要指出，管理者不但自身必须明白满足需要和承担义务是紧密相连的，而且要使员工清楚满足需要和承担义务的关系。因为满足需要和承担义务是一个问题的两个方面，两者是辩证的统一。满足需要是动因，承担义务是前提，两者的关系既是统一的，又是相对的。没有义务的承担，也就没有需要的满足。

(三) 需要、动机与行为的关系

所谓行为（behavior），就是指人们一切有目的的活动，它是由一系列简单动作构成的，在日常生活中所表现出来的一切动作的统称。影响人类行为的因素是多种多样的，概括起来可以分为两个方面：外在因素和内在因素。外在因素主要是指客观存在的社会环境和自然环境的影响。内在因素主要是指人的各种心理因素和生理因素的影响，在这里主要是指各种心理因素，诸如人们的认识、情感、兴趣、愿望、需要、动机、理想、信念和价值观等。而对人类行为具有直接支配意义的，则是人的需要和动机。

德国心理学家勒温（Lewin）认为，人的行为取决于内在需要和周围环境的相互作用。当人的需要尚未得到满足时，个体就会产生一种内部力场的张力，而周围环境的外在因素则起到导火线的作用。按照勒温的观点，内在因素是根本，外在因素是条件，两者相互作用的结果产生了行为。根据这一观点，他提出了著名的行为公式：

$$B = F(P \cdot E)$$

公式中，B 代表行为，P 代表个人的需要（内在心理因素），E 代表环境（外在因素的影响）。这一公式说明，人的行为是人的内在因素和外在环境相互作用的结果。在日常生活中，人们之所以会有这样和那样的行为，主要是受这两者的影响。所谓"近朱者赤，近墨者黑"，说的是人的行为容易受环境的影响；所谓"身居闹市，点尘不染"，则是说人的行为由于受到内在因素的支配，可以不受外在环境的影响。

既然人的行为是个体与环境相互作用的结果，那么在分析一个人的行为时，就要同时看到两个方面的因素，即不仅要深入地了解个体自身的情况，还要全面地分析他所处的特定环境。只有这样，才能弄清内外因素对个体行为的影响。人类有意识的行为活动，总是受到个体心理活动的支配。因此，要做好人的工作，必须重视对人的心理和行为的研究，善于了解和掌握影响员工心理和行为的各种策动因素。

三、价值观与管理

价值观（values）是指主体按照客观事物对其自身及社会的意义或重要性进行评价和选择时的原则、信念和标准。价值观是一个人思想意识的核心，对个人的思想和行为具有一定的导向或调节作用。符合价值标准的事物和行为就被认为是有价值的，否则就被认为是没有价值的。价值观的主要表现形式有兴趣、信念和理想等。价值观对个体行为的影响是通过这些形式表现出来的。

（一）价值观与行为目标

人的行为不仅与个体的身心状态有关，而且与个体所处的周围环境有着密切的联系。管理心理学认为，人们的不同行为受个体不同的需要和动机的驱使，并指向一定的目标，这种由动机支配并指向一定目标的行为，一般又称为动机性行为。动机性行为是研究人类基本行为的基础。因此，管理者要预测、指挥和控制人们的行为，就必须深入地了解和研究人们的动机性行为。

动机性行为主要可以分为目标导向行为和目标行为两种。目标导向行为是指为了达到某种目标而采取的行为，目标行为则是指实现目标本身的行为。例如，肚子饿了要吃饭，为了吃饭而准备食物和确定吃饭的地方，就属于目标导向行为；而吃饭本身就是目标行为。当目标行为开始以后，目标导向行为就减弱了；目标行为完成，需要得到满足，新的需要就会强烈起来，于是行为便又发生变化。管理心理学把一个人从动机到行为，再由行为到目标的过程，称为激励过程。

管理者如果要影响一个人的行为，就必须首先估计到什么样的目标对这个人最有价值和意义。目标越适合于他的需要，对他越有价值，他所受到的激励也就越强烈，他的行为活动也就越积极；反之，这种目标则不能调动其积极性。当然，在不同阶段中，目标导向行为和目标行为对需要和动机的强度有着不同的影响力，即需要、动机强度会因为目标导向行为的进展而加强，而当目标行动开始以后，需要、动机强度又会因目标行为的实现而削弱。所以，要使需要、动机强度能够经常保持在较高的水平上，最有效的方法就是循环交替地运用目标导向行为和目标行为。

目标导向行为和目标行为循环交替的过程，是一种螺旋上升的过程，实现一个目标后，马上提出新的更高的目标，使之进入新的目标导向过程，从而使积极性经常保持在较高的水平上。在这个过程中，应该引起管理者注意的是，当员工实现目标的能力增加时，管理者应该提供使之继续成长和发展的环境条件，使他们的知识、技能不断地得到提高。但是必须指出，目标导向行为是选择、寻找和达到目标的过程，它的时间不宜过长。如果一个人长期停留在目标导向过程中，就会感到目标遥远，"可望而不可即"，从而出现消极情绪。

（二）价值观与行为选择

价值观对人的行为选择具有非常重要的影响作用。一般来说，影响人们行为的主、客观因素有以下几个方面：个人因素、家庭因素、领导因素、社会因素、人际因素和工作环境，等等。而在上述因素对人的影响过程中，价值观扮演了一个仲裁者和调节者的角色。其具体的作用机制是：运用个体自身的价值标准对上述因素的重要性和紧迫性进行排序，然后根据重要或紧迫的程度付诸行为进行处理。

由于内外环境和个人心理活动的复杂性，人们的行为常常会因时、因地、因其所处环境的不同而不同。例如，初上火线的新战士，会不由自主地产生一种紧张感，即使一再勉励自己要勇敢镇定，但由于外在环境气氛的急剧变化和个体缺乏应激经验，也往往会在进入临战状态时，表现出惊慌、恐惧和在心理上失去控制的行为。有经验的指挥者能够有意识地转移部属的这种紧张心理，并将其化为临战前的高昂士气。

在现代战争条件下，为了提高指战员在临战状态的应变能力，常常在他们的训练科目中加上心理训练的内容。同样，在组织管理中，有必要对管理者和执行者进行一定的心理和行为训练，培养他们临危不惧、及时排除困难的能力，使他们在各种紧张复杂的情况下，能够保持头脑冷静，适时做出正确的判断和决策，确保工作优质高效地进行。

（三）价值观与动机调控

价值观对动机的调节和控制有直接影响：个体把目标的价值看得越高，由目标激发的动机就越强；相反，个体认为目标的价值不大，由此激发的力量就比较小。价值观是多种多样的，心理学家从不同的角度对价值观进行了分类。罗基（Rokeach）根据目标—工具维度，把价值观分为终极价值观和工具价值观，并设计了罗基价值观调查方法（RVS）。罗基的终极价值观指的是个人认可的终极存在状态，反映的是其一生追求的目标。而工具价值观，指的是其更偏好的具体行为方式，或者实现终极价值的方法和手段。表2-3列出了两组价值观各自的一些条目。

表2-3 罗基的价值观分类

终极性价值观	工具性价值观
舒适自在的生活	有抱负的
令人兴奋的生活	心胸开阔的
有成就感	有能力
和平的世界	欢愉的
美丽的世界	干净的
平等	有勇气的
家庭安全	宽容的
自由	愿助人
幸福	诚实的
内心的和谐	富于想象的
成人的爱	独立的

续表2-3

终极性价值观	工具性价值观
国家安全	有知识的
快感	有逻辑的
得救	有爱心的
自我尊重	服从的
社会认可	礼貌的
真正的友谊	负责的
智慧	有自制能力的

资料来源：彭聃龄：《普通心理学》，北京师范大学出版社2004年版，第334页。

从表2-3中可以看出，人的价值观是多种多样的。而人类社会的复杂性，决定了人的需要和兴趣也是多种多样的。一个人从少年到成熟，再从成熟到衰老，不仅其需要在不断地发生变化，而且他的兴趣、理想、信念和价值观也在不断地发生变化。因此，激励人们去行动的动机是多种多样和发展变化的。而不同动机的互相矛盾，就形成了动机的斗争。

动机斗争的过程，既是权衡各种动机轻重缓急和评定其社会价值的过程，也是克服内在困难的过程。对于非原则性的动机斗争，过多的犹豫是不必要的；而对于原则性的具有社会意义的动机斗争，则需要反复地考虑这些彼此矛盾的动机的是非或好坏，以及自己所应该采取的态度。

动机斗争有时是非常激烈的，它往往使一个人心情紧张，行动迟疑，一直到做出最后决定以后，这种由动机斗争所引起的紧张状态才会解除。在动机斗争过程中，思想反复的现象是常有的，作为组织管理者，应该了解人的价值观的复杂性，并学会用正确的思想来判断和解决员工的动机斗争问题，既不可不闻不问、放任自流，也不要捕风捉影，上纲上线。正确的态度应该是实事求是，具体问题具体分析。

第四节 自我意识与管理

自我意识是一个人对自己的认识和评价，包括对自己的生理状态、心理状态、个性特点以及自己与他人或组织的关系的认识。从某种意义上说，正是由于人具有自我意识，才能使人对自己的思想和行为进行自我控制和调节，使自己形成完整的个性。

一、自我意识概述

现代心理学认为，从感觉、知觉、思维、情感和意志活动，到个人主观世界的形成，无不是以能够意识到的客观形式存在的。因此，人们的自我意识是主观自我和客观自我的对立统一。只有意识到的感觉，才是人的感觉，当个体还没有意识到自己的思维、情感和意志活动的时候，他就还没有产生自觉的思维、情感和意志等心理活动。

（一）自我意识的构成

"自我"具有两层含义，一是把"自我"作为认识的主体，二是把"自我"作为认识和追求的目标。前者称为主观的自我或"主我"，后者称为客观的自我或"客我"。心理学家米德把前者称为"I"，把后者称为"me"；而心理学家詹姆士则把前者称为"纯粹的自我"，把后者称为"经验的自我"。

1. 自我认知

自我认知（self-cognition）是对自己的洞察和理解，包括自我观察和自我评价。自我观察是指对自己的感知、思想和意向等方面的觉察；自我评价是指对自己的想法、期望、行为及人格特征的判断与评估，这是自我调节的重要条件。如果一个人不能正确地认识自我，只看到自己的不足，觉得处处不如别人，就会产生自卑，丧失信心，做事畏缩不前；相反，如果一个人过高地估计自己则会骄傲自大、盲目乐观，导致工作的失误。因此，恰当地认识自我，实事求是地评价自我，是自我调节和人格完善的重要前提。

2. 自我体验

自我体验（self-experience）是伴随自我认识而产生的内心体验，是自我意识在情感上的表现。当一个人对自己作积极的评价时，会产生自尊感；作消极的评价时，会产生自卑感。自我体验可以使自我认识转化为信念，进而指导一个人的言行；自我体验还能伴随自我评价，激励适当的行为，抑制不适当的行为。如一个人在认识到自己不适当的行为后果时，会产生内疚、羞愧的情绪，进而制止这种行为的再次发生。

3. 自我控制

自我控制（self-regulation）是自我意识在行为上的表现，是实现自我意识调节的最后环节。如一个学生意识到学习对自己发展的重要意义，会激发起努力学习的动机，在行为上表现出刻苦学习、不怕困难的精神。自我控制包括自我监控、自我激励、自我教育等成分。

（二）自我意识的性质

自我意识具有以下性质：

1. 社会性

自我意识的形成和发展过程，实际上就是个体角色化的过程。一个刚出生的婴儿只是一个自然的实体，一个生物的人，甚至还比不上动物，具有较大的依赖性，必须得到成人的关怀和照顾才能长大成人，产生人的意识。如果婴儿从一开始就被剥夺了人类的社会环境，使其同动物生活在一起，就会由于失去了人类的社会文化环境和物质生活条件而不能形成人的意识。因此，一个人只有处在人类的社会环境中，才能发育成长，并在成长的过程中，逐渐产生对周围世界的认识，与此同时也产生对自己的认识，即形成自我意识。

2. 形象性

自我意识是个体在周围人们的期待中，以及周围人们的评价过程中，通过自己的主观体验而逐渐发展起来的。当个体觉察到对方的态度和言语中所包含的内容时，自我意识的内容也就得到了丰富。因此，个体的自我意识从本质上说，就是从他人对自己的情感和评价中发展自我态度。心理学家柯里把自我意识的这一侧面称为"自我形象"。他说："人与人之间相互可以作为镜子，都能照出他面前的人的形象。"人们由于把自己的容貌、姿态、服装等作为自己的东西，通过对镜子中形象的观察，以一定的标准衡量美丑，便会产生喜悦和悲哀。同样，个体在想象自己在他人心目中的姿态、行为、性格时，也会时而高兴时而悲伤。一个人正是这样在与周围人们的接触中，注意到他人对自己的态度，想象他人对自己的评价，并以此为素材构成一个客观标准而内化到自己的心理结构之中，形成了自我形象。所以，个体的自我形象和自我情感体验依存于个体与他人的接触，它是在想象他人对自己的判断和评价中形成的。

3. 能动性

人对自身的存在，对自身和周围关系的存在，是通过自我意识获得的，正因为人们具有自我意识，人们才能够认识到自己在想什么、做什么和体验着什么。一个人只有认识到自己的痛苦，才会有痛苦之感；一个人只有认识到自己与周围的利害关系，才能体验到自身的安全，才会知道一些事情为什么这样做而不那样做；同样，一个人只有当自己意识到自己行为错误的时候，才能够主动地矫正自己的行为，改变和修正原来的计划。人的行为与动物的行为存在着根本的区别，因为人的行为总是具有一定的目的性，在行动之前就预见到行动的结果，意识到自己想做的一切。蜜蜂建筑蜂房的本领使人间许多建筑师感到惭愧，但是最蹩脚的建筑师从一开始就比最灵巧的蜜蜂高明的地方，是他在用蜂蜡建筑蜂房以前，已经在他自己头脑中将蜂房建成了。这就是说，人们在行动之前，行动的结果、行动的动机和方式，就在自己头脑中观念性地存在了。而人们在行动之前确立行动目标，制订行动计划，选择行动方案，实现预期结果的一切活动，都是在人的自我意识参与下完成的。

(三) 自我意识的作用

一个人的自我意识对他的感觉、思维、情感和行为具有重大的推动作用，特别是对一个人的自尊心、自信心和自我态度的转变和提升有着巨大影响。

1. 自尊心

自尊心是维护自我尊严的一种自我情感体验。自尊心是自我意识的重要成分，它表现为要求尊重自己的人格，尊重自己的荣誉，不向别人卑躬屈膝，也不容许别人歧视和侮辱自己。一个有自尊心的人，与人相处总是严肃认真，既不会因为某种压力而屈从于别人，也不会轻易接受别人的奉承，即使在领导人面前也能够做到不亢不卑。而一个缺乏自尊心的人，则任何批评和表扬对他都不起作用。所以，自尊心又称为自爱心。

与自尊心相联系的是羞耻心。羞耻心就是指个体由于发现自己在认识上与行为上的不当，而为自己的缺点和错误感到羞愧。羞耻心还常常与一个人的荣誉感和上进心联系在一起，当一个人失去荣誉而懊恼苦闷的时候，会感到羞耻，当一个人受到压抑和侮辱的时候，会感到忧愤。"羞恶之心，义之端也。"羞耻之心是产生自尊心的基础，没有羞耻之心的人，亦无所谓有自尊心。羞耻心与人的成长和进步有很大的关系。一个人如果对自己的缺点和错误不以为耻，反以为荣，那么他就无法进步和提高。

因此，一个优秀的管理者，应该善于利用自尊心和羞耻心来调动员工的积极性，尊重员工的意见，激发员工的创造精神，切忌对员工简单地采取行政命令。当然对他们的缺点也要进行批评，但是必须适可而止，也就是说要做到知耻为止，太过分了就会损伤他们的自尊心，使其破罐子破摔，以致越发不可收拾。

2. 自信心

自信心是对自己力量的充分估计，它也是自我意识的重要成分。居里夫人有句名言:"我们应该有恒心,尤其是自信力!"自信力就是自信心,自信心在一个人的成长过程中具有积极的推动作用,它是一个人能否成才的重要心理品质。一个人如果很自卑,看不到自己的力量,认为自己什么都不行,久而久之,就会形成一种心理定式,对生活和工作都会带来消极影响。

美籍物理学家钟致榕教授在回顾他中学时代的经历时,说明了自信心对一个人成长的重要作用。他说,在他的中学时代,社会风气很坏,学生考试作弊,不求上进。为此,一位有作为的老师决定从300人中挑选出60人组成"荣誉班"。学生被告知,他们是因为有发展前途才被挑上的。因此,学生很高兴,对前途充满了信心,学习努力,严于律己。结果奇迹出现了,若干年后,这个班的学生大多数都成了有成就的人。后来钟致榕先生见到了他的老师,才知道60名学生是老师当时随意抽签决定的,并未经过专门的挑选。这一事实十分发人深思:由于"荣誉班"的学生被告知他们"很有发展前途"才被挑选出来,这就使他们产生了强烈的自信心,激起了他们自尊、自爱和自强的心理效应,最后使他们终于成才。在日本和苏联都有过类似的研究,这说明自信心对学生的学习有着非常重要的影响。

生活中常常会有这样一种戏剧性的事情发生,在某项活动中,如果参加者对活动具有强烈的自我意识,他就会在活动中发挥积极的作用。所以,人们常常在工作中看到一种你追我赶、彼此都不甘落后的现象,其原因就是人们都有一种自我实现的心理,通过争取优异的成绩,以保持和提高自己在群体中的地位。

3. 自我态度

自我态度就是个体对自己的一种自我评价倾向。个体的自我评价并不是一成不变的,它随着客观世界对个体的要求而发生变化。自我态度的改变不能强迫实现,必须通过自觉自愿,否则自我意识将会起阻碍作用。

影响自我态度变化的因素十分复杂,其中有主观因素,也有客观因素。当一个人的自我评价很高,与客观要求和看法距离很大时,自我态度的转变将会感到十分困难。一般地说,对于自我态度强烈的人,要转变他们的态度,必须做好充分的说服动员工作,否则将可能发生意外。

个人的自我意识还具有一种自我控制的功能,就是说在必要的情况下,自我意识能够控制自己的行为和态度,在一定的场合下,做到委曲求全。例如,在一种社会舆论的压力下,为了避免有失面子,不得不对社会舆论表示服从或顺从,声称自己的态度已经转变,实际上只是一种表面的服从,其实依然"故我"。这就是自我意识对个人行为的一种调控作用。

二、自我意识的产生与发展

自我意识是个体社会化的结果。自我意识的形成大致可以分为以下三个阶段，即生理的自我、社会的自我和心理的自我。

（一）生理的自我

生理的自我又称为物质的自我，它是一个人对自己身躯的认识，包括占有感、支配感和爱护感。心理学家奥尔波特等人认为，婴儿出生以后，最初他不能区分属于自己与不属于自己的东西。对于自己的手、脚和周围的玩具，都视为同样性质的东西加以摆弄。3个月大的婴儿能对人微笑，这表示婴儿对外界的刺激发生了反应。8个月大的婴儿开始关心自己在镜子里的形象，但10个月大的时候依然不知道镜子里的形象就是自己。一般认为，婴儿要到2岁零2个月以后，才会认识自己在镜子里的自我形象，大约与此同时，开始学会使用"你"这个人称代词。心理学家大都认为儿童要到3岁的时候，自我意识中的生理自我才能形成，同时也开始更多地使用人称代词"我"字。这时候儿童所表现出来的行为，大都是以我为中心的，所以有些心理学家称这一时期为"自我中心期"。

（二）社会的自我

社会的自我时期又称为个体客观化时期。这个阶段大约是从3岁到青春期之前，即到13岁至14岁的时候，这段时间是个体接受社会影响的重要时期，也是个体实现社会自我的最关键的阶段。这期间儿童的游戏，往往是成人社会生活的缩影，儿童在游戏中扮演某种社会角色，也是他们学习角色行为的一种方式，在游戏中儿童揣摩着角色的心理状态，体验着角色与角色间的相互关系。特别是儿童通过学校中的社会化生活，更加速了他们社会自我的形成过程。

学校中的社会化过程，是个体自我意识形成的重要阶段。学校与家庭不同，在家庭中儿童往往是以我为中心，尤其是独生子女，而学校则是中性的，对任何人都一视同仁，老师对每一个学生都一样地关心，一样地严格要求。儿童在学校只能是班级和集体的一分子，而不能像在家里那样可以为所欲为地指挥别人，在学校他们必须承担一定的社会义务和社会责任，要完成这些义务和责任，本身就是一种压力，压力则可以使他们产生焦虑和不安。在家里可以听之任之的事，在学校则要认真对待，否则就要受到集体舆论的谴责。在学校必须学习文化科学知识，掌握各种技能技巧，按照一定的道德规范严格要求自己，逐步地使自我实现的愿望和动机与社会的要求相吻合，最终达到社会的自我。

(三) 心理的自我

心理的自我又称精神的自我，这个阶段主要是从青春期到成年大约10年的时间。这期间，个体无论在生理上还是在心理上，都发生了一系列急剧的变化，骨骼的增长、性器官的成熟、想象力的丰富、逻辑思维能力的日益完善，进一步使个体自我意识的发展趋向主观性。所以，这一时期又称为主观化时期。个体的主观性主要表现在以下四个方面：

1. 独立地认识外部世界

这个阶段的青年人，往往用自己的观点来认识和评价客观事物，自我意识是个体认识外界事物的中介因素。青年与儿童不同，在客观化时期，儿童是以社会的观点来认识和评价事物的，他们以成人的观点为指导。而青年人则不同，他们不愿意盲目地追随别人，把跟在别人的后面随声附和看成是耻辱，在观点上喜欢标新立异，在行为上喜欢别具一格。个体自我意识的发展并不是到此为止，否则人类社会的进步和创造力就无从谈起。其实个体早在客观化时期，就已经不断地把他们从社会汲取的知识、观点、理想和愿望等进行了综合加工，到了主观化时期，个体就把这些经过综合加工形成的主观态度和主观意识作为评价客观事物的依据。

2. 个人价值体系的产生

在这个时期，青年人常常强调自己所独有的人格特征，目的是用以保护和提高自己在社会上的地位。强调自己的个人价值，实际上是一种自我防御机能。例如，一个身怀绝技的青年人，往往过分地强调该项技能的重要性。同样，一个学习优异的青年人，也会强调学习文化知识的重要。青年人大都具有自我欣赏的人格特征，心理学中把这种自我欣赏的人格特征，纳入一个人的价值体系，它能使一个人感到自豪、自信和自尊。实际上，这种价值体系也是在个体自我意识发展的过程中产生的，并被看成是一个人的价值观。

3. 追求自我理想

自我理想就是一个人对追求目标的向往。个体所追求的目标对他本人来说，总是最有意义的。想当医生的人，就认为医生的职业最高尚；想当企业家的人，就认为企业家的工作最有意义；同样，想当社会活动家的人，也就认为社会活动家的工作最光荣；等等。由此可见，自我理想往往与价值观是一致的。一般来说，青年人在这个时期，由于精力充沛，大都具有自己追求的目标。目标在这个时期往往成为他们自我奋斗的一种象征，并由此产生巨大的吸引力。

4. 抽象思维的发展

抽象思维的发展是个人智力发展的一个飞跃。抽象思维能力提高了，就能使人们的思维超越具体的环境，而进入精神的境界，即所谓达到了心理的自我。心理的自我主要是通过人们的思维和想象实现的。当自我意识的发展从成人的约束下独立出来，而强调自我价值和自我理想的时候，个体的自我意识也就确立了。因此，自我意识形成的过程，也就是个体不断成长的过程。

三、自我意识与角色知觉

角色概念是由戏剧表演中的"角色"一词发展而来的。从某种意义上说，社会就是一个大舞台，社会中的每一个成员都是这个大舞台上的一个角色。在一个组织中，管理者和被管理者也都是组织中的一个角色，但这两种角色的职责和社会期待却有很大差别。另外，无论是管理者还是被管理者，他们除了组织中的角色之外，还要扮演生活中的其他角色，如父亲、儿子、兄弟、朋友等。为了使管理者扮演好生活和工作赋予的各种角色，避免产生角色冲突、角色不明和角色负担过重，以及由此引发的个体心理上的紧张和焦虑，有必要对国内外有关自我意识与角色知觉和管理问题的研究做一个专门的探讨。

（一）角色知觉的概念

在社会组织活动中，各种社会角色总是不断地相互影响和相互作用。一个人对自我行为和地位的认识，总是根据对他人的行为和地位的认识获得的，因为角色的行为总是以对应的另一角色的行为为基础的。一个人在扮演某一个角色时，既要知道自己的身份和地位，也要知道对方的身份和地位。所以对角色的知觉，只有在角色的相互关系中才能更加明确。由于明确了自己的地位，也就加深了对对方地位的认识。例如，母亲和孩子的关系、医生和病人的关系、厂长和员工的关系等等，都是在与对方的相互关系中才明确了双方的地位。

在现实生活中，每个人总是隶属于一定的社会组织和群体，在错综复杂的社会关系体系中，总是居于某种地位，拥有某种身份，担任某种职务。在心理学中，把这种个体在社会组织中获得的地位、身份、职务等称为一个人的社会角色。例如，在家庭成员中，有父母、兄弟、姐妹；在学校里，有校长、老师、学生；在企业里，有经理、主任、科长、员工；等等。人们的不同身份、地位和职务，统统称为社会角色。社会角色，实际上就是个体的一种职能，一种对每个处在特定地位上的人所要求的符合社会规范的行为模式，这种行为模式规定着所有这类人的共同轮廓。因此，社会角色不仅说明了一个人在组织系统中的社会地位，同时也说明了他在组织活动中的行为功能和对社会的作用。

社会成员所担任的社会角色并不是唯一的和一成不变的，一个人往往同时担任几种角色。例如，某人在企业里是经理，而在家里则是丈夫或妻子，同时又是孩子的父亲或母亲。有些角色是与生俱来的，例如男、女的性别角色；有些角色则是后天获得的，例如工人、学生、演员、战士或干部等。角色本身虽然决定着角色体现者的共同轮廓，但它却不能决定每个角色体现者个人的活动和行为。因为每个角色体现者的个人行为活动，都取决于个人所掌握的角色理论及其角色内化的程度。而内化活动的本身又取决于角色体现者一系列的个性心理特点。因此，角色的行为往往是角色体现者的个性和对角色认知的统一。例如，一位优秀的企业家，由于他自身的素质和他对企业经理角色的深刻理解，往往在他进入经理的角色之后，便能够取得卓越的成就。

社会角色总是和与其相应的社会行为密切联系着的，由社会赋予角色的某种社会行为称为角色行为，而每种角色行为总是因其文化传统和社会背景的不同而不同。从社会学的观点来说，角色行为可能是团体或组织制定的，也可能是约定俗成的，从个体的角度来说，角色行为则是经过一个人的社会化过程获得的。就角色的社会化而言，角色行为还具有两种含义：第一，每种社会角色都有自己一套规范性的角色行为，有时也称为角色标准化行为；第二，在社会实践活动中，各种人际关系的建立，常常是以彼此对应的角色为基础，只要你获得了某种角色，社会的其他人，就会以相应的角色行为要求你。例如，在家庭生活中，你是父亲的角色，就意味着你应该积极参加工作、负责抚养子女、教育孩子、计划家庭生活，等等。一句话，你的一切言行，都应该像一个父亲的样子。如果你是一个商店的营业员，你的角色行为就要求你为了卖出货物、扩大经营，必须对顾客热情、友好、和蔼可亲，还必须有一套娴熟的技能和丰富的专业知识。否则，如果只会对顾客装腔作势、横眉冷眼，根本不替顾客着想，就不能算是一个合格的营业员。

(二) 角色的期待

所谓角色期待，就是组织中的每个人，在组织中总是占有一定的"职位"，对于占有这个职位的人，人们对他总是赋予一定的期望，而人们对他所应具有的行为期望，就称为角色的期待。在这里，人们所期待的他的行为，一般地说是一种处在这类职位上的规范化的行为。为了使每个学习者进入角色，角色的期待往往是不可缺少的。期待有时是实现角色的有效手段。心理学研究表明，家长对子女升入大学的期望，总是与其子女的升学率成正相关的。同样的道理，管理者对其部属的角色期望越强烈，其部属达到要求的比例也就越高。

实际上，角色期待就是他人对自己提出符合本人身份的希望，同时本人也必须领会他人对自己所寄予的期望。如果一个人不知道别人对自己所寄予的期待，这时，就不可能发生明显的期待效果。所以，为了使一个人实现某种社会角色，除了使他清楚地知道自己充当这种角色的一整套行为模式外，还必须让他知道社会和他人对自己的期望。在这里，期待也就意味着一种关心和信任，尤其是教师对学生、将帅对士卒、上级对下级的期待，往往能够发生巨大的作用。

心理学家罗森塔尔曾经把期待的效果称为皮格马利翁效应。皮格马利翁是希腊神话中的人物。他是一个雕刻师，曾用象牙精心塑造了一个美丽的姑娘，他对所塑造的人物倾注了自己全部心血与感情，最后感动了上帝，使所雕刻的姑娘获得了生命。当然，这只是一个传说，但如果每一个组织管理者，都能够像皮格马利翁那样，对自己的部属寄予殷切的期望，并对之提出合理的要求，就会使下属的角色行为因此而产生更好的社会效果。

（三）角色的学习

在社会组织中，每个人经常分配到不同的权利和义务。因此，一个人的社会角色，也是在不断地变化的。在不同的社会情境下，一个人往往要扮演各种不同的社会角色，所以每个人都必须在个人社会化的历程中，不断地学习符合各种角色的社会行为。例如，一个青年工人，同时可能持有父母或子女、兄弟或姐妹、爱人或朋友、班组长或夜大学员等不同的身份。在不同的情境中扮演的角色是不能混淆的，否则，人类的社会生活将发生极大的混乱。

角色的学习主要包括两个方面，一是学习角色的责任和特权（义务和权利），二是学习角色的态度与感情。例如一个企业的经理，他必须明确地知道经理的职责、地位和权力，同时还要学习管理的技能，懂得决策和规划、组织和用人，以及协调各种人际关系，既注意关心员工的生活，又注意自己的领导方法，并注意从各种反馈信息中了解员工的反应，从而调整自己的角色行为。

近年来，角色理论已引起人们的普遍重视，并正在大量地应用于教学活动和企业的组织管理，其中著名心理学家卡恩（R. L. Kahn）的"重叠角色组"模型对角色学习的理解具有重要的启发和借鉴作用。卡恩认为，当一个人在组织中执行某种组织角色时，为了很好地完成这个角色的任务，往往要同一些人发生联系，并协同工作，于是这个人就可以被称为"中心人物"。而跟他协同工作的人，如上级、下级、同事以及组织外的某些人，就和他组成了一个"角色组"，整个组织则可以被看成是由许多这样一类重叠相连的角色组构成的。卡恩认为组织成员的角色行为可以从以下三个方面来研究。

1. 角色冲突

角色组中的不同成员，对中心人物有不同的期望。角色组中的人员构成越复杂，其角色冲突就越大。

2. 角色不明

角色不明就是角色组中的成员，没有把中心人物完成任务所需要的情报资料传达给他，因此，中心人物就不能够及时地做出应有的反应。角色不明是新任领导经常遇到的，他虽然负有一定的责任，拥有一定的权力，但是上级没有告诉他如何恰当地完成他的任务。在这种情况下，个人所体验到的是强烈的不安。

3. 角色负担过重

中心人物往往会遇到来自许多角色组成员的期望。而这些期望有的不符合要求，有的在短期内不能实现，因而使中心人物无能为力。

从心理学的角度看，角色冲突、角色不明和角色负担过重，都会引起个体心理上的紧张和焦虑。为了消除这种紧张和焦虑，中心人物往往会采取一种要么斗争、要么逃避的反应，因此有时会产生不顾整个组织效率的行为。

（四）角色的管理

加拿大学者亨利·明茨伯格与他的同事们通过对企业管理者的大量研究，提出了著名的管理角色理论。明茨伯格把管理者的角色划分为三种类型，而在每种类型里又分别包括若干种不同的角色。这三种角色类型主要是指人际角色、情报角色和决定角色。

1. 人际角色

所谓人际角色，就是处理各种人际关系的角色。这些角色包括挂名角色、领导角色和联络角色等。

（1）挂名角色又称为挂名首脑。扮演挂名角色的人，其职能主要是代表本企业应付某些出头露面的事情。例如，负责接待参观来访的事务，迎接上级的检查、视察等。

（2）领导角色就是负责全面指导和组织工作的角色。扮演这种角色的人，其职能就是促使下属满怀热情地去完成组织任务，对内实行有效的指挥和控制。

（3）联络角色是负责上下、左右和内外协调的角色。扮演这种角色的人，其职能在于加强同各方面的联系，以有利于内外信息的沟通，使得上下协调、左右默契，从而促进企业的发展。

2. 情报角色

所谓情报角色，就是负责对各种信息的搜集、整理、接受和传播等方面工作的角色。其中主要包括接收者的角色、传播者的角色和发言者的角色等。

(1) 扮演接收者角色的人，其职能主要是接受外部的各种信息，通过加工整理制订出有关对策。例如接受上级的指示、命令或友邻组织的指责、控告等，并由此做出必要的贯彻、执行或交涉、干预的对策。

(2) 扮演传播者角色的人，其职能主要是负责传达有关的信息、命令以及上级领导部门的各种指示，保证上情下达、令行禁止。

(3) 扮演发言者角色的人，其职能主要是代表本企业或本部门，以权威人士的身份，发表公开的演说或声明，表达本企业或本部门的观点和态度，以维护企业或部门的利益。

3. 决定角色

所谓决定角色，就是以个人拥有的某些权力，对有关方面的决策行使最后决定权的角色。这种角色主要包括倡导者的角色、谈判者的角色、冲突处理者的角色和资源分配者的角色。

(1) 扮演倡导者角色的人，其职能主要是代表企业宣布某种主张，推行某种理论，倡导某种思想，实行某种变革。为此，他必须进行必要的自上而下的宣传、教育和舆论准备工作，从而形成组织内某种积极的社会心理气氛。

(2) 扮演谈判者角色的人，其职能主要是代表企业与有关方面举行对等的谈判或协商。作为企业的全权代表，为达成某些协议，有权进行必要的妥协、让步甚至做出某些利益上的牺牲，最后代表企业签字。

(3) 扮演冲突处理者角色的人，其职能主要是代表企业解决组织中的内外矛盾和冲突。对于员工和企业部门之间的矛盾，有权召集双方进行协商、调解、仲裁以至实行铁腕政策。

(4) 扮演资源分配者角色的人，其职能主要是代表企业处理好各种资源的分配。例如工资、奖金和各种额外的物质报酬等，在分配时要力求做到公平合理，使员工没有怨言。

明茨伯格的管理角色理论，目前已经成为管理科学中的一个重要学派，它对改进现代企业管理起到不可忽视的作用，在这里我们只是粗略地介绍一个梗概，目的在于引起研究和使用者的兴趣，从而促进我国管理心理学的发展。

本章小结

本章简要介绍了个体心理的基本问题，以及个体心理与管理的关系。其中，包括个性心理特征与管理、个性倾向性与管理和自我意识与管理。本章的重点和难点内容是个体差异与管理和社会角色与管理。本章的主要概念是：

1. 个性
2. 气质
3. 性格
4. 能力
5. 价值观
6. 自我意识

> 本土案例

试运用本章所学理论分析王军的管理存在哪些问题，为什么他的严格管理换来的是员工的不满和工作效率的下降。

王军是一家大型制造类企业的采购经理，他在工作上勤勤恳恳、认真负责，几乎把自己的全部精力都用到了工作上。王军的努力不但换来了可喜的工作业绩，而且使其深受公司领导层的赏识。他能从一个中专毕业生走到现在这个位子，多半也是因为如此。

王军不但自己工作努力，对下属的要求也很高，管理非常严格。他期望他的员工也能像他一样，一心扑在工作上。他要求他的下属在上班时间不得擅自离岗，不得做与工作无关的事情，不得闲聊，不得接打私人电话，所有的时间都得用在工作上。他总是想方设法占有员工的时间，认为只有员工多做工作才能多出成绩。在他的管理下，员工总有做不完的工作，即便有些工作没有任何意义。

他还要求员工养成"早到晚退"的习惯，并经常让员工陪自己加班，即使员工无事可做，也要陪伴在身边。假如员工没有养成这种习惯，那么加薪晋职的机会就比较少，而且可能被他忽略性地冷藏，再无出头之日，甚至被莫名其妙地调离。另外，他还将员工的节假日进行了重新规划，以适合他工作的需要。

王军本以为自己的严格管理会提高部门的工作业绩，但实际情况却恰恰相反。他的管理方式不但引起了员工的极大不满，而且引起了员工的消极抵抗。一些员工开始断断续续地请假，以各种理由和借口逃避王军的工作检查，一些员工通过各种关系调动工作，希望早日离开这个让其像在地狱中工作的顶头上司。结果不到半年，王军的工作便陷入僵局，他的下属们调走的调走，请假的请假，而那些仍来上班的员工，也士气低落，出工不出力。

> 跨文化案例

试用本章所学原理分析微软公司的升迁与分配制度。

一个领导者，有了优秀的下属，也给予了下属们一片奋斗的天地，好像一切都万事大吉了，而公司正在逐渐变得强大，收入也在不断地增加。与此同时，一个新的问题产生了：怎样把人才留在技术岗位上和产品组里，以便利用他们所积累的专业知识让公司已付出的投资包括公司对他们培训的投资和公司技术改造的投资等实现更好的效益回报？下面我们看一下微软是怎么做的。

微软做了一些在鄙视官僚主义的高科技公司里相对普遍的事情：他们在技术部门建立正规的升迁制度，以满足优秀人才的升迁需要。事实上，早在很久以前，微软公司就认识到利用升迁这一办法对于留住熟练的技术人员是很重要的。微软公司的高级管理人员查尔斯说："我们非常清楚地意识到双重职业的概念，当一个家伙不想做经理时，他也能像一个愿意当经理、当头头的人那样发展并升迁。"

微软既想让人们在部门内部升迁以产生激励作用，还想在不同的职能部门之间建立某种联系。它通过在每个专业里设立"技术级别"来达到这个目的。这个级别用数字表示不同的职能部门。这些级别既反映了人们在公司的表现和基本技能，也反映了经验阅历。升迁要通过高级管理者的层层审批，并且与报酬直接挂钩。1983—1984年，微软还建立起晋级制度，这种制度能帮助经理们招聘开发员工并建立与之相匹配的工资方案。当微软建立起其他的专业部门时，每一个领域也都建立起类似的晋级制度。

级别对雇员最直接的影响就是他们的报酬。通常，微软的政策是低工资，包括行政人员在内，但以股权和奖金的形式给予较高的激励性收入补偿。行政雇员和高级雇员的基本工资比公司的平均工资高不了多少。盖茨在1994年仅拿了27.5万美元的工资和18万美元的奖金，但他还拥有公司25%的股票。其他的高级经理人员拿的和他差不多或者更少，像史蒂夫·鲍尔默，他拥有公司5%的股票，是公司的第三个亿万富翁，仅排在盖茨和保罗·艾伦之后（保罗·艾伦作为成员拥有微软10%的股票）。1994年他的工资收入为24万美元，奖金也只有19万美元。麦克·梅普尔斯1994年的工资额是24万美元，奖金有25万美元。在微软实行这种制度之后，刚从大学毕业的新雇员（10级）工资大约为3.5万美元，拥有硕士学位的新雇员的工资大约为4.5万美元。对于资深或者非常出众的开发员或研究员，盖茨将给予两倍于这个数目或更多的工资，这还不包括奖金在内。程序经理和产品经理与开发员的工资几乎一样多，测试员的工资开始的时候要少一些，刚开始时为3万美元左右，但对于高级的管理人员，起薪亦可达到8万美元左右。但由于拥有股票，微软的17 800名雇员之中大约7 000人是百万富翁——大概算是类似规模公司之中百万富翁比例最高的。

正是由于这种制度，技术级别或管理职务的员工上升得很快，产品组和专业部门也得益于有不同背景和视野的人员的加入，而且在产品组之间保持了某些人员的流动性，所有的员工都在为实现他们的理想而工作。

> 思考题

1. 试述气质的类型及各种气质的主要特点。
2. 如何看待能力差异,怎样进行基于能力的人力资源管理?
3. 试析价值观在人的行为选择中的作用。
4. 试述卡恩的"重叠角色组"模型。
5. 试述明茨伯格的管理角色理论。
6. 如何发挥自我意识在管理中的作用?

> 网络情境练习

在网上搜索企业的招聘信息,并根据企业的基本介绍,以及企业不同岗位对聘用人员的要求,分析自己喜欢什么样的企业和具备应聘什么岗位的条件。

> 真实情境练习

做一套气质测验和人格测验,然后请比较了解你的朋友谈一下你在他(她)们眼中是一个什么样的人。做完之后回答下面两个问题:

1. 你是否了解了一些关于自身的以前不了解的东西?如果是,你了解了什么?
2. 你是否想要做出一些改变以完善自己?如果是,是哪种改变?如果不是,你认为什么类型的工作可能最适合你?

情绪、态度与工作满意度

第三章

学习目标

1. 了解情绪的概念和主要特点
2. 掌握情绪劳动应注意的问题
3. 掌握情感智力的结构
4. 掌握态度形成和改变的规律
5. 能够理解和运用态度理论
6. 了解影响工作满意度的主要因素
7. 掌握自我效能的概念、过程和主要影响因素

> **引导案例**
>
> 　　加拿大温哥华的自由餐厅咖啡店在这个周六早上挤满了人,很嘈杂。这家餐厅的一位客户在餐厅里大叫还要咖啡,一名经过的服务员嘲笑道:"想要更多的咖啡,你自己去拿!"客户只是大笑。另一位用餐者大声抱怨他和他的同伴被怠慢了,要尽快给他们服务。这次,餐厅的经理帕特里克·萨瓦大声地说:"如果你很着急就应该去麦当劳。"用餐者和他的同伴也报以轻笑。
>
> 　　对于没有经验的人而言,自由餐厅咖啡店像是一个满含情绪的篮球场,充满了挑剔的顾客和无礼的员工。但事实上,它更像一个表演场,顾客能享受美味的食品,释放他们对令人不快的客户服务的情绪。"它几乎要成为一个剧场。"花费了大部分时间发明这种无礼对待顾客方法的萨瓦说。

　　无论是在西方还是东方,无论是在生产领域还是服务领域,都已经有许多企业像温哥华自由餐厅咖啡店一样,开始对员工的情绪和态度给予更多的关注。因为他们已经清楚地认识到,员工的情绪以及他们对工作的态度,不仅影响员工对企业的满意度和忠诚度,而且影响顾客满意度和组织的绩效。

第一节　工作场所中的情绪与情绪管理

　　人不是冷冰冰的机器,人对环境的认知和理解不但充满感情色彩,而且会极大地影响其付出的努力。同是在工作场所,有些人干劲很足,情绪饱满;有些人却萎靡不振、消极怠工。那些投入地工作的人,在体力上、智力上和情感上,完全沉浸在对工作行为的体验和对目标的追求中。而那些消极怠工的人,则往往视工作为磨难,只是为了生存才不得已而为之。那么,为什么有些人会废寝忘食地工作,沉浸在工作的喜悦中,而有些人却不会呢?这就需要我们去了解工作场所中的情绪与情绪管理。

一、工作场所的情绪

　　大多数管理者认为,严格的要求和一定水平的压力,有助于促进员工的工作绩效。但从个体心理的角度讲,即使压力水平很低也会令人不快。因此,管理者与员工持有不同意见,甚至在情绪上对立,都是很正常的事。在管理层看来,调动肾上腺素可以产生积极的推动力；但在一些员工看来，严格的管理会让人感到情绪紧张和产生过度的压力。

（一）情绪和情感的界定

情绪和情感（emotions）是人对客观世界的一种特殊的反映形式，是人对客观事物是否符合自己需要的态度的体验。在现实生活中，人对各种事物、现象及自己与他人的言行等，常常抱有一定的态度。对这些态度的体验，就是情绪和情感。在心理学中，情绪和情感这两个概念是有区别的。其主要表现在：

（1）情绪是指那些与某种机体需要是否满足相联系的体验，而情感则指在人类社会发展进程中产生的与社会需要相联系的体验。因此，情绪是低级的，是人和动物所共有的，而情感则是人类所特有的，是受社会历史条件制约的。

（2）情绪是由情境引起的，容易迅速削弱，一般不太稳定，且常常随情境改变而改变。而情感既有情境性，又有稳定性和长期性。例如，孩子的顽皮可能引起母亲的愤怒，但母亲绝不会因为一时的生气而失掉爱子之情。

（3）一般情绪在强度上比情感要强一些，且常常伴随机体生理上的变化，而情感则往往比较含蓄，通常不会有太明显的外部表现。但是，情绪和情感的区别只是相对的，很难对两者进行严格的区分。因此，在许多心理学研究中，情绪和情感的概念是放在一起界定的。

对于上述情绪和情感概念的界定，可以从以下三个方面来理解：

（1）情绪和情感是人对客观现实的一种反映形式，客观现实中的对象和现象与人们之间的关系是情绪和情感的源泉。因为人与各种事物的关系不完全一样，人对这些事物所抱的态度也就不一样，所以人对这些事物的情绪和情感的体验也就不同。情绪和情感过程不同于认识过程，认识过程是人对客观现实本身的反映，情绪和情感过程是人对客观现实与人的需要之间关系的反映。

（2）人之所以能对自己对客观现实是否符合需要的态度有所体验，是因为人在认识和改造世界的过程中，客观现实和人的需要之间形成了不同的关系。例如，明媚的阳光、悦耳的歌声一般能满足人的需要，从而使人产生愉快的情感体验；而饥饿寒冷、卑鄙自私等，则不能满足人的需要，并会使人产生烦恼、厌恶的情感体验。

（3）在现实生活中，并不是所有的事物都会使人产生情绪和情感。因为很多事情对我们来说是无所谓的，既谈不上讨厌，也谈不上喜欢。而且即使是与我们的需要密切相关的事情，也并不能时时引起我们的情感，因为在一些情况下，我们根本不会注意到它们，更谈不上喜欢与不喜欢。

（二）情绪与情感的种类

情绪和情感虽然是一种简单的态度体验，但它的表现形式还是纷繁多姿的。根据情绪发生的强度、速度、持续时间和紧张度，苏联心理学家把它分为心境、激情和应激三种基本状态。

1. 心境

心境（mood）是一种具有渲染性、比较微弱而又持久的情绪状态，它不针对特定的事物。心境往往在较长一段时间内影响着人的思想和言行。如当一个人处于愉快和欢乐的情绪状态时，往往会显出乐滋滋的样子，觉得自己周围的一切事物都很新鲜、很富有意义、很值得欣赏，仿佛一切事物都染上了欢乐的色彩；而在不高兴的时候，看什么都不顺眼，看什么都闹心。影响心境的原因有很多，如人们生活中的重大事件、事业的成败、工作的顺利与否等，都可能引起其心境的变化。

2. 激情

激情（intense emotion）是一种猛烈的、爆发性的情感状态，它来得快，去得也急。暴怒、狂喜、绝望等都属于激情状态。激情是一种强烈的情感体验，在激情状态下，不但人的认识范围会缩小，控制自己的能力会减弱，就连其许多生理指标也会发生变化。如果一个人经常处于激情状态，特别是消极的激情状态，其身心健康会受到较大影响。因此，对于消极的激情状态，是应该加以控制的。

3. 应激

应激（stress）是当人遇到预料之外的紧急事故的情况下的刹那之间的反应。在应激状态下，人可能有两种表现：一种是目瞪口呆，手足无措，陷入一片混乱之中；一种是急中生智，头脑清醒，动作准确，行动有力，及时摆脱困境。事实证明，应激能力是可以通过训练得到提升的。具有意志力和警惕性的人，通过系统的应激训练，是可以做到动作机敏、遇事不慌乱、当机立断、化险为夷、转危为安的。

（三）情绪与情感的功能

情绪是独立的心理过程，有它自己的发生机制和操作规律。近年来的研究表明，情绪对认知活动的作用，只用"驱动"来描述是不够的。不少情绪心理学家认为，情绪在意识的发生中起核心作用。意识在人类身上的发生、发展，以及与认知系统的整合，都是情绪的功能，婴儿最初的感情体验就是最初的意识。婴儿不是一个知觉的人或认知的人，而是一个体验焦虑、快乐和愤怒的人，他以情绪的方式同世界发生联系。婴儿的生理需要得到满足时、受到成人的哺育和爱抚时、接触新事物时、被不良刺激作用时所发生的快乐、兴趣、痛苦、厌恶等情绪体验，就是其最初的意识。

个体早期习得的情绪—认知相结合的模式，在大多数情况下，经过不断进行的认知加工和意识操作，进入成年期后已牢固地建立起来，并能在每一次新的信息加工中自发地起作用。情绪不仅影响人的思维，甚至人们的视、听、嗅、味等感知也经常被情绪所改变，从而产生另外的知觉和认知。例如，愉快使人用"粉红色"的眼光去知觉世界，觉得事物都是和谐的；而痛苦使人感到世界暗淡无光，令人沮丧；愤怒使人在很大程度上把世界知觉为使自己处于障碍和阻力之中；恐惧使人感到世界有威胁性；羞愧则使人对自身知觉为无能，产生自我否定、自我怀疑和不如别人的自我评价。

在人类的高级目的行为和意志行动中，情绪因素也占有十分重要的地位。现代心理学鼻祖冯特（Wilhelm Wundt）就十分重视情绪在意志行动中的作用。他的一个重要思想是：简单的意志可以引起冲动行为，而复杂的意志则可以引起有意行为。他认为，认识和目的本身并不包含活动的驱动性，促使人去行动的是兴趣和好奇等情绪，驱动人去实现目标的是愿望和期望。兴趣和好奇等属于基本的单一情绪，而愿望和期望则是情绪和认知的交织。实现目的的愿望越强烈，它所激活的驱动力越大。单纯的目的是苍白无力的，它不足以形成强有力的行为动机，人为实现任何目标而采取的行动，都是认知和情绪共同作用的结果。认知和情绪的相互作用，才使人的决策生动有力，能够有效地见诸行动。

二、情绪劳动

在管理领域，有一个与情绪和情感相关的术语——情绪劳动，正日益显示其重要性。当员工将自己的体力或认知能力用于工作，他们就付出了体力劳动或智力劳动。但是，还有很多工作，不但需要员工付出体力和智力，还需要其在人际交往当中表现出公司所期望的情绪，这便是情绪劳动。

（一）情绪劳动的概念

在管理心理学中，情绪劳动（emotional labor）被界定为：员工在人际交流过程中，表现出令组织满意的情绪的努力、计划和控制。情绪劳动的概念最初在服务性工作中被引入并得到发展。例如，空姐应当愉快、葬礼顾问应当悲伤、医生的情绪则应当中性。然而今天，大部分行业的大多数工作，都期望员工加入某种程度的情绪劳动。而在与顾客和其他人进行频繁、长期的语言交流或面对面接触的工作中，就需要更多情绪劳动的参与。

在一些对情绪劳动要求较高的工作岗位，通常要对员工进行必要的业务培训。例如，"微笑：我们在舞台上"便是美国旧金山丽思·卡尔顿大饭店员工培训的重要内容。在这项培训中，包括了员工接待各种顾客时所必须表现出的情绪，以及如何调控自己以达到工作要求的全部训练。

但是需要指出，在不同的国家和不同的组织，情绪表现的规范也会有很大差异。一项调查表明，83%的日本人认为在商业环境里表现得过于情绪化是不恰当的，而该比例在美国只有40%，在法国只有34%，在意大利只有29%。换句话说，意大利人更容易接受或忍受工作中表现他们真实情绪的人，而这在日本会被认为是粗鲁的或窘迫的。

（二）感受情绪和表象情绪

在情绪劳动研究中，通常将情绪分为感受情绪和表象情绪。感受情绪（felt emotion）是人的真实感受。而表象情绪（desplyed emotion）则是组织所要求的或认为合适的情绪。表象情绪不是天生的，而是后天习得的。当宣布完新任美国小姐时，亚军的脸上也应带有礼节性的笑容，因为选美规则要求失败者应当以快乐的表情掩盖失落的悲伤。同样，大家都知道在葬礼上，不管我们是否认为死者的去世是一大损失，我们都应当装作很悲哀；而在婚礼上即便我们不愿意庆贺也得做出喜庆的样子。

精明老练的管理者在批评员工的表现时会装作很严厉，而当错过提升机会时也会掩饰内心的不满。而在大多数销售工作中，销售人员如果不能学会掩盖内心真实感受，并且在所有场合都对人微笑和表示友善，那他可能干不长久。这里的要点是：感受情绪和表象情绪常常是不一样的。事实上，如果人们在与他人交往时出现问题，往往就是因为天真地以为别人的表象就是其内心的真实感受。在组织内尤其如此，人们的工作角色，要求他们以表象情绪来掩饰其真实感受。

（三）情绪失调

情绪失调（emotional dissonance）是指个人被要求的情绪与真实情绪之间的冲突。喜剧演员乔治·伯恩斯（George Burns）曾经说过："当一名好演员的秘密就是诚实，如果你能假装那样，你就做到了。"伯恩斯的幽默突出了这样一个事实：我们大部分人在很多时候都很难隐藏自己的真实情绪，语音语调、手势或其他细微的方式，都会"泄漏"我们的情绪。有关研究表明，情绪失调是压力和工作倦怠的重要原因，在员工必须表现出与他们真实感情完全不同的情绪的场所，情绪失调最为常见。

情绪失调总会产生压力吗？不一定。最近一项研究表明，压力和倦怠程度，取决于员工是否通过表层行动或深层行动控制自己的情绪。表层行动就是思考和扮演这些反映情绪需求的行为，即使你有着完全不同的情绪。表层行动的一个例子，就是即使你被客人惹怒，也要对他微笑。表层行动会产生压力，因为它在抑制与行为矛盾的真实情绪。

深层行动是指通过认知策略，改变情绪来满足工作需求。为了不被某位顾客惹怒，你认为应该采用策略使你更少发怒，并且平时更高兴地与对方工作。例如，你也许会认为那位顾客由于个人问题正在发怒，你能够通过友好的服务使他的生活更美好一些。因此，为了避免需求情绪和真实情绪之间的冲突，需要用深层行动改变你的真实情绪，以便与所需求的情绪更协调。如果你的表现起作用了，那它不仅减少了压力，而且会带来成就感。

三、情感智力

众所周知，人的情绪和心智是同步成长、不可分割的。传统的智力理论，在建构方法上忽略了情绪的存在，认为智力只是由思维、观察、记忆、想象、言语和操作技能6种因素组成，其中思维是核心成分。现在让我们在这个传统的智力结构模型上再加上一个情绪圈，马上就可以看出这种结构模型的缺陷来。因为人的心智总是伴随着情绪一道成长的，任何情绪对心智都有独特的唤醒、导向和维持功能，同时情绪自身又有强弱变化的不同等级，从微弱到强烈，从缓慢到快速，从注意到拒绝，加上去的情绪圈显然可以影响到智力结构每一个心理层面的唤醒水平，决定着整个智力发挥水平的高低。

（一）情感智力的界定

1990年，美国耶鲁大学心理学家彼德·塞拉维（Peter Salovey）和新罕布什尔大学的约翰·梅耶（John O. Mayer）总结了近几十年来神经科学和心理学研究的最新成果，共同提出了情感智力（emotional intelligence，简称EI）的概念。这一概念刚被提出时，并没有引起人们过多的注意，直到1995年，美国《纽约时报》科学记者丹尼尔·戈尔曼（Daniel Goleman）出版了《情感智慧》一书，把心理学界十多年来关于情绪对认识能力影响的研究，用相当通俗的方式做了介绍，才引起社会各界的广泛注意，各大报刊纷纷转引和报道，国内的一些媒体也及时报道了这一学术动态，情感智力的概念才在学术界和社会上迅速传播起来。

那么，什么是情感智力呢？目前在心理学领域较为普遍的界定是：情感智力是指监控、感知自己和别人的情绪，区别它们，并使用这些信息去指导自己思考和行动的能力。至于在管理领域被经常使用的名词"情商"EQ（emotional quotient），则是人们类比智商IQ（intelligence quotient）提出来的关于情绪商数的简称，其目的是想用它作为衡量一个人情绪智力高低的一个指标。但是，由于目前尚无标准的情绪智力量表和常模，这一指标实际上是不存在的。不过尽管如此，把情绪和智力联系起来，用类似研究智力的方式，来研究它的发展水平，是人类对情绪认识的飞跃。

（二）情感智力的结构

情感智力指人们成功克服环境压力并适应环境的一类非认知的技能和能力。关于情绪智力的结构，塞拉维和梅耶根据情感智力的内容和它在解决问题、调节行为中的作用，参照智力结构的研究，提出了一个简洁易懂、便于操作的结构模型。该结构模型包括以下三个方面的内容：

1. 识别自己与他人情绪的能力

情绪上的自知之明是情感智力的重要组成部分，只有清楚、准确地了解自己的情绪，才能根据外部环境的要求，有效地调节自己的情绪状态。情感智力的作用还在于它能觉察他人的情绪，对他人的情绪做出准确的识别和评价。这种能力对人的生存和发展是很重要的，它能使人与人之间相互理解、和谐相处，有助于建立良好的人际关系。

2. 调节自己与他人情绪的能力

在识别自己情绪的基础上，通过一些认知和行为策略来有效地调整自己的情绪，使自己摆脱焦虑、忧郁、烦躁等不良情绪。同时，也能使人在察觉和理解别人情绪的基础上，通过一些认知活动和行为策略，有效地调节和改变他人的情绪反应。

3. 利用情绪解决问题的能力

研究表明，情绪能影响认知操作的效果。情绪波动可以帮助人们思考未来，考虑各种可能的结果；它可以帮助人们打破定势，或受到某种原形的启发；它可以使人们创造性地解决问题。同时，情绪又是一个基本的动力系统，它能激发动机来解决复杂的智力问题。

（三）情感智力模型

戈尔曼和他的同事也对情感智力的结构进行了研究，并提出了一个更为流行的情感智力结构模型（见图3-1）。这个模型将情感智力划分为四个维度，这四个维度分别是：

	自己 （个人能力）	他人 （社会能力）
情绪的确认	**自我意识** 情绪的自我意识 准确的自我评估 自信	**社会意识** 同情 组织意识 服务
情绪的控制	**自我管理** 情绪的自我控制 透明度 适应性 成就 主动 乐观	**关系管理** 有灵感的领导 影响力 发展他人 变革催化剂 冲突管理 建立关系 团队工作和合作

图 3-1　情感智力模型

资料来源：Goleman D. An EI-based Theory of Performance. In：Chernise C, Goleman D（eds.）. The Emotional Intelligence Workplace：How to Select for, Measure, and Improve Emotional Intelligence in Individuals, Group and Organizations. San Francisco：Jossey-Bass, 2001.

1. 自我意识

自我意识是指对自己的情绪、优点、弱点、价值观和动机以及自己与他人或组织关系的认识与评价。自我意识强的人有比较强的情绪和感情识别能力，并知道什么样的情绪和情感对他们是有利的，而什么样的情绪和情感对他们是有害的。

2. 自我管理

自我管理是人控制或改变自己的内在状态、本能和资源的能力。自我管理能力强的人能够控制冲动，表现出诚实和正直，保持有效执行并抓住机会的动力，甚至在失败后仍能保持乐观。

3. 社会意识

社会意识指对他人感情、想法等的敏感和理解，它包括认知他人的环境，即换位思考，也包括真实地感受他人的感情，即同感。当然，社会意识也包括对组织的理解，如理解办公室政治和了解社会网络等。

4. 关系管理

关系管理指管理他人的情绪。关系管理是一个包括广泛多样内容的概念，其中包括鼓舞他人、影响他人的信念和感情、开发他人的能力、管理变革、解决冲突、培养关系和支持团队工作与合作等。

情感智力的四个维度不但说明了情感智力的构成，同时也大致形成了情感智力的层级。其中关系管理是情感智力的最高层次，因为精通关系管理的人，也必须要有足够高的自我意识、自我管理和社会意识。自我意识是情感智力的最低层次，因为它不需要其他维度，而且它是其他三个维度的先决条件。自我管理和社会意识则位于情感智力层级的中间。

第二节 工作态度与工作满意度

在现实生活中，由于人们的社会经历不同，除了形成各自不同的需要、兴趣、个性和思想方法之外，还形成了不同的态度。例如有的人相信宗教，有的人是无神论者；有的人主张自由民主，有的人则喜欢独裁专制。从某种意义上说，工作态度不仅决定了人的工作绩效，而且还决定了人的工作满意度和自我效能感。

一、工作态度概述

用心的管理者很容易发现，在工作中有的人认真负责，一丝不苟；有的人却敷衍了事，马马虎虎。即使是对待同一个事物，也会有人赞成，有人反对。因此，态度在很大程度上影响着一个人的工作行为和生活方式。研究态度的意义、性质和影响态度的各种因素，也是管理心理学的重要内容。

（一）态度的概念

态度（attitude）通常是指个人对某一客体所持的评价与心理倾向。换句话说，就是个人对环境中的某一对象的看法，是喜欢还是厌恶，是接近还是疏远，以及由此所激发的一种特殊的反应倾向。态度的心理结构主要包括三个因素，即认知因素、情感因素和意向因素。

1. 认知因素

认知因素就是指个人对态度对象带有评价意义的叙述。叙述的内容包括个人对态度对象的认识、理解、相信、怀疑以及赞成或反对等。

2. 情感因素

情感因素就是指个人对态度对象的情感体验,如尊敬—蔑视、同情—冷漠、喜欢—厌恶等。

3. 意向因素

意向因素就是指个人对态度对象的反应倾向或行为的准备状态,也就是个体准备对态度对象做出何种反应。

态度既是一种内在的心理结构,又是一种行为倾向,对行为起准备作用。因此,根据一个人的态度可以推测他的行为。但是,推测只是推测,态度与行为毕竟不是一对一的关系,两者也不是同一个概念。况且行为的发生并不单单由态度决定,除了态度以外,行为还决定于其他因素,如社会道德规范、传统的生活习惯、当时的情境以及对行为结果的预期等。

作为一种心理结构,态度的核心是价值观。因为一个人的态度总是取决于态度对象对他个人的社会意义,这种社会意义的大小,决定了态度对象所具有价值的大小,而事物价值的大小,往往又取决于个人的需要、兴趣、理想、信念和世界观。因此,人们的价值观不同,所产生的态度也不同。对能够满足个人的需要、对其有利的事物,便产生肯定的态度;对不能满足个人的需要、对其不利的事物则会产生否定的态度。

(二)态度的特性

1. 态度的社会性

态度不同于本能,态度不是天生的,它是通过后天的学习获得的。不需学习、与生俱有的行为倾向不是态度。态度是个体在长期生活中,通过与他人的相互作用,以及周围环境的不断影响而逐渐形成的。态度形成以后,反过来又会影响个体对周围事物和他人的反应。在这种相互作用过程中,一个人的态度经过不断的循环和修正,会逐步形成日益完善的态度体系。

2. 态度的针对性

态度必须具有特定的态度对象。态度对象可能是具体的,也可能是抽象的,即一种状态或观念。由于态度是主体对客体的一种关系的反映,所以态度总是离不开一定的客体,总是与态度对象相联系,因此,态度的存在不是孤立的、抽象的,它总是针对着某一事物的。例如,某厂长对工人的态度,工人对奖金的态度,等等。

3. 态度的协调性

态度是由认知、情感和意向三种心理成分组成的。对一个正常人来说，这三种心理成分是相互协调一致的。例如，一位年轻的厂长，在他认识到学习管理科学的重要性之后，他会产生对管理科学的热爱，一旦有机会进行这种学习，他会十分乐于参加，并为此做好各种准备。这说明态度的三种成分十分协调，并不矛盾。

4. 态度的稳定性

态度是在需要的基础上，经过长期的感知和情感体验形成的，其中情感的成分占重要位置，并起到强有力的作用，它使得一个人的态度往往带有强烈的情感色彩并具有稳定性和持久性。正是由于态度具有这种稳定性和持久性，才使个体能够更好地适应客观世界。所以，对员工进行教育，最好是在他们态度尚未稳定、尚未形成的时候，因为这时态度的组织结构尚未固定化，引进新的思想和经验，容易促进态度的改变。

（三）态度的功能

研究和实践都证明，态度对于一个人的行为具有重要的影响作用，它不仅会影响一个人的知觉与判断，还会影响一个人工作和学习的速度与效率。同时，它还可以帮助人们决定是否加入某一群体、选择某一职业或者坚持某种生活信念，等等。因此，研究态度的功能，对于管理具有非常重要的现实意义。

1. 态度的社会性判断

态度的稳定性，往往会使态度一旦形成，便成为一个人的习惯性反应，久而久之便构成了个性的一部分，使人们对某些特定的事物保持一种或强或弱的固定看法。例如，在习惯上，人们往往认为山东人高大而淳朴，浙江人瘦小而精干，这种刻板的看法常常阻碍一个人去正确辨别群体中的个性差异，从而影响正确的社会性判断。

2. 态度与忍耐力

忍耐力又称为耐挫折力，即一个人在遇到挫折以后，对挫折的适应能力或对挫折的容忍力。这种忍耐力往往与个体对待挫折对象的态度密切相关。例如，一个战士非常热爱自己的祖国，因而他在战场上对待挫折就会具有高度的忍耐力，即使是酷暑严寒、枪林弹雨，他都能历尽险阻、坚韧不拔、顽强奋斗，对祖国忠贞不二。

3. 态度与工作效率

过去人们曾经认为,员工对工作的积极态度,必然会导致工作效率的提高。20世纪30年代,人际关系学派通过霍桑实验也认为高度的工作满意感必然带来很高的生产效率。但是,后来经过更加全面和深入的研究发现,工作态度与生产效率之间,并不是一对一的简单关系。它们之间由于受到许多中间变量的影响,存在着十分复杂的关系。

近年来的研究表明:员工对工作所持的态度与生产效率之间并无必然的联系。其主要原因在于:

第一,人的因素是很复杂的,对于一般员工来说,生产效率并非个人的主要目标,它只是借以达到其他目标的一种手段。有时即使一个人对工作持消极态度,但是为了达到其他各种目标,也可能提高工作效率。

第二,人的需要是各种各样的,当个体生活上的需要获得满足以后,其目标便可能转移到社会性的需要上。

第三,对工作感到满意或不满意不是影响工作效率的唯一因素,满意的工作环境虽然能够使员工坚守岗位,但也会有降低生产效率以谋求与大家一致的可能性;而对目前工作感到不满意的员工,为了不拖大家的后腿,或不让别人看不起,也有加紧工作提高生产效率的可能。

二、态度的形成与改变

态度的形成与一个人的社会化过程是一致的。当婴儿诞生在某一特定的家庭环境之后,家庭对他的各种刺激,对他的成长都会有非常重要的影响作用。心理学家认为,态度形成后,个体便具有了种种特有的内在心理结构,这种结构使个体行为产生一定的倾向性。因为个体总是根据自己已经形成的态度来对待他人、自己以及周围社会生活中的其他事物,从而对外界的影响表现为吸收或拒绝。如果形成的态度是正确的,它会促使个体与外界保持平衡。反之,则会阻碍个体适应社会。

(一) 态度的形成

态度不是与生俱有的,而是在后天的生活环境中,通过自身社会化的过程逐渐形成的。由于态度具有稳定性和持久性的特征,态度的形成总是要经过一段相当长时间的孕育过程。心理学家凯尔曼(H. Kelmen)通过研究认为,态度的形成过程主要经过三个阶段,即服从、同化和内化。在这个过程中,影响态度形成的因素主要有如下几点:

1. 欲望

态度的形成往往与个人的欲望有着密切的关系。实验证明，凡是能够满足个人欲望，或能帮助个人达到目标的对象，都能使人产生满意的态度；相反，对于那些阻碍目标，或使欲望不能得到满足的对象，都会使人产生厌恶的态度。这种过程实际上是一种交替学习的过程，它说明欲望的满足总是与良好的态度相联系。有人曾对某种种族偏见（态度）的发展进行过研究，认为这种偏见具有满足某些个人欲望的功能。例如有些人需要借蔑视其他种族，以发泄自己在生活中压抑已久的敌意与冲动行为。这说明态度中的情感和意向成分与欲望的满足有着密切的关系。

2. 知识

态度中的认知成分与一个人的知识密切相关。个体对某些对象态度的形成，受他对该对象所获得知识的影响。例如，一个人阅读过某种科技著作，了解到原子武器爆破力的杀伤性，就会产生对原子武器的某种态度。当然，态度的形成并不只是受知识的影响。有人通过在高中学生中调查对犹太人的态度发现，持反犹太态度的人，对非犹太人也不友善，而没有反犹太偏见的学生，对其他人也都友善。这说明种族偏见与个人的宽容性有密切关系。

3. 个体的经验

一个人的经验往往与其态度的形成有着密切的联系，生活实践证明，很多态度是由于经验的积累与分化而慢慢形成的。例如，四川人喜欢吃辣椒，山东人喜欢吃大葱的习惯，就是由于长期的经验而形成的一种习惯性态度。当然有时也会出现只经过一次戏剧性的经验就构成了某种态度的情况。例如，在某一次逗狗的游戏中被狗咬伤，很可能从此就不喜欢狗，甚至害怕狗，即所谓"一朝被蛇咬，十年怕井绳"。

（二）态度的改变

态度是经过学习过程而形成的，因此要改变态度的强度，或以新的态度取代原来的态度，并不是不可能的事。但是，由于态度具有稳定性的特征，它一旦形成，便构成了个性的一部分，进而影响整个行为方式。因此，态度的改变和取代，并不像一般的学习那么简单。学习活动只能改变一个人态度中的思想和信念成分，而不能改变一个人态度中的情感与行为倾向，因此学习活动对态度的改变只是暂时的，时间一过又会回到原来的态度。

态度的改变主要包括两个方面：一是态度的方向，二是态度的强度。以一种新的态度取代原有的态度，这就是方向的改变。只是改变原有态度的强度而方向不变，这就是强度的改变。同时，态度的方向和强度也是密切相关的，一个人从一个极端转变到另一个极端，这本身既包含方向上的转变，又体现强度上的变化。

人们态度的改变，主要取决于内在原因，例如生理状态的某些变化、心理上的某些愿望和要求的变化等。但这并不意味着态度的改变可以忽视外在因素的影响，有时外在因素在推动态度的改变上也能够起到重要的作用。在管理工作中，改变人们态度的方法，主要有以下几种：

1. 参加实践活动

心理学研究表明，要改变一个人的态度，最好能够引导他积极参加有关的实践活动，或是在活动中扮演一定的角色，或是在活动中让他发挥自己的主动性。这些都有利于个人态度的转变。例如，费斯廷格（L. Festinger）在研究美国白人对黑人的态度时，曾设置了不同的情境。第一种情境是把一批虽然住得很近，但是彼此不相往来的白人和黑人组织在一起做纸牌游戏；第二种情境是让白人和黑人共同观看别人玩纸牌；第三种情境是双方同处一室，但并不组织共同活动。研究结果发现，由于情境不同，白人对黑人显示出友好态度的人分别是 66.7%、42.9%、11.1%，这说明参加活动越积极则态度的转变越明显。上述实验说明，积极地参加有关实践活动，能推动一个人态度的转变，其原因在于某种特定的环境气氛能够使人们受到感染。因为情境中的各种因素，能够对人们的情感产生综合性的影响，其间往往有一种无形的力量推动参加者产生某种感情上的共鸣。因此，对那些持消极态度的人，与其口头劝说，还不如带他们到现场去转一转。因为经过亲身体验，往往容易使其态度发生改变。

2. 组织规定

组织的规章制度、公约、法规，一般地说，可以有效地改变人们的态度。心理学家勒温曾经为此做了这样一个实验。实验的对象是刚在医院生过孩子的产妇。实验者把产妇分成 A、B 两组，A 组为控制组，B 组为实验组。A 组是通过医生的劝说，告知产妇为了婴儿的健康，每天应该给孩子喂鱼肝油和橘子汁；B 组则是医院给大家规定，回去以后必须给孩子吃上述食品。一个月以后进行检查。发现 B 组的产妇几乎全部照办，而 A 组的产妇只有部分人接受了医生的个别劝告。这说明，组织规定比个别说服更有助于转变人们的态度。当然，实验所揭示的结果并不说明实验本身与思想政治工作是矛盾的，因为转变人们的态度所采取的途径可以是多样的，如果把多种途径结合起来，则效果将会更好。单纯地依靠说服动员就想达到态度的改变，往往是十分困难的。所以，有必要通过国家、团体和组织做出某些规定，使这些规定在客观上带有法令和准法令性质，并使它逐步成为人们的行为规范，让人们知道怎样做是对的，怎样做是不对的。

3. 逐步提出要求

心理学研究表明，要改变一个人的态度，首先必须了解他原来的态度立场，然后再估计一下两者的差距是否过于悬殊，若差距过大，反而会发生反作用，如果逐步提出要求，不断缩小差距，人们则比较容易接受。所以，要改变人们的态度，不能操之过急，最好逐步提出要求。为此，心理学家弗里德曼（N. W. Friedman）曾进行了一次对比实验。实验是在自然的情况下进行的。对象是一批美国的家庭主妇，她们被分成 A、B 两组。实验者先向 A 组的被试者提出，想在她家门前竖一个牌子，家庭主妇们普遍都同意这个要求，后来又向她们提出第二个要求，最好能在她家的院子里立一个架子，被试大部分也接受了。实验者对 B 组却是同时提出两个要求，结果家庭主妇们普遍不能接受。这说明，最初提出小的要求，以后再提出难的要求，比一开始就提出两个要求更容易使人接受。

4. 利用睡眠者效应

睡眠者效应是在 40 年前的一个研究中发现的。在这个研究中，一组美国士兵观看了一部爱国主义的电影。在看完影片后 5 天，态度有少量改变。9 周后，与未看影片的控制组士兵相比，这一组的士兵表现出更多倾向于肯定的态度。显而易见，5 天和 9 周之间，在看了影片的士兵之间产生了某种东西而导致了态度的改变。为解释睡眠者效应，研究人员开始研究消息来源的可信度。由于士兵们认为最初观看的信息是值得怀疑的，他们不相信美国军队，对于美军的信息持有偏见。这些信息最初只有很低的可信度。因而，他们倾向于对电影的信息打了折扣，然而，几个星期过去了，这个消息的来源已被忘记而消息的内容还被保存着，这个解释就是后来闻名于世的"折扣心理假设"，这个假设建立在这样一种说法的基础上：我们储存信息内容的方式与信息源的方式不同，而且我们回忆这些信息时，成功的程度也会有所区别。在态度改变的诸因素中，信息的可信度是一个重要的相关因素，可信度高的信息源容易引起人的态度改变，但可信度差的信息源在一定程度上也能说服并改变人的态度。

三、态度理论

（一）认知失调理论

认知失调理论是由美国心理学家弗斯廷格在 1957 年提出的。弗斯廷格把人的认知元素分成若干个基本单位，如思维、想象、需要、态度、兴趣、理想、信念等因素。其中任何两种元素不一致，就会产生失调。失调主要来自于两个方面：一是个人的决策行为，一是与自己的态度相矛盾的行动。这种失调对态度的意义，在于能够产生某种力量，使人们逐渐改变自己的态度。弗斯廷格把上述任何两种元素单位之间的关系分为协调、不协调、不相关三种情况。

例如：认知元素 A——我在大雨中不带伞走路，认知元素 B1——我的衣服湿了，认知元素 B2——我的衣服没有湿。显然认知元素 A 与 B1 呈协调状态，而认知元素 A 与 B2 呈不协调的状态。当个体发觉自己所持有的两种或两种以上的认知元素相矛盾时，便会出现认知上的不协调，内心就会有不愉快或紧张的感觉，因而产生一种驱使个体解除这种不协调状态的动机。解除或减少失调状态的办法有以下三种：

一是改变某种认知元素。改变某种认知元素，使其他元素间的不协调关系趋于协调。例如，认知元素 A "我喜欢抽烟" 与认知元素 B "抽烟可能导致癌症" 是不协调的。为此，一个人要么改变认知元素 A 为 "我不再喜欢抽烟" 或改变认知元素 B 为 "抽烟导致癌症的说法是没有根据的"，从而达到认知的协调。

二是增加新的认知元素，以加强认知系统的协调。例如，若无法改变认知元素 A "我喜欢抽烟"，则可以增加新的认知元素 C——"世界上抽烟而长寿者很多"或认知元素 D——"抽烟可以减轻精神紧张，有利于心理健康"等，使不协调的强度自然降低。

三是强调某一认知因素的重要性。上例中，如果个体强调元素 A，他会说："我喜欢抽烟，抽烟可以使我生活得很快乐，不要为了将来可能导致疾病而牺牲我目前的乐趣。" 抑或强调元素 B，个体会这样说服自己："肺癌是一种可怕的疾病，为了自己的健康和家庭的幸福，我虽然喜欢抽烟，也应该尽量地克制。" 由此可以看到，认知失调的理论，确实可以说明态度的构成与改变。

(二) 平衡理论

1958 年，美国心理学家海德（F. Heider）提出了改变态度的 "平衡理论"。海德认为在人们的认知系统中存在着使某些情感或评价趋向于一致的压力。他认为人们的认知对象包括世界上各种人物、事件及概念，这些对象有的各自分离，有的则互相联结组合为一个整体而被我们所认识。海德把这种构成一体的两个对象的关系，称为单元关系，其关系可以由类似、接近、相属而形成。人们对每种认知对象都有喜恶、赞成或反对的情感与评价倾向，海德称此为思想感情。

海德还认为个体对单元中两个对象的态度一般是属于同一方向的。例如一个人喜欢 A，则对 A 的穿着亦感到欣赏；一个人讨厌 B，则觉得 B 的朋友也不好。因此当个体对单元内两个对象的感情相互调和时，其认知体系便呈现平衡的状态。反之，当个体对单元的知觉和对单元内两个对象所持的态度趋于相反方向时，其认知体系便出现不平衡的状态。这种不平衡状态将会引起个体心理的紧张而产生不满情绪。例如，一个人喜欢A，但是却对A所穿的衣服款式无法赞同，于是就会因不平衡状态引起内心的紧张和不愉快，而导致要么喜欢A的衣服款式，要么不再喜欢A。由此可见，解除心理紧张的过程，就是态度改变的过程。

海德的平衡理论，原则上与弗斯廷格的认知失调理论是相同的，但海德强调一个人对某一认知对象的态度，常常受他人对该对象态度的影响，即海德十分重视人际关系对态度的影响力。例如：P为学生，X为爵士音乐，O为P所尊敬的师长。如果P喜欢爵士音乐，听到O赞美爵士音乐，P—O—X模式中三者的关系皆为正号，P的认知体系呈现平衡状态。如果P喜欢爵士音乐，又听到O批判爵士音乐，P—O—X模式中，三者的关系二正一负，这时P的认知体系呈现不平衡状态，不平衡状态会导致认知体系发生变化。

平衡理论的用处在于使人们可以用"最小努力原则"来预计不平衡所产生的效应，使个体尽可能地改变情感关系以恢复平衡结构。在一定的情境中，它能以简练的语言来描述认知的平衡概念，使它成为解释态度改变的重要理论。

（三）参与改变理论

德国心理学家勒温（Lewin）认为，个体态度的改变依赖于他参与群体活动的方式。个体在群体中的活动方式，既能决定他的态度，也会改变他的态度。勒温在他的群体动力研究中，发现个体在群体中的活动可以分为两种类型：一种是主动型的人，这种人主动参与群体活动，自觉地遵守群体的规范；另一种是被动型的人，他们只是被动地参与群体活动、服从权威和已制定的政策、遵守群体的规范等。为了研究个体在群体中的活动对改变态度的影响，他做了如下实验。

第二次世界大战期间，美国由于食品短缺，政府号召家庭主妇用动物的内脏做菜。而当时美国人一般不喜欢用动物的内脏做菜。勒温以此为题，用不同的活动方式对美国的家庭主妇进行态度改变实验，其方法是把被试者分成两组：一组为控制组，一组为实验组。对控制组采取演讲的方式，实验者亲自讲解猪、牛等内脏的营养价值、烹调方法、口味等，要求大家改变对杂碎的态度，把杂碎作为日常食品，并且赠送每人一份烹调内脏的食谱。对实验组勒温则要求她们开展讨论，共同议论杂碎做菜的营养价值、烹调方法和口味等，并且分析使用杂碎做菜可能遇到的困难，如丈夫不喜欢吃的问题、清洁的问题等，最后由营养学家指导每个人亲自实验烹调。结果，控制组有3%的人采用杂碎做菜，实验组有32%的人采用杂碎做菜。

由此可见，由于实验组的被试者是主动参与群体活动的，他们在讨论中自己提出某些难题，又亲自解决这些难题，因而态度的改变非常明显，速度也比较快。而控制组的被试者由于是被动地参与群体活动，很少把演讲的内容与自己相联系，因而其态度也就难以改变。基于这一实验，勒温提出了他的"参与改变理论"，认为个体态度的改变依赖于在群体中参与活动的方式。后来，这个理论在管理中得到广泛的应用，也取得了一定的成效。

四、工作满意度

工作满意度是一个与工作态度密切相关的概念，当人们谈到员工的态度时，经常就是指员工的工作满意度。工作满意度指个体对其工作的总体态度和看法。在通常情况下，一个对工作抱有很高满意度的人，会对其工作持积极态度；一个对其工作不满意的人，则对工作持消极态度。但是，从心理学的角度看，态度是一个比工作满意度更广的概念，而心理学的实证研究表明，工作满意度与工作态度不一定呈正相关。

（一）影响工作满意度的主要因素

工作满意度（job satisfaction）代表个人对他的工作及工作内容的评价，是对工作特征、工作环境以及工作中情绪经历的一种评价。满意的员工根据他们的观察和情绪经历，对他们的工作有着满意的评价。工作满意度是一种对工作特定方面的态度，员工在对一些工作要素感到满意的同时，也可能会对其他要素感到不满意。例如，你也许喜欢你的同事，但对工作量和工作其他方面可能很少感到满意。决定工作满意度的因素有哪些呢？许多证据表明，如下因素对员工的工作满意度有着非常重要的影响。

1. 有智力挑战性的工作

员工偏爱的工作应当能给他们机会充分展示自己的技术和能力，能够提供不同的任务和自由度，并且能对他（她）所做的事情给予反馈。具有这种特点的工作往往具有一定的智力挑战性。工作太容易会让人感到厌倦，而太难又会让人产生挫折感和失败感。在中等挑战性环境下工作的人通常会对工作感到愉快而满意。

2. 公平的报酬

员工希望他们的报酬系统和提升政策能够公平、透明并且符合他们的期望。当在工作要求、个体技术水平、共同薪水标准的基础上，员工感到报酬制度公平时，就可能对工作感到满意。类似的，如果员工觉得提升决定是以公平公正的方式做出的，同样也会对工作感到满意。

3. 满意的工作条件

有关调查研究表明，员工对其工作环境的关心主要集中在：一是工作条件的舒适，能给个人身心以愉悦的感受；二是工作条件有利于做好工作，没有难以避免的各种干扰,这点对成就动机强的员工尤为重要;三是周围的物理环境能够安全、卫生,不会对身体产生不好的影响。

4. 合心意的同事

最后,员工工作不仅仅只是为了赚钱和取得成就。对大多数员工来说,工作满足了他们社会交往的需要。因而与友好和谐的同事一起工作,也会增加工作满意度。有关统计资料表明,同事间的冲突经常不只产生不满意,也产生使员工考虑和寻找其他职业的强烈情绪。

(二)工作满意度与绩效

商界最古老的信仰之一就是"一名快乐的员工就是能干的员工"。早期关于满意度与生产率之间关系的论点本质上可归结为:快乐的劳动者必定生产率高。从20世纪30年代到50年代,管理人员所表现出来的家长式作风——例如,组建保龄球队和信用合作社,举办公司野餐以及培训管理者更加关心员工——就是由希望取悦员工的想法而开始的。然而,快乐员工理论更多的是主观臆测,并没有坚实的依据。

后来,更深入的分析表明,即便满意度对提高生产率有积极作用,这种作用也是相当微弱的,而适度地引入其他的变数可以影响这种作用关系。20世纪80年代,一些研究甚至得出这样的结论:工作满意度与任务绩效有微弱的或可以忽略的联系。不过,近年来越来越多的研究表明,流行的俗语终究是正确的。通过引用早期研究的问题,一项开创性的分析最近总结出工作满意度和工作绩效之间有着一个适度的关系,即快乐的员工在某种程度上是更能干的员工。但是,工作满意度和绩效之间的适度关系避开了接下来的问题:这种关系为什么不够牢固?有许多原因,但我们只考虑三个最常见的。

一是像工作满意度这样的普通态度,不能非常好地预测特定行为。例如,满意的员工不一定比不满意的员工更富有效率,工作不满意也不会总是导致较低的工作效率。相反,有一些员工在抱怨、寻找另一份工作或耐心等待问题解决的同时,仍会继续有效地工作。

二是当绩效与报酬挂钩时,工作绩效会影响工作满意度,而不是反过来。绩效好的员工报酬高,因此,相较于那些低报酬的低绩效员工,他们感到更满意。由于在一些组织内部,好的绩效并不能得到好的报酬,因此工作满意度与绩效之间的关联性并不是很显著。

三是工作满意度也许影响员工激励,但在那些员工对他们的工作产出无法控制的场合,工作满意度对绩效的影响就很微弱了。这点得到了最新研究的支持,在复杂工作中,由于员工有更多的执行或放松任务的自由空间,所以工作满意度与绩效的关系最紧密。但对于机械化的工种,生产率更多地决定于机器的运行速度而不是工人的满意程度。

在对各种证据全面考察的基础上,我们目前可以得出的结论是:生产率的提高将导致满意度的增加,但反之未必尽然。如果你在干一件不错的工作,你自然会对它感到满意。另外,如果组织会对生产率提高给予相应的回报,那么你的高效率必然会增加别人对你的赞誉,工资水平和提升机会也会随之提高,同时,这些回报将会增加你的工作满意度。

(三) 工作满意度与顾客满意度

与工作满意度和绩效的关系相同,公司领导往往坚信满意的员工能带来满意的顾客。维珍集团的创始人理查德·布兰森(Richard Branson)认为:"如果你拥有了快乐的、充分激励的员工,你很可能就会拥有快乐的顾客,这点对我来说似乎就是常识。"印第安纳波利斯医疗中心是一家心脏病专家和医生的网络机构,其主管吉兰(Betty Gilliam)说:"我们的前台决定我们的结果,如果我们的员工感到满意,那么我们的病人也就感到满意了。"

幸运的是,最近对营销行为的研究支持了这些看法。营销专家已经形成了把员工满意度、顾客满意度和赢利能力联系起来的模型。如图3-2所示,这种"员工—顾客—利润链"模型表明,提高员工满意度和忠诚度,会使客户对公司价值的认知更多,从而提高公司的赢利能力。

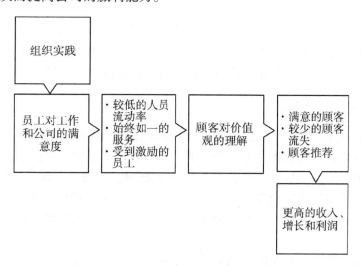

图3-2 员工—顾客—利润链模型

资料来源:(加拿大)史蒂文·麦克沙恩、(美)玛丽·安·冯·格里诺:《组织行为学》,汤超颖译,中国人民大学出版社2008年版,第91页。

工作满意度对客户服务有积极的影响，其中有两个主要原因。第一，工作满意度影响个人的心情，有良好心情的员工更可能表现出友好和积极情绪，这使顾客有更好的心情。第二，满意的员工离职的可能性更小，服务时间越长的员工越有经验和技能为顾客服务。较低的人员离职率也更能保证向顾客提供更稳定的服务。有些证据表明，顾客是对特定员工而不是对组织建立他们的忠诚，因此保持低人员离职率往往有利于建立顾客忠诚。当然，工作满意度不仅能改善工作行为和顾客满意度，而且能影响组织在公众中的声誉。

第三节　压力、挫折与自我效能感

父母一代人告诉我们，在今天的世界中工作缺少了稳定性，并会回忆起在一家大型公司中工作就意味着终生工作有保障的那个时代。的确，与以往各个时代相比，当代社会的竞争明显更加激烈，员工的工作压力明显更大，挫折感也随之越来越强。在本节当中，我们先来看看产生压力、挫折的原因和其造成的结果，然后再探讨个体和组织可以采取哪些措施来减轻压力、减少挫折和提高员工的自我效能感。

一、压力

大多数人都认识到，员工的压力日益成为组织中的一个问题。不少朋友告诉我们，他们的压力来自因公司缩小规模而导致的工作负担越来越重、工作时间越来越长。那么在这种情况下，管理者应该如何看待和管理这些压力呢？

（一）压力的界定

压力（stress）是个体对觉察到的挑战和威胁个人福利情况的适应性反应。它是一种动态条件，在这种条件中，个体要面对与自己所渴望的目标相关的机遇、限制及要求，而且个体感觉到的是其结果非常重要却又不确定。这里需要强调的是，压力是人对某种情况的应激反应，而不是情况本身。压力有其心理和生理维度，当人们觉察到一种情况并认为它是一种威胁时，就会发生血压升高、出汗和心跳加速等一系列生理反应。

一般来说，压力总是与限制和要求联系在一起。前者阻碍人们去做自己想做的事，后者则指丧失了一些自己所渴望的东西。因此，当你在学校参加考试或在工作岗位参加全年绩效评估时，就会感到有压力，因为你要面对各种机会、限制和要求。优秀的绩效评定结果可能让你得到晋升、更多的责任和更高的报酬；较差的绩效评估,则可能阻碍晋升机会;十分糟糕的绩效结果还可能导致自己被解雇。

不过,压力本身未必是一件坏事,尽管我们通常讨论的是它的负面影响,其实它也有积极的价值。例如,运动员或舞台演员们往往在"紧要关头"表现出超水平的发挥。这些个体常常利用的是压力的积极方面来抓住机会,实现或近乎实现自己的最佳水平。同样,很多专业人员也把高工作负荷的压力和最后期限的压力视为一种积极挑战,它可以提高他们的工作品质,并使他们从工作中获得满意感。

(二) 工作压力的潜在来源

哪些因素导致了压力的产生,它又会给员工个体带来什么后果呢?为什么在同样条件下,有些人会产生压力,但另一些人却不会受到影响?图3-3提供的模型有助于回答这些问题。这个模型表明,环境的、组织的和个体的这三类因素构成了压力的潜在来源。

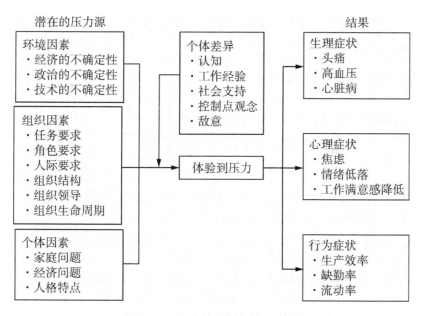

图3-3 压力的原因和结果模型

资料来源:(美)斯蒂芬·P. 罗宾斯:《组织行为学》(第10版),孙健敏等译,中国人民大学出版社2005年版,第630页。

图3-3的模型表明,潜在的压力源有三类:环境的、组织的和个体的。

1. 环境因素

环境因素的第一种是经济的不确定性。例如,经济紧缩时,人们会对自己工作的安全感和稳定性更为担忧。环境因素的第二种是政治的不确定性。例如，政治变革或来自敌对国家的安全威胁等，也会给人们带来压力。技术的不确定性是导致压力的第三种环境因素，因为革新会使一个员工的技术能力在很短时间内过时。

2. 组织因素

组织内部也存在着诸多能导致压力感的因素。例如，避免错误或在限定时间内完成任务的压力，面对一个要求严厉又缺乏同情心的老板，与令人烦恼的同事相处，等等，都是引发压力的一些因素。我们可以把这些因素划分为以下几类：任务要求、角色要求、人际要求、组织结构、组织领导和组织生命周期。

3. 个体因素

员工的个人生活因素，如家庭问题、个人经济问题以及员工内在的个性特点等，也是潜在的压力源。不少全国性调查一致表明，人们把家庭和个人的亲密关系看得很重。婚姻困境、夫妻关系的破裂以及教管孩子中遇到的麻烦事，都属于关系问题引发的员工压力。

（三）压力的后果

1. 生理症状

大多数有关压力的最早关注是指向其生理症状的。保健科学领域的专家对该主题进行了研究，他们通过研究得出结论，压力感能使患者新陈代谢出现紊乱，心率、呼吸频率加快，血压升高，头痛，易患心脏病。但压力感与特定生理症候的联系尚不明确，即使两者之间有关系，这种关系也并不稳定。

2. 心理症状

与工作相关的压力能导致与工作有关的不满意感，以及紧张、焦虑、易怒、烦躁和延迟等。有证据表明，当工作对个体的要求具有多向性且相互冲突时，或者在职者对于工作职责、权限和内容不明确时，压力感和不满意感都会增强。与之类似，对工作的节奏和步调越是缺乏控制力，人们的压力感和不满意感越强。

3. 行为症状

压力的行为症状包括生产效率变化、缺勤、离职、饮食习惯改变、抽烟喝酒增多、言语速度加快、烦躁、睡眠失调等。单从金钱角度来讲，我们也不能低估工作压力的代价。例如，最近的一项研究表明，工作场所中的压力导致美国员工每年在缺勤、工作效率降低、员工辞职、事故、工人赔付以及直接的医药、法律和保险费用上的开支达到 2 000 亿美元。对于预先未安排的工作缺勤来说，人们发现，由于压力导致的无故缺勤增长速度最快。

（四）压力感受的个体差异

有些人在压力重重的环境中却生机勃勃，有些人面对同样环境则萎靡不振，是什么因素致使人们在处理压力的能力上存在差异呢？哪些个体差异变量调节着潜在压力与实际压力之间的关系？我们发现，至少有 6 个因素是有关的调节变量，即个人认知、工作经验、社会支持、关于控制点的信念以及自我效能感和敌意感。

员工的反应基于他们对现实的认知，而不是基于现实本身。因此，个人的认知是影响潜在压力条件与员工反应之间关系的一项调节变量。例如，当公司裁员时，某个员工会担心自己失去工作，另一个员工却可能认为这是脱离公司、发展自己事业的一个机会。可见，潜在的压力感并不取决于客观条件，而是取决于员工对这些因素的认知。

有证据表明，工作经验倾向于与工作压力负相关。为什么呢？在这方面有两种看法。第一种看法是选择性退缩。体会到更大压力的人员更可能会选择自动辞职，因此，在组织中工作时间越长的员工，越是那些抗压素质较高的人，或者是对自己组织的压力抵抗能力较强的人。第二种看法认为，人们最终能够培养和发展出来一种抗压机制，但这要花费一定的时间，所以组织中的资深成员可能适应能力更强，压力感也相应较轻。

自我效能感对压力的结果也有重要影响。自我效能感指的是个体对于自己能够完成一项任务的信念。最近有研究表明，相比那些低自我效能感的人来说，相信自己有能力完成任务的个体，面对长工作时间和高工作负荷所产生的压力反应不那么消极。也就是说，对自己能力的自信可以降低压力感。与内控类型一样，高自我效能感进一步证实了在调节高压力情境的影响过程中自我信念的力量。

二、挫折

所谓挫折，就是指当个体从事有目的的活动时，在环境中遇到障碍或干扰，致使需要和动机不能满足，因而产生焦虑和紧张不安的情绪状态。用通俗的话说，挫折就是"碰钉子"。挫折通常有两方面作用。从积极的方面看，挫折可以帮助人们总结经验教训，促使人提高解决问题的能力，引导人们以更好的办法去满足需要，即所谓"吃一堑，长一智"。从消极的方面来看，如果心理准备不足，挫折可能使人痛苦沮丧、情绪紊乱、行为失措，甚至会引起种种疾病，这无疑将大大挫伤人的积极性，影响工作效率。

（一）产生挫折的主要因素

挫折是人的一种主观心理感受，一个人是否体验到挫折，与他自己的抱负水平密切相关。所谓抱负水平是指一个人对自己所要达到的目标所规定的标准。规定的标准越高，其抱负水平越高；规定的标准越低，其抱负水平也越低。同样两个推销人员，甲的指标是销售额 100 万元，乙的指标是销售额 60 万元，结果两人都完成 80 万元销售额，乙会感到成功和满足，而甲则会感到是一种挫折，所以挫折因人而异。相同的情境，由于人们的心理状态、需要动机以及思想认识的不同，在遇到挫折时的表现也会大不一样。产生挫折的原因是多种多样的，从总体上它可划分为外在因素和内在因素。

1. 外在因素

外在因素又称客观因素或外因，是由外界事物或情境阻碍人们达到目标而产生的挫折。它主要包括自然因素和社会因素两种。所谓自然因素，主要是指个人能力无法克服的自然灾害，如生老病死、冰雪洪水、地震山崩等。所谓社会因素，主要是指个人在社会生活中所遭到的政治、经济、风俗、习惯、宗教、道德等等的限制。另外，外在因素还包括组织者的管理不善、教育不力以及工作环境中缺乏良好的设施和人际关系等等。

2. 内在因素

内在因素又称内因，主要是指主观因素阻碍人们达到目标而产生的挫折。它包括个人的生理因素和心理因素两种。生理因素，主要是指个人的健康状况、个子的高矮和身体上的某些缺陷所带来的限制。心理因素，主要是指个人的能力、智力、知识经验的不足。

此外，动机的矛盾和斗争状态，也是引起挫折的主要心理因素。例如，满足欲望与抑制欲望的斗争，理想与现实的斗争，个人利益与集体利益的斗争，等等。这些斗争如果处理不当，常常会引发个人的心理挫折。

心理挫折，通常包括想象中的挫折和事实上的挫折。其中，想象中的挫折尽管还没有构成事实，但也能影响人的行为。例如，某人参加自学考试，还没有报名就预卜着自己的命运，家务重、岁数大、学习吃力，将来十有八九通不过，于是在头脑里先产生了想象中的挫折。

（二）挫折后的反应

一个人遭受挫折以后，不管是由外在因素还是内在因素引起的，在心理和行为上总会产生两种反应：一种是理智性反应，一种是非理智性反应。

1. 理智性反应

　　理智性反应包括继续加强努力、反复尝试、改变行为、调整目标和改变目标等行为。挫折对理智的人来说往往是事业成功的先导。古今中外的成功者大都历经坎坷、命运多舛，是从不幸的境遇中奋起的人。而且也不可否认，对成功者来说，处境的艰险、失败的打击和对于新事物没有经验、缺少把握，也会相应地给他们带来困扰、忧虑、苦恼和烦躁不安的情绪。但成功者不畏艰难，不会被困苦的处境压垮。成功者最可贵的信念和本事是变压力为动力，从荆棘中开辟新路。

　　成功与失败是事物发展的两个轮子，失败是成功之母，是成功的先导。这些话可以说人人皆知，但在实际生活中，只有自信主动、心态积极、坚持开发自己潜能的人才能真正领会它的含义。你做一件事情失败了，这意味着什么呢？无非有三种可能：一是此路不通，你需要另外开辟一条路；二是某种故障作怪，应该想办法解决；三是离成功还差一两步，需要你做更多的探索。这三种可能都会引导你走向成功。

　　失败有什么可怕呢？成功与失败，相隔只是一线。即使你认为失败了，只要有"置之死地而后生"的心态和自信，还是可以反败为胜的。有人说，过分自信也会导致失败，但否定的只是"过分"，而不是自信本身。如果你不是怕丢面子，怕别人说三道四，那么失败传递给你的信息只是需要再探索、再努力，而不是"你不行"。

　　在灯泡的发明过程中，爱迪生做了10 000多次实验。在每次失败后他都能不断寻求更多的东西。当他把原来的未知变成已知的时候，灯泡就被制造出来了。所以他认为那么多的失败实质上都不能算是失败，"我只是发现了9 999种无法适用的方法而已"。这位伟大的科学家从自己"屡战屡败"的经历中总结出一条宝贵的经验。他说："失败也是我需要的，它和成功一样对我有价值。只有在我知道一切做不好的方法之后，我才知道做好一件工作的方法是什么。"这不正是深知从各种损失中也能获益的意义吗？从这个意义上，我们认识到只有不怕失败、深知失败意味着什么的人才配享受也才可能享受到成功的欢乐。

　　美国有个奇怪的企业家，他专门收购濒临破产的企业。而这类企业一到他手中，就会一个个起死回生，蓬勃发展。他叫保罗·密道尔。此人什么技术也没有，但很有自信心与心计。有人问他为什么爱买一些失败的企业来经营？密道尔说："别人经营失败了，接过来就容易找到它失败的原因，只要把缺点改过来，自然就会赚钱。这比自己从头干起来省力得多。"一语道破"专买失败"的天机。由此可见，挫折和险境未必不是福祉，我们不仅要把成功视为珍宝，也要把失败看作财富。

2. 非理智性反应

非理智性反应，在心理学上又称为消极的适应或防卫。非理智性反应的最极端表现是攻击。攻击又称侵犯和对抗，它是当一个人受到挫折以后，对客体产生的强烈的敌对性情绪反应。攻击可以分为两种情况，即直接攻击和间接攻击。所谓直接攻击，就是指攻击行为直接指向构成挫折的人或物。例如当一个人受到挫折或受到他人的谴责时，常常反唇相讥，甚至拳头相向。一般来说，自尊心强的人，为了维护自己的人格或权力，容易将愤怒的情绪向外发泄，采取直接攻击的行为反应。所谓间接攻击，就是指把愤怒的情绪发泄或转嫁到毫不相关的人或物上。有时候挫折的来源不明，可能是日常生活中许多小挫折的积累，亦可能是由身体中某种病因引起，由于没有明显的攻击对象，当事人往往会对人乱发脾气。

当一个人一而再、再而三地受到挫折，便很有可能逐渐地失去信心，感到茫然、忧虑，甚至冷漠、悲观厌世，无所作为，进而失去喜怒哀乐，对什么事都无动于衷。人们在受到挫折时，会表现出与自己年龄不相称的幼稚行为。退化的另一种表现形式是容易受暗示的影响。最常见的表现是在受到挫折以后，会盲目地相信别人，盲目地执行别人的指示，不能控制自己的情绪，缺乏责任心，轻信谣言，甚至无理取闹等。

人们在受到挫折时，会产生心理或情绪上的紧张状态，这种紧张状态往往令人很难承受。为了摆脱这种状态，人们往往采取妥协性措施，从而减少在遇到挫折时由于心理或情绪的过分紧张而给身体造成的损害。妥协措施常见的表现形式有以下几种：

（1）文饰。所谓文饰是指人们在受到挫折后，会想出各种理由原谅自己或为自己的失败辩解。文饰起着自我安慰的作用。也许在旁观者看来，自圆其说是荒唐的，但本人却以此得到说服，这种现象类似于我们平常所说的"阿Q精神"。

（2）投射。所谓投射就是把自己所做的错事或不良表现，委过于别人，从中减轻自己的内疚、不安和焦虑。

（3）反向。所谓反向就是受到挫折之后，为了掩盖自己内心的憎恨和敌视，努力压制自己的感情，做出违反自己意愿和情感的行为。

（4）表同。表同是与投射完全相反的一种表现，其特点是把别人具有的、自己羡慕的品质加到自己身上。具体表现就是模仿别人的举止言行，以别人的风格姿态自居。

（三）对挫折的容忍和应对

挫折容忍力的高低，主要受下面三个因素的影响：

（1）生理条件。一个身体健康、发育正常的人，对生理需要的容忍力总比一个身体多病、生理上有缺陷的人高。例如，在艰难困苦中忍受饥寒或彻夜不眠，在高温下长时间工作而不感到疲劳，等等。

（2）过去的经验和知识。对挫折的容忍力和个人的习惯态度一样，是可以通过学习而获得的。如果一个人从小娇生惯养，很少遇到挫折，或遇到挫折就逃避，失去了学习处理挫折的机会，这种人的挫折容忍力必然很低。所以管理心理学认为：不应该逃避挫折，而应该在困难面前加强学习，以提高自己对挫折的处理能力。

（3）对挫折的知觉判断。由于每个人对客观世界的认识不同，因此，即使挫折的客观情境相同，感受和判断也不同，因而挫折对每个人所构成的打击和压力也不相同。在同样的情况下，一个人认为是严重的挫折，而另一个人可能认为是无所谓的事情。对挫折的容忍力，还与个人的政治素质、性格特点、个人兴趣、生活经历和心理状态等因素有关。只有加强学习，在挫折面前鼓起勇气战胜它，不断地提高自己的适应能力，才能永远保持饱满的情绪。

挫折所带来的后果，往往引起人心理上和行为上的消极反应，损伤员工的工作积极性。因此，在企业管理中，应尽量减少挫折所引起的不良影响，提高员工对挫折的容忍力。减轻和消除挫折给人带来的非理智性反应，是管理心理学的重要研究课题。就具体的管理工作而言，应付挫折的方法主要有以下几种：

（1）树立远大目标，正确对待挫折。实践证明，员工一旦树立了远大的生活目标，便能更冷静、正确地处理个人与远大目标的关系，能够经受种种小的失败和挫折，在挫折面前不失去前进的动力。挫折同困难一样，可以吓倒人，也可以锻炼人。正确对待挫折的关键，在于提高自己的思想认识，遇到挫折时有充分的心理准备。这样，面对挫折才能不至于惊慌失措或灰心丧气，受到挫折后也能够分析原因，汲取经验教训，从而提高自己对挫折的容忍力。

（2）改变情境。改变引起挫折的情境是应付挫折的有效方法之一。通常采用的方法是调换一个工作环境，或调整工作班组，减少原来环境中的不利刺激。这样，可以帮助员工在新的情境中克服原来的对立情绪，重新建立良好的人际关系，放下包袱轻装前进。

（3）采用精神发泄法。精神发泄法又称心理治疗法，它是通过创造一种环境，使受挫者可以自由地发泄自己受压抑的感情。因为一个人处于挫折的情境中，常常会以一种非理智的情绪反应取代理智行为。如果能使这种紧张的情绪发泄出来，则能达到心理平衡，恢复理智状态。如管理者可以采取个别谈心的办法，倾听员工的抱怨、申诉；也可以让受挫者用写申诉信的方法发泄不满，因为当他把不满情绪都写出来时，往往就会心平气和了。

（4）变消极为积极。对于全局性的、持续时间较长的、涉及面较广的挫折，单纯采用防御性的措施是难以奏效的。此时必须采取主动的方法来战胜挫折，变被动为主动。日本丰田汽车公司战胜中东石油危机所带来的挫折就是典型的一例。1974

年,中东石油危机波及日本汽车制造业,很多企业采取降低产量、解雇工人、减少工资的办法来应付危机,这对企业员工来说,无疑是极大的挫折。面对石油危机,丰田汽车公司没有减产、裁员,而是提出了降低成本来应付危机的做法,引导工人"在干毛巾里再挤出一滴水"的精神,生产价格低、耗油少的汽车,这种做法使工人深深感到本公司没有把挫折转嫁给工人,对企业产生一种同舟共济、应付危机的依附感,从而激发了员工的劳动热情,共同战胜了由石油危机带来的挫折。

三、自我效能感

自我效能(self-efficacy)是影响工作满意度和工作积极性的重要变量。在过去的30多年里,由于班都拉(Albert Bandura)等著名心理学家的工作,自我效能已经具备了一个受到广泛赞同的理论基础,以及通过基础研究积累起来的大量知识。它在管理等很多实际工作领域中的应用效果,也已经获得证实。下面首先介绍自我效能的概念、作用过程与影响,接着讨论它的来源及其对工作情境的意义。

(一) 自我效能的概念

班都拉的社会认知理论,把社会环境的、认知的因素与行为本身结合起来,解释了心理机能在外界事件中所起的作用,分析了作为内部个体因素的认知、情感和生理变量,并讨论了行为模式。在班都拉看来,自我效能对自我影响的心理机制作用最广泛,也最为重要。他声称:"除非人们相信,通过自己的行为能够达到理想的效果,并能够阻止不理想的效果发生,否则他们就没有行动的动机。不管其他动机性因素是什么,这些因素都根植于一个核心的信念,即自己有能力实现理想的结果。"

通常使用的对自我效能的正式定义是班都拉早期的一个陈述,即个体关于"自己在多大程度上能够有效地采取一系列必要的行动去处理未来的某些情境"的一种判断或信念。来自班都拉的特定的自我效能概念,获得了几乎所有研究自我效能的学者,以及心理学界总体上的广泛承认。然而近年来一些自我效能的研究者,把一般性自我效能视为自我效能的另一个维度。他们认为除了特定性自我效能,还存在一种一般性的自我效能,它反映人们对自己在各种各样的任务环境中成功完成工作的信念。需要注意的是,这种一般性的自我效能与班都拉对自我效能的描述是不一样的。具体而言,广为接受的、具有任务特定性的自我效能概念类似于一种状态,即它会随着特定任务的要求而发生很大的改变,个体会在投入精力于某件事情之前对它进行认知上的分析。

班都拉的自我效能概念具有任务和情境特异性的认知特点。而一般性自我效能在概念上是与班都拉的观点相对立的,它类似于一种特质,不会随着时间与情境而改变。班都拉以自己多年的理论构建和基础研究为依据提出："对自我效能的信念不是一种独立于背景任务的特质。"然而，班都拉和其他研究者都指出，尽管自我效能不能类比于人格特质，但这并不意味着对特定情境中自我效能的评价绝对不会发生泛化。事实上，尽管不同情境中的自我效能不一定是固定不变的，但对一项任务中自我效能的判断可以泛化到其他情境，这种泛化决定于情境、任务与个体本身的特点。

这里需要指出，自我效能是对自己成功地做出某个行为模式的能力的判断，即"我相信自己能够成功完成这项工作"，而不是对行为结果的预期。有关行为结果的预期是对该行为可能产生什么后果的判断，即"我相信我的行为会或不会带来理想的结果"。换句话说，个体对自我效能的评价通常会在他考虑任何预期的行为结果之前就发生了。自我效能也不同于归因和控制点理论。按照归因和控制点理论，那些对自己的行为及其后果做内部归因的个体，相信自己能掌控自己的命运，即"我的努力或能力可以改变结果"，并且为自己行为的结果承担个人责任。而做外部归因的人则会把结果归结于外部环境或运气，而且不会对自己的行为结果承担个人责任。可见，归因和控制点理论是对"行为—结果"事件作解释时，关于原因何在的信念。而自我效能是个体对自己能否安排、运用好自己的能力和认知资源，以成功地完成一项特定工作的信念。

（二）自我效能的作用过程和影响

自我效能不仅直接影响个体机能的发挥，而且还会间接作用于其他的决定因素。从直接作用的方面看，自我效能在个体做选择和投入努力之前就开始起作用。首先，人们总是倾向于权衡、评价并整合知觉到的关于自己能力的信息。重要的是，这一过程的最初阶段与个体本身的能力或资源没什么关系，真正相关的是个体如何知觉或认为他们能在这个情境中运用这些能力或资源来完成既定的任务。

研究表明，自我效能可以对人在工作中的行为和努力产生如下直接影响：

一是选择行为。例如，个体在诸如工作任务甚至是职业选择这样的情形中，会依据他觉得自己在每个备选项上将会有如何的表现来做出决策。

二是动机性努力。例如，当人们觉得自己在某项工作上有较高自我效能时，他们就会干得更卖劲、更努力；而如果他们认为自己在某项工作上的效能较低时，他们就不会付出那么多的努力。

三是坚持性。例如，高自我效能的人即使遇到了困难甚至遭受了失败，他们也会迅速重新振作，而低自我效能的人在碰到障碍时往往会倾向于放弃。

四是促进性思维模式。例如，对自我效能的判断会影响个体鼓励自己的话，高自我效能的人会对自己说："我知道我能够找到解决的办法。"而低自我效能的人则会对自己说："我知道我做不到，我不具备这样的能力。"

五是对压力的耐受性。例如，低自我效能的人更容易感到压力，因为他们预期的是自己会失败，而高自我效能的人是带着自信和确信迎接潜伏着压力的情境，因此他们能够抵抗更大的压力。

这些关于自我效能对人类机能的发挥有直接影响的例子，正是与高绩效者的情况相符合的。也许一项特定任务中最好的高绩效者的形象，就是那些自我效能高的个体，他们真正投入到该项任务中去；为成功完成该项任务，无论付出多少努力他们都愿意；在遇到障碍、挫折或失败时仍然坚持不懈；对自己有积极的看法，能够积极地鼓励自己。

自我效能高的人预期会成功，因此能够获得有益的、积极预期结果的激励作用，而自我效能低的人预期会失败，所以只会得到预期消极结果所带来的挫折感。自我效能高的人会集中关注那些值得追求的机会，并认为障碍是可以克服的，即使在资源有限和存在很多限制的环境中，他们仍然可以通过灵活应变以及坚持不懈而找到实施控制的方法。那些被自我怀疑所困扰的人则会陷于困境之中难以自拔，他们认为这些是自己难以控制的障碍，而且会很轻易地说服自己努力是没有用的，这样的人即使在充满机会的环境中也只能取得非常有限的成功。

（三）自我效能的来源及其对工作情境的意义

由于班都拉在多年研究的基础上已经提供了一种关于自我效能的如此全面、丰富理论，因此研究者们对自我效能的主要来源存在一致的观点。图3-4描述了这些主要的来源。根据班都拉社会认知理论，这四种自我效能的来源只是提供了最原始的素材。个体为了整合和使用这些信息以对自我效能做知觉判断并形成信念，必须做选择、进行认知加工与自我反省。例如，班都拉指出，影响关于绩效达成的自我效能的主要因素，可能会随个体的解释偏差、任务难度、努力的程度、获取多少帮助、工作的条件、当时的情绪与身体状态、一段时间内绩效改善的速度、在分析和回忆他们取得的成绩时的选择偏差等因素而改变。

对人力资源管理而言，很重要的一点是上述每种自我效能的来源，都是可以改变的。前面的讨论已经提到过，特定性自我效能是一种状态而不是一种特质。也就是说，通过针对这四种来源的培训与发展计划，可以帮助受训者发展自我效能。事实上，帮助受培训者发展自我效能可能是解决长期以来关于如何从培训迁移到真正工作上去这个问题的方法之一。正如梅格（Mager）所言，只有在人们具有了强烈的自我效能感以后，他们才会愿意尝试运用他们所学到的知识，以及愿意尝试学习新东西。对自己工作能力的信念，可以使他们在并不总是提供支持的工作条件中不那么容易产生受挫感，有助于他们抵抗被拒绝的打击，使他们在遇到障碍和挫折时也能坚持不懈地努力工作。

成功心理学的其他概念应用于工作情境的研究相对而言还是很少的，可是关于

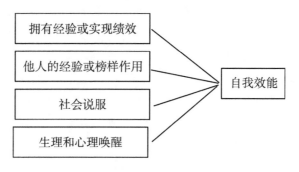

图3-4　自我效能的主要信息来源

资料来源：（美）弗雷德·鲁森斯：《组织行为学》（第9版），王垒译，人民邮电出版社2003年版，第220页。

自我效能对工作绩效的可应用性以及积极影响，却已经有相当丰富的研究成果。班都拉最近把他关于培训与职业发展的理论分成三类。

第一类他称之为通过指导实现掌握，包括掌握一项技能或能力的指导性榜样作用、指导员工完善技能，然后把培训成果迁移到实际工作以确保个体能够通过自我指导实现成功。

第二类是关于更复杂的但在今天的工作中日益常见的决策与问题解决情境中提高效能的方法。他把这称之为掌握认知技能的榜样作用，即通过观察成功的榜样在解决问题和做出有效决策时所用的决策规则与推理策略，学习思维技巧以及应用这些思维技巧。

第三类是发展自我调整的能力，即自我激励或自我管理。这一日益重要的自我管理技能的发展，包含了一系列相互联系的自我参照性的过程，例如自我约束、自我效能评估、个人目标设定以及运用自我激励动机。

不管实际使用的培训是指向于提高前面讨论过的四种来源，还是以班都拉提出的这些更成熟的方法为目标，这种对自我效能的培训和发展已经被证明是有效的。

本章小结

本章是围绕工作场所的情绪和态度展开的，其基本线索是：情绪的概念、种类和基本功能，情绪劳动及情感智力；态度的概念、特性与功能，态度的测量方法，以及态度形成与改变的理论；影响工作满意度的主要因素，工作满意度与工作效率的关系，以及工作中的自我效能感。本章的重点和难点内容是态度理论和改变态度的方法。本章的主要概念是：

1. 情绪与情感

2. 情绪劳动
3. 情感智力
4. 态度
5. 工作满意度
6. 自我效能感

本土案例

读完下面的案例后请回答：王潮歌是个什么样的人？她的管理风格有哪些特点？她的情感智力体现在哪些方面？

王潮歌，北京印象创意艺术发展有限公司创始人、CEO，1992 年毕业于中国传媒大学（原北京广播学院）导演专业，在校时就拍摄了电视剧《暑假里的故事》。1995 年她导演的舞台剧《华夏民族魂》，在人民大会堂上演后获得巨大成功，从此奠定了她在舞台创作领域的江湖地位。2004 年，王潮歌与张艺谋、樊跃合作开创了中国实景演出之先河。其相继推出的《印象刘三姐》、《印象丽江》、《印象西湖》、《印象海南岛》、《印象大红袍》、《印象普陀》等"印象"系列大型山水实景演出，皆已成为当地文化创意产业的成功范本，此后三人又联合执导了在美国纽约大都会歌剧院成功上演的原创歌剧《秦始皇》，以及举世瞩目的北京奥运会的开幕式和闭幕式。

王潮歌是个非常直率的人。在做《开讲啦》的主讲嘉宾时，她一开场就坦言自己特别兴奋，一点都不紧张。她幽默地说："等待这个跟大家见面的机会，等了好长时间，今天终于站在这儿了！挺高兴的！我是谁呢？我叫王潮歌，女，民族：汉，六十年代生于北京，已婚（原配，育有一女）。从大学毕业，一直到现在，唯一做过的职业就是导演。我认为'我是谁'这个问题，是大多数中国人现在每天都在问的一个问题。但知道我是谁，特别不容易！"

在谈了自己的成长经历后，她与大家分享了自己的"长板理论"。她认为自己的所有板都短，只有一根长，那就是她的作文写得非常之好。她说："因为我写得好，文学带给我的光荣，带给我的荣誉，足以消解我在物理、数学上的缺陷，所以我现在并不扭曲，因为我有一个长板。因为这个长板，致使我的性格长得是完美的，致使我今天的生活，依然因为这个长板带给我名也好、利也好、生活的饭碗也好。"

接着，她又用一个简单的例子，进一步解释了她的理论。她说："如果我非常想当一个歌唱家，我天天去练音乐，我可以唱歌吗？我不可以！为什么？因为我的声带没有长成那个样子，就是我苦死累死，我也不能成为一个歌唱家，这是我的短板，我为什么要练？所以，要知道自己是谁。知道自己是谁，才能够把自己的长板做得更长。短板，就暂且短着吧。"

身在一个基本全是男人的圈子内，王潮歌凭什么跟他们平起平坐，甚至让他们相信女人的手也是可以"挑重担"的？王潮歌坦言，"说"是不行的，你得"干"出来。因此她曾在零下十几度的室外工作长达十几个小时从不叫苦叫累，可以在必要时每天只睡三四个小时，而且每一次做决定都果断强势，并且最后证明都是对的。王潮歌习惯用这种"刚性"的方式去赢得尊重，原因是她对自己极度自信。

王潮歌还是个"场面人"，她在任何公开场合都能迅速成为焦点。不仅是因为她爱穿色彩鲜艳的衣服，更是因为她有能做"青年导师"的口才。任志强戏称她为"语言有特点"的"人民艺术家"，马云则送给她"女马云"的绰号。而她在事业上的成功和工作中的干练风格，也使人们很自然地将她划入了"女强人"的行列。

但对"女强人"这个称呼，她却很讨厌。"你才女强人呢，我就想干干净净靠自己双手挣钱，加上吃相好看点儿，怎么就女强人了，不靠男人吃饭就一定是女强人吗？"为什么口若悬河能指挥"三军"的女人就不是男人心目中的好妻子？"他们愿意看到我们坚毅隐忍，以及甜美可爱，但当看到修饰漂亮的女人征战商场，他们就从心里嗤的一声，女强人吧你们？他们就是脑子里有一个对女性固定的标准，因为你不符合，他们就会不喜欢。"

王潮歌说，自己其实跟媒体所宣传的"孙二娘"架势完全不一样，她会把父母、女儿和丈夫一块带着出差，会在适当的时候"示弱"，这种"示弱"并不仅仅是恰当而巧妙地让身边的男士帮忙拧开矿泉水的瓶盖，而是"真弱"。"我有时候会冲樊跃大喊大叫，把我所有的火都冲他发。但我会跟他说，你得原谅我，我是女人，我这时候就是受不了了，我得减压。"

一个曾经采访过她的媒体人如此评价："你以为王潮歌用这种以刚克刚的方式去跟男搭档合作工作，家庭就会不幸福，实际上却相反，她是深谙男性世界规则并且知道什么时候该对抗什么时候该妥协的人。"而另外一名她的同行则评价："她是真正的强女人，善于驾驭各种男人，就连张艺谋这种个性极强的男人她也能合作十年，足见其情商之高。"

跨文化案例

试运用本章所学理论，分析美国强生公司在危机管理中所采用的措施对消费者的情绪和态度会有什么样的影响。

美国强生公司因成功处理"泰诺药片中毒事件"赢得了公众和舆论的广泛同情，在危机管理历史中被传为佳话。1982年9月，美国芝加哥地区发生有人服用含氰化物的泰诺药片中毒死亡的严重事故,一开始死亡人数只有3人,后来却传说全美各地死亡人数高达250人。其影响迅速扩散到全国各地,调查显示有94%的消费者知道泰诺中毒事件。

事件发生后,在首席执行官吉姆·博克(Jim Burke)的领导下,强生公司迅速采取了一系列有效措施。首先,强生公司立即抽调大批人马对所有药片进行检验。经过公司各部门的联合调查,在全部800万片药剂的检验中,发现所有受污染的药片只源于一批药,总计不超过75片,并且全部在芝加哥地区,不会对全美其他地区有丝毫影响,而最终的死亡人数也确定为7人,但强生公司仍然按照公司最高危机方案原则,即"在遇到危机时,公司应首先考虑公众和消费者利益",不惜花巨资在最短时间内向各大药店收回了所有的数百万瓶这种药,并花50万美元向有关的医生、医院和经销商发出警报。

对此,《华尔街日报》报道说:"强生公司选择了一种自己承担巨大损失而使他人免受伤害的做法。如果昧着良心干,强生将会遇到很大的麻烦。"泰诺案例成功的关键是因为强生公司有一个"做最坏打算的危机管理方案"。该计划的重点是首先考虑公众和消费者利益,这一信条最终拯救了强生公司的信誉。

事故发生前,泰诺在美国成人止痛药市场中占有35%的份额,年销售额高达4.5亿美元,占强生公司总利润的15%。事故发生后,泰诺的市场份额曾一度下降。当强生公司得知事态已稳定,并且向药片投毒的疯子已被拘留时,并没有将产品马上投入市场。当时美国政府和芝加哥等地的地方政府正在制定新的药品安全法,要求药品生产企业采用"无污染包装"。强生公司看准了这一机会,立即率先响应新规定,结果在价值12亿美元的止痛片市场上挤走了它的竞争对手,仅用5个月的时间就夺回了原市场份额的70%。

强生公司处理这一危机的做法成功地向公众传达了企业的社会责任感,受到了消费者的欢迎和认可。强生公司还因此获得了美国公关协会颁发的银钴奖。原本一场"灭顶之灾"竟然奇迹般地为强生公司迎来了更高的声誉,这归功于强生公司在危机管理中高超的技巧。

思考题

1. 心境、激情和应激有哪些区别?
2. 如何提高个体的情感智力?
3. 试述态度的概念和主要特性。
4. 试述影响态度形成的主要因素。
5. 评述弗斯廷格的认知失调理论。

6. 评述海德的改变态度的平衡理论。
7. 评述勒温的参与改变理论。
8. 态度改变通常应采取哪些主要方法？

网络情境练习

在网上搜索企业的招聘信息，并根据企业的自我介绍，以及企业不同岗位对聘用人员的要求，分析自己喜欢什么样的企业和具备应聘什么岗位的条件。

真实情境练习

做一套气质测验和人格测验，然后请比较了解你的朋友谈一下你在他（她）们眼中是一个什么样的人。做完之后回答下面两个问题：

1. 你是否了解了一些关于自身的以前不了解的东西？如果是，你了解了什么？
2. 你是否想要做出一些改变以完善自己？如果是，是哪种改变？如果不是，你认为什么类型的工作可能最适合你？

第四章 激励理论

学习目标

1. 了解工作场所的激励过程
2. 掌握马斯洛的需要层次理论和阿尔德佛的ERG理论
3. 掌握双因素理论和成就需要理论
4. 了解期望理论的、公平理论和强化理论的基本观点和实践意义
5. 掌握目标管理的概念和操作步骤
6. 了解如何使薪酬和工作设计具有激励作用

> F公司是一家生产电信产品的公司。在创业初期，依靠一批志同道合的朋友，大家不怕苦不怕累，从早到晚拼命干，使公司得到了迅速的发展。几年之后，员工由原来的十几人发展到几百人，业务收入由原来的每月十来万发展到每月上千万。企业大了，人也多了，但公司领导明显感觉到大家的工作积极性越来越低，也越来越计较个人利益了。F公司的老总一贯注重思考和学习，为此他专门到书店买了一些有关成功企业经营管理方面的书籍来研究，他在一篇介绍松下幸之助的用人之道的文章中看到这样一段话："经营的原则自然是希望能做到'高效率、高薪资'。效率提高了，公司才可能支付高薪资。但松下先生提倡'高薪资、高效率'时，却不把高效率作为第一个努力的目标，而是借着提高薪资，来提高员工的工作意愿，然后再达到高效率。"他想，公司发展了，确实应该考虑提高员工的待遇，一方面是对老员工为公司辛勤工作的回报，另一方面是吸引高素质人才加盟公司的需要。为此，F公司重新制定了薪酬制度，大幅度提高了员工的工资，并且对办公环境进行了重新装修。高薪的效果立竿见影，F公司很快就聚集了一大批有才华有能力的人。所有的员工都很满意，大家的热情高，工作十分卖力，公司的精神面貌也焕然一新。但这种好势头不到两个月，大家就又慢慢回复到懒洋洋、慢吞吞的状态。这是怎么啦？F公司的高工资并没有换来员工工作的高效率，公司领导陷入两难的困惑境地，既苦恼又彷徨。那么症结在哪儿呢？

许多管理者都认为，只要多给钱就能调动员工的工作积极性。但从案例中F公司的情况可以看出，事情并非这样简单。人的需要是多方面的，引发人的动机的因素是复杂和充满不确定性的。为了更好地了解人的需要和动机过程，以便更加有效地调动人的工作积极性，本章将在对工作场所中的激励过程进行系统分析的基础上，对世界上较有影响的各种激励理论，以及应用这些理论在管理实践中所形成的激励方案和具体的激励方法进行较为详细的介绍和分析。

第一节 内容型激励理论

激励就是激发员工的工作动机，以促使个体有效地完成组织目标。在现实生活中，一些能力并不怎么强的人，往往通过自己的主观努力而晋升到较高的地位，取得较大的成绩，就是由于他们通过强烈的内驱力的激发而获得的。激励理论在科学管理中占有特别重要的地位，围绕着这个问题，心理学家进行了大量的研究，并形成了较有代表性的内容型激励理论和过程型激励理论。本节首先介绍以马斯洛的需要层次理论、阿尔德佛的 ERG 理论和赫茨伯格的双因素理论为代表的内容型激励理论。

一、需要层次理论

需要层次理论（needs hierarchy theory）是由美国心理学家马斯洛（Abraham Maslow）在 1943 年提出来的。这一理论流传甚广，目前已经成为世界各国普遍熟悉的理论。马斯洛认为，人的需要是有层次的，按照它们的重要程度和发生顺序，呈梯形状态由低级向高级需要发展。人的需要主要包括生理需要、安全需要、社会需要、尊重需要和自我实现的需要。需要总是由低到高，逐步上升的，每当低一级的需要获得满足以后，接着高一级的需要就要求满足。由于各人动机结构的发展情况不同，这五种需要在个体内所形成的优势动机也不相同。当然，这并不是说当需要发展到高层次之后，低层次的需要就消失了；恰恰相反，低层次的需要仍将继续存在，有时甚至还是十分强烈的。为此，马斯洛曾经指出，要了解员工的态度和情绪，就必须了解他们的基本需要。

（一）需要层次的基本结构

马斯洛的需要层次理论，可用图 4-1 表示。在图 4-1 中，1、2 两层可以被看成是低级需要，它们偏重于对物质的需求；3、4、5 三层可以被看成是高级需要，它们偏重于对精神的需求。对这五个需要层次，马斯洛进行了如下具体说明：

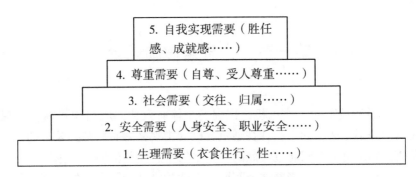

图 4-1 马斯洛的需要层次图

资料来源：Maslow A H. Toward a Psychology of Being. New York：D. Van Nostrand Company，1968.

1. 生理需要

生理需要是人最原始、最基本的需要，它包括衣、食、住、行和性等方面的生理要求，是人类赖以生存和繁衍的基本需要，这类需要如果不能满足，人类就不能生存。从这个意义上说，它是推动人们行为活动最强大的动力。

2. 安全需要

当一个人的生理需要获得满足以后，就希望满足安全需要。例如，人们要求摆脱失业的威胁，解除对年老、生病、职业危害、意外事故等的担心，以及希望摆脱严酷的监督和避免不公正的待遇，等等。

3. 社会需要

社会需要主要包括社交的需要、归属的需要以及对友谊、情感和爱的需要。社会需要也叫联系动机，是指一个人在前面两种需要基本满足之后，社会需要便开始成为强烈的动机。人们一般都有社会交往的欲望，希望得到别人的理解和支持，希望同伴之间、同事之间关系融洽，保持友谊与忠诚，希望得到信任和爱情等。另外，人们在归属感的支配下，希望自己隶属于某个集团或群体，希望自己成为其中的一员并得到关心和照顾，从而使自己不至于感到孤独。社会需要是一种比生理需要、安全需要更细致、更难以捉摸的需要，它与一个人的性格、经历、受教育程度、所隶属的国家和民族以及宗教信仰等都有一定的关系。

4. 尊重需要

尊重的需要，即自尊和受人尊重的需要。例如，人们总是对个人的名誉、地位、人格、成就和利益抱有一定的欲望,并希望得到社会的承认和尊重。这类需要主要可以分为两个方面:①内部需要。就是个体在各种不同的情境下,总是希望自己有实力、能独立自主,对自己的知识、能力和成就充满自豪和自信。②外部需要。就是一个人希望自己有权力、地位和威望,希望别人和社会看得起自己,希望自己能够受到别人的尊重、信赖和高度评价。马斯洛认为,尊重需要得到满足,能使人对自己充满信心,对社会满腔热情,体会到自己生活在世界上的用处和价值。

5. 自我实现的需要

自我实现的需要也叫自我成就需要。它是指一个人希望充分发挥个人的潜力,实现个人的理想和抱负。这是一种高级的精神需要,这种需要可以分为两个方面:①胜任感。表现为人总是希望干称职的工作,喜欢带有挑战性的工作,把工作当成一种创造性活动,为出色地完成任务而废寝忘食地工作。②成就感。表现为人总是希望进行创造性的活动并取得成功。例如,画家努力完成好自己的绘画,音乐家努力演奏好乐曲,指挥员千方百计要打胜仗,工程师力求生产出新产品,等等,这些都是在成就感的推动下而产生的。

(二) 各层次需要发展变化的基本规律

1. 在人的心理发展过程中,五个层次的需要是逐步上升的

通常情况下,当低级的需要获得满足以后,就失去了对行为的刺激作用,这时追求更高一级的需要就成为驱使行为的动力。当人们进入高级的精神需要阶段以后,往往会降低对低级需要的要求。例如,成就需要强烈的人,往往把成就看得比金钱更重要,把工作中取得的报酬,仅仅看成是衡量自己进步和成就大小的一种标志,这种人事业心强,有开拓精神,能埋头苦干,并敢于承担风险。

2. 人在不同的心理发展水平上,其动机结构是不同的

这一点我们可以从图 4-2 中看出。在图 4-2 中,横坐标 OM 为心理发展水平方向,纵坐标 ON 为需要的相对强度,曲线 1、2、3、4、5 分别代表生理需要、安全需要、社会需要、尊重需要和自我实现的需要,A、B、C 三点分别代表不同的心理发展水平。我们可以从三个点上了解一个人的动机结构内容。从 A 点上可以看出,此人生理需要最为迫切,其次是安全需要,其他三种更高层的需要在这里还谈不上;从 B 点上可以看出社交和归属需要对此人的影响最大,其次是安全的需要,再次是生理和尊重的需要,最后是自我实现的需要;从 C 点上可以看出此人的行为主要是由尊重的需要所决定的,其次,自我实现的需要也具有相当的影响力,而社会需要占第三位,安全和生理的需要都不足以构成太大的推动力。由于人的需要会因时、因地、因不同情

境因素的影响而改变，因此人的需要模式并不是固定不变的。

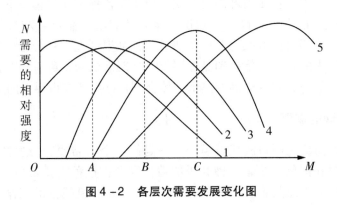

图4-2 各层次需要发展变化图

资料来源：Maslow A H. Toward a Psychology of Being. New York：D. Van Nostrand Company，1968.

3. 人的需要具有主导性

在实际生活中，由于客观环境和个人情况的差异，在需要层次结构中，往往会有其中的某一种需要占优势地位。这种占优势地位的需要就称为主导性需要。根据主导性需要的不同，可以把人的需要结构分成下列几种典型模式：

（1）生理需要主导型。在生产力不发达，生活水平不高，衣、食、住、行和就业都尚困难的情况下，生理需要就成为最迫切、最突出的需要。

（2）安全需要主导型。在某种特殊的情况下，如战争、洪水、地震、社会秩序混乱等情境下，人们的安全需要就特别突出。

（3）社会需要主导型。青年人到了一定的时期，就希望交往，渴望爱情；老年人退休以后，经常守在家里，就会感到寂寞、孤独，迫切需要交往，需要得到温暖和安慰。

（4）尊重需要主导型。自尊心理许多人都有，所谓"士可杀而不可辱"，就强烈地反映了这种自尊的需要，苏联教育家马卡连柯曾经说过："得不到尊重的人，往往有最强烈的自尊心。"许多事实证明，那些失足而决心悔改的青年人，自尊的需要往往格外强烈，他们更迫切地需要别人的信任和帮助。

（5）自我实现主导型。有强烈事业心的人，自我实现的需要特别突出。马斯洛说，"是什么角色，就应该干什么事"，"最理想的人就是自我实现的人"。自我实现是心理发展水平的较高阶段，对于心理发展水平较高的人，管理者应该重视为发展他们的才能和特长创造适当的组织环境，并给以挑战性的工作。

(三) 需要层次理论的积极因素与消极因素

1. 积极因素

（1）马斯洛提出人的需要有一个从低级向高级发展的过程，这在某种程度上是符合人类需要发展的一般规律的。一个人从出生到成年，其需要的发展过程，基本上是按照马斯洛提出的需要层次进行的。当然，关于自我实现是否能作为每个人的最高需要，目前尚有争议。但他提出的需要是由低级向高级发展的趋势是无可置疑的。

（2）马斯洛的需要层次理论指出了人在每一个时期，都有一种需要占主导地位，而其他需要处于从属地位。这一点对于管理工作具有启发意义。

（3）马斯洛需要层次论的基础是他的人本主义心理学。他认为人的内在力量不同于动物的本能，要求内在价值和内在潜能的实现乃是人的本性，人的行为是受意识支配的，人的行为是有目的性和创造性的。

2. 消极因素

（1）马斯洛过分地强调了遗传在人的发展中的作用，认为人的价值就是一种先天的潜能，而人的自我实现就是这种先天潜能的自然成熟过程，社会的影响反而束缚了一个人的自我实现。这种观点，过分强调了遗传的影响，忽视了社会生活条件对先天潜能的制约作用。

（2）马斯洛的需要层次理论带有一定的机械主义色彩。一方面，他提出了人类需要发展的一般趋势。另一方面，他又在一定程度上，把这种需要层次看成是固定的程序，看成是一种机械的上升运动，忽视了人的主观能动性，忽视了通过思想教育可以改变需要层次的主次关系。

（3）马斯洛的需要层次理论，只注意了一个人各种需要之间存在的纵向联系，忽视了一个人在同一时间内往往存在多种需要，而这些需要又会互相矛盾，进而导致动机的斗争。

二、生存、关系、成长理论

美国著名心理学家、耶鲁大学组织行为学教授阿尔德佛（C. Alderfer）有着丰富的企业管理和咨询工作经验，他在大量调查研究的基础上，提出一个在全世界颇有影响的"生存、关系、成长理论"（existence, relatedness and growth theory，简称为 ERG 理论）。在这个理论中，阿尔德佛把人的需要分为以下三种类型：生存需要、关系需要、成长需要。

(一) 生存、关系、成长理论的基本观点

在阿尔德佛看来，人的第一类需要是生存的需要（existence needs）。生存的需要是指人在衣、食、住、行等物质方面的需要，它是人们最基本的需要。这种需要包括了马斯洛理论中的生理需要和安全需要，它只能通过金钱和物质来满足。

阿尔德佛认为人的第二类需要是关系的需要（relatedness needs）。关系的需要，即要求与人们交往及维持人与人之间和谐关系的愿望。它包括马斯洛理论中的社会需要和部分尊重需要。

阿尔德佛认为人的第三类需要是成长的需要（growth needs）。成长的需要，即人们要求在事业、前途等方面得到发展的内在愿望。它包括马斯洛理论中的部分尊重需要和自我实现的需要。

阿尔德佛认为，作为一个管理者，应该了解员工的真实需要。因为不同的需要，会导致员工不同的工作行为，进而决定他们不同的工作结果；而这些结果，可能满足他们的需要，也可能满足不了他们的需要，管理人员要想控制员工的工作行为，必须在了解员工真实需要的基础上，通过控制员工的工作结果，即让员工获得能满足需要的报酬，来达到控制员工的行为。

(二) 生存、关系、成长理论和需要层次理论的比较

图4-3是马斯洛的需要层次理论与阿尔德佛的ERG理论的对比。从图4-3中可以看到，阿尔德佛的生存需要对应于马斯洛的生理需要和安全需要，关系需要对应于马斯洛的社会需要和部分尊重需要，成长需要对应于马斯洛的部分尊重需要和自我实现需要。阿尔德佛的需要类型不但更加简洁，而且在实际管理工作中也更具有可操作性。

阿尔德佛不但用三种需要代替了马斯洛的五种需要，而且否定了马斯洛的需要层次遵循逐级上升的严格过程，即人们必须在低层次需要获得满足之后才能进入高层次需要的观点。他列举许多例证说明，一个人甚至可以在生存需要和关系需要均未获得满足的情况下，为了成长需要而工作，或者三种需要在同一时间里起作用。

ERG理论还包括了一个"挫折—倒退"维度。马斯洛认为个体会滞留在某一特定需要层次上，直到这一需要得到满足。ERG理论却认为，当个体较高层次的需要受到挫折未能满足时，较低层次的需要强度会增加。例如，当个体无法满足社会交往需要时，可能会导致他们对更多金钱或更好工作条件的渴望。所以，挫折可以导致人们对于较低层次需要的回归。

图4-3 马斯洛的需要层次理论与阿尔德佛的 ERG 理论的对比

资料来源：（加拿大）史蒂文·麦克沙恩、（美）玛丽·安·冯·格里诺：《组织行为学》，汤超颖译，中国人民大学出版社2008年版，第102页。

三、双因素理论

双因素理论（two factors theory）是由美国心理学家赫茨伯格（Frederick Herzberg）提出的，其全称为"激励—保健因素理论"（motivation hygiene theory），简称双因素理论。20世纪50年代末期，赫茨伯格曾在匹兹堡地区的11家工商企业机构中，对200多名工程师、会计师进行了调查研究。调查中他设计了许多问题，例如，"什么时候你对工作特别满意？""什么时候你对工作特别不满意？""原因是什么？"等等，请受访者一一回答。赫茨伯格根据调查所得的大量材料，发现使员工感到不满意的因素和使员工感到满意的因素是不同的。前者往往是由外界的工作环境引起的，后者通常是由工作本身产生的。

（一）双因素理论的基本内容

赫茨伯格经过研究认为，引起人行为动机的因素主要有两种：一种叫保健因素，如工作条件、人事关系、工资待遇，等等；另一种叫激励因素，如工作责任的大小、个人成就的高低、工作成绩的认可，等等。

赫茨伯格从1 844个案例调查中发现，造成员工不满的原因主要有公司的政策、行政管理、监督、工作条件、薪水、地位、安全以及各种人事关系的处理不善。这些因素的改善，虽不能使员工变得非常满意，也不能真正地激发员工的积极性，但却能解除员工的不满，故这种因素称为保健因素。研究表明，如果保健因素不能得到满足，往往会使员工产生不满情绪、消极怠工，甚至引起罢工等对抗行为。

赫茨伯格从另外1 753个案例的调查中发现，使员工感到非常满意的因素主要是工作富有成就感、工作本身带有挑战性、工作的成绩能够得到社会的认可，以及职务上的责任感和职业上能够得到发展和成长，等等。这些因素的满足，能够极大地激发员工的热情，对于员工的行为动机具有积极的促进作用，它常常是一个管理者调动员工积极性、提高劳动生产效率的好办法。研究表明，这类因素解决不好，也会引起员工的不满，它虽无关大局，却能严重影响工作的效率。因此，赫茨伯格把这种因素称为激励因素。

通过对上述案例的深入研究，赫茨伯格发现人们在感觉工作好时的回答与感觉工作不好时的回答截然不同。如图4-4所示，某些特性一直与工作满意相联系，而另一些因素似乎总与工作不满意相联系。赫茨伯格在研究的过程中还发现，在两种因素中，如果把某些激励因素如表扬和某些物质的奖励等变成保健因素，或任意扩大保健因素，会降低一个人在工作中所得到的内在满足，引起内部动机的萎缩，从而导致个人工作积极性的降低。赫茨伯格认为，传统的"满意—不满意"的观点，认为满意的对立面是不满意是不正确的。他认为"满意"的对立面应该是"没有满意"，"不满意"的对立面应该是"没有不满意"。

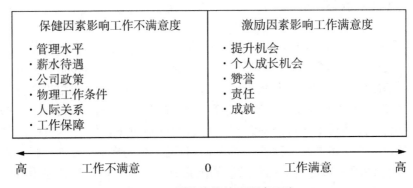

图4-4 赫茨伯格的双因素理论

资料来源：（美）罗宾斯：《组织行为学精要》（第7版），柯江华译，机械工业出版社2005年版，第47页。

赫茨伯格的双因素理论提出以后，曾经受到过许多非议。有人认为，人是非常复杂的，当他们对工作感到满意的时候，并不等于生产效率就得到提高；反之，当他们对工作感到不满意的时候，也并不等于生产效率降低，因为人们会由于种种原因，在不满意的条件下达到很高的生产效率。仅仅以"满意—不满意"作为指标，并不能证实满意感与生产效率的关系，因而有人对双因素理论的可信度提出怀疑。

但自20世纪60年代以来,双因素理论的研究越来越受到人们的重视,据1973—1974年美国全国民意研究中心公布数据可知,有50%的男性员工认为工作的首要条件是能够提供成就感,而把有意义的工作列为首位的比把缩短工作时间列为首位的人要多7倍。赫茨伯格的双因素理论实际上是针对满足的目标而言的。所谓保健因素实质上是人们对外部条件的要求;所谓激励因素实质上是人们对工作本身的要求。根据赫茨伯格的理论,要调动人的积极性,就要在"满足"二字上做文章。满足人们对外部条件的要求,称为间接满足,它可以使人们受到外在激励;满足人们对工作本身的要求,称为直接满足,它可以使人们受到内在激励。

(二) 双因素理论的实际应用

尽管受到诸多批评,但赫茨伯格的双因素理论仍然流传甚广。在过去的五十多年中,根据赫茨伯格的理论,管理者在调动员工积极性方面,主要采用了以下两种基本做法:

1. 直接满足法

直接满足又称为工作任务以内的满足,它是一个人通过工作所获得的满足,这种满足是通过工作本身和工作过程中人与人的关系得到的。它能使员工学习到新的知识和技能,产生兴趣和热情,使员工具有光荣感、责任心和成就感,因而可以使员工受到内在激励,产生极大的工作积极性。对于这种激励方法,管理者应该予以充分重视。这种激励的措施虽然有时所需的时间较长,但是员工的积极性一经激励起来,不仅可以提高生产效率,而且能够持久,所以管理者应该充分注意运用这种方法。

2. 间接满足法

间接满足又称为工作任务以外的满足。这种满足不是从工作本身获得的,而是在工作以后获得的,例如晋升、授衔、嘉奖或物质报酬和福利等。其中,福利方面,诸如工资、奖金、食堂、托儿所、员工学校、俱乐部等,都属于间接满足。间接满足虽然也与员工所承担的工作有一定的联系,但它毕竟不是直接的,因而在调动员工积极性上往往有一定的局限性,常常会使员工因感到与工作本身关系不大而满不在乎。

在实际工作中,借鉴这种理论来调动员工的积极性,不仅要充分注意保健因素,使员工不至于产生不满情绪;更要注意利用激励因素去激发员工的工作热情,使其努力工作。如果只顾及保健因素,仅仅满足于员工暂时没有什么意见,是很难创造出一流工作成绩的。双因素理论还可以用来指导我们的奖金发放。现在许多公司正在使用奖金作为一种激励因素,但是必须指出,在使用这种激励因素时,必须与企业的效益或部门及个人的工作成绩挂起钩来。如果奖金不与部门及个人的工作成绩相联系,一味地"平均分配",久而久之,奖金就会变成保健因素,再多也起不了激励作用。

四、成就需要理论

20世纪50年代,美国著名心理学家、哈佛大学教授戴维·麦克莱兰(David C. McClelland)通过心理投射的方法,对人的成就动机进行了大量的研究,并在此基础上提出在世界范围内具有广泛影响的成就需要理论(theory of needs for achievement)。

(一)成就需要理论的基本观点

麦克莱兰认为,人的基本需要有三种:成就的需要(needs for achievement)、权力的需要(needs for power)和归属的需要(needs for affiliation)。成就需要是人们想通过自己的努力完成具有相当的挑战性目标的一种习得性需要。它是一种追求卓越、达到标准、争取成功的内驱力。麦克莱兰认为,在成就欲望很高的人眼里,成就比报酬更重要。他发现,具有强烈成就需要的人,往往明显地表现出以下三个特点:

第一,他们喜欢接受具有挑战性的任务,希望独立地完成工作。如果他们不是靠自己的能力独立地解决某一问题,或是在解决问题时碰巧得到了外界的帮助,他们都会感到不满足。因此,组织在安排这些人的工作时,要注意提供能够满足他们成就需要的工作环境,给以具有挑战性的工作,并让他们有一定的自主权。

第二,他们总是具有明确的行动目标,并富有一定的冒险精神。这种人对成功有一种强烈的要求,同样也非常担心失败。他们愿意接受挑战,为自己树立具有一定难度的目标。一件事情成功概率在50%的时候,他们干得最好。工作过分容易或难度太大,或任务成功的概率很小,都会使他们的成就感得不到满足。

第三,他们希望个人负责解决问题,并经常注意对自己工作成就的反馈。如果他们能够从上级那里得到嘉奖、晋级、增加工资,就会有一种莫大的成就感。而当工作不受重视,工作成绩得不到充分认可,或在工作中个人的想法不能被采纳,个人的意志不能得到充分实现时,就会对工作失去兴趣。

权力需要是一种影响和控制别人的需要。它是人们想控制环境,以满足自身利益或他人利益的一种习得性需要。这种愿望高的人,喜欢"负责",追求社会地位,追求对别人的影响,喜欢使别人的行动合乎自己的愿望,但却较少关心别人的有效行为。权力欲又称为操纵欲,这种人希望支配别人和受到社会的尊重,希望拥有和保持领导地位。他们经常依赖说服式的沟通,在会议上提出许多建议。

大多数领导者具有较高的权力需要，这种需要激励他们通过努力奋斗以获得权力，进而影响他人。然而，麦克莱兰认为，有效的领导者应该具有高社会权力需要，而不是高个人权力需要。他们有高水平的利他主义和社会责任感，关注自身行为对他人的影响。换句话说，领导者必须在道德标准的框架下行使权力，不能随心所欲，为所欲为。

归属需要即为一种相互交往、相互支持、相互尊重的欲望。它是人们寻求他人的支持，顺从他人的期望和意愿，避免和他人发生冲突和摩擦的一种习得性需要。具有高归属需要的人，希望和他人建立积极的关系，并以自己作为群体的一员而感到满足。他们试图为自己设计一个好形象，设法被他人喜欢。具有高归属需要的员工喜欢和其他人一起工作，不喜欢单独工作，他们具有较好的参与性，擅长协调冲突。

虽然高归属需要的员工比较擅长做需要社会交往的工作，但是他们不擅长分配稀缺资源和制定避免冲突的决策。例如，研究发现，具有高归属需要的管理者比较优柔寡断，在分配资源时也显得不公平。因此，处于决策岗位的人必须具有低的归属需要，以避免他们的选择和行动被个人的认同需要影响。

麦克莱兰认为，了解和掌握这三种需要，对于管理人员的培养、使用和提拔均具有重要意义。高明的领导者，要善于培养具有高成就感的人才，这种人才对于企业、国家都有重要作用。一个企业拥有这样的人才越多，它的发展就越快，利润就越多。一个国家拥有这样的人越多，就越兴旺发达。

（二）成就需要与工作绩效的关系

在大量研究的基础上，麦克莱兰对成就需要与工作绩效的关系做出颇具说服力的推断和预测。其基本观点是：

（1）高成就需要者更喜欢具有个人责任感、可以获得工作反馈和中等冒险程度的工作环境。如果在工作环境中具备这些特征，高成就者的工作积极性就会极高。例如，不少证据表明，高成就需要者在经营自己的公司，或在大企业中管理一个独立的工作单元等活动中更有建树。

（2）高成就需要者未必是一位优秀的管理者，尤其是对规模较大的组织而言。他们感兴趣的是自己如何做得更好，而不是如何影响其他人做好工作。高成就需要的销售人员未必是一名优秀的销售经理，大企业中工作出色的总经理也并不一定就是高成就需要者。

（3）归属需要和权力需要与管理的成功密切相关。最优秀的管理者拥有高权力需要和低归属需要。实际上，高权力动机可能是管理效果的一个必要条件。当然，至于哪个是因，哪个是果，还有待于进一步确定。有人曾提出，高权力需要可能仅仅是一个人在组织层级中所处地位的产物。这种观点认为，一个人在组织中的位置越高,权力动机越强。其结果,权力地位会成为激发权力动机的因素。

(4) 通过培训可以激发员工的成就需要。培训教师可以指导个体从成就、胜利和成功角度来思考问题,然后指导他们在具有个人责任、清晰反馈和适度冒险性的环境中,采用高成就需要者的方式行动。所以,如果工作需要高成就者,管理者可以通过招聘来挑选高成就需要者,也可以通过成就需要培训的方式来开发已有人员。

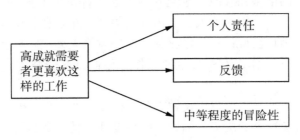

图 4-5 高成就需要者与工作

资料来源:(美)斯蒂芬·P. 罗宾斯:《组织行为学》(第 10 版),孙健敏等译,中国人民大学出版社 2005 年版,第 106 页。

成就动机理论在一定程度上比较确切地解释出人们的工作动机及其所引发的行为。它对高成就动机作用的强调,尤其是强调成就动机可以通过教育来塑造的思想,对于企业管理有很大的启示。在企业管理中,管理者要充分认识员工的成就动机的作用,并进行专门的培养成就动机的训练,通过安排既适合员工能力又具有一定难度的工作,使员工从中能够获得一定的成就感,激发员工的成就动机,造就更多的发明家、企业家。管理者还要善于发现具有较高成就动机的员工,并将其安排在具有一定难度和风险、富有挑战性的岗位上,这样他们的成就动机就可能被大大激发起来,他们的聪明才智就会得到充分的发挥。

第二节 过程型激励理论

过程型激励型理论是在内容型激励理论的基础上发展起来的,它们着重研究从动机的形成到行为目标的选择再到采取具体行动的心理过程。与内容型激励理论不同,过程激励型理论基本上都采用动态的、系统的分析方法来研究激励问题。其主要任务在于找出对行动起决定作用的某些关键因素,并在此基础上预测和控制人的行为。

一、期望理论

期望理论（expectancy theory）是由美国心理学家佛隆（Victor Vroom）在其 1964 年出版的《工作与激发》一书中首先提出的。佛隆认为，人总是渴求满足一定的需要和达到一定的目标，这个目标对于激发一个人的动机具有一定的影响，而这个激发力量的大小，取决于目标价值和期望概率（期望值）的乘积。

（一）期望理论的观点

佛隆的期望理论可以用如下的公式来表示：

$$激发力量 = 效价 \times 期望值$$

公式中的激发力量，是指活动本身在调动一个人的积极性、激发人的内部潜力去采取行动方面的强度。

公式中的效价又称为目标价值，是指达到目标对于满足个人需要的价值。对于同一个目标，由于人们的需要、兴趣和所处的环境不同，目标的效价也往往不同。一个希望通过努力工作得到升迁机会的人，在他心中"升迁"的效价就很高；如果他对升迁漠不关心，毫无要求，那么升迁对他来说效价就等于零；如果这个人对升迁不仅毫无要求，而且害怕升迁，升迁对他来说效价就是负值。

公式中的期望值也叫作期望概率，它是一个人根据过去的经验，判断自己实现某种目标的可能性的大小。一个人往往根据过去的经验，来判断行为所能导致的结果，或所能获得满足某种需要的概率。因此，过去的经验对一个人的行为有较大的影响。

该公式说明，一个人把目标的价值看得越大，估计能实现的概率越高，那么激发的动机就越强烈，焕发的内部力量也就越大；相反，如果期望概率很低或目标价值过小，对人的激发力量就比较小。

为了使激发力量达到最佳值，佛隆还提出了人的期望模式。该模式可用图 4-6 表示。从图 4-6 中可见，通过一定的努力，个体可以达到两种水平的输出。第一种水平的输出是为了达到组织的目标，第二种水平的输出是为了达到个人的目标。在佛隆看来，两种水平的输出之间是有一定联系的，其中第一种水平输出的目标是工具性的，它是达到目的的手段；而第二种水平输出的目标，才是个人真正所要达到的目的。在实际工作中，如果员工的工作结果低于规定的指标，就意味他没有完成第一种水平输出的目标，即企业的工作要求，因而，他也不能达到第二种水平输出的目标，即个人的应得收入。

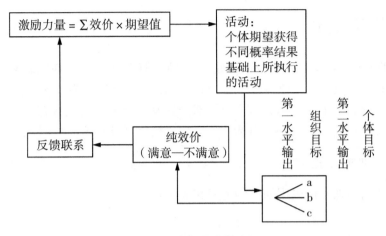

图 4-6 期望理论模式图

资料来源：俞文钊：《管理心理学》，东方出版中心 2002 年版。

佛隆认为，根据期望理论模式，为了有效地激发员工的工作动机，需要兼顾以下三个方面的关系：

1. 努力与成绩的关系

人总是希望通过自己的努力达到预想的结果。如果个体认为通过努力自己有能力去达到目标，即个体主观上认为达到目标的期望值很高，就会有信心，就会激发出强大的力量；如果目标过高，可望不可即，或目标过低，唾手可得，就不足以激起强大的内部动力。可见努力与成绩的关系，主要取决于个体对目标的期望值。期望值实际上是个体对目标的一种主观估价，它既受到个人认知、态度、信仰等个性倾向的影响，又受到个人的社会地位、别人对他的期望等社会因素的影响。因此个体对某项目标的期望值是一个由主观条件和客观条件相互作用而决定的函数。

2. 成绩与奖励的关系

在一般情况下，个人总是期望在达到预期的成绩后，能够得到适当的、合理的奖励。例如奖金、晋升、提级、表扬，等等。如果要求员工为组织目标作出贡献，而没有行之有效的物质和精神奖励来进行强化，时间一长，被激发起来的积极性就会逐步消失。

3. 奖励与满足需要的关系

在工作中，人们总是希望通过奖励满足个人的需要，如生理需要、尊重需要、自我实现的需要，等等。由于人与人之间存在着在年龄、性别、资历、社会地位、经济条件等方面的差别，反映在需要上也有明显的个别差异。因此，对同一种奖励，人们所体验到的效价也有所不同，它所具有的吸引力也不同。为了提高奖励的效价，使它对员工具有更大的吸引力，佛隆认为，要根据人们的需要，采取多种形式的奖励，才能最大限度地挖掘人的潜力，提高工作效率。

（二）期望理论在实际管理工作中的应用

1. 效价的判断

前面已经指出，同样的目标，在不同人的心目中，往往会有不同的效价。这主要是由各人的理想、信念、价值观不同造成的，同时也与人的文化水平、道德观念、知识能力、兴趣爱好以及个性特点有关。要全面地理解"效价"的作用和意义。企业和员工不能单纯地只看目标的价值"对自己有没有好处"或"对企业有没有好处"，还应该看到目标的价值对社会有多少贡献。如果对效价的理解，仅仅局限于"对自己有没有好处"，很容易使人走上追逐个人名利的邪路，如果对效价的理解只是"对企业本身有没有好处"，就会把企业引向歧途。

即使是在资本主义世界，企业的目标效价，也不能单纯地从企业的利益出发，而不考虑国家的利益。例如，日本的住友银行在一次招收新职员的考试中，总裁堀团出了一道试题："当住友银行与国家双方利益发生冲突时，你以为如何去办才合适？"许多人答道："应从住友的利益着想。"堀团对这些人的评语是："不能录取。"另有许多人答道："应以国家的利益为重。"堀团认为这个答案及格，但不足以录用。只有少数几个人的回答是："对于国家利益和住友利益不能双方兼顾的事，住友绝不染指。"堀团认为这几个人卓有见识，把他们录用了。一个资本主义国家的财团在考虑效价的时候，尚且能首先考虑到国家的利益，在社会主义国家的企业，就更应该以国家利益为重了。

2. 期望值的估计

期望值的估计，即对实现目标可能性大小的估计。对期望值的估计应该恰如其分。估计过高会盲目乐观，实现不了，容易受到心理挫折；估计过低容易悲观泄气，会影响信心，放松努力。佛隆认为，期望的东西不等于现实，期望与现实之间的关系一般有如下三种可能性：

一是期望小于现实。期望小于现实，即实际结果大于期望值。一般地说，在正强化的情况下，如奖励、提职、提薪、分房子等，当现实大于期望值的时候，有助于提高人们的积极性，在这种情况下，能够增强信心，增加激发力量。而在负强化的情况下，如惩罚、灾害、祸患等，期望值小于现实，就会使人感到失望，因而产生消极情绪。

二是期望大于现实。即实际结果小于期望值。一般地说，在正强化的情况下，便会产生挫折感，对激发力量产生削弱作用。如果在负强化的情况下，期望值大于现实，则会有利于调动人们的积极性，因为这时人们做了最坏的打算和准备，而结果却比预想的好得多，这自然对人的积极性是一个很大的激发。

三是期望等于现实。即人们的期望变为现实，所谓期望的结果，是人们预料之中的事。在这种情况下，一般地说，也有助于提高人的积极性。如果从此以后，没有继续给以激励，积极性则只能维持在期望值的水平上。

对期望值的估计，人与人之间也存在着很大的差异，这主要与一个人的兴趣、愿望、知识、能力和生活经验等因素有关。一般来说，如果目标符合社会发展规律，又不脱离当前的实际，达到的可能性就大，在这种情况下，就要设法提高员工的"期望值"，鼓舞士气，增强信心。相反，如果目标违背社会发展规律，就要劝说和引导员工降低"期望值"，直至最终放弃这个目标。

为了实现组织目标，作为管理者或领导者，既要设法提高目标在员工心目中的效价，又要设法提高员工对目标的期望值，除此之外，还应该采取切实可行的措施，建立有效的保证体系，只有这样，才能从总体上提高实现目标的最大可能性。

二、公平理论

公平理论（equity theory）是一种研究人的动机和知觉关系的理论，它是由美国心理学家亚当斯（J. Stacy Adamas）提出的。该理论认为，知觉对于动机的影响在于一个人不仅关心个人的收入和支出，而且还关心自己的收入、支出与别人的收入、支出的关系。也就是说，人们不仅关心个人努力所得到的绝对报酬量，而且还关心自己的报酬量与别人的报酬量之间的关系，即相对报酬量。

（一）公平理论的基本模式

公平理论着重研究工资报酬分配的合理性、公平性对员工积极性的影响。该理论认为，人能否受到激励，不仅取决于他们得到了什么，还取决于他们看到别人得到了什么。他们总是首先进行一番"社会比较"，全面地衡量自己的支出和收入。如果他们发现自己的支出和收入的比例相当时，就会心理平静，认为公平，于是心情舒畅，努力工作。相反，如果他们发现自己的支出和收入的比例并不相当，特别是低于别人时，就会产生不公平感，甚至会有满腔的怨气。

人们究竟是怎样确定对自己的报酬是公平还是不公平的呢？1965年亚当斯提出了关于公平关系的方程式，后来又称为公平理论模式：

$$\frac{Q_P}{I_P} = \frac{Q_o}{I_o}$$

式中，Q_P 代表自己所获得报酬的感觉；I_P 代表这个人对他自己所投入的感觉；Q_o 代表这个人对某个作为比较对象的人所获得报酬的感觉；I_o 代表他对那个作为比较对象的人所作投入的感觉。

这个公式表明：当一个人感到他所获得的结果与他投入的比值和作为比较对象的人的这项比值相等时，就有了公平的感觉；如果两者的比值不等，那就会产生不公平的感觉。

现代心理学认为，当人们感到自己受到不公平的待遇时，心理上就会感到苦恼，从而呈现紧张和不安的状态，影响他们的行为动机，导致生产积极性的下降与效率的降低，甚至会出现大量的旷工或离职现象。一般情况下，个体为了消除心理上的紧张和不安，往往会采取以下几种措施：

（1）通过自我解释达到自我安慰。例如，通过曲解自己和别人的收支，主观上造成一种公平的假象，消除不公平感。

（2）采取一定的行为，改变别人的收支状况。例如，向主管申述理由，或要求与某人比高低。

（3）采取一定的行动，改变自己的收支状况。例如，通过消极怠工，减少自己的支出或要求增加收入等手段。

（4）更换比较对象，以获得主观上的公平感。例如，某甲跟某乙相比，感到吃了亏，换一个对象，跟某丙相比，使之感到并没有吃亏。这叫比上不足，比下有余，聊以自慰。

（5）发牢骚，泄怨气，制造人际矛盾，所谓不平则鸣。有时也会有明知"斗"不过别人，暂时忍耐，甚至放弃工作，一走了之的。

因此，在管理工作中，领导者必须十分重视在工作、待遇上不公平、不合理的现象对人的心理状态以及对人的行为动机的消极影响，应当在工作任务、工资、奖金的分配上与对工作成绩的评价中，力求公平合理，努力消除不公平、不合理的现象；否则，必然会挫伤员工的积极性，在员工的心理上造成不良影响，从而阻碍事业的发展。

（二）公平理论的实践意义

公平理论，目前在国外非常流行，对我们也有借鉴价值。实践证明，公平理论对加强社会主义的企业管理，对于提高领导者、管理者的水平，是大有裨益的。因为公平理论认为人们有一种保持分配上公平的需要，这种公平感是一种普遍存在的心理现象，领导者是否认真考虑这种社会心理因素，是衡量其管理水平的重要标志。

目前，在我们的企业管理中，许多领导同志不注意各种不公平现象对人们生产积极性的影响。如在实际工作中，存在着能力贡献相同而待遇不同的现象，或在待遇相同的情况下又经常出现忙闲不均的现象，等等。更为普遍的是，不少企业和单位还仍然存在着"大锅饭"和"绝对平均主义"等问题，这不仅对一部分员工的生产积极性带来消极影响，还严重影响了人与人之间的关系，亟待采取措施，迅速加以消除。当然，在实际工作中，引起不公平感的原因很多，对此，应该具体问题具体分析，只有这样，才能有的放矢地做好工作。一般来说，使员工产生不公平感的起因有以下三个方面。

（1）个人的错误判断。少数人由于个人主义比较严重，好逸恶劳，贪图享受，干活越少越好，奖金越多越好。这种人往往容易过高地估计自己的成绩，过低地估计别人的成绩，而把本来合理的分配看成不合理，把公平的差别看作不公平。对这种人要批评教育，做好思想政治工作。

（2）奖金、工资制度本身的某些问题。目前，一些单位和企业，在奖金、工资制度的执行过程中，还存在一些普遍性的问题。例如，有些工种定额容易超产，有些工种定额不容易超产；有些班组超负荷，有些班组任务不足；有定额的工人多劳多得，工作紧张，出了事故还要扣奖金，无定额的人员工作轻松，奖金却旱涝保收；等等。这些由于管理制度不完善而带来的不公平，应该在经济体制改革中加以妥善解决。

（3）领导作风不正。有的领导工作不深入，或偏听偏信，或想当然地处理一些重要问题；个别领导对员工亲疏不一，处理事情不实事求是，一碗水端不平；极个别领导一事当前，先为自己打算，甚至侵吞集体财产和与员工争名争利；等等。这些问题应该在健全领导班子的过程中加以解决。

社会情况比较复杂，要做到绝对公平是很难的。即便是对公平的理解，不同的人也有不同的标准。有的人认为贡献和报酬应该相当，有的人是以人们的公平分配需要为标准来评价的，有的人认为"大家得到的一样多"就是公平的。现实生活中难以做到完全的公平合理，但绝不能因此就不在这方面努力。这就要求领导者要有甘当公仆的思想，要有遵纪守法、廉洁奉公、工作在前、享受在后的道德品质和作风，对员工要一视同仁，要杜绝拉帮结派、损公肥私、假公济私、行贿受贿、官官相护、任人唯亲等不正之风，只有这样才能避免员工不公平感的产生。当然，企业中每个员工也应该提高精神境界，增强自我教育的自觉性和主动性，处处事事都要从国家的振兴和人民的富强出发，顾大局、识大体，绝不斤斤计较个人得失和与人争名夺利，这样更有利于达到自我心理平衡。

三、强化理论

强化理论（reinforcement theory）主要是研究行为对动机影响的一种理论。这种理论认为，强化对于人的行为来说，就是通过一种有效的刺激，对行为起加强作用。强化分正强化和负强化，两者都可以使行为得到增强，但它们的作用方式不同。正强化是指当个体做出某种行为时就给予食物、奖赏或各种社会需求物等，从而促进该行为的发生概率，所给予的物品称为积极强化物。负强化则是指当个体做出某一行为时就从情境中撤去某种刺激物，这也将起到增强该行为的作用，被撤除的刺激物称之为负强化物或厌恶刺激。

（一）强化理论的基本内容

强化理论的产生主要是建立在条件反射理论基础上的。最古老的反射理论是由法国学者笛卡尔（R. Descartes）首先提出的，笛卡尔把人的某些初级的心理活动看成是刺激反应（S—R）的形式。这一假设被俄国著名生理学家谢切诺夫（Ivan Mikhailovich Sechenov）验证，后来由他的学生巴甫洛夫（Иван Петрович Павлов）发展成条件反射理论。

巴甫洛夫完善了笛卡尔的理论，认为在刺激反应的中间，应该包括一个中间环节（即中枢的作用），因而整个反射活动从开始环节、中间环节到终末环节，以至再从终末环节到中间环节便形成一条反射弧。于是笛卡尔的"S—R"模式便发展成为"S—O—R"模式。巴甫洛夫著名的条件反射试验就是在给狗看到灯光（或听到铃声）的同时喂以食物，引起狗分泌唾液的反射，经过多次重复，当看到灯光（或听到铃声），即使食物尚未出现，狗也会流出唾液来。巴甫洛夫认为，狗对灯光（或铃声）形成的食物性条件反射的过程，就是在大脑皮层上建立暂时神经联系的过程。进而，他认为人们的一切知识、经验、技能、技巧就其生理机制来说，都是建立在条件反射基础上，在大脑皮层上形成暂时神经联系系统。巴甫洛夫的学说对于解释人的心理活动具有积极意义。

20世纪20—30年代，美国机能主义心理学家的后裔华生（J. B. Watson），在动物心理学的影响下，开始了行为主义心理学研究。首先，他反对传统心理学将研究对象确定为心理或意识。他认为心理或意识都是些看不见、摸不到的东西，主张以对行为的研究来代替对心理或意识的研究。他一方面把有机体应付环境的一切活动统称为行为，而把行为的最基本的成分肌肉的收缩和腺体分泌称为反应；另一方面又把引发有机体活动的外部和内部的变化统称为刺激。于是，人们的一切活动都被简化为"S—R"（刺激—反应）的行为公式。

华生甚至公然声称："人和动物的全部行为可以分析为刺激和反应。"按照华生的观点,只要给人以特定的刺激,就会产生特定的行为;反之,只要观察到人的行为,也就可以判断引起该行为的刺激。这种行为主义心理学明显具有机械主义色彩,它否定人的意识的存在,完全把人降低为动物。这个学派虽然风行一时,但是后来受到了彻底批判。华生的行为主义也被称为旧行为主义。

华生以后,新行为主义的代表人物斯金纳(B. F. Skinner)提出了操作条件反射理论。斯金纳与华生不同,他重视环境对行为的影响作用,主张把任何刺激—反应单元都看作反射,认为人的一切行为都是由反射所构成。新行为主义对华生学说的修正,就是不能把人脑看成是"黑箱子",人的行为模式应该是"S—N—R",其中N主要是指主观因素,例如意图、愿望、行为目的等。新行为主义又称为操作主义。新行为主义认为,有机体的反射活动,都是从刺激物对感受器的作用开始的,反射是一个"S—R"的过程,而操作行为则是一个"R—S"的过程。

斯金纳的操作条件反射理论认为,人们为了达到某种目的,产生作用于环境的活动,这种活动的结果如果对自己有好处,他便得到了满足,于是这种"行为"就会重复出现;相反,行为的结果使他不满意,这种"行为"也就消失。当一个操作过程发生之后,接着呈现强化性的刺激,这个操作行为的强度(频率)就会增加。斯金纳认为,在这个过程中强化很重要,行为之所以发生变化,就是由于强化的作用,直接控制强化物就能达到控制行为的目的。因此,他认为凡是能够增加反应强度(频率)的刺激,均称为强化物。强化物构成了修正人们行为的武器。由此,便产生了斯金纳的行为强化理论。这种理论与传统理论的区别在于它是把行为结果(报酬)看成是决定行为的刺激物,而传统的激励理论则是把个人的需要、动机看成是决定行为的刺激物。

(二)强化理论在实际管理工作中的应用

行为强化理论对管理工作具有一定的启示。根据斯金纳的理论,行为的后果通过反馈能引起行为的加强或削弱,所以在这种理论的基础上,可以建立起行为改造的方法。即对所需要的行为可采用正强化(表扬、奖励),使其重复出现或加强;对于不需要的行为,则采用负强化(批评、惩罚),使其削弱或消失。在具体运用行为强化理论时,应注意以下问题:

1. 因人而异采用强化物

所谓强化物,就是用于强化的刺激物。在现实生活中,要影响或改变一个人的行为,就要区别对象的不同需要,采用不同的强化物。在强化过程中,强化物可能是物质的,如奖金、奖品或实物,也可能是精神的,如权力、责任、名誉、赞扬和成就等。物质奖励在不同的条件下,对不同的人具有不同的作用。对有些人来说,权力、荣誉和成就往往会构成很大的吸引力,然而对另一些人可能不会发生作用。

因此，强化手段一定要因人而异。

2. 信息反馈要及时

在实施强化手段时，需要及时地了解行为产生的结果，一般来说，行为结果的好坏，对人的行为都有强化作用。好的结果能起到鼓舞、促使人继续努力的作用；坏的结果能唤起人的警觉，促使人分析原因及时进行自我纠正。

3. 奖励和惩罚相结合

对于人们的正确行为和有成绩的工作，必须给予肯定和鼓励，否则人的积极性就可能消退或难以保持下去。同时，对于害群之马或极端错误的行为，必须及时进行惩罚和制裁，否则将会使努力工作的人怨恨。历代政治家都主张"功必当赏，罪必当罚。当赏者，虽仇怨必录；当罚者，虽父子不舍"。现代管理的实践也证明，实行奖惩并用、正负强化相结合的原则，比单纯的只奖不惩或只惩不奖效果要好。近年来，也有些心理学家认为，惩罚会引起抱怨和消极情绪，虽然能够暂时使不良行为受到抑制，但不能持久，因而主张在管理上应该宽严相济，以奖为主。在方式方法上，表扬或奖励应尽量考虑在公开的场合下进行，批评或惩罚应达到知耻为止，尽量缩小影响范围。

4. 及时强化，恰如其分

为了使强化收到较好的效果，应该在一个合意的行为发生之后，立即给予强化。强化和合意行为之间的时间间隔不宜过长，时间越长强化的效果越差。心理学家研究认为强化的作用随着间隔时间的长短呈现负相关的关系。这是因为强化和合意行为之间的时间越短，所建立的暂时神经联系越紧密，久而久之就会形成动力定型。否则，时间间隔越长，强化效果越差。

强化应该恰如其分，实事求是。在实施强化的时候，既不能在表扬中添枝加叶，凭空"拔高"，言过其实，也不能在批评时捕风捉影，任意"歪曲"，以致全盘否定，否则，强化非但不能起到积极的作用，反而会招来反感，产生不良的效果。以上这些做法在组织管理心理学中，一般称为行为修正。行为修正常常与心理治疗的方法结合使用。

第三节 激励理论在实践中的应用

对管理者来说，能够理解激励理论是一回事，能够灵活运用其有效地解决现实问题往往又是另外一回事。为了解决管理心理学学习中理论与实践脱节的问题，本节我们将对一些在实际管理工作中得到普遍认可的激励技术和方案作一个简要的介绍和说明。

一、目标管理

（一）什么是目标管理

目标管理（MBO）是在各国管理实施中广为使用的一种管理手段，或称管理方案。目标管理的特点是主张员工参与对目标的设置工作，强调目标的切实性、可检验性和可度量性。MBO 不是什么新概念。事实上，早在 50 多年前就有人提出过使用目标来激励人们而不是控制人们的观点。而在今天，对管理学基本概念的介绍如果不讨论 MBO，就会被认为是不完整的。

MBO 的吸引力无疑在于，它强调总体的组织目标向组织下属单位及个体的具体目标转化。通过设计一个使目标沿组织各层级不断分解的过程，MBO 使得目标概念具有可操作性。如图 4-7 所示，组织的总体目标被转化为组织事业部、部门和个体的确定目标。由于下属单位的管理者参与了设定本单位的目标，因而 MBO 既有"自上而下"的运作，同时又有"自下而上"的运作，其结果是各个级别的目标都与其相邻的级别相关联。而对于员工个体，MBO 提出了明确的绩效目标。因而对于每个个体来说，他（她）对本单位的贡献是通过各自明确的可鉴别的绩效来体现的。如果所有的个体都达到了目标，那么他们单位的目标也被实现，从而组织的整体目标就能够成为现实。

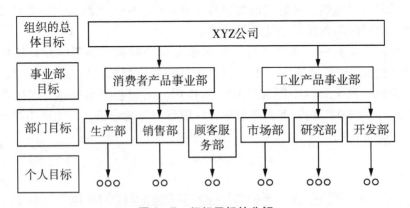

图 4-7 组织目标的分解

资料来源：（美）斯蒂芬·P. 罗宾斯：《组织行为学》（第 10 版），孙健敏等译，中国人民大学出版社 2005 年版，第 210 页。

在所有的 MBO 方案中，都具有四个共同的要素：目标确定性、参与决策、明确的时间期限以及绩效反馈。MBO 的目标应当是所期望达到的成就的简明清晰的陈述。笼统地说要减少开支、改善服务或提高质量是不够的，这些想法应当转化成可度量和可评估的切实目标。明确的目标的例子有：将部门开支减少 7%；通过确保所有的电话订购在接到电话后 24 小时内得到处理来提高服务；保持退货率少于 1% 以提高产品质量。

MBO 中的目标并不是由管理者单方面设定然后分配给员工的。MBO 让员工参与决定目标，而不是将目标强加给员工。管理者和员工共同选择目标并且在如何度量目标上取得一致。在 MBO 中，每个目标的实现都有一个确定的时间期限，典型的期限是 3 个月、6 个月或一年。因而员工不但有明确的目标，而且有实现该目标的规定期限。MBO 方案的最后一个要素是绩效反馈。MBO 不断地对目标进展情况做出反馈，以便员工做出相应的调整和更正。经常反馈和管理者定期的正式评估，在整个组织的顶层和基层同时进行。

例如，销售部主管有销售总体目标和各主要产品的销售子目标，他（她）必须检查当前的销售报告以便确定销售部门的进展情况。同样，区域销售经理和销售业务员也都有自己的目标。业绩和绩效形式的反馈可以让所有这些人知道他们现在干得怎么样。在正式的评估大会上，管理者和员工可回顾目标的进展情况而且可提供进一步的反馈。

（二）MBO 与期望理论的联系

MBO 与佛隆的期望理论有一定的联系。期望理论是在目标尚未实现的情况下研究目标对人的动机影响的，它强调一个好的管理者应当研究在什么情况下使期望大于现实，在什么情况下使期望等于现实，以更好地调动人的积极性。这一理论告诉我们，在分配工作和思想政治工作中，应该充分地研究目标的设置、效价和期望概率对激发力量的影响。因为不同的人有不同的目标，同一个目标对不同的人也会有不同的价值，所以只有具体问题具体分析，才能真正调动起每个员工的积极性。

根据佛隆的期望理论，为了使激发力量达到最佳效果，首先应当注意目标的设置。恰当的目标能给人以期望，使人产生心理动力，从而激发起热情产生积极行为。为此，在设置目标时，必须考虑以下问题：

一是组织目标和员工个人目标的一致性。从根本上说，组织利益与个人利益是一致的。但是，由于员工需要的个别差异，个人往往会有自己的具体目标，因此组织目标与员工个人目标既有一致性，又有差异性。管理者要善于使员工的个人目标与组织目标结合起来，使组织目标能够包含员工更多的共同需求，使更多的员工能在组织目标中看到自己的切身利益，从而把组织目标的完成看成是与自己休戚相关的事。

二是目标的科学性。一般地说，目标必须与员工的物质需要和精神需要相联系，使他们能从组织的目标中看到自己的利益，这样效价就大。目标既应该带有挑战性，适当地高于个人的能力，又要让员工看到目标实现的可能性很大，这样期望成为现实的概率就高。但要注意，切不可使目标过高，以免造成心理上的挫折，失去取胜的信心；也不可使目标过低，以免鼓不起干劲，失去内部的动力。

三是目标的阶段性。组织的总目标，往往使员工感到"遥远"，应该将总目标分成若干个阶段性的小目标。一方面，小目标易于实现，从而容易提高员工的期望概率；另一方面，小目标便于通过信息反馈检查落实，从而容易实行有效的定向控制，逐步将员工导向既定的总体目标。

四是目标的可变性。目标设立以后，一方面要认真执行，另一方面要根据情境的变化，对目标作适当的修正或调整，使之更加符合变化了的主客观条件，更好地激励人们的积极进取精神。当然，也应注意不要轻易地频繁地调整目标。因为过于频繁的变化，容易降低目标在人们心目中的效价和期望值。所以，在一般情况下，应该维护目标的严肃性。

（三）MBO 的行为步骤和实施方案

MBO 的行为步骤和实施方案如图 4-8 所示：

MBO 的第一步就是确定对员工工作绩效有重大影响的关键行为。这是指那种仅占 5%～10% 但对员工的绩效却有 70% 或 80% 决定作用的行为。

第二步是收集绩效信息。即在当前条件下，被确定的关键行为所发生的次数。

第三步是进行功能性分析，以确定行为的偶然性及绩效结果。这一步告诉管理者是什么原因导致低绩效行为，以及是什么原因使得该行为目前得以维持。

第四步是进行干预。一旦完成功能分析，管理者就准备设计和贯彻干涉策略，以加强希望的绩效行为并且减少不希望的行为。适当的策略将改变绩效/报酬关系中的一些因素——结构、过程、技术、群体和任务，目的是使得高绩效得到更多报酬。

第五步是评估绩效改进情况。即对员工行为和绩效的改变情况进行评估，因为这里的行为改变是相对长久的改变，所以在方案设计中要为评估阶段预留足够的时间。

二、薪酬设计

（一）薪酬的意义

金钱和其他物质报酬是员工激励的一个基础部分。组织通过分配金钱和其他利益使个人目标和公司目标紧密地联系起来。财物报酬代表了交换的主要形式，为员工的能力、行为和绩效付酬。这种经济交换的概念在许多文化里都有。"工资（pay）"一词在马来西亚语和斯洛伐克语里代表"补偿一种损失"，在希伯来语和

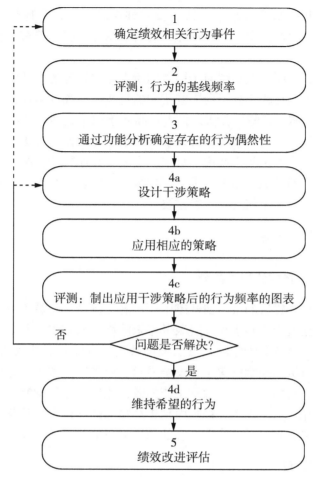

图 4-8 MBO 的步骤

资料来源：（美）罗宾斯：《组织行为学精要》（第7版），柯江华译，机械工业出版社 2005 年版，第 59 页。

瑞典语里表示"使平等"。但是作为薪酬的金钱不仅仅是一种交换的经济中介，而是一个具有更深和更复杂意义的象征。它反映了我们的需求、情感和自我认知。正如一位学者所说的："金钱可能是当代社会最具情感意义的物质：只有食物和性这些带有强烈多变的情感、意义和奋争的东西可以和它相提并论。"

金钱是满足个人需求的重要因素。金钱使我们能够买到食物和房屋，即能满足生存需求，因此，当经济不景气时人们更加看重钱。金钱还是地位的象征，财务收入象征着个人的成就，因此和成长需求相关。具有高成就需求的人不怎么为金钱所激励，但他们把金钱看作"记载他们成功分数"的方法。金钱也会引起强烈的情感和态度。一项大规模研究发现，金钱引发多种情感，且大多数是负面情感，如紧张、消沉、愤怒、无助。金钱也和贪婪、贪财联系在一起，但有时也和慷慨联系在一起。

一些相关研究表明，人们倾向于用他们所拥有和管理的金钱定义自己。也就是说，我们的薪水或银行账户规模会影响我们的自我评价和社会地位的自我认知。为什么男人更认同金钱？一些学者认为男人更倾向于相信金钱等于权力，而权力是获得尊敬的途径。另一项研究发现，男人在管理金钱方面比女人更自信，他们更倾向于把钱作为影响他人的工具来使用。总之，金钱和其他财物报酬的作用不仅仅是回报员工的贡献。它们满足了多种需求，影响情绪，代表一个人的自我价值和社会认同，在分配报酬的时候记住这一点很重要。

（二）薪酬的种类

1. 基于成员资格和资历的薪酬

基于成员资格和资历的报酬在薪酬中所占的比例最大。员工或者得到相同的工资和福利，或者这些工资和福利随着服务年限的增加而增加。例如，日本大企业员工的工资率几乎完全取决于年龄，虽然该体系正慢慢被基于绩效的报酬体系取代。基于成员资格和资历的报酬倾向于以安全需求、减少压力和提高忠诚度等特征来吸引应聘者。但是，它们不能直接激励工作绩效；相反，它们抑制差绩效者寻求和自己能力匹配的工作。而绩优者会被吸引到更高报酬的岗位上。从某种意义上说，这些报酬是黄金手铐，它们通过建立持续的承诺潜在地破坏了工作绩效。

2. 基于工作职位的报酬

几乎每个组织都在一定程度上基于工作职位为员工付酬。岗位评价通常被用来确定每种工作的价值，要求较高技巧和努力、具有更多责任和艰难工作环境的工作会获得较高的工资率。基于职位的报酬激励员工为晋升而竞争，能在一定程度上调动员工的工作积极性。但是，职位报酬也受到了严厉的批评。一种观点认为，以工作职位为员工付薪不符合层级很少、鼓励每个人的创造性的市场反应型组织模型。职位报酬激励员工彼此竞争，而不是激励员工把精力放在顾客服务和其他市场需求上。它也倾向于奖励职能的专业化（如市场营销、财务）而不是组织对市场需求的期望和反应的中心目标。

3. 基于能力的报酬

许多组织正在从职务报酬体系转移到基于技能、知识和其他能提高绩效的能力的报酬体系。在基于能力的报酬体系中，员工的工资率取决于他掌握技能模块的数量，而不取决于在某一天的工作表现。基于能力的报酬提高了劳动力弹性，因为它激励员工获取各种能够满足不同工作需求的技能。因为拥有多种技能的员工更容易理解工作过程并知道怎样改进工作过程，所以他们的生产或服务质量也得到了提高。基于能力的报酬也和受雇能力一致，因为它奖励那些持续学习使自己胜任工作技能的员工。能力报酬的一个潜在问题是对能力的评估可能是主观的，特别是对那些个人特性或价值观的评估。另外，这种体系的运行成本也很高，因为员工要花费更多的时间学习新的技能。

4. 基于绩效的报酬

早在公元前20世纪的巴比伦时代，基于绩效的报酬就存在了，但是直到最近10年，绩效报酬才迅速流行起来。图4－9综合了最为流行的个人绩效报酬、团队绩效报酬和组织绩效报酬。个人报酬主要形式有奖金、佣金和计件工资。团队报酬把关注点从个人转移到团队，因此，员工的大部分工资和团队绩效有关。收入分成计划基于成本节约计算奖金，而不是根据销售量或绩效计算奖金。收入分成计划可以提高团队动力、知识分享和薪酬满意度，因为许多成本削减和劳动效率属于团队可控范畴。收入分成计划的一种变异形式是财务公开管理，公司向员工公开经营成本数据，教会员工怎样阅读财务报表，鼓励员工寻找削减成本的方法。

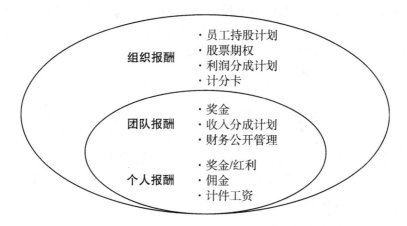

图4－9 基于绩效的回报的类型

资料来源：（加拿大）史蒂文·麦克沙恩、（美）玛丽·安·冯·格里诺：《组织行为学》，汤超颖译，中国人民大学出版社2008年版，第125页。

员工持股计划（employee stock ownership plans，ESOP）鼓励员工以折扣价格购买公司的股票，员工通过股利和股票的市场增值受益。美国私人部门大约10%的员工参与了ESOP。股票期权（stock options）给予员工以事先确定的价格在未来某一天购买公司股票的权利。比如，你的老板可能给你一种权利，使你以50美元的价格在从现在起的2年到6年之间购买100股股票。如果两年后股票价格是60美元，你就可以从这些期权中获得1 000美元的收益，或者你也可以在6年之内等到股票价格再升高一些时提取。如果股票价格在那段时间不会涨到50美元以上，你可以终止期权。这里的关键是股票期权不要求员工拥有股票，但是允许员工从股票的增值中受益。利润分成计划（profit sharing plans）是基于公司前一年的利润水平为员工发放奖金。另外一种组织层次的报酬战略是平衡计分卡（balanced scorecard），这种绩效评价系统激励人们提高在财务、顾客、内部过程及员工因素方面的综合绩效。评价越高，奖金越多。平衡计分卡最初被营利性组织采用，现在已逐渐应用于非营利组织。瑞典警察服务部门的平衡计分卡依据调查和客观标准评估客户满意度、警察形象、犯罪调查的预期结果、服务质量和资源的有效使用。

员工持股计划、股票期权和平衡计分卡倾向于建立一种使员工和组织成功一致的"所有权文化"。根据一项研究，实行ESOP的企业生产率提高了4%，而没有实行ESOP的企业生产率只提高了1.5%。平衡计分卡能够把报酬和组织绩效的多个方面结合起来。利润分成的"所有权文化"效应较弱，但它能自动地根据企业的前景调整员工的报酬，减少了在企业不景气时需要临时解雇员工或协商削减工资的情况。员工持股计划、股票期权和利润分成的主要问题是员工常常感到个人努力和公司利润或企业股票价值之间的联系很弱。即使是在小企业，企业的股票价格或利润率也受到经济环境、竞争和其他员工不可控因素的影响。而且当企业利润为负或股票处于"熊市"时，这些组织层次的报酬激励就会失灵。

（三）提高报酬激励效果的措施

人们经常批评基于绩效的报酬破坏了工作本身的激励作用、压制了创造力、带来了关系问题等。许多公司领导也把报酬作为快速解决问题的手段，而不愿仔细诊断不良行为的潜在原因。当然，这些观点并不一定说明应该放弃基于绩效的薪酬。相反，世界上业绩排名靠前的企业，更乐于使用绩效报酬。问题的关键是，采取什么措施能使报酬系统起到激励大多数员工绩效的作用。

1. 把报酬和绩效联系起来

第一，在采用利润分成计划、员工持股计划和其他使用客观绩效标准的计划时，尽力减小矛盾和偏差。第二，如果需要采用主观的绩效标准，企业应该依赖多方面的信息进行评价，以尽量减小任何单方面反馈的偏差。第三，企业应该在绩效产生时立刻进行奖励，奖励要足够多，使员工在获得这些奖励时有正向的情绪反应。

2. 确保报酬的相关性

企业需要把报酬和员工可控的绩效联系起来。员工看到日常行为和报酬的联系越大，对他们提高绩效的激励性就越强。沃尔玛采用的方式是高层经理的红利和公司整体绩效相关，而前台员工的奖金和其所在商场的销售量有关。一个地区的销售员可能因为经济形势好而有较高的销售量，因此销售奖需要根据经济因素做调整。

3. 对相互依赖的工作采取团队奖励

当员工的工作高度相互依赖时，组织应该采用团队奖励而非个人奖励。其原因是：第一，在这种情况下个人的绩效很难衡量。第二，团队奖励会使员工更好协作，降低彼此之间的竞争。第三，团队奖励使员工乐于接受团队工作安排，从而降低管理成本。

4. 确保奖励对员工有价值

很明显，当奖励对员工有价值时，效果是最明显的。但是企业有时会错误估计员工的需求，导致错误的结果。解决的办法当然是询问员工看重什么。几年前，金宝汤公司（Campbell Soup）的一个配送中心就发生过这种事情。在一个特殊的团队奖励项目中，经理们以为员工会要更多的钱，但是配送员工说他们最想要的奖励是一件背后印有金宝汤公司标识的皮夹克。

5. 防止出现意外的结果

基于绩效的报酬体系有时会对员工行为产生意外的不良结果。例如，一个比萨公司奖励司机的及时送货率，该计划使更多的热比萨及时送到了客户手中，但是它也引起了司机的事故率，因为及时送货率指标使他们拼命开快车。这里的解决办法是仔细思考报酬体系可能产生的后果，如果可能，最好在全公司推行该报酬体系之前先在小范围进行试验。

三、工作设计

工作设计（job design）是指为一项工作赋予任务的过程，它包括这些任务及这些任务与其他工作的相互关系。一项工作是由一个人完成的一系列任务。有些工作的任务很少，仅要求简单的技巧或努力；有些工作的任务很多、很复杂，只有训练有素的专业人员才能胜任。工作设计随着技术的变化和心理契约倾向的变化而变化。因此，对大多数组织而言，工作设计都是非常必要的。

（一）工作设计和工作效率

1. 工作专业化

工作专业化（job specialization）是指将一项工作分解为几项独立的工作并分派给几个不同的人来完成。工作专业化的极力提倡者之一是泰勒，他在20世纪早期提出了科学管理原则。科学管理是把工作系统地分割为最小的单元，把工作标准化，以达到效率最大化。根据泰勒的观点，最优效率的企业有详细的工作程序和惯例，这些程序和惯例由工程师开发，由管理者加强，由员工执行。甚至管理者的工作也应该细分：一个人管理操作效率，一个人管理检查，一个人是训练者。通过科学管理，泰勒提出的许多组织惯例在今天还普遍流行，如目标设定、员工培训、激励体系。泰勒最早的实践之一是在一个滚球轴承车间，这个车间本来有120个妇女，每人每周工作55小时。通过工作专业化和工作效率分析，泰勒只用35个妇女，让他们每人每周工作45小时，却将生产率提高了2/3。泰勒也给工人增长了1倍的工资。毫无疑问，生产率提高的部分原因是加强了培训、目标设定和工作激励，而工作专业化也促使了科学管理的成功。

2. 工作专业化的负面效应

工作专业化常常得到成功应用，但是它并不总是能够提高工作绩效，原因是工作专业化忽略了工作内容对员工的影响。工作专业化本意是让企业购买廉价的、无技巧的劳动力。但是，许多企业必须支付更高的工资，以补偿工人对狭窄定义工作的不满意。工作专业化也带来了较高的成本，表现在高的离职率、缺勤、怠工、精神健康问题。工作专业化不像预期的那么有效，也许最重要的原因是它忽略了工作的激励潜力。专业化以后，工作变得容易，但不再有激励性。工作越复杂，其激励性越强，但掌握工作的能力下降。工作绩效最大化发生在这两个极端之间，大多数人可以很好地工作，而工作也很有趣。高度专业化常常使工作质量降低，因为员工只看到工作程序的一小部分。一位汽车装配线的观察者报告说："员工常常不知道他们的工作和整辆汽车有什么关系。不知道是否有激励措施在提高质量。事实上，对于一项你根本不了解其功能的机制框架，质量能意味什么呢？"

（二）工作设计和工作激励

许多工业工程师可能忽略了工作性质的激励作用，但是这已经成为许多工作设计变革的中心。赫茨伯格提出的双因素理论就表明了这种改变。赫茨伯格认为，只有工作本身的特性可以激励员工，而保健因素只是防止不满意。双因素理论没有多少研究支持，但是赫茨伯格的思想却引起了人们对工作本身激励潜力的思考。通过随后的研究形成了工作特征模型（job characteristics model），如图 4-10 所示。工作特征模型划分了五个工作维度，并把工作的激励特性和特定个体与组织的结果联系在一起。工作特征模型包含三种心理状态，有这些心理状态的员工会有较强的内部工作激励、较高的工作满意度和较好的工作效果。

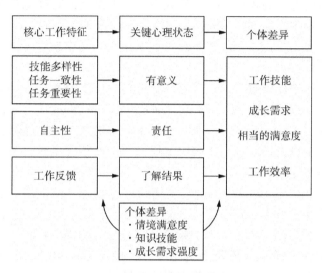

图 4-10 工作特征模型

资料来源：（加拿大）史蒂文·麦克沙恩、（美）玛丽·安·冯·格里诺：《组织行为学》，汤超颖译，中国人民大学出版社 2008 年版，第 131 页。

1. 核心工作特征

工作特征模型划分了五个核心工作特征，在适当的条件下，如果工作的下述特征较明显，员工就能受到激励并且感到满足。

（1）技能多样性（skill variety）。技能多样性，指用不同的技能和才能完成多种工作。例如，原来只是服务顾客的销售员可以安排做些附加的工作，如入库和改变店面陈列。

（2）任务一致性（task identity）。任务一致性，指要求完成整个任务的程度，如把某件事从头做到尾，或者在整个生产或服务过程中某个人的工作可明确观察到整个任务。例如，安装整个计算机调制解调器的员工比只焊接电路的员工对最终产品有更强的所有感或认同感。

（3）任务重要性（task significance）。任务重要性，指工作对整个组织或社会的影响程度。例如，Medtronic 公司的经理意识到许多员工具有较低的技能多样性，因此他们召开特殊的会议，让客户写证明书来提醒员工：他们的工作很重要。

(4) 自主性（autonomy）。自主性指工作给予员工自由、独立、工作安排的决断权以及决定工作过程的程度。对于自主性的工作，员工自己做决定，而不是依靠主管或程序手册的详细指导。

(5) 工作反馈（job feedback）。工作反馈，是指员工可以基于工作本身的感觉信息说明自己做得怎样的程度。一些研究表明，工作反馈对降低角色模糊和提高工作满意度有重要影响。

2. 关键心理状态

五个核心工作特征通过三个关键心理状态影响员工的激励和满意度。第一个关键心理状态是"体验到有意义"（experienced meaningfulness），即相信自己的工作有价值或重要性。技能多样性、任务一致性和任务重要性都直接关系到工作意义。如果工作的这三个特性较高，员工会感觉他们的工作很有意义。当其中的一个特性或全部特性都不存在时，工作就失去了意义。第二个关键心理状态是"感到有责任"（experienced responsibility）。当员工感到自己对努力的结果有责任时，工作激励和绩效就会提高。员工必须被安排到需要控制自己的工作环境，这样他们才会对自己的成功和失败负责任。第三个关键心理状态是"知晓结果"（knowledge of results）。员工希望知道自己工作努力的结果，他们可以从同事、上级或顾客那里了解结果，但工作设计关注的是从工作本身了解结果。

3. 个体差异

工作设计不是在任何情况下都能对任何人产生激励作用，换言之，工作设计的作用发挥是有一定条件的。其中，第一个条件是员工必须有一定的技能和知识来掌握富有挑战性的工作，否则工作设计就会提高压力和降低绩效；第二个条件是员工必须在工作设计影响工作激励之前，就对工作环境（如工作条件、工作安全感、薪水）有相当的满意度；第三个条件是员工必须有强烈的成长需求，因为提高核心工作特性对那些只关注生存或关系需求的人来说，激励作用很小。

（三）通过工作设计提高工作激励的策略

1. 工作轮换

工作轮换（job rotation）是将员工从一个工作岗位调到另一个工作岗位。让员工在不同工作之间轮换会减少工作的枯燥感，但是大多数组织引入此工作设计的主要目的是开发弹性的劳动力。轮换使员工获得多种技能，因此他们可以根据需要变换工作职责。例如，面对减少和增加的工作量，瑞尔森大学图书管理员重新安排他们的工作，从专家到更一般的工作，他们在四种工作领域间轮换。引入工作轮换的第三个原因是减少重复疲劳伤害的影响。凯利公司使用工作轮换就是出于这个目的。这家空调生产商设计了互补的工作，使员工可以在不同工作间转移，使用不同的肌肉，以减少某一处肌肉的疲劳。

2. 工作扩大化

工作扩大化（job enlargement）不是让员工在不同工作之间轮换，而是把许多任务合并为一个工作。这包括把两个或两个以上的工作合并为一个，或者是在现有工作中加入一两项任务。工作扩大化显著地提高了工作效率和弹性，但研究者却认为，简单地给员工分派很多任务并不能影响激励、绩效或工作满意度。相反，只有当技能多样化和更多的自主性及工作知识结合在一起，才可以获得这些好处。换句话说，当员工有许多任务，同时又有一定的自由和知识去组织工作时，他们会受到激励，并有较高的满意度和绩效。这些工作特征是工作丰富化的核心。

3. 工作丰富化

工作丰富化（job enrichment）是给予员工较多的责任去安排、协调和计划自己的工作。虽然有些人认为工作丰富化是提高任意一项或更多核心工作特征的战略，但另一些人强烈认为工作只有通过加强自主性和责任感才能得到丰富。丰富工作的两种方法是把任务打包为自然群，建立客户关系。把任务打包为自然群是指把高度相互依赖的任务合并为一个工作。例如，安装整台计算机调制解调器而不是其中的一部分。建立客户关系是让员工和他们的客户直接接触，而不是让上级充当中间人。客户不通过主管直接向员工委派工作和提供反馈，让员工直接对特定的客户负责，可以使员工有更多的信息，从而制定影响这些客户的决策。建立客户关系也会提高任务重要性，因为员工看到了工作和客户结果的联系。由于工作丰富化提高了任职者的责任感和对产品或服务的所有感，所以能提高产品或服务的质量。当员工完成一项自然工作单元或建立客户关系时，质量改进最为明显。

本章小结

本章简要介绍了在国内外较有影响的以马斯洛的需要层次理论、阿尔德佛的ERG理论、赫茨伯格的双因素理论和麦克莱兰的成就需要理论为代表的内容型激励理论，以及以佛隆的期望理论、亚当斯的公平理论和斯金纳的强化理论为代表的过程型激励理论。并在此基础上从目标管理、薪酬设计和工作设计的角度，探讨了如何应用激励理论进行激励方案设计。本章的主要概念是：

1. 激励

2. 保健因素
3. 激励因素
4. 期望
5. 效价

本土案例

试用本章所学理论分析联想集团的激励机制。

联想集团始终认为激励机制是一个永远开放的系统，要随着时代、环境、市场形势的变化而不断变化。这首先表现在联想在不同时期有不同的激励机制，对于20世纪80年代第一代联想人，公司主要注重培养他们的集体主义精神和物质生活的基本满足；而进入90年代以后，新一代的联想人对物质要求更为强烈，并有很强的自我意识，从这些特点出发，联想制订了新的、合理的、有效的激励方案，那就是多一点空间、多一点办法，根据高科技企业发展的特点激励多条"跑道"。

例如，让有突出业绩的业务人员和销售人员的工资和奖金比他们的上司还高许多，这样就使他们能安心于现有的工作，而不是煞费苦心往领导岗位上发展，他们也不再认为只有做官才能体现价值，因为做一名成功的设计员和销售员一样可以体现出自己的价值，为此他们就把所有的精力和才华都投入到最适合自己的工作中去，从而创造出最大的工作效益和业绩。联想集团始终认为只激励一条跑道一定会拥挤不堪，一定要激励多条"跑道"，这样才能使员工真正能安心在最适合他的岗位上工作。

其次是想办法了解员工需要的是什么，分清哪些是合理的和哪些是不合理的；哪些是主要的和哪些是次要的；哪些是现在可以满足的，哪些是今后努力才能做到的。总之，联想的激励机制主要是把激励的手段、方法与激励的目的相结合，从而达到激励手段和效果的一致。他们所采取的激励手段是灵活多样的，是根据不同的工作、不同的人、不同的情况制订的。他们不但根据不同的工作类型和岗位特点制订激励制度，而且在制订激励机制时非常注意考虑个体的差异性。

例如，女性员工相对而言对报酬更为看重，而男性则更注重企业和自身的发展；在年龄方面也有差异，一般20～30岁的员工自主意识比较强，对工作条件等各方面要求比较高，因此"跳槽"现象较为严重，而31～45岁的员工则因为家庭等原因比较安于现状，相对而言比较稳定；在文化方面，有较高学历的人一般更注重自我价值的实现，虽然包括物质利益方面的，但他们更看重的是精神方面的满足，如工作环境、工作兴趣、工作条件等，这是因为他们在基本需求能够得到保障的基础上而追求精神层次的满足，而学历相对较低的人则首要注重的是基本需求的满足；在职务方面，管理人员和一般员工之间的需求也有不同，因此企业在制订激励机制时一定要考虑到企业的特点和员工的个体差异，这样才能收到最大的激励效果。

跨文化案例

IBM 的薪酬制度对我国企业有哪些启示？

IBM 相信成功始于每一位员工，因此提出，让每位员工的独特个性及潜力得到足够尊重，是 IBM 发展、变革与成功的基础。IBM 一直致力于工资与福利制度的完善，以使员工的工作与生活都更充实、更丰富，从而充分发挥自己的才华。

IBM 公司的工资与福利是由现金工资与众多的福利项目组合而成的。通过系统化的设计，配合公司内部的各种管理制度，以及公司为员工提供的多种事业发展计划，达到吸引、保留优秀人才，减少人员流失，激励员工更大地发挥潜能，为公司及个人的发展多作贡献的宗旨。

IBM 的工资与福利项目：

基本月薪——对员工基本价值、工作表现及贡献的认同

综合补贴——对员工生活方面基本需要的现金支持

春节奖金——农历新年之前发放，使员工过一个富足的新年

休假津贴——为员工报销休假期间的费用

浮动奖金——当公司完成既定的效益目标时发出，以鼓励员工的贡献

销售奖金——销售及技术支持人员在完成销售任务后的奖励

奖励计划——员工由于努力工作或有突出贡献时的奖励

住房资助计划——公司拨出一定数额存入员工个人账户，以资助员工购房，使员工能在尽可能短的时间内用自己的能力解决住房问题

医疗保险计划——员工医疗及年度体检的费用由公司解决

退休金计划——积极参加社会养老统筹计划，为员工提供晚年生活保障

其他保险——包括人寿保险、人身意外保险、出差意外保险等多种项目，关心员工每时每刻的安全

休假制度——鼓励员工在工作之余充分休息，在法定假日之外，还有带薪年假、探亲假、婚假、丧假等

员工俱乐部——公司为员工组织各种集体活动，以加强团队精神，提高士气，营造大家庭气氛，包括各种文娱体育活动、大型晚会、集体旅游等

IBM 的工资制度：

完整的职位评估系统。对内部不同工种及不同工作的系统分类并级别化，由于

内部不同级别的工资水平不同，充分体现"按贡献取酬"的精神。

严格的工作表现评估系统。由主管与员工共同完成每年度的工作计划制订和工作表现评估过程，工作表现的好坏与加薪和升职紧密相关，从而实现"按贡献取酬"的目的。

严谨的薪资调查方法。密切关注本行业的工资变化情况，调整工资结构，以保证工资和福利在本行业中保持竞争力。

机会均等的加薪与升职机会。工作表现及专业技能是在提升及加薪过程中首先要考虑的因素。IBM的工资制度及管理制度保证了提升及加薪的机会对每个员工均等。只要积极制订职业生涯目标，不断更新专业技能，积极进取，不断扩大工作范围及影响力，提高领导才能，你的IBM职业生涯及你的报酬就将会随之蒸蒸日上。

思考题

1. 如何看待马斯洛的需要层次理论？
2. 试析阿尔德佛的生存、关系、成长理论。
3. 激励因素和保健因素有哪些区别？
4. 如何理解佛隆的期望公式？
5. 试析亚当斯公平理论的主要观点及其理论贡献。
6. 试析麦克莱兰的成就需要理论。
7. 应用目标管理需要注意哪些问题？
8. 怎样进行工作设计和薪酬设计？

网络情境练习

在网上搜索三家不同所有制类型企业的网站，并根据网站提供的信息，归纳企业激励员工的主要方式及其理论依据。

真实情境练习

通过反思和了解他人意见等方式，分析自己在情感智力四个维度中存在的不足，并制订切实可行的改进措施。

第五章 群体心理与行为基础

学习目标

1. 明确群体的概念、结构与分类
2. 掌握影响群体规模的主要因素
3. 了解群体规范的特点和形成、改变过程
4. 掌握群体凝聚力的概念和主要影响因素
5. 了解影响人际知觉的主要因素
6. 清楚人际知觉中可能会出现的各种偏见
7. 能够运用各种积极因素进行人际关系管理

> **引导案例**
>
> 　　不久前，一个维修工冲进了 Clive Beddoe 的办公室。Beddoe 是 WestJet 航空公司的 CEO 和合伙创始人，这家低价位航空公司的总部位于加拿大卡尔加里。该员工想知道 Beddoe 为什么把钱浪费在总公司为几个人举行的面包啤酒聚会上。Beddoe 赶快解释说，那用的是他自己的钱。"他虽然地位很低，但我欣赏他的态度，"Beddoe 回忆道，"他像一只守护犬，痛恨不平等。这正是 WestJet 的精神。"
>
> 　　WestJet 精神产生于 10 年前，建立在友好服务和弹性效率模型基础上。该模型是由位于得克萨斯州达拉斯的西南航空公司发展起来的。现在 WestJet 是北美地区第二大盈利的航空公司（仅低于西南航空的利润），是加拿大第二大航空公司，在大西洋岸至太平洋岸的 20 多个国家之间飞行。
>
> 　　WestJet 是怎样在短时间内获得如此巨大的成功呢？一个原因是 WestJet 的员工（称为"WestJet 人"）是干劲十足的、注重绩效的紧密团体。公司通过利润分成和股票期权将每个人的报酬和公司的盈利结合起来。最近，每个员工平均获得了 9 000 加元的半年利润奖励。得益于员工持股计划，大多数 WestJet 员工都是公司股东。"我们的员工是自己公司的股东。他们的利益直接和公司的利益结合起来了。"WestJet 首席财务官 Sandy Campbell 说道。
>
> 　　WestJet 盈利的另一个原因是员工承担了多种工作。例如，乘务员同时也是订票员，飞行员有时候也会在航班间隙帮忙打扫机舱。因此，WestJet 公司每架飞机只有 59 名维护和运行人员，而通常的全时服务航班有 140 名。
>
> 　　WestJet 也削减了中间管理层，给予员工较多的自主权。"我们授权员工自己决定任何使得顾客满意的事情，"销售经理 Judy Goodman 这样解释，"他们认为怎样合适，就可以怎样做。"这就解释了为什么 WestJet 在加拿大占据了 20% 的市场份额，而加拿大政府收到的乘客对他们的投诉只占 0.3%。

　　群体是社会分工与协作的产物，是人类最普遍的社会现象。人的大多数行为都以某种方式与群体行为相联系。群体可以满足人们的归属需要、人际关系的需要和地位的需要，也使单个人无法完成的工作得以完成。WestJet 公司的成功，便是一个群体通过合理的分工，在和谐的工作氛围中取得个体单独工作无法取得的成绩的极好案例。在这个案例中，尽管有许多原因增强了 WestJet 的群体凝聚力，并最终使其成功，但是，WestJet 管理层和员工在长期合作中所形成的 WestJet 精神，却是其中最为重要的因素。

第一节　群体概述

群体并不是单纯的人群集合体。候车室的乘客、商场的顾客、影剧院的观众、节日广场上的游人等萍水相逢、偶然聚在一起的人，虽然在时间、空间甚至在目标上有某些共同点，但他们之间在心理上没有相互影响和相互作用，因而不能称为群体。群体作为一个特定概念，有其独有的内容和特征。群体不是若干个体的相加，而是使个体有机地组织起来，形成一种新的力量，以完成个人无法完成的任务。

一、群体的概念、结构与分类

（一）群体的概念

群体（group）是具有一定结构和共同目标的，在心理上相互影响、行为上相互作用的人群集合体。著名心理学家霍曼斯（G. G. Homans）认为，任何一个群体中，都存在着相互联系的三个组成要素，即活动、相互作用和情感，并提出群体应该具有以下特征：

（1）群体具有共同的目标，并由群体成员通力合作来达成这个目标。这是构成和维持群体存在的基本条件。

（2）群体一般都有自己的规范、规则和领导人，每个群体成员都应该遵守这些规范和规则。群体的规范和规则在相当长的时间内不因群体成员的去留而改变。

（3）群体成员在心理上相互依存，彼此都能意识到对方的存在，也能意识到自己与其他人之间的关系。有心理上的联系和接触，是群体区别于一般人群的特点之一。

（4）群体成员间在行为上互动，即彼此的所作所为相互作用、相互影响，成员之间有信息、思想、感情的交流。

人们为什么要加入群体呢？其原因并不是唯一的。大多数人同时属于多个群体，因此显而易见，对个人来说，不同群体为其成员提供了不同的利益。表 5-1 概括了人们加入群体的一些常见原因。

表 5-1 人们加入群体的原因

安全需要
通过加入群体能够降低个体独处时的不安全感。当个体成为群体的一部分后,会感到自己更为强大,因而减少了自我怀疑感,面对威胁更有能力抵制。

地位需要
加入一个被大家认为十分重要的群体,能够使个体获得该群体成员所拥有的社会认可和社会地位。

自尊需要
群体能使其成员感受到自我价值。也就是说,群体成员的身份除了能向外人传递自己的地位之外,还能够增强群体成员的自我价值感。

归属需要
群体能够满足社交需要。人们往往会在成员的相互作用中得到满足,对许多人来说,工作中的人际互动是满足他们归属需要的最基本途径。

权力需要
有些东西是单个人无法实现的,但是通过群体活动却可能实现。权力就是其中之一。

目标实现的需要
有时,为了完成某个具体目标只有一个人的努力是不够的,它需要汇集众人的智慧、知识和力量来完成这项工作。此时,管理者就要依赖正式群体来完成目标。

资料来源:(美)斯蒂芬·P. 罗宾斯:《组织行为学》(第10版),孙健敏等译,中国人民大学出版社2005年版,第244页。

(二)群体的结构

群体的结构是指群体成员的组成成分及这些成分的有机组合。群体成员的结构可根据不同维度进行划分,如年龄结构、能力结构、知识结构、专业结构、性格结构以及观点、信念的结构等。群体结构对于群体成员的工作效率有很大影响。群体成员搭配不当,会使群体涣散,经常发生冲突,降低工作效率。

群体结构根据其成员在群体组成成分的接近性程度可分为同质结构和异质结构。同质结构指群体成员在能力、性格、年龄、知识等方面都比较接近。研究表明,在以下三种条件下,同质群体可以达到最高的生产率:

(1)当工作比较单纯,而又不需要许多种类的资源来完成工作时,同质群体有较高效率。

(2)当完成某一项工作需要大量合作时,同质群体往往有效,因为在这样的群体中冲突和竞争较少。

(3)如果一个群体在工作时需要连锁反应,那么群体的同质性对群体完成任务较有帮助。

异质结构指群体成员在上述各个方面有很大差别。以下三种情景中异质群体会有较高的生产率：

（1）异质群体适合于完成复杂的工作，因为在该群体中有各种能力和各种见解的人，"仁者见仁，智者见智"，这样有利于复杂问题的解决。

（2）当在较短时间就做出解决问题的方案有可能产生不利后果（过于仓促，考虑不周全，不成熟）时，异质群体就有优点，异质群体往往需要从多个角度、不同侧面，通过较长时间争议，最后才能统一思想，做出决策。而同质群体，则会由于意见一致，工作进行得较快而对短时间内所做出的决策论证不足。比如，法庭审判中异质的陪审团要有较长的时间才能做出决定，这样有利于对案件的证据作更加深入的分析。

（3）凡需要有创造力的地方，由不同类型的成员组成的群体较为有利，不同的见解有助于提高这个群体的创造力。

管理者应当懂得，为完成某一任务或达到某一目的从事组织工作时，必须注意寻求你所组成的工作群体中，对于这种工作可能会有的那种最适当的同质成员与异质成员对比的平衡。也就是说，如果群体成员过于参差不齐，他们彼此之间就难以和谐地相互作用，因而会抑制生产率的提高；与此相反，如果群体成员过于整齐划一，很快达到一致，听不到不同意见，或有意见也不说，这样群体的智慧就很难充分发挥。总之，管理人员要注意研究工作群体成员的素质结构及其作用。

（三）群体的分类

群体的种类很多，可按不同标准进行分类。

（1）依据群体是否实际存在，可以把群体分为假设群体和实际群体。所谓假设群体，是指实际上并不存在，只是为了研究和分析需要而划分出来的群体。例如，为了调查了解全国各类人员年平均工资收入情况，可对工人、农民、教师等进行抽样调查，这些被调查的工人、农民、教师等人群就是假设群体。它是我们调查研究、了解情况的有效手段。实际群体是指实际存在的群体，这类群体的成员在一定的时间、空间内发生直接或间接的接触和联系，彼此之间发生实际的相互作用和影响。

（2）依据群体规模的大小分为大型群体和小型群体。凡是群体成员有直接的、个人间面对面的接触和联系的群体属于小型群体；而人数众多，成员间不能直接联系、接触、认识、交往，仅能以间接的方式，如通过群体的共同目标、通过各层组织机构等联系在一起的群体属于大型群体。管理心理学研究的重点是小型群体，小型群体中心理因素的作用相对来讲要大于大型群体。在大型群体中，由于其成员间的联系是间接的，所以社会因素比心理因素有更大作用。

（3）依据构成群体的原则和方式不同，可以把群体分为正式群体和非正式群体两种。正式群体是由官方组织正式设立的一种组织形式。正式群体是为了组织的特定任务，达到特殊目的而设立的。正式群体中有组织任命或选举的领导人，有严密的组织结构，每个成员有明确的分工，承担规定的职责和义务。工厂里的车间、科室和学校里的教研室、学生班集体以及各单位的党团支部、工会小组等都是正式群体。非正式群体不是经过官方组织正式设立的，它没有明确的目的和任务，是在工作和生活中自然形成的无形的组织。在许多正式群体中都存在着各种形式的非正式群体，它们会在一定程度上对正式群体的目标实现和心理氛围等产生重要影响。

（4）依据群体在人心目中的形象不同，可以把群体分为一般群体和参照群体（reference group）。参照群体亦称榜样群体，是个体自觉接受其规范准则并以此来指导自己行为的群体。应当指出，个体所参加的群体不一定是个人心目中的参照群体。生活中常有这样的现象，一个人参加了某个群体，却把另一个群体作为自己的参照群体。另外，参照群体也可能是想象中的群体，它在现实中也许并不存在。参照群体不等同于先进群体，只有一个人把先进群体的行为规范与自己的行为相对照，并按其标准行事，先进群体才会成为参照群体。研究参照群体很重要，先进群体能不能发挥榜样的作用，关键在于他们能不能成为人们的参照群体，也就是使人们用他们的规范和准则来指导自己的行动。否则榜样树立得再多，也不会起什么作用。

二、群体的规模

群体规模的研究涉及两个方面的问题，一是确定群体人数的上限和下限。一般认为小群体的下限应为2人或3人，但大多数主张不能少于3人，因为2人往往只能构成个人间的纯感情关系，如果发生争执，没有第三者仲裁，矛盾很难解决，不能体现群体的特征。对于上限的人数则存在不同看法，如多数人认为7人最佳，但也有人主张20人、30人甚至40人的，总之，群体的规模不能太大，因为规模太大，使群体成员间彼此不能见面、接触和了解，心理上没有相互联系和影响，行动上没有相互作用，也就没有对某一群体的归属感，因此也就失去了群体的质的特征。二是群体成员数是奇数还是偶数。主张群体应为奇数的人认为当群体成员发生意见分歧时，奇数群体可以采取投票表决的方式使问题迅速得到解决；主张偶数群体的人则认为有时真理掌握在少数人手中，因而只有在深入讨论的基础上使问题得到解决，才能更好地发挥群体的力量。

现在管理界普遍认为，群体规模最终应根据生产任务的特征来确定。它的确定应遵循以下原则。

（1）群体规模的下限能保证按时、定量地完成生产任务。

（2）群体规模的上限应保证不会因规模过大而造成生产效率的下降。

（3）必须努力寻求使其生产效率达到最佳水平的适度的群体规模。

目前，在我国企业中，对于生产班组的规模还缺乏有科学根据的成员定额标准。生产班组的规模应根据生产任务、工程的区别、机械化程度、工人的熟练水平等确定。群体规模对群体的影响，主要表现在以下五个方面：

（1）群体内的相互作用。群体内成员的数目必然会影响到群体成员间的相互作用、相互交流。一般来说，群体成员超过8人时，群体中的每位成员就很难同时和其他各个成员进行相互交往并做出反应。因此，由5人至7人组成的小组，往往有利于深入考虑某些特殊的需要决策的问题。

（2）工作满意度。工作群体的规模与工作满意度呈负相关，也就是说工作群体的规模越大，员工的满意度越低。这可能是由于工作规模的加大，会使个人受到关注以及与他人交流的机会减少，个人的归属感、群体对个人的吸引力降低等因素使得员工的满意度降低。

（3）生产效率。工作规模与生产效率之间的关系比较复杂，受生产任务性质的影响。工作任务可以有两种性质：一种是相加性工作，整个工作任务的总效果是由从事该工作的个体的工作相加得到的。例如，生产某种零件，1个人生产10件，那么10个人就是100件。第二种是联结性工作，在完成一项任务时，每个成员必须共同合作，例如组装一辆汽车。在第一类工作中，人越多工作成效越大。在第二类工作中，人过多工作效率反而会下降。

（4）缺勤或旷工。国外对蓝领工人的研究表明：工作群体规模与缺勤或旷工成正相关。工作群体规模越大，缺勤率越高。而在白领管理人员的研究中没有发现两者之间有关系。

（5）离职。国外研究表明：工作群体规模与离职率成正比。也就是说，工作群体规模越大，人们离职的可能性越大。这主要是由于群体规模的加大，削弱了群体对个体的吸引力和归属感而造成的。

三、非正式群体

所谓非正式群体（informal group），是指那些相对于正式群体而言的群体，非正式群体不是由组织正式组建，而是自然或自发形成的，由于情趣一致或爱好相仿、利益接近或观点相同以及彼此需要等原因把人们联结在一起，并且依靠心理、情感的力量来维持的群体。非正式群体在组织和正式群体中的作用也是客观存在的，其作用有好有坏。研究非正式群体的目的，在于把其视为一种可开发的人力资源，加以正确引导，发挥其积极作用，抑制其消极作用，避免其破坏作用，这对于工作群体的行为合理化及提高绩效，具有重要意义。

（一）非正式群体的特征

非正式群体一般具有如下特征：

（1）非正式群体的形成和维持是以某种共同利益为基础、以感情为纽带的。

（2）非正式群体有自己的领袖人物，他是一群人中最有影响力和号召力的人物。非正式群体往往是围绕某个领袖人物形成的。

（3）非正式群体有自己的行为规范和一套不成文的规章制度，对群体成员有一种无形的约束力。这种力量往往迫使群体成员"一致对外"，具有强烈的自卫性和排他性。

（4）非正式群体中的成员间信息传递灵敏，沟通渠道畅通无阻。

（5）非正式群体存在于正式组织或群体之中，它和正式组织或群体并存，一般不起主导作用。

（二）非正式群体的形成原因

非正式群体是人们在工作和生活中自然形成的一种人群集合体。其形成原因主要有以下四种：

（1）共同的价值观念和共同的利益与风险。个体在交往中，如果价值观一致，会使双方的心理距离迅速缩短；如果价值观不一致，心理距离便越拉越长。所谓"酒逢知己千杯少，话不投机半句多"。企业中的员工虽然都有各自的利益，但往往部分员工的利益会趋于一致。这些利益一致的员工容易形成非正式群体。

（2）共同的兴趣爱好。人有各种兴趣爱好。正当的兴趣爱好，有助于陶冶情操，丰富业余生活，增长知识，促进身心平衡，提高休息质量。兴趣爱好的一致，会促使一些员工经常聚在一起，形成非正式群体。

（3）共同的经济与社会背景。这里的背景主要是指当前的处境、学历、出身、家庭、年龄、性别、职业、生活地域，等等，当前的处境尤为明显。一般而言，背景相似的人相互之间的共同语言较多，相互沟通比较容易，较容易形成非正式群体。

（4）时间与空间上的接近。时间和空间上的接近会使个体之间有更多的接触和交往的机会，从而加深彼此之间的了解，较容易形成非正式群体。

（三）非正式群体的分类

1. 按非正式群体的形成原因划分

（1）利益型。因其成员利益上的一致而形成，凝聚力最强，作用明显，是否是非正式群体也容易判定。

（2）信仰型。因其成员共同的信仰和观点而形成，凝聚力较强，但由于是思想上的结合，除与信仰、观点有关的问题外，群体作用并不十分明显。

（3）目的型。因其成员要达到一定的目的而形成，这种目的的动机可能各不相同，一旦达到目的，群体也就可能解体。

（4）需要互补型。因其成员在某些方面，譬如品质、性格有相似或相近之处，"同类相求"，或虽不相同，但能互补。这样的非正式群体比较松散。

（5）压力组合型。因外驱力或压力作用而形成，如果外力消失或改变，群体本身也就可能发生变化。

（6）家族亲朋型。因其成员有家庭亲朋关系而形成，凝聚力强，内部相互帮助和对外自卫的作用明显。

（7）娱乐型。因兴趣爱好相同而形成，凝聚力不是很强，群体作用也不明显。

2. 按非正式群体的作用性质划分

（1）积极型。对组织目标、正式群体的建设及成员成长起积极作用，如技术人员自发形成的攻关小组、技术能手小组等。

（2）消极型。对组织目标、正式群体的建设及成员的成长，有着消极的影响，如有的非正式群体经常聚在一起发牢骚之类。

（3）中间型。对组织及正式群体，都没有明显的积极作用或消极作用，如业余诗词协会、篮球队等。

（4）破坏型。对组织目标和任务及正式群体的建设有明显的破坏、干扰作用，如有些非正式群体鼓励成员怠工、破坏工具、赌博、打架等。

这里需要指出，非正式群体的群体作用性质不是固定不变的，而是可以发生转化的。比如，起积极作用的非正式群体，如果引导不利，或对其采取不正确的态度，可能使其作用发生转化；起消极作用的非正式群体，经过适当的工作，也可能转为起积极作用的非正式群体。另外，非正式群体的作用往往不是绝对地积极或绝对地消极，有些非正式群体的作用对组织是不利的，但也有一些是有利的。

第二节　群体规范、群体压力与群体凝聚力

群体规范是群体成员共同遵守的行为标准，它有形或无形地规定着群体成员在什么情况下应该做什么，或不应该做什么。群体规范一旦为群体成员所接受，就会对群体成员产生巨大的控制力量，以至于群体成员在违背群体规范时，便会感受到群体的压力。在群体活动中，由于群体成员个性差异和利益矛盾的存在，产生群体

成员之间或群体与群体之间的冲突是不可避免的。在这种情况下，如何避免冲突的负性效应，如何利用群体规范和群体压力的作用保持群体的凝聚力和战斗力，便成了管理者必须回答和解决的问题。

一、群体规范

群体规范（norms）是影响和约束群体及其成员行为的重要因素。在现实生活中，能起到规范人们行为的因素很多，如价值观念、道德标准、风俗习惯等等。对于存在于一定组织中的群体，组织明文规定的制度、条例、纪律等等，有明显的规范作用。但是，这里所说的群体规范，其含义指的并不是这些。凡是群体都有每个成员必须遵守的行为准则，包括成文和不成文的行为标准。群体规范是指群体成员必须遵守的，大部分不是明文规定而是约定俗成的，为大家所公认所接受的行为标准。违反这种标准为群体及其成员所不能容忍。

（一）群体规范的概念

所谓规范，就是群体成员共同接受的一些行为标准。群体规范让成员知道自己在特定情境下，应该做什么，不应该做什么。从个体角度看，群体规范意味着在某种情境下群体对一个人行为方式的期望。一旦群体规范被群体成员认可并接受，它们就成为影响群体成员行为的手段，而只需要最低限度的外部控制。不同的群体、社区和社会，群体规范也不相同。但不管怎样，所有的群体都有自己的规范。

群体规范与组织的正式规章制度未必一致，它是一种默契，是群体对自己成员以及成员之间的行为量的允许度。它规定了群体成员行为的范围，通过模仿、暗示、顺从等心理因素，利用舆论、疏远等群体压力手段保持群体规范的约束力使每个群体成员在行动前斟酌是否能被群体接受和允许。

群体的规范如同人的指纹，每一个都是独一无二的。但对大多数工作群体而言，我们还是可以划分出主要的规范类型。

（1）绩效规范。工作群体通常会明确地告诉其成员：他们应该多努力地工作，应该怎样完成自己的工作任务，应该达到什么样的产出水平，应该怎样与别人沟通，等等。这类规范对员工个体的绩效影响极大。它们在很大程度上能够校正仅仅根据员工的能力和动机水平所做出的绩效预测。

（2）形象规范。它包括恰当的着装，对群体的忠诚感，什么时候应该表现得忙碌、什么时候可以磨洋工。有些组织制定了正规的着装制度，有些则没有。但即使在没有这类制度的组织中，组织成员对于工作时应该如何着装，也有一些心照不宣的标准。

（3）社交约定规范。这类规范来自非正式群体，主要用于规定非正式群体中成员的相互作用。比如，群体成员应该与谁共进午餐、工作内外的交友情况、社交活动，等等，都受到这些规范的制约。

（4）资源分配规范。这类规范来自组织或群体内部，主要涉及员工报酬分配、困难任务的安排以及新型工具和设备的分发等等。

（二）群体规范的形成

美国心理学家谢里夫（L. Sayles）用"暗室光点"实验证明了群体规范的形成过程。实验在一个暗室内进行，先让每一个被试者单独坐在里面，在他面前的一段距离内出现一个光点，几分钟后就消失了。然后，让被试者判断刚才的光点移动了没有，向哪个方向移动，移动了多远，但实际上光点根本没有移动。由于人在暗室里的视错觉现象，所以他们都感到光点似乎移动了。这样的实验反复进行了多次，结果被试者都很快建立了自己的反应模式，即建立了个人的反应标准。有的认为光点向上移动，有的认为向下移动，还有的认为向左或向右移动，等等。谢里夫根据这些各不相同的反应标准，然后又多次让所有被试者同时在暗室里观看光点，其结果所有被试者的反应标准逐渐趋于一致，最后形成了共同的反应标准，这就是群体规范的形成。这一实验说明，群体的规范取代了个人的反应标准或模式，而这种规范的形成显然是受了模仿、暗示等心理机能的影响。后来，谢里夫又把这些人分开单独实验，结果所有被试者都没有回到自己原来的反应模式上，仍然一致地保持着群体的反应标准。这说明已经形成的群体规范具有一种无形的压力，约束着人们的行为表现，甚至这种约束力并没有被人们所意识到。因而，群体规范一旦形成，就会成为群体成员的行为准则，自觉地或被迫地遵守它。

（三）群体规范的改变

群体规范并不是一成不变的，当客观形势发生变化时，群体规范往往也会随之发生变化。20世纪60年代后期，美国管理学家分析了群体规范与企业利益之间的关系，提出"规范分析法"作为改进群体工作效率的工具。这种方法包括三项内容：

（1）明确规范内容。调查、了解群体业已形成的规范的内容，特别要了解起消极作用的规范是什么，并听取对这些规范进行改革的意见。

（2）制定规范剖面图。将规范进行分类，例如分为"组织荣誉"、"业务成绩"等10类，列出群体规范剖面图，并给每类定出理想的给分点。这种理想的给分点与实际评分的差距，称为规范差距。

（3）进行改革。改革应从最上层的群体开始，逐级向下。确定优先改革的规范项目时，主要应考虑规范对企业效率影响的大小，不能把规范差距大的项目列为优先改革的项目。

美国一些企业实行规范改革后收到了较好的效果，我国的企业当然应该根据国情列出我们的规范项目，不能机械地照搬。但是，"规范分析法"的基本精神和方法完全可以供我们借鉴和运用。

二、群体压力

群体压力是指在群体规范形成后迫使成员产生顺从行为的约束力。一般来说，心理压力被认为是一些情感反映，是由包括冲突和挫折在内的一系列条件所引起的。群体压力同样如此，它是在群体内部产生的，群体成员能明显感受得到，其目的在于使其成员必须遵守群体规范。群体压力与自上而下的压力不同，它不具有强制执行的性质，但是使个体在心理上很难违抗，因此其改变个体行为的效果有时比权威的命令来得更大。

（一）群体压力的作用方式

群体压力对群体成员行为的影响主要通过以下几种方式产生作用：

一是模仿。所谓"近朱者赤，近墨者黑"，人们在日常的交往和生活中，会自觉不自觉地产生潜移默化的相互影响，这种影响是经过模仿发生的，模仿本身就反映出群体压力的作用。

二是舆论。在一个群体中，对于能够接受或不能容忍的群体成员的个体行为，都会通过舆论表现出来。或者是同声赞扬，或者是一致谴责，也许谴责的方式是婉转的、暗示性的，然而必定会表现出来，这时的群体压力就是"人言可畏"的力量。一般来说，舆论对人的行为的规范作用是很强烈的。

三是群体内成员关系的亲疏。群体压力会表现在群体内成员关系的变化上。在群体内，一个成员若违反了非正式规范，人们会对他"另眼相待"，即使是客客气气的，他也仍能感觉到心理和感情上的疏远。而对一般人来说，都非常渴望生活在群体之中，希望得到周围人的尊重。这种群体成员间关系的变化，也足以影响人们的行为。

（二）群体压力的表现方式——从众

所谓从众（conformity）行为是指个人在群体中，因受到群体的影响和压力，在知觉、判断及行为上倾向于与群体中多数人一致的现象。美国心理学家所罗门·阿希（Solomon E. Asch）曾做过这样的实验，他找了7名男大学生，让他们坐在桌子的周围，其中真正的被试只有1人，其余6人都是陪衬者，并接受了主试的特殊指示。7名男大学生围桌坐好以后，主试同时给他们看两张图片。

当被试看完图片后，主试开始让他们回答问题。回答时先让事先安排好的6个陪衬者故意做出错误判断，然后再让不了解情况的那个被试回答。结果，不了解真实情况的那个被试往往追随多数人的意见做出错误的判断。阿希先后选了123名被试参加实验，有33%的人做出错误的判断；而单个人做实验时，几乎没有一个人做出错误的判断。这说明有1/3的人屈服于群体的压力，做出错误判断。

从众行为产生的原因包括两方面：一是信息压力。在许多情况下，人们是通过别人获得外部世界的信息，甚至许多关于自己的信息也是来自他人。人们倾向于相信他人提供的知识和信息会对自己有所帮助。例如，我们迷了路，就要请警察或当地居民指点，并按照他们的指点到达目的地。由于人们相信信息来源者，就容易遵从别人的意见或效仿他人的行动。二是规范压力。前面说过，群体成员都要遵守群体规范，谁也不愿成为越轨者或"不合群者"，人们在群体中怕受孤立、惹人注目、丢面子或受惩罚，而愿意与群体规范相一致，与群体中其他成员保持相同的看法。此外，群体的规模、群体的凝聚力和个人在群体中的地位等变量，也是影响个体遵从群体中多数人意见的因素。

从众行为有四种不同的表现形式：

（1）表面从众，内心也赞同。这是表里一致的遵从，在这种情况下个体没有心理矛盾，这是个体与群体之间的最理想的关系。

（2）表面从众，内心拒绝。这是指口头赞成多数人的意见，内心却不同意。这将引起个体心理上的不协调。

（3）表面不从众，内心却接受。表面上反对多数人的意见，内心却是拥护的。个人虽然表示不同意，但实际上不会有反对的行为。

（4）表面不从众，内心也拒绝。这是真正的、完全的不赞成多数人的意见，个人确信多数人的意见是错误的，因而主张改变多数人的意见。

（三）群体压力的影响因素

（1）个体的特点。人们在群体压力下表示顺从的愿望或需要是各不相同的。从常识或非正式的观察结果来看，自信心强、有责任感、有事业心、善于独立思考和有才能的人，是不大顺从群体压力的。而自信心弱、胸无大志、智力一般、缺少创见性、思维不灵活、思想僵化、知识贫乏、患得患失、依赖性强、易为他人左右和注意他人对自己评价的人，容易屈服于群体压力。

（2）群体的特点。群体压力也与群体的性质和特点有关。通常情况下，群体的规模越大，群体的凝聚力越强，群体在社会上的地位越高，群体的专业化程度越高，群体意见一致性越大，群体与个体的关联性越强，群体中的个体就越容易从众。反之，群体成员意见越分散，群体与个体的关联度越小，群体满足个体愿望的能力越差，群体压力就会越小，群体中的个体就越不容易从众。

三、群体凝聚力

群体凝聚力是一个群体是否有战斗力、是否成功的重要标志,它对群体行为和群体效能的发挥有着重要作用。管理实践表明:群体成员关系融洽、凝聚力强、意见一致、团结合作的群体,能顺利完成任务;群体成员之间意见分歧、关系紧张、相互摩擦、凝聚力差、个人顾个人、一盘散沙,不利于任务的完成。因此,研究群体凝聚力不但是管理心理学理论研究的重要内容,而且对实际管理工作具有十分重要的指导意义。

(一) 群体凝聚力的概念

群体凝聚力(cohesiveness)即指群体对每个成员的吸引力和向心力,以及群体成员之间相互依存、相互协调、相互团结的程度和力量。它可以通过群体成员对群体的向心力、忠诚、责任感、群体的荣誉感等以及群体成员众志成城、齐心协力抵御外来攻击或同外来群体的竞争力来表示,也可以用群体成员之间的关系融洽、团结合作和友谊等态度来说明。

研究表明,凝聚力高的群体有以下特征。

(1) 成员间意见沟通快,信息交流频繁,互相了解较为深刻,民主气氛好,关系和谐。

(2) 群体对每一个成员有较强的吸引力、向心力,成员愿意参加团体活动,无论是生产还是其他活动出席率都较高。

(3) 群体成员愿意承担更多的推动群体工作的责任,时时关心群体,并注意维护群体的利益和荣誉。

(4) 群体中每个成员都有较强的归属感、尊严感、自豪感。

群体的凝聚力具有重要的意义,它不仅是增强群体效能、实现群体目标的重要条件,而且是群体能否存在的必要条件。如果一个群体丧失了凝聚力,不再能吸引它的成员,那么它本身就失去了存在的意义。

(二) 群体凝聚力的测量及其主要影响因素

要了解和分析一个群体凝聚力的高低,可以进行心理测量。测量凝聚力有多种方法。例如,可以请群体每一个成员评定自己对其他成员的感情,然后把这些评定汇总在一起;也可以让群体成员评价整个群体或他们的归属感。其中,测定群体中人际关系的社会测量法是测定群体凝聚力的一种主要方法。此外,心理学家多伊奇曾提出一个计算凝聚力的公式:

$$群体凝聚力 = \frac{成员之间相互选择的数目}{群体中可能相互选择的总数目}$$

当然群体凝聚力的高低主要还是受以下因素影响：

(1) 成员的同质性。群体的同质性即指群体成员之间的共同点和相似性。例如，群体成员之间共同的奋斗目标、理想、信念，相同的需要、动机、兴趣与爱好，相同的民族及文化背景，相似的个性倾向性及个性心理特征等都是群体的同质性。一般来说，同质性有相互吸引的作用，同质性越高，群体的凝聚力就越高。但是，有时群体成员之间工作性质相同，工作能力和水平相当，彼此不服气，可能出现嫉妒、"同行是冤家"等现象，这样会破坏群体的凝聚力，造成群体内部的不团结。

(2) 规模的大小。群体存在的必要条件之一是群体成员间的相互交往和相互影响。群体规模小，彼此作用与交往的机会多，其凝聚力就强，但规模过小就会失去平衡，使矛盾难以调解；相反，群体规模过大，容易出现意见分歧，信息交流不畅，就不可能有高度的凝聚力。因此，只有适当规模的群体可以增强凝聚力。

(3) 外部影响。一个群体与外界相对隔离、孤立，这个群体的凝聚力就比较高。如若外部存在压力，则压力越大，凝聚力就越高。例如，一个国家民族矛盾尖锐，受到外来侵犯时，阶级矛盾便趋于缓和，会出现团结起来一致对外的局面；一个企业面临激烈竞争的威胁，为了在竞争中求得生存和发展，也需要团结一致，齐心协力，增强群体的凝聚力。

(4) 成员对群体的依赖性。个人参加某群体是因为他觉得该群体能满足其经济、政治、心理需求。因此，一个能满足其成员个人重大需求的群体，对成员才有巨大的吸引力，其凝聚力才高。

(5) 群体的地位。某群体在诸群体中的地位、等级越高，其凝聚力就越强。如群体被人尊重、有较快的升迁机会、有更多的经济报酬、有更大的发展空间等，则群体凝聚力就大。

(6) 目标的达成。有效地达成目标会使群体成员产生自豪感，增强凝聚力，而凝聚力反过来又会促进目标的达成。

(7) 信息的沟通。信息沟通渠道越畅通，凝聚力越高；相反，相互间越缺乏联系，则凝聚力越低。

(8) 领导者和领导方式。领导者是群体的核心，领导班子自身是否团结一致、齐心协力、是否坚强有力，会直接影响群体的凝聚力。如果领导班子自身不团结，互相扯皮、拆台，群体便失去核心，因而凝聚力将受到很大影响。如果领导班子是团结的、协调一致的，而主要的领导者有较高的权力性和非权力性影响力，众望所归，那么群体成员就会紧密地团结在他们的周围，使群体产生较强的凝聚力。不同的领导方式对群体凝聚力的影响也不同。在民主、专制、放任三种领导方式中，民主型领导方式能使全体群体成员有充分表达自己意见的机会，群体成员有较强的参政意识，成员之间团结协作、互助友爱，因而有较高的凝聚力；而专制型和放任型领导方式则往往降低凝聚力。

(三) 群体凝聚力与生产效率的关系

研究影响群体凝聚力的主要因素，目的在于运用和创造这些因素，增强群体凝聚力，提高工作效率。那么，群体凝聚力与生产效率的关系如何，是否凝聚力越高生产效率也越高？这是心理学家十分关注的一个问题。研究表明，群体凝聚力与生产效率之间并不存在这种正相关的关系。凝聚力高，可能提高生产效率，也可能降低生产效率。其关键在于群体规范的性质和水平，即群体共同指定的生产指标的性质和数量。在一个凝聚力高的群体里，成员的行为高度一致，个人有较强的服从群体规范的倾向。如果这个群体的目标与组织目标不一致，则凝聚力与生产率之间成负相关；反之，群体目标与组织目标一致，则两者成正相关。前者凝聚力越高，生产率越低；后者凝聚力越高，生产率越高。

社会心理学家沙赫特（S. Schachter）通过实验研究了群体凝聚力对生产效率的影响情况。沙赫特在有严格控制条件的情况下，检验了群体凝聚力和对群体成员的诱导对于生产率的影响。实验中的自变量是凝聚力和诱导，因变量是生产率。设1个对照组、4个实验组，分别给予4种不同的条件，即高、低凝聚力和积极、消极的诱导4种不同的结合。

这个实验告诉我们：第一，无论凝聚力高低，积极诱导都提高了生产率，而且凝聚力高的群体生产率更高；消极的诱导明显地降低了生产率，而且凝聚力最高的群体生产率最低。第二，凝聚力高的群体，若群体规范规定的生产标准很低，则会降低生产率。第三，对群体的教育和引导是关键的一环，不能只靠加强成员间感情联系来提高群体的凝聚力。因此，管理者必须在提高群体凝聚力的同时，提高群体生产指标的规范水平，加强对群体成员的思想教育和指导，克服群体中的消极因素，以使群体的凝聚力真正成为促进生产力发展的因素。

第三节 群体中的人际知觉与人际关系管理

所谓人际知觉，就是对人与人之间关系的知觉。人际知觉的主要特点，在于它本身具有明显的情感因素参与知觉过程。在现实生活中，人们不仅互相感知，而且彼此之间通过相互交往，还会相互感染，相互影响，从而形成一定的态度，并且在这种态度的基础上，产生各种各样的情感。这些情感，又会反过来对人际知觉产生重大影响。在群体中，人与人之间由于感情的亲疏和好恶，彼此之间还会形成各种各样的关系。人际知觉往往要受到这种以感情为纽带所形成的各种关系的影响。所以，人际知觉在组织管理中具有重要意义，它是管理者了解各种人际关系，从而做好人的工作的重要途径。

一、影响人际知觉的主要因素

在人际交往过程中，经常会出现各种交往障碍。这种障碍不仅包括交往过程中因利益冲突引发的矛盾、对立，信息交流通道上的失真或编码、译码上的错误，而且包括因人的知识、经验、态度、人格、情感等的不同所导致的对同一信息的看法和理解的不同，以及由此产生的人际知觉偏差。

（一）知觉的主体方面

在知觉的主体方面，影响个体对别人认知的主要因素是其动机、经验和情感。一个人是否具有同别人交往、认识别人的动机，以及这种动机的强弱，对于他认识别人具有重要影响。阿特金森（J. W. Atkinson）用速视器向被试快速显示四张一组的画片，每组画片之中有一张是人物面孔，而另外三张则是萝卜、饭锅等类似人头的画面，要求被试回答"看见了什么"。结果表明，交往动机强的人，对于人物面孔知觉得更为迅速、清楚。佩皮通（A. Pepitone）的实验也证明，对于同一个人，交往动机强的被试比交往动机弱的被试认为他更为亲切。

人是根据自己的经验从一个陌生人的衣着打扮来推断其民族、性别、年龄、职业与性格特征的。人已有的知识经验将影响其知觉的选择性和对知觉对象的理解，缺乏有关的经验是不可能凭借人的外部形象推断内部特点的。巴格贝用速视器向被试分别呈现同样的图片。图片的一侧绘有棒球比赛图，而另一侧则绘有斗牛图，尽管给所有的被试都是左右两眼同时看着两种不同图景，但是结果却大不相同。美国人被试有84%说看到了棒球比赛，而西班牙人被试有85%说看到了斗牛。一个人的经验不仅影响他对别人的认识，而且也影响他对别人的感情。一个陌生人，仅仅由于他的相貌同我们所厌恶的人的面貌相像，就可能会成为我们所不喜欢的人。

人们自己当时的情感、情绪状态，对于他对别人表情的识别有明显影响。什芬包尔把被试分成两组，让他们观看同一组照片。甲组在观看喜剧片之后立即被要求观看照片并说出照片上人物的表情，被试倾向于认为照片上人物的表情是喜悦的；乙组在观看乏味的、令人生厌的录像之后观看照片，却认为照片上人物表情是厌恶的。由此可见，人们往往把自己的情绪、情感投射到别人身上，认为别人的面孔表现的是同自己体验的一样的情绪、情感。换句话说，人们倾向于用自己当时的情绪状态，解释判断他人的面部表情。事实表明，不仅一个人对他人个性特征的认识影响他对此人的好恶感,而且反过来,一个人对他人的好恶感,也影响他对此人的个性特征的认识。斯密斯等人的研究指出,人们对自己怀有好感的人所具有的同自己相似的性格特点容易认识,比较敏感。

(二) 知觉的客体方面

在知觉的客体方面,影响人际知觉的主要因素是作为知觉对象的人是否愿意让别人了解自己,以及他"自我暴露"的程度如何。倘若人们在社会生活、彼此交往中都能坦率表述自己的思想,明白表露自己的感情,那么人们之间的猜疑、误解以至冲突、纠纷是会大为减少的。然而,社会生活现实教育人们,把自己的真实思想、感情暴露给别人,尤其是暴露给竞争对手是不明智的。每个人可以说从很小的时候起,就学会了掩饰自己的真情实感,比如学会故意把谎话说得低沉一些。再比如,长时间的目光接触表明喜欢、爱慕,可是人们唯恐自己的眼睛泄露自己内心的秘密,真心喜爱却又故意中断目光接触的情况也是常有的。

一个人对于自己思想、感情的表现,除去实际行动之外,只有言语和表情。"言语不足以表达自己感情的万分之一";而表情包括面部表情、声调表情和体态表情在内,虽然表现方式细致微妙,但却不是每一挤眉、每一咂嘴、每一动作、每一变化都有明白确切的含义的。编写人类表情动作词典的尝试迄今并未成功。至于人们之间对于言语和非言语交往手段的掌握,对于运用言语和非言语交往手段表达思想感情的熟练程度,就更是千差万别了。

最后还应指出,有时不是有意掩饰,也不缺乏表达手段,只是作为被知觉的人自己也不清楚自己的思想感情。人们产生连自己也不清楚的、模模糊糊的思想感情的情况是常有的,例如,"说不出来的不痛快"、"莫明其妙的烦恼",等等。心理学研究表明,上述各种因素都不利于别人对自己的认知和理解。而"自我暴露"则不仅有助于别人了解自己,而且有助于使他人产生好感。朱亚德等人通过调查发现,人们喜欢自我暴露的人,而不喜欢自我封闭的人。不过,自我暴露的程度必须以不使对方感到惊奇为限。

(三) 知觉的情境方面

在人际知觉中,除去知觉的主体、客体之外,知觉的情境也具有重要作用。一个人所处的环境以及他与什么人为伍,是同王公贵族、百万富翁还是同平民百姓、流浪汉在一起,都深刻影响着别人对他的认识和评价。西格尔的研究表明,同一个男人,当他和一个美丽的女人坐在一起时,人们认为他是和气友好、富有自信心的;而当他坐在一个丑陋的女人旁边时,人们对他的知觉印象就大不相同了。人们对知觉情境的理解能够转移到知觉对象的身上,影响着对知觉对象的认知。例如,人们看到西装笔挺、手拿高级公文包进出银行大楼的人,就倾向于认为他不是银行高级职员，就是公司经理；不是来存款，就是来取款，人们一般不会想到他是来偷钱或是抢钱的。

为什么情境对于认识一个人会具有如此重要的作用呢？这是因为，人们的行为是由情境所要求、所规定的。出席生日晚会的人，必须面带笑容，举杯祝贺；参加追悼会的人必须愁容满面，而且要在一定位置采取一定姿势站立。既然行为是由情境决定的，那么，人们根据情境判断人的行为，或者认识一个人、判断一个人的时候，依赖于他所处的环境，也就不难理解了。

制约人际知觉的因素和条件除去主体、客体以及情境之外，交往时间的长短也是一个重要因素。为了深入认识一个人，总是需要时间、需要接触、需要共同活动的。俗语说："路遥知马力，日久见人心。"然而，在人际交往时间长短、彼此熟悉程度与相互认识、理解的准确性之间并不存在正相关的关系。交往时间很长，彼此十分熟悉的人，很容易过高估计对方的个性的积极方面，而难于察觉第三者一眼就能看出的弱点，人对人恰如其分的认识与理解，并不需要很长时间和过分亲密。

二、人际知觉中的偏见与归因

在现实生活中，人们往往由于受到主客观条件的限制而不能全面地看待问题，尤其是在看待别人时，往往受各种偏见的影响而造成社会知觉的歪曲，对别人的行为做出错误的归因判断，并由此导致不良的人际关系。因此，研究在社会知觉过程中产生的各种偏见和归因，对于做好人的管理工作具有十分重要的意义。

（一）人际知觉中的各种偏见

1. 首因效应

首因效应即第一印象。两个素不相识的人第一次见面所形成的印象，称为第一印象或初次印象。第一印象获得的主要是对对方的表情、姿态、身材、仪表、年龄、服装等方面的印象，这种印象往往成为人们认识的起点，在人际知觉中起着重要的作用，它往往是以后交往的根据。

第一印象是构成人们知觉偏见的重要因素。如果一个人在初次见面时给人留下了良好的印象，就会影响到人们以后对他一系列行为的解释；相反，如果初次见面给人留下不好的印象，以后要改变这种知觉就需要一段很长的时间。

了解第一印象的作用，对于管理人员具有积极意义。一方面，管理人员在看待别人时，要尽量避免受到第一印象的影响而发生对别人错误的看法；另一方面，管理人员也应该注意在群众中留下良好的第一印象，这对他以后的工作显然是有利的。

2. 晕轮效应

晕轮效应（halo effect），也可以称为以点概面效应，是指在观察某个人的时候，由于他的某种品质或特征比较突出，使观察者看不到他的其他品质和特征，于是就从这一点出发，做出对他整个心理面貌的判断，这一突出的品质或特征掩盖了对其他品质和特征的知觉，起到了一种类似晕轮的作用，使观察者看不到其他的品质。俗话说的"一俊遮百丑"、"情人眼里出西施"，都是由于晕轮效应带来的知觉偏见。

美国心理学家凯利（H. Kelly）以麻省理工学院两个班级的学生为对象做了一个试验。上课之前，实验者向学生宣布，临时请一位研究生来代课。接着告知学生有关这位研究生的一些情况。其中，向一个班学生介绍这位研究生具有热情、勤奋、务实、果断等品质，向另一班学生介绍的信息除了将"热情"换成了"冷漠"之外，其余各项都相同，而学生们并不知道。下课之后，前一班的学生与研究生一见如故，亲密攀谈；另一个班的学生对他却敬而远之，冷淡回避。可见，仅介绍中的一词之别，竟会影响到整体的印象。学生们戴着这种有色眼镜去观察代课者，代课者就被罩上了不同色彩的晕轮。

晕轮效应的产生，主要是由于在缺少对有关知觉对象信息的情况下就做出总体判断，或者是由于受到某种情感的支配而忽略了其他因素。这种社会心理现象在人们的日常生活中是司空见惯的。但是，深入了解和研究这种现象的实质和发生的原因，将有助于管理人员克服自己在待人接物时可能产生的这种偏见，也有助于帮助别人克服这种偏见。

3. 优先效应和近因效应

优先效应就是指最先给人的刺激具有强烈的印象，实质上它与上述第一印象的作用是相同的。有人曾对四组大学生做过一次有趣的实验，就是将一个陌生人分别介绍给大家：第一组被告知这个人是外倾型的；第二组被告知这个人是内倾型的；第三组先被告知这个人的外倾特征，然后再被告知这个人的内倾特征；第四组先被告知这个人的内倾特征，然后再被告知这个人的外倾特征。最后，让这四组学生分别想象对这个陌生人的印象。结果第一、第二两组的想象是相似的，第三、第四两组的想象则是完全按照提供信息的顺序，第三组大都把陌生人描述为外倾型，第四组大都把陌生人描述为内倾型。也就是说，总是先提供的信息占优势，这个实验充分说明了优先效应的客观存在。

近因效应是指最后给人留下的印象，往往对人具有强烈的影响。例如，按照上述第三、第四两组学生的实验顺序去描述一个人，只是其间插入了一段不太复杂的作业，就是让学生完成一些不太难的数学题，然后再让学生描述他的性格特征，结果发现后半部介绍的性格特征,在学生的头脑里留下了深刻的印象。这就是说,近因效应在起作用。

近因效应与优先效应一样,都在人的社会知觉中起着重要作用。一般而言,在感知陌生人的时候,优先效应往往起到更大的作用,而感知所熟悉的人的时候,近因效应会起到更大的作用。了解和研究这两种效应的价值和作用,对管理人员具有重要的现实意义。例如,一场精彩的文艺演出,编导者往往十分注意它的开头和结尾,因为开场的节目和结尾的节目,最容易在观众的心目中留下深刻的印象。这就是人们常说的要唱好开场戏和压台戏的道理。

根据这两种效应的不同作用,在现实生活中我们还可按照信息出现顺序的不同给人不同的影响,来加强宣传工作的效果。例如,在讲演或作报告的开始阶段,就向听众鲜明地提出自己的正面观点,利用优先效应使之在人们的头脑里形成深刻的印象。最后,在结尾的部分再次用新的论据有力地证明自己所阐述的观点的正确性,这样就同时利用了优先效应和近因效应,在客观上达到很好的宣传效果。

4. 定型效应

定型效应又称为刻板印象(stereotype),是指人们对社会上某一类人所产生的一种比较固定的看法。如一个人在看待他人的时候,常常会不自觉地按其年龄、性别、职业、民族等特性进行归类,并依据自己关于这类人的固定看法,对他人做出个性上的判断,称为刻板印象。最常见的刻板印象就是把一些人轻易地划归到某一类人群中去。在社会现实生活中,人们头脑里存在的定型观念是多种多样的。例如,年轻的人总是认为年老的人墨守成规,缺乏进取心;年老的人则往往认为年轻人举止轻浮,办事不牢靠。又如,一般人对北方人的印象是憨厚、直爽,对南方人的印象则是聪明、灵活。有时人们对不同国家的人也会形成不同的成见。例如,人们对美国人的印象是天真、开朗、不拘小节,只是内心难以捉摸;对英国人的印象则是因循守旧,爱好传统,富有绅士派头;对日本人的印象是聪明、勤劳,善于模仿,富于进取精神,同时又感到他们尚武、好斗、轻生、残忍……上述这些按照年龄、职业、地理、国籍等特征,在人们头脑中形成的定型现象,就是刻板印象。

刻板印象常常是人们的一种错误知觉。它的产生是由于人们在知觉过程中,尚未全面掌握感性材料就做出了概括,因而就形成了对某一类人的错误印象。它的优点是可以帮助人们对人进行大概的了解和实行归类,它的缺点是容易形成社会偏见。如果根据偏见去处理人和事,也就容易做出错误的判断。所以,对刻板印象的研究,无疑对管理人员具有重要意义。

5. 推理的定势作用

定势也叫意向,是指对知觉活动的一种心理准备状态。这种心理准备状态主要受两个因素的影响，一个是个体的需要，一个是相应的客观情境。它的形成既可以是在刚刚发生过的知觉过程之后，也可以是在较长的时间内由于某种刺激物的作用而引起。一般地说，这种准备状态，往往能够对人的知觉活动产生相当大的影响，使知觉发生扭曲，从而固执着某种偏见。人们知觉某一社会刺激物的时候，常常凭借自己已有的经验加以推测，认为具有 A 种特点的人，也必定具有 B 种特点。例如，被认为容易发脾气的人，一定是很顽固的，而不好发脾气的人，多半是没有主见的，等等。

此外，人们在知觉一些接触不多、不太熟悉或是行为表现不很特殊的人的时候，由于信息较少，缺乏必要的线索，也往往会根据他们外部的一些表面特点加以逻辑推理。例如，人们常常根据皮肤的颜色、身材的高矮、个人的穿着打扮来判断一个人的性格。看到一个很胖的人，就断定他是一个"舒舒服服"的人，因为"心宽"才会体胖，等等。这种推理的方法是一种简单化的方法，往往与事实不符，其主要原因就在于这种推理受到某种心理定式的影响。领导者或管理人员在组织管理过程中，要力求避免这种知觉的片面性。

（二）人际知觉的归因

所谓归因就是对他人或自己的行为，通过分析和推理，确认其性质、意图和内在动机的过程。也就是说，对他人和自己的行为原因所作的推断和自我解释。"归因"这种心理现象，在现实生活中是经常发生的。例如，在一件事情发生以后，往往会有不同的评论："张三为什么要那样做？""李四为什么要这样做？"等等。了解了这些原因之后，就可以对人们的行为进行预测，从而在一定的情境下，对人们的活动实行有效的控制。

1. 归因中的拟人化和宿命论

日常生活中，经常会遇到一些自然现象，这些现象本来不具有社会意义，但是人们往往会对它们做出拟人化的归因。例如，人们走在路上，正好飞过一只乌鸦，迎头"哇哇"地叫了几声，有人就会以为这是不吉利的预兆，倒霉的事情就要发生了，因此，心里总是沉甸甸的，好久都不舒服；相反，如果一个人早晨听到从窗外传来喜鹊的"喳喳"叫声，便会以为这是一个好兆头，将有什么喜事发生，于是喜上眉梢，心里便乐滋滋的。

有时，人们还会对自己的"梦觉"做出宿命论的归因。例如，晚上做了一个好梦，早晨起来就会感到很高兴，一天的工作也显得挺有精神；相反，如果晚上做了一个噩梦，第二天就会整天感到很厌烦，工作也提不起劲来，总是提心吊胆，忐忑不安，害怕和梦中的事相应。有时由于一天的劳累，再加上晚上休息不好，往往在第二天会突然发生"眼跳"，人们往往会因此产生某种预感，并给以宿命论的解释，等等。由此看来，人们对某些自然现象给以拟人化的归因和宿命论的解释，是一种比较普遍的社会心理现象。这种把一些没有社会意义的自然现象加以不科学的归因，对生活中偶然的巧合进行必然的因果解释的现象，只能说明人们缺乏必要的科学知识，尚存在某种迷信和偏见。

但在生活中，这种心理现象也能够激发人们的积极行为，唤起人们的斗志。古时候，兴兵征伐、行军布阵，往往利用一些无关的自然现象号令三军。在现代社会里，这种心理现象虽然为科学所揭示，然而它仍然能对人们的行为起到一定的激励作用。例如，运动员在一场比赛中，是穿着红衣服取胜的，于是穿红衣服便成了某种吉兆，以后比赛就喜欢穿红衣服上场，穿红衣服上场往往又能够取得好成绩，这是因为穿红衣服产生了良好的心理效应。运动员的比赛和训练，往往十分期望获得第一个动作的成功，因为它能在运动员的心理上产生良好的归因效应。俗话说"良好的开端，是成功的一半"。因为旗开得胜，打响了第一炮，能够使人们一鼓作气，夺取全胜。反之，初战不利，就容易挫伤人的锐气，从而产生宿命论的归因。因此，组织的领导者或管理人员，应该善于掌握人们的这种心理特点，使之在工作中产生良好的心理效应，这样做，更容易使工作获得事半功倍的效果。

2. 归因理论及其偏差

归因理论最初是由心理学家海德（F. Heider）提出来的。海德通过他的社会知觉实验研究认为，一个人的行为必定有其一定的原因，要么是由于客观环境的力量，要么是取决于主观条件。如果推断个体的行为原因来自于外力，则称为情境性归因；如果是来自于个体自身的某些特点，则称为倾向性归因。

日常生活中，人们随时随地运用着归因的原理。对同一位早晨上班面带愁容的人，有的人会认为"他可能工作不顺心"或是"受到别人的责难和批评"，有的人会认为他是因为"早晨家里出了事"，等等。然而，人们在对行为进行归因时，常常不会通过客观评价与利用各种信息进行正确归因，人们的归因常是错误的、有偏差的。常见的归因偏差主要有：

（1）基本归因偏差。人们在归因时有一种普遍的倾向，即当解释他人的行为时，往往会低估环境的影响，而高估个人特质和态度的影响。例如，当发现一名员工迟到时，人们更多地将其归因于他的懒散，而不是交通堵塞；管理者在对员工进行绩效考评时，对于未完成任务的员工，倾向于认为是员工自身能力因素的影响，从而往往夸大行动者的个人因素，低估环境因素。因此，当员工绩效较差时，基本归因偏差会导致管理者完全忽略可能造成这一结果的不可控因素而过多地责备员工。

（2）行动者—观察者归因偏差。行动者—观察者归因偏差指当归因者作为观察者对他人的行为做出归因时，更多地倾向于做出个人归因，即更多地将别人的行为解释为由于他个人的因素使然，而忽略外部情境因素。然而当归因者作为行动者对自己的行为做出归因时，则更多地倾向于做出环境归因，即更多地将自己的行为解释为由于环境因素使然。例如，认为别人绩效差是因为他们能力不足或努力不够，而自己绩效差是因为任务太难、运气不佳或领导支持不够等外部原因。

（3）自我服务归因偏差。即人们把功劳归于自己、把失败归于外因的倾向。企业管理者往往容易步入自我服务归因偏差，即把积极的结果归因于自身，而将消极的结果归因于自身以外的因素。

一个人的归因通常受他个人的兴趣、动机、信念、抱负和个性等因素的影响。一个谦虚谨慎、充满事业心的领导者，既能看到工作中的成绩，也能看到工作中所存在的问题。相反，一个骄傲自满、无所作为的领导者，在他的眼里只能看到成绩而看不到问题，而且容易满足于现状，甚至还往往会把功劳归于自己，把问题推给别人。可见要进行正确的归因，是不容易的。因此，管理者在工作中可以通过多角度考虑问题、换位思考、寻找未被发现的原因、提高认知水平等方式尽量纠正归因偏差，达到正确决策的目的。

三、群体中的人际关系管理

人际知觉偏见在一定程度上妨碍了人与人之间的正常交往，因此，我们一方面要了解偏见产生的原因，并尽量少受其负面影响；另一方面还要了解增进人际吸引的因素，从而更加积极、有效地与人交往。心理学研究表明，以下因素有助于增进人际吸引。

（一）接近性

空间上的距离越小双方越接近，则往往容易引为知己，尤其在交往的早期阶段更是如此。因为地理上的接近使相互接触的机会更多，相互之间更容易熟悉对方。研究表明，在陌生人交往的早期阶段，接近性是增进人际交往的重要因素之一。菲斯汀格（Leon Festinger）以麻省理工学院已婚学生为对象，多次研究他们之间的相互吸引力与彼此居住距离的关系。结果发现，相互交往的多寡与居住距离的远近成反比。他们选择的新朋友，多为隔壁的邻居，正所谓"近水楼台"。另外一些学者在其他大学做过类似的研究，几乎得到同样的结果。研究还表明，随着时间的推移，这一因素发挥的作用将越来越小，尤其是当双方关系紧张时，空间距离越接近，人际反应越消极。

（二）相似性

在个人特性方面，双方若能意识到彼此的相似性，则容易相互吸引。两者越相似越能相互吸引,产生亲密感。个人特性指年龄、性别、个人社会背景、态度等。在其他信息缺乏的情况下,同年龄、同性别的人比较容易相互吸引,如老年人喜欢和老年人在一起,青年人喜欢和青年人在一起。在教育水平、经济收入、籍贯、职业、社会地位、社会价值、资历等方面相似的人们容易相互吸引。社会心理学家柯尔等人研究"最好朋友"时指出,个人所指出的最好朋友都是同等地位的人,一般说来他们在教育水平、经济条件、社会价值等方面都很相似,即所谓"门当户对"。

在相似性因素中,态度是最主要的因素。例如政治主张、宗教信仰、对社会上发生重大事件的看法都比较一致的人,在感情上更为融洽,即所谓志同道合。纽加姆(T. W. Newcomb)在1961年曾做过一项实验。实验对象是公开征求的住宿志愿者,共17人,都是大学生。实验者向他们免费提供住宿四个月,交换条件是定期接受谈话和测验。实验步骤是这样的:进入宿舍以前测定他们关于经济、政治、审美、社会福利等方面的态度和价值观以及他们的人格特征。然后将对于上述问题的态度、价值观和人格特征相似和不相似的大学生混合安排在几个寝室里,一起生活四个月。四个月内定期测定他们对上述问题的看法和态度,让这些大学生相互评定室内人员,喜欢谁,不喜欢谁。实验结果表明,在相处的初期,空间距离决定了人们之间的吸引,到了后期,其相互吸引的情况发生了变化,彼此间的态度和价值观越是相似的人,相互之间的吸引力越大。

(三) 互补性

当双方的需要以及对对方的期望正好成为互补关系时,就会产生强烈的吸引力。例如,独立性较强的人,往往喜欢和依赖性较强的人在一起;性子急躁的人,往往喜欢和有耐心的人相处,从而使双方的关系更为协调,各人的特点正好适合对方的需要,各得其所。研究表明,互补因素增进人际吸引,往往发生在感情深厚的朋友之间,特别是在异性朋友或夫妻之间。美国社会心理学家克霍夫(H. Kerhoff, 1962)等人研究了已建立恋爱关系的大学生。结果发现,对短期的伴侣来说,推动吸引的动力主要是相似的价值观念,而驱使长期伴侣发展更密切关系的动力则主要是需要的互补。由此,克霍夫等提出择偶的过滤假说,两个不相识的男女要结成终身相托的婚姻伴侣,必须经过几道过滤关卡:①时空距离的接近;②个人因素,主要指当事人的社会经济地位、教育水平、信仰等;③态度与观念的相似;④需要的互补。当然,并非所有婚姻的缔结都必须经过这样一系列过滤。

(四) 能力与特长

个人在能力与特长方面如果比较突出,与众不同,其本身就有一种吸引力,会使他人对之产生钦佩感并欣赏其才能,愿意与他接近。阿朗逊等人(B. Alonson, 1966)研究表明,一个看起来很有才华的人,如果表现出一点小小的过错,或暴露出一些个人的弱点，反而会使人们喜欢接近他。一个表现得完美无缺、十全十美的人，倒会使人感到高不可攀，望而却步，人们会认为自身太差而不敢与他交往。研究还表明，有些小缺点而才能卓越的人对两种人缺乏吸引力：一种是能力差而自尊心较弱的人，他们对能力高超者有崇拜心理，并可能产生晕轮效应，即认为理想人物总是十全十美、白玉无瑕的，不应该有那种可以克服的缺点；另一种是能力强而自尊心也强的人，他们对于才能出众而连一点小缺点也不能克服的人感到失望，认为这种人不值得自己崇拜。

（五）仪表

个人的长相、穿着、仪态、风度等，都会影响人们彼此间的吸引，尤其在第一次见面时，由于第一印象的作用，仪表因素占重要地位。但是，社会交往的时间越长，仪表因素的作用越小，吸引力将会从外在的仪表逐渐转入人们内在的道德品质。此外，开朗的性格也是人际吸引的一个因素，一个待人热情的人比冷淡的人更有吸引力。个人如果能对别人的热情做出同样反应的话，也会具有吸引力。奥尔波特（1961）研究了一群陌生人首次集会时的人际吸引力，发现个人的内在属性如幽默、涵养、礼貌等是主要的吸引力因素；其次，外表的特点如体形、服装等也是吸引力的依据；再次，个人所表现出的特殊行为，如新奇的令人喜爱的动作等，亦能增加吸引力；最后，地位和角色也能引起他人的爱慕与尊敬，从而产生吸引力。

本章小结

本章简要介绍了群体的概念、结构和分类，探讨了群体规范和群体凝聚力的概念、形成过程及其对群体成员的影响，并从理论上分析了人际知觉的过程、主要影响因素、人际知觉中各种偏见的形成原因和作用方式，以及如何利用人际知觉原理进行人际关系管理。本章的重点和难点内容是影响人际知觉的主体因素、情境因素和人际知觉的归因理论。本章的主要概念是：

1. 群体
2. 群体规范
3. 群体压力
4. 群体凝聚力
5. 刻板印象
6. 人际知觉

本土案例

试分析铁骑集团群体凝聚力形成的内外部原因。

近几年来，全国纺织行业经济效益普遍下滑，然而地处边疆，原料和市场两头在外的国有中型纺织企业——内蒙古铁骑集团却一枝独秀，始终保持了平稳发展的态势。这究竟是什么原因呢？

铁骑集团的前身是内蒙古棉纺织厂。1989年扩建新厂，为节省费用，他们决定自己动手安装设备，卫生所、食堂全部搬到工地，中午饭就是两个馒头一碗汤。这次扩建仅安装费一项就少花了30多万元，由此而来的"两个馒头一碗汤"精神在当地企业界广为传颂。

1995年，由于市场环境剧变和决策失误，该厂遭遇了建厂以来最严峻的挑战：明亏625万元，潜亏超过1 000万元，仓库积压产品3 000万元，所有的客户都退回了订单。

面对困境，新一届领导班子果断决策，及时调整原料采购和销售部门人员，堵住管理黑洞，积极调整产品结构，大力开拓市场。企业党委配合这一决策，向全厂发出"渡难关从我做起，再创业向我看齐"的号召，动员全体党员、团员发挥模范作用，带领全厂职工突破难关，再铸辉煌。

集团所属棉纺织造二车间的技术人员为解决设备消耗大的难题，几乎放弃了所有的节假日，终于攻克难关，使配件成本降低了87%。为提高产品质量，企业主要领导深入车间，现场办公，连续7天没有回家。准备车间工人任英山动情地说："企业生，职工生；企业死，职工死。大伙儿累病累倒，从没一句怨言。"

困难没有涣散人心，领导班子的信心、党团员的示范作用和扎实的思想工作，激发了全厂职工爱厂兴厂的热情。短短几个月，就使企业重新焕发了勃勃生机，一举扭亏为盈。

"创业者雕塑"如今已是铁骑集团最重要的思想教育基地。每遇"五四"青年节和"七一"党建日，新进厂的职工、新发展的党团员都会聚集在塑像前，接受厂史和艰苦创业、团结奉献精神的传统教育。"两个馒头一碗汤"和"渡难关从我做起"的创业精神成为铁骑集团职工的共识，是团结奋进的强大精神支柱。

企业发展了，但党委对思想政治工作仍常抓不懈，针锋相对地同"把政工部门划为二类科室"、"思想政治工作做得差不多就行了"的错误思想作斗争，明确提出："思想政治工作是促进企业发展壮大的传统法宝。企业越是发展壮大，越是要加强思想政治工作。如果划分类别，只能划为一类。"党群政工干部与行政干部享有同等经济待遇，不厚此薄彼。

铁骑集团十分重视让健康有益的活动占领思想阵地。集团团委书记姜丽英说，企业团组织搞各种活动，从没为经费的事犯过难，青年的思想政治工作开展得有声有色。企业每年都要在职工中开展主题鲜明的黑板报比赛，既活跃了职工的文化生活，又培养了人才，提高了职工的思想文化素质。集团积极开展"党、团员奉献日（月）"活动，利用工休日义务劳动，发挥先锋模范作用。每年举办两次党政工团干部学习培训班，提高思想业务素质。

职工们说："我们厂的领导没有一点特权。"领导干部用公车办私事，要登记交费；报销医疗费，严格按照工龄标准执行；单位分房子，给劳动模范、知识分子加分，可以少交钱，而领导干部一分钱也不能少。在集团抓管理、堵漏洞的过程中，两个厂领导的亲戚被查出经济问题，没有人包庇、徇私情，照样送进了监狱。党委书记程少春说：正气是社会的脊梁，是企业的支柱。弘扬正气的过程就是最有效的思想政治工作。从这一角度讲，廉洁自律、坚持民主、公平就是思想政治工作。

在铁骑集团的每个车间，都有一个"五人活动"的记事本。"五人活动"的内容包括：了解人，关心人，帮助人，影响人，凝聚人。近三年来，铁骑集团各级干部慰问职工病人396人次，为1 855人发放了11万元补助慰问金，与职工谈心1 673人次。这些数字真实地反映了铁骑集团的人际氛围，凝结着企业领导对职工的深情厚爱。

织布二车间女工郭春梅的父亲病故，母亲和两个弟弟都没有工作，家境十分困难。小郭试着给"厂长信箱"写了一封求助信。厂里经过调查，破格招收她的两个弟弟为合同工。上岗前，母亲含泪再三叮嘱："好好干，孩子，咱要对得起人家。"

在铁骑集团，这样的感人故事天天都在发生。铁骑集团多年来形成了一种制度，不论是职工生病、发生纠纷，还是职工在调房、调资、评奖中有情绪，对党员干部有意见，对企业改革不理解，都要及时家访、谈心，一个都不少。集团棉纺织厂工会主席魏雅洁说："对职工的关心，这是有形的思想政治工作，是企业无形的财富。"

跨文化案例

试分析"鲜鱼"理论对群体凝聚力的影响。

在马萨诸塞州北安普敦的库利·迪金森医院（Cooley Dickinson Hospital），解雇和裁员已经削弱了员工的士气，而且负责员工满意度的小组不知道怎样改善这种情况。于是，有人提出在工作中引入用以创造积极态度的一套称为"鲜鱼"（Fish!）的原则。在炸鱼聚餐会上观看了《鲜鱼!》的教学录像后，经理和员工开始进行庆祝生日、休息空当享受冰淇淋以及提供圣诞节礼品包装等活动。"鲜鱼团队正在找回员工满意度"，迪金森的客户服务总监说。

当然，这些事不会偶然发生。"鲜鱼"理论起源于西雅图的派克鱼摊。鱼贩们通过抛掷鱼、与客户开玩笑等方式愉快地工作，把亏损的、士气涣散的业务变成了举世闻名的有吸引力的工作。而让他们走出这种困境的办法，就是依靠"鲜鱼"的四条原则：玩、让别人快乐、投入以及选择你的态度。为了创造一个令人兴奋的工作场所，员工们需要学会怎样"玩"，正像鱼贩们抛掷鱼一样；"让别人快乐"即员工必须与客户互动，以便顾客也有一次快乐体验；"投入"是指员工需要全身心投入，而不是心不在焉；而"选择你的态度"则表明每个人都有权力选择他们在工作中的态度。

"鲜鱼"理论已经流行起来。马来西亚 Scope 国际公司人力资源部门的员工可以开心地度过色彩调和节，即在一个特定日子他们穿同一颜色的服装。密苏里州堪萨斯城 Sprint 全球通信服务公司呼叫中心的员工抛掷泡沫玩具，穿着小兔子拖鞋到处走动，而且在悬挂着七彩霓虹灯的天花板下跳舞，这些行为听起来很奇怪，但它们帮助 Sprint 减少了人员离职，提高了生产力，并赢得一次呼叫中心年度奖。在阿拉斯加的联邦信贷联盟公司，员工在营业前绕着大楼举行"鲜鱼"游行。"阿拉斯加的冬天从 10 月开始就会变得非常阴冷和萧条"，阿拉斯加金融机构帕尔莫（Palmer）的一位经理解释道："'鲜鱼!'可以帮助我们鼓舞士气，在那些漫长的日子里也十分开心。"

思考题

1. 什么是群体的结构？同质结构群体和异质结构群体各有哪些优势和不足？
2. 试述非正式群体的作用和特点。
3. 如何确定群体的规模？
4. 什么是群体规范？
5. 如何增强群体的凝聚力？
6. 影响群体中人际知觉的因素主要有哪些？
7. 什么是晕轮效应？
8. 优先效应和近因效应有哪些区别和联系？
9. 如何避免刻板印象？
10. 如何提高人际吸引力？

网络情境练习

以你喜欢的方式加入由同学、同事或亲朋好友组成的网上群体，并通过实际体验来比较它与生活中的实体群体有什么差别。

> **真实情境练习**

反思自己在人际交往中是否存在知觉偏见,如果有,怎样改变?

团队与团队建设

第六章

学习目标

1. 理解在组织中团队日益受到欢迎的原因
2. 了解团队与群体的差异
3. 能够识别四种团队类型
4. 了解哪些条件下团队更受个体的欢迎
5. 掌握高效团队的特点和如何进行高绩效团队建设
6. 掌握塑造团队队员的方式

> **引导案例**
>
> Wes-Tex 印刷公司位于美国得克萨斯的布朗伍德市,身为总裁的史蒂夫·布莱克(Steve Blake)最近十分失落,他试图把公司商业名片订单的 7 天期限缩短,但结果并不成功。他决定尝试一些过去没试过的办法。他原本是个专制式和总管式的决策者,现在他决定把加速生产的任务转交给他的 130 名员工来解决。
>
> 员工们决定组成团队共同攻克难关,他们从生产流程的每个环节中抽出员工组成一个工作团队,以找到瓶颈所在。然后,团队领导者使用生产流程图,逆向评估整个生产过程。他们从货物运至码头开始,在这里装好商业名片的箱子由联合包裹公司于每个工作日下午 6 点打包后送到临近的印刷店。他们追踪早晨邮递来的订单所经历的每一个步骤。通过分析,他们得出结论并决定做出重大改变,以使重复订单可以在 2 天内完成,所有的产品都可以在 4 天之内生产出来。然后,团队中的个体开始在自己的领域中想办法做出改变并加以实施。例如,他们在生产过程中削减了耽误时间的环节,并重新安排工作日程。结果大幅缩短了运输时间,实现了加速生产的目标。
>
> 成功之后,时间压缩团队又建议再组建一个新团队,用于改善工作流程。这个新团队决定进行一个试验,把 3 个来自不同但相关的部门的工人组合在一起,彼此指导工作并共同解决问题。过去放在篮子中的订单要在各部门之间来回穿行以进行大大小小的改变或调整,现在,这种修改过程可以在团队内部立刻进行。这个团队的做法又一次极大改善了工作效率,并为顾客提供了更好的服务。史蒂夫·布莱克成为团队价值的最大受益者,2001 年 Wes-Tex 公司赢得了 RIT/USA 小企业质量奖杯。

Wes-Tex 的成功,无疑在很大程度上得益于采用了团队的工作方式。其实,在今天的企业中,团队已经逐渐成为一种主要的组织手段。在 20 年前,戈尔、沃尔沃、通用食品等公司把团队引入它们的生产过程,曾成为轰动一时的新闻热点,因为当时没有几家公司这样做。可如今的情况却截然相反,不采用团队方式的企业倒能够上新闻热点了。有关统计数据显示,目前在 80% 的《财富》500 强企业中,至少一半或一半以上的员工以团队方式工作;68% 的美国小型制造公司,在生产领域中运用团队。

第六章 团队与团队建设

第一节 如何理解团队

团队在当代如此盛行,原因何在呢?企业管理层的回答是,在多变的环境中,团队比传统的部门结构或其他形式的稳定构成更为灵活,反应也更迅速。团队能够进行快速的组合、配置、重新定位和解散。特别是在完成某种需要多种技能、经验和判断的工作任务时,由团队来做效果会更好。当然,团队另一方面的作用也不容忽视,那就是激励的作用。我们曾讨论过员工参与具有激励作用,团队也能够促进员工参与操作决策,它是管理层增强组织中的民主气氛、提高员工积极性的一种有效手段。

一、团队概述

团队是 21 世纪组织生活的关键组成部分,现在管理的理论和实践领域,许多人都在谈论团队和团队建设,并理所当然地认为知道彼此在谈论什么。但事实上,这些概念在不同的组织中内涵迥异,甚至研究团队的学者也难以在定义上达成一致。为了让大家在讨论团队时对一些词语和概念有共同的理解,我们开始定义一些关键术语和团队类型,然后讨论形成一个团队所需要的环境,并在模型中定义关键术语及其相互间的关系。

(一)团队的界定

团队(team)是两个或两个以上相互作用、相互影响的个人构成的群体,他们为达成共同目标而相互负责,并把自己看作组织内的一个社会实体。所有团队的存在都是为了实现某种目的,比如装配一件产品、提供一项服务、设计一种新生产设备,或做出一项重要决策。团队成员因为相互依赖和合作的需求而聚在一起,去实现共同目标。所有的团队都需要某种沟通形式,以便成员能协调并分享共同目标。虽然在团队中,一些团队成员比其他成员更有影响力,但团队成员间也存在相互影响。

团队的上述界定,有助于我们了解为什么许多组织现在围绕着工作团队重新建构工作流程。管理层这样做的目的,是通过工作团队的积极协同作用来提高组织绩效。团队的广泛使用为组织创造了一种潜在可能性:能够使组织在不增加投入的前提下,提高产出水平。但是要注意,我们这里说的是"潜在可能性"。组建团队不是变戏法,并不能保证一定产生积极的协同作用。仅仅把工作群体换种称呼,改叫

"工作团队",并不能自动提高组织绩效。

(二)团队与工作群体的区别

工作群体(work group)是为了实现某个特定的目标,由两个或两个以上相互作用和相互依赖的个体组合而成的集合体。在工作群体中,个体成员之间彼此了解,并且认同他们是一个共同的单位。工作群体的绩效是每个成员作为个体所作贡献的函数,因为成员的工作并不具有相互依赖性,成员也不为其他成员的工作结果承担责任。成功的工作群体一起分享信息、观点和最好的工作经验,一起做出决策来帮助每个成员把自己的工作做得更出色,一起提升个体工作的绩效标准。

工作群体的成员进行相互作用主要是为了共享信息,进行决策,帮助每个成员更好地承担起自己的责任。工作群体中的成员完成的不一定是需要共同努力的集体工作,他们也不一定有机会这样做。因此,工作群体中的绩效水平主要是每个群体成员的个人贡献之和。在工作群体中,不存在一种积极的协同作用能够使群体的总体绩效大于个体绩效之和。

所有的团队都是群体,因为它们包括那些有统一联系的人。但群体不一定都是团队,一些群体仅仅是人们聚在一起,他们没有必需的相互依赖性或组织性的目标。例如,和你一起吃午餐的朋友不能称为团队,因为你们之间几乎没有超越社交范围的任务依赖性,也没有基于组织的共同的目的。团队与工作群体不同,它通过成员的共同努力能够产生积极的协同作用,团队队员努力的结果使团队绩效远远大于个体绩效之和。从图6-1中,可以看到团队与工作群体的区别。

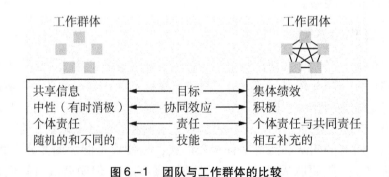

图6-1 团队与工作群体的比较

资料来源:(美)斯蒂芬·P. 罗宾斯:《组织行为学》(第10版),孙健敏等译,中国人民大学出版社2005年版,第285页。

(三)团队的适用条件

虽然团队日益普遍,但并不是所有的团队都取得了成功。团队可能产生更激烈的竞争、更迅速的决策、更少的层级结构、更高的承诺、更优良的品质和更高的雇员满意度。但是同时它们也可能难于管理、考评和支持。团队的建立需要培训和组织设计上的投入，但这常常意味着要对现存的报酬体系和团队周围的公司文化进行改变。

基于个体的工作结构对个体和公司都大有裨益，在这样的环境下，工作时常花费较少时间在组织设计上，而个体也会对工作有良好的掌控感。在这种模式下，个体需要承担很大的责任，同时这种个体责任也限制了其他人的参与，从而使其他人无法干涉或阻碍自己的工作，而且更易于评估和奖励良好的表现，并且不会增加培训员工如何协同工作的额外成本。

团队同样具有优势。团队设计常常带来对最终产品的更多所有权和实施团队理念的更高水平承诺。团队提供了一个收集不同意见和观点的媒介与一个锤炼不成熟观点的载体。团队为那些在工作中寻找支持、友谊和帮助的个体提供着诸多社会奖励。那么，如何决定是否使用团队模式呢？我们应该考虑如下因素：工作需要一系列不同的技术、观点和专业经验；工作的不同组成部分具有高度的相互依赖性；有足够的时间组织和构造团队；组织的报酬结构和文化支持团队模式；确认有必要为一系列行动或决策确定责任；对需要完成的工作要求精益求精；要求较高的创新和协作精神；必须信任团队成员不会有意阻碍团队的努力；个体渴望获得团队经验。

二、团队的类型

团队可以从事各种工作。他们可以从事生产、提供服务、处理谈判、协调项目、提出建议以及做出决策。本节我们只讨论组织中可能遇到的四种最主要的团队类型：问题解决团队、自我管理团队、交叉功能团队和虚拟团队。

（一）问题解决团队

20 年前，工作团队刚刚盛行，大多数团队的形式很相似。这些团队一般由来自同一部门的 5～12 名员工组成，他们每周用几个小时的时间来会面，讨论如何改进产品质量、提高生产效率、改善工作环境等问题。我们把这种团队称为问题解决团队（problem-solving teams）。

在问题解决团队中，成员针对如何改进工作程序和工作方法互相交换看法或提出建议。但是，这些团队几乎没有权力根据这些建议单方面采取行动。在 20 世纪 80 年代，应用最广的一种问题解决团队是质量圈。这种工作团队由承担共同职责的员工及主管组成，一般为 8～10 人。他们定期会面，共同讨论质量问题、调查问题的起因、提出解决问题的建议，并采取纠正性的行动。

（二）自我管理团队

问题解决团队的做法行之有效，但在调动员工参与决策的积极性和全身心投入工作方面尚显不足。于是企业开始尝试建立真正独立自主的团队——自我管理团队（self-managed work teams）。自我管理团队通常由 10～15 人组成，队员之间或者是工作业绩息息相关，或者是从事相互依赖性的工作。它们不仅要解决问题，还要实施解决问题的方案，并对工作结果承担全部责任。

自我管理团队承担了很多以前由主管承担的责任。一般来说，他们的责任范围包括：计划和安排工作日程；给各成员分配工作任务；总体把握工作的步调；做出操作层面的决策；对出现的问题采取措施以及与供货商和顾客打交道。完全的自我管理团队甚至可以挑选队员，并让队员相互进行绩效评估。这样，主管人员的重要性就下降了，甚至可以被取消。

对自我管理团队效果的研究总体上表明，实施这种团队形式并不总能带来积极效果。另外，尽管在这种团队中，员工的满意度的确有所提高，但是，有时它们的缺勤率和流动率也更高。这些发现中存在的不一致表明，自我管理团队的效果依赖情境的变化。除了组织减员之外，其他因素，如团队规范的强度和内容、团队从事的任务类型和奖励结构，都会显著影响团队能否更好地完成工作。

（三）交叉功能团队

交叉功能团队（cross-functional teams）是由来自同一等级但不同工作领域的员工组成，他们为了完成一些重要的任务而共同工作。在过去的几十年中，许多组织都采用了这种跨越部门界线的交叉功能团队。例如，20 世纪 60 年代，IBM 组建了一个大型的特别任务工作组，它的成员来自公司的各个部门，它的任务是开发后来十分成功的 360 系统。这个特别任务工作组其实就是一个临时性的交叉功能团队。

交叉功能团队可以成为一种有效的工作方式，它使组织内部不同领域的员工交流信息，激发人们采用新办法解决问题，并使人们共同合作完成复杂的项目。当然，管理交叉功能团队不像管理一个野餐会，它形成的初期往往要消耗大量时间，因为团队成员需要学会处理具有复杂性和多样性的工作任务。在成员之间，尤其是那些背景、经历和观点不同的成员之间，也需要一定时间才能够建立起信任，从而真正合作共事。

（四）虚拟团队

虚拟团队（virtual teams）是利用电脑技术把实际上分散的成员联系起来，以实现一个共同目标的工作团队。虚拟工作团队可以完成其他团队能够完成的所有工作——分享信息、做出决策和完成任务。而且，他们可以包括同一组织中的成员，也可以与其他组织中的成员取得联系。即使成员之间远隔千山万水，彼此间存在12小时或更大的时差，虚拟团队也能够在一起共同工作。他们可以在仅仅几天时间里就组织起来去解决一个问题，也可以花几个月时间去完成一个项目，或者是长期存在。

虚拟团队与面对面活动的团队之间主要有三个差异：一是缺少副言语和非言语线索；二是有限的社会背景；三是具有克服时间限制和空间限制的能力。在面对面的交谈中，人们可以通过副言语线索，如语调、声音的起伏，以及非言语线索，如眼睛运动、面部表情、手势以及其他身体语言了解更多的意义，从而使沟通的内容更为明确。但在"线上互动"中，这些内容都不存在。虚拟团队常常因为成员之间缺乏和谐以及缺乏直接交流而受到不利影响。它们无法复制出正式面对面沟通中的听说互动过程。

三、团队与学习型组织

学习型组织既是一种组织管理理论，也是一种全新的现代企业管理模式，它是以共同愿景为基础，以团队学习为特征的扁平化的横向管理网络系统。它强调学习加激励，不但使人勤奋工作，而且尤为注意使人更聪明地工作；它强调更大程度的人文化管理，通过学习提高群体智商，使每个员工活出生命的意义；它强调通过不断创新来实现自我超越，从而实现团体能力及利益的迅速提升。学习型组织的提出拓展了团队概念的外延，使得各类组织的团队建设由个别、局部转向整体，并将组织整体凝聚力、战斗力的提升作为团队建设的目标。

（一）学习型组织的界定

学习型组织的概念最早是由克里斯·阿吉里斯（Chris Argyris）及其同事提出来的。阿吉里斯等区分了一级学习（first-order learning）或单回路学习（single-loop learning）与二级学习（second-order learning）或双回路学习（double-loop learning）之间的差异，认为组织中这两种不同类型的学习之间的差异在于：单回路学习是与惯例和行为学习相联系的，它虽然包括改进组织的能力去完成既定目标，但不需要组织基本假设的重大改变；双回路学习是一种重新评价组织目标的性质以及围绕着目标的价值和信念的性质的学习，它不但需要改变组织的文化，而且还需要组织去学习如何学习。

继阿吉里斯之后，美国麻省理工学院教授彼得·圣吉（Peter M. Senger）又从系统论的角度对学习型组织的概念做了进一步的完善，并且在适应性学习（adaptive learning）和创造性学习（generative learning）之间做了重要区分。适应性学习相对简单，它是学习型组织的第一步——适应环境的变化。创造性学习包括创造和革新，不仅能适应环境变化，甚至能预期变化的发生。创造的过程引导组织经验的彻底重构，并引导组织从这个过程中学习。1990年圣吉出版了《第五项修炼》一书，该书出版后在管理界受到了很高的评价，并于1992年获得了世界企业学会的最高奖——开拓奖。1994年圣吉又推出了《第五项修炼》的续集，从而形成了理论与实践相结合的较为系统的学习型组织理论。

（二）学习型组织与传统组织的差异

（1）管理模式不同。传统企业管理模式大多采用金字塔型的层叠式组织结构，主要是实行职能分工、条块分割的管理。而学习型企业则呈现出扁平化、信息化的组织结构，是以任务合同为对象的有关职能人员组合，形成多个创造性团体。

（2）学习理念不同。传统企业实施的是一种阶段性、适应性的学习及培训，而学习型企业则是要求全员树立一种终身教育理念。它为每个员工在其一生的任何阶段提供各种可能的学习机会，使他们学会如何与他人交往、如何探索世界以及自始至终地完善自己。

（3）学习形式不同。传统企业一般采用以集体培训为主的学习方式，对大多数传统企业而言，学习只能安排在生产淡季进行，而难做到经常化和制度化。学习型企业不但坚持培训经常化，还多利用信息化工程，为员工提供更开放的、持久性的个体化学习形式。

（4）管理机制不同。传统企业采用的是以监督控制为主的管理，它侧重于硬性任务、指标能否保质保量地完成。而学习型企业更多的是在目标的指引下，以激励机制使员工更聪明地工作，充分发挥其创新能力，以完成各项管理目标。

（三）学习型组织对管理工作的要求

圣吉在《第五项修炼》中采用了带有东方文化色彩的"修炼"一词。"修炼"作为宗教用语，含有教规、戒律、修行之意，意即要有修炼的决心和信心，才会有成就。在《第五项修炼》中，圣吉继承了以人为本的管理思想，认为人类的工作观因物质丰足而逐渐改变，工具性的工作观已转变为精神面的工作观。在新的形势下要想使以人为本的思想得到全面贯彻，管理工作必须做到如下几点：

（1）组织成员拥有一个共同的愿景。组织的共同愿景，来源于员工个人的愿景而又高于个人的愿景，它是组织中所有员工共同愿望的景象，是他们的共同理想。

（2）组织由多个创造性个体组成。在学习型组织中，团体是最基本的学习单位，是彼此需要他人配合的一群人，组织的所有目标都是直接或间接地通过团体的努力来达到的。

（3）扁平式结构。中间相隔层次极少，尽最大可能将决策权向组织结构的下层移动，让最下层单位拥有充分的自决权，并对产生的结果负责。

（4）重新界定组织边界。学习型组织边界的界定，建立在组织要素与外部环境要素互动关系的基础上，超越了传统的根据职能或部门划分的"法定"边界。

（5）注重家庭与事业的平衡。学习型组织对员工承诺支持每位员工充分地自我发展，丰富其家庭生活，而员工也以承诺对组织的发展尽心尽力作为回报。

第二节 高绩效团队建设

由于对团队取得的效益十分兴奋，一些管理者把那些独自工作更好的员工也引入团队情境当中。然而，团队并非总是问题的答案，因为它比个体工作需要更多的时间和更多的资源。例如，团队增加了相互沟通的要求，需要管理更多的冲突，需要召开更多的会议。所以，团队所取得的效益也可能会低于它付出的成本，这种情况并不少见。因此，在急于实施团队方式之前，应该仔细评估一下该工作的要求，确认它是否可以从共同协作的努力中受益。

一、团队效果模型

如何知道你的工作群体是否适合以团队方式工作？怎样判断团队的工作是否高效呢？有人建议采用三种测试来考察一个团队是否与它的情境相匹配。一是该工作是否会比一个人单独干更好？其中，一个非常重要的指标是工作的复杂性和对不同观点的需求性。简单的任务并不需要多样性的输入，这种工作留给个体来做会更好。二是群体中工作的人会有共同的目的或一系列共同的目标吗？群体目标会大于个体目标之和吗？三是群体中的成员相互依赖吗？如果他们的任务是相互依赖的，全体的成功取决于个人的成功，而且每个人的成功还依赖于其他人的成功，那么团队方式更为合理。

关于团队组建后能否有效工作，图6-2的团队效果模型给出了一套判定的方法和标准。这个模型显示，组织文化、团队设计和薪酬等团队背景因素，会生成一系列影响团队有效性的运作活动。反过来，绩效、成员满意、团队学习和外部满意等团队效果，也会影响团队运作。团队运作由内部团队过程和边界管理两部分构成。内部团队过程源自团队成员相互联系以完成工作并将成员维持为一个团队的方式。内部团队过程主要包括思想交流、相互影响、团队任务以及维持功能、决策制定、冲突管理、气氛营造和情感流露。边界管理的内容包括团队如何定义其边界，如何辨识重要的外部顾客以及如何与外部人员互动。边界管理的主要活动包括缓解团队的权力斗争、说服最高管理层支持团队的工作以及在工作期限上与其他团队协调和磋商。

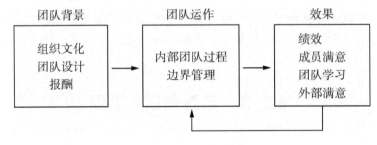

图 6-2 团队效果模型

资料来源：（美）德博拉等：《组织行为学》，王迎军等译，机械工业出版社 2006 年版，第 94 页。

但是需要指出，虽然图 6-2 中的模型列出了一些影响团队效果的关键因素，但是对于识别优秀团队的普遍特征，我们仍然无能为力。团队可能以不同的方式达到效果，而在不同环境下团队也需要有不同的形式。团队存在于具有更高外部需求的环境中，这是由于环境危险是如此之大，变化速度是如此之快，复杂程度是如此之高，相互关联性是如此之强，因而外部边界的管理应该得到团队更多的关注。而那些相互依赖性更强、成员之间分歧更多、任务更加复杂的团队必须更加注重内部团队过程的管理，比如更多地进行交流并妥善解决冲突。同样道理，不同的团队设计可能为不同类型的团队和不同的组织文化服务。

使用团队效果模型的关键是建立文化、设计和报酬系统，为既定任务所需的各种流程最大限度地提供便利。这些条件如果得到满足，团队就会高效。这种效果反过来又会鼓舞团队的士气并提高团队完成恰当进程的能力。接下来团队就会进入良性循环，它们的流程和效果会持续改进。但不幸的是，很多团队或是设计上有缺陷，或是不容于组织文化，在这种情形下团队就会陷入恶性循环，不能充分运作，从而效果欠佳，而这又会反过来增加团队内部的冲突和混乱，进一步降低团队效果。团队效果模型可以作为团队管理的向导，一旦团队背景确定，这个模型就能像向导一样为团队效果管理提出一系列的问题。这些问题包括：

（1）我们是谁？（即理解团队构成）
（2）我们想实现什么？（即建立团队目标）
（3）我们如何组织起来实现目标？（即确定团队结构）
（4）我们如何运作？（即定义团队业务）
（5）我们如何持续学习与改进？

二、建设高效工作团队

如何建设高绩效团队？怎样识别哪些因素与团队效果有关？有关这些问题的研究可以列出一长串清单。著名管理学家罗宾斯（Stephen P. Robbins）在其所著的《组织行为学》中，将它们简化成了一个相对集中的模型（见图6-3）。图6-3的团队有效性模型，概括了目前所了解到的建设高效团队的主要内容。罗宾斯的团队有效性模型将影响团队有效性的关键成分概括为四大类。第一类是工作设计；第二类与团队构成有关；第三类是影响到团队有效性的资源以及其他外在条件；最后一类是过程变量。在这一模型当中，团队效果体现在团队生产率的客观指标、管理者对团队绩效的评估以及成员满意度的累计结果三个方面。

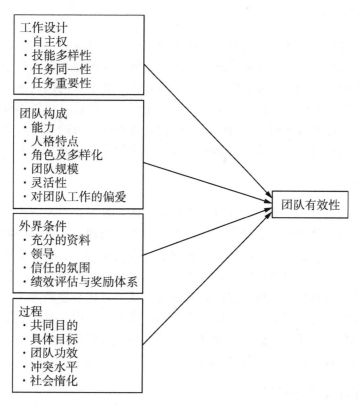

图6-3 团队有效性模型

资料来源：（美）斯蒂芬·P. 罗宾斯：《组织行为学》（第10版），孙健敏等译，中国人民大学出版社2005年版，第290页。

（一）工作设计

高效团队需要一起工作和承担共同的责任，以完成重要的任务。他们必须比一个普通"团队"做得更多。在工作设计类别中包括这样一些变量：自由度和自主权、使用不同技能和才干的机会、完成整体任务或产品的能力以及完成对他人具有重要影响的任务或项目。有证据表明，这些特点提高了成员的动机水平，并增加了团队的有效性。这些工作设计的特点具有激励作用的原因，在于它们增加了成员的责任感和对工作的拥有权，并使得工作的完成过程更为有趣。

（二）团队构成

团队的构成需要考虑以下因素：

1. 队员的能力

一个团队要想有效运作，需要有三种不同类型能力的成员。一是具有技术专长的成员；二是具有问题解决和决策技能的成员，他们不但能够发现问题，而且能够提出解决问题的建议和做出有效选择；三是具有善于聆听、提供反馈、解决冲突及其他人际关系技能的成员。如果一个团队不具备以上三类成员，就不可能充分发挥它的绩效潜能。这里特别需要注意的是，要把具备不同能力的人进行合理搭配，因为某种类型的人过多，会以另两种类型的人缺乏为代价，并导致团队绩效降低。

2. 人格特点

人格特点对员工的个体行为有着显著影响。研究发现，在大五人格模型中，很多维度与团队的有效性相关。具体而言，在外倾性、随和性、责任心和情绪稳定性上得分高的团队，管理层对于团队绩效的评估分数也倾向于更高。非常有趣的一点是，有证据表明人格特点方面的方差可能比平均数更重要。例如，尽管在一个团队中责任心的平均数越高越理想，但如果其中既包括了责任心强的人又包括了责任心不强的人，则绩效可能较低。这可能是因为在这样的团队中，责任心强的队员不仅要完成自己的任务，还要完成或重新完成责任心不强者的任务。当然，也可能因为这种差异性会导致一种贡献不公平的感觉。

3. 角色配置以及多样化

剑桥产业培训研究部前主任贝尔宾（H. Bilbin）博士和他的同事们经过多年在澳洲和英国的研究与实践，提出了著名的贝尔宾团队角色理论，即一支结构合理的团队存在八种潜在的角色，这八种团队角色分别为：

（1）行政者或实干家。其积极特征是有组织能力，注重实践经验，工作勤奋，有自我约束能力；可以容忍的弱点为：一般比较缺乏灵活性，表现为对没有把握的主意不太感兴趣。

（2）协调者。其积极特征是比较客观、宽容、公正，能不带偏见地兼容各种比较有价值的意见；可以容忍的弱点为：一般在智能和创造力方面不是十分突出。

（3）推进者。其积极特征是工作热情较高、干劲十足，并随时准备向传统、效率、自我满足挑战；可以容忍的弱点为：易急躁、爱冲动，好激起争端。

（4）创新者。其积极特征是知识渊博、才华横溢、富有想象力且智慧超群；可以容忍的弱点为：不重细节、不拘礼仪，高高在上。

（5）信息者。其积极特征是有广泛联系人的能力，能主动地不断探索新事物，勇于迎接挑战；可以容忍的弱点为：一旦事过境迁兴趣马上转移。

（6）监督者。其积极特征是比较讲求实际，分辨力、判断力都很强；可以容忍的弱点为：一般缺乏鼓励和激发他人的能力。

（7）凝聚者。积极特征是有适应周围环境及人的能力，能促进团队合作；可以容忍的弱点为：在危机时刻容易优柔寡断。

（8）完美主义者。其积极特征是对工作能够持之以恒，且追求十全十美；可以容忍的弱点为：容易拘泥于细节，不洒脱。

成功的工作团队需要队员扮演所有这些角色，并根据人们的能力和偏好来选拔队员扮演这些角色。为此，管理者需要了解个体的优势，并根据他们的内在优势选择员工和恰当地分配工作任务。

4. 团队规模

AOL公司的总裁曾经说过，优秀团队的秘密在于："往小处想。理想情况下，你的团队人数应该为7～9人。"他的建议是有不少证据支持的。通常说来，最有效的团队规模不超过10人。而且专家建议，在能够完成任务的前提下应该使用最少的人数。遗憾的是，对管理者来说，一种普遍性的错误倾向是群体规模过大。尽管为了发展观点和技能的多样性，4～5人是必需的，但管理者似乎严重低估了这样一个问题：随着团队成员的补充，人员合作方面的问题将成几何倍数增长。当人数过多时，团队内聚力和相互信任就会下降，社会惰化现象会增加，越来越多的人所做的工作越来越少。因此，在设计高效团队时，管理者应该尽量使人数不超过10人。如果自然的工作单元中人数过多，而且你希望采取团队做法时，应该考虑把一个团队拆分为几个亚团队。

5. 队员灵活性与个人偏好

如果团队由灵活性强的个体构成，队员之间可以相互代替完成任务，则会明显增强团队的效果，因为它极大地改善了团队的适应性，并使团队对任何单一个体的依赖性降低了。因此，应该招聘那些很重视灵活性的员工，然后对他们进行交叉培训以使其能够完成其他人的工作。另外，要知道并非每个员工都愿意成为团队队员，如果让他们自己挑选，不少员工会选择不加入团队。对于那些更喜欢独自工作的人，在要求他们组成团队时，会对团队士气和队员的满意感产生直接的威胁。因此，在选择团队队员时，除了考虑能力、人格特点和灵活性之外，也应考虑个人偏好。高效团队更可能是由那些喜欢成为团队成员的人组成的。

（三）外界条件

影响团队高效运作的资源及外在条件包含以下四个方面：

1. 充分的资源

像工作群体是更大组织系统中的一部分一样，所有的工作团队也依赖于团队之外的资源来维持。资源的缺乏会降低团队有效完成工作的能力。有研究者在考察了与群体绩效可能有关的 13 个因素后总结道："有效的工作群体最重要的特点可能是从组织那里得到的支持。"这种支持包括及时的信息、前沿的技术、充分的人员、鼓励和行政支持。团队要想成功实现他们的目标，必须从管理层和更大的组织那里得到必要的支持。

2. 有效的领导

团队队员在工作分配上必须达成一致意见，以确保所有队员公平分担工作负荷。另外，团队需要决策的问题还有：如何安排工作日程，需要开发什么技能，如何解决冲突，如何做出和调整决策。在决定各成员的具体任务内容并使工作任务适于队员个体的技能水平方面，都需要团队领导和团队结构发挥作用。这些事情可以由管理层直接来做，也可由团队成员通过扮演倡导者、组织者、生产者、维护者和联络者等角色来做。当然，领导并不总是必要的。有证据表明，自我管理的工作团队常常比正式指派领导者的团队完成工作的效果更好。

3. 信任的氛围

既指高效团队队员之间彼此信任，也表现为队员对领导者的信任。团队成员的相互信任促进了合作，降低了行为监督的需要。队员们在这样一个信念的纽带下联系起来，他们相信其他队员不会占自己的便宜。例如，当团队队员认为自己可以相信团队中的其他人时，他们会更愿意表达自己真实的想法。同样，信任是一种领导的基础。领导中的信任十分重要，因为它能使团队更愿意接纳和承诺领导者提出的目标和做出的决策。

4. 绩效评估与奖励体系

怎样才能使团队队员在集体和个体两个层次上都具有责任心呢？应该对传统的、以个人导向为基础的评估与奖酬体系有所调整，以反映团队的工作绩效。由于个人的绩效评估、固定的小时工资以及个人激励等措施与高效团队的开发相互矛盾，因此除了根据个人贡献进行评估和奖励之外，管理层还应考虑以群体为基础进行绩效评估、利润分享、小组激励以及其他方面的变革，强化团队努力和团队承诺。

（四）过程

在团队的合作过程中要注意控制以下变量：

1. 共同目的

高效团队具有一个大家公认的、有意义的目的，它能够为队员指引方向、提供推动力，让团队成员为之做出承诺。共同目的是一种愿景，它比具体的目标要广泛得多。成功的团队通常都会用大量的时间和精力来讨论、塑造和完善一个在集体水平和个体水平上都被大家接受的目的。这种目的一旦被团队接受，就像航海学知识对船长的作用一样，在任何情况下都能指引前进的方向。

2. 具体目标

成功的团队会把他们的共同目的分解成具体的、可以测量的、现实可行的绩效目标。目标不但可以提高个体绩效水平，也能使群体充满活力。具体的目标可以促进明确的沟通，它们还有助于团队把精力放在如何获得结果上。另外，与个体目标的研究一样，团队目标也应该具有挑战性。人们发现困难的目标会提高团队业绩，定量化的目标更能提高产出的数量，关注速度的目标更有可能提高产出的速度，关注精确性的目标会提高产出的精确性，等等。

3. 团队功效

高效团队很自信，他们相信自己能够成功。我们把这种特点称为团队功效。成功会孕育成功。获得了成功的团队会增加团队成员对未来成功的信念，也能激励他们更加努力工作。管理层可以通过以下两种方案提高团队功效：一是帮助团队实现较小的成功。小成功可以树立团队的信心，随着团队成功记录的日益积累，人们的信念也越来越强，他们相信未来的努力将会带来成功。二是通过一些培训来提高员工的能力。团队队员的能力越高，团队越会树立信心并传递这些信息。

4. 冲突水平

团队中有冲突未必就是坏事。完全没有冲突的团队很可能是缺乏生气和停滞落后的。对于从事非常规活动的团队，成员之间在任务内容方面的意见不一致，即出现所谓任务冲突，并不是破坏性的。事实上，它常常是有益的，因为它减小了群体思维的可能性。任务冲突激发了队员之间的讨论，促进了对问题和备选方案的关键评估，并能够带来更佳的团队决策。所以，高效团队大都保持适当的冲突水平。

5. 社会惰化

在一些团队中，个体可能会"隐藏"在群体中。他们顺势搭上群体努力的大车，在其中浑水摸鱼，因为此时个人的贡献无法直接衡量。高效团队通过使队员在集体和个体水平上都承担责任，可以消除这种倾向。成功的团队能够使每个队员以及队员总体为团队的目的、目标和行动方式承担责任。因为团队成员很清楚哪些是个人的责任，哪些是大家共同的责任。

在使用图 6-3 的团队有效性模型时，需要特别注意如下两个问题：一是团队工作在形式和结构上存在差异。团队有效性模型只是试图在各种不同的团队基础上进行概括，所以不要僵化地运用这一模型来预测所有的团队。即应该把它作为一种指导原则来使用，而不能将其视为一种固化的处方。二是该模型的前提假定是，团队工作比个体工作更为可取。也就是说，在各种情境当中创设一种"高效"团队，则个体的工作效果更好。

三、如何使个体转变成团队队员

人们并非生来就是合适的团队队员，他们有些可能是孤独者，或者是希望自己的个人成就得到承认的人。另外，许多组织长期以来一向重视培养个人成就感，在它们创造的竞争激烈的工作环境中，只有适者才能生存。如果这些组织采用工作团队方式，如何使其员工转变成团队队员呢？

（一）选拔

选拔（selection）对高效团队的建设是非常重要的。因为有些人已经具备成为有效团队成员的条件，但也有不少人不具有成为团队成员的必备能力，甚至根本不可能成为合格的团队成员，那些在强调个人贡献的背景中经历社会化的人尤其如此。因此，在挑选队员时，除了考虑他们是否具备工作所需的能力之外，还要考虑他们是否具备扮演团队队员角色的其他条件，特别是人格、态度和价值观。面对尚不具备成为团队成员的应聘者，通常有三种办法可供选择。一是对他们进行培训，使他们具备合格团队队员的必要条件。如果没有必要这样做，或这样做不奏效，那么另两种选择是：把他们转聘到组织中不采用团队形式的工作单元中，或者不聘用这样的人。另外，当组织决定围绕团队方式重新设计工作时，管理者应该预料到，有些员工会抵制加入团队，而且对他们进行培训也不起作用。

（二）培训

从更为乐观的方面讲，大部分在强调个人成就背景中成长起来的人，通过培训（training）可以成为合格的团队队员。培训专家会通过各种练习让员工体验到团队工作带来的好处。专家们通常让员工参加培训班，帮助员工改善解决问题、沟通、谈判、处理冲突和指导别人等技能。员工们还要学习群体发展的五阶段模型。例如，在贝尔大西洋公司（Bell Atlantic），培训师集中讨论团队在最终凝聚起来之前，是怎样一步一步地走过来的。他们提醒员工耐心的重要性，因为团队做出决策所需的时间会比个体决策时间更长。位于密苏里的爱默生电器公司（Emerson Electric）专业摩托车事业部，在使650名员工不仅接受而且欢迎团队培训方面取得了巨大的成功。公司外聘了一些顾问，为员工提供团队工作所必备的实际技能。不到一年时间，员工们就积极地接受了团队工作的价值观。

（三）奖励

组织的奖励（rewards）体制应有所变化，从而鼓励员工共同合作，而不是增强员工之间的竞争气氛。例如，豪马克贺卡公司在原有基本的个体激励体制基础上，还补充了基于团队目标完成情况的年度奖金；蓝十字保险公司也改变了它的奖励体制，其中个体目标和团队行为平分秋色。组织中的晋升、加薪和其他形式的认可，应该给予那些善于在团队中与他人合作共事的个体。这并不意味着忽视个人贡献，而是使那些对团队作出贡献的个体得到应有的报酬。最后，请不要忘记员工能够从团队工作中得到内部奖励。团队能够给个体提供同志式的友爱。作为成功团队的一员是令人振奋和满足的。对员工来说，在团队中能够得到自我发展的机会，能够帮助伙伴们成长，是一种令人非常满足的经历和奖励。

第三节 团队中的沟通

沟通（communication）是指信息在两个或两个以上的人之间传输和理解的过程。沟通对团队存在和发展是非常重要的，因为它能协调团队成员的工作，促进团队成员之间的理解，满足团队成员的需要。沟通也称意见沟通或信息交流。信息交流是动物界的普遍现象,它是动物本能的一种表现。动物常以声音、行为、气味、肤色变化等手段彼此通报危险、敌对、友好、觅食、求偶等信号。在人类社会,沟通可以是通讯工具(如电报、电话、电影、电视等)之间的信息交流,属于通讯技术科学研究的问题;也可以在人和机器之间进行,这是工程心理学所关注的问题。而团队中的沟通主要是指人与人之间的信息交流,或者说是人际之间的意见沟通,它们是本节所要讨论的主要问题。

一、团队中人际沟通的过程、特点与基本类型

(一)团队中的人际沟通过程

沟通的过程是指信息发出者将沟通的内容进行编码后纳入沟通渠道,接收者在接到信息后,将信息译码并接受后,再把收到信息的情况反馈给信息发出者的过程。图6-4清晰地显示了这一过程。在图6-4中,信息的发送者需要把某种意图进行编码,即按一定的方式转变成信息接收者能够理解的信息,然后再通过一定的沟通渠道,把信息传递给信息的接收者。信息接收者接受信息以后,必须经过译码才能理解信息的内容。所谓译码,是人们依据过去的经验对信息的解释。基于双方的共同经验,将编码还原,并制成新的编码,发送出去,从而构成双向沟通。如果没有新的编码,发送信息则仅仅是单向沟通。

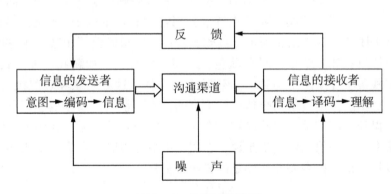

图6-4 沟通过程模型

资料来源:李靖:《管理心理学》,科学出版社2006年版,第149页。

从沟通过程模型中可以看出,沟通有四个最基本的要素,即信息发出者、信息、沟通渠道、信息接收者。

(1)信息发出者是信息沟通的主体,他不仅有目的地传播信息,还对传出的信息进行编码,即把信息加工、组织成便于传递的形式。

(2) 信息是指沟通的内容，表达沟通主体的观念、需要、愿望、消息等。

(3) 沟通渠道即信息传递的途径，信息必须通过一定的沟通渠道才能存在和传递，声、光、电、动物、人以及报纸、书刊、电影、电视等，都是信息传递的媒介。

(4) 信息接收者即接受信息的人。

我们可以把沟通的过程分解为如下四个步骤：

(1) 信息发送者将一定的信息内容传递给信息接收者。

(2) 信息接收者注意到并了解信息内容。

(3) 信息接收者接受或拒绝信息。

(4) 信息接收者将信息付诸行动。

团队中的信息沟通也是按照这个模式进行的。团队中的信息沟通一般是在两人或多人之间，并主要通过语言（包括文字语言、口头语言和身体动作语言）来进行；信息的内容包括资料、观点、意见或情感；沟通的目的在于获得了解、信任、协作，为共同完成团队的目标而努力。信息沟通在团队的管理和发展中起着十分重要的作用，它是影响团队成员行为的一个重要因素，是团队建立和维持良好的人际关系、形成良好的团队氛围、提高团队成员的士气、促进团队发展的有效途径之一。

（二）团队中人际沟通的特点

在团队中，人际沟通有以下特点：

(1) 团队中人与人之间的沟通主要以语言交流的方式进行，其他辅助形式（如表情、语调、身体姿势等）对沟通效果也有一定意义。

(2) 团队中人与人之间的意见沟通，不仅是指知识的交流，还包括情感、态度和观点等方面的交流。

(3) 在团队人与人之间的意见沟通过程中，心理因素起着重要的作用。在发送者与接收者之间，需要彼此了解对方进行信息交流的动机和目的意图，需要彼此注意、理解交流信息的含义，需要有相互交流的愿望。而信息交流的结果往往又影响和改变人的心理和行为，以增进群体成员之间的和谐。

(4) 在团队人与人之间的意见沟通过程中，会出现特殊的沟通障碍。这种障碍不仅包括传播信息通道上的失真或编码、译码上的错误，而且包括人所特有的心理障碍。人的知识、经验、态度、人格、观点不同，对同一信息的看法和理解也可能不同。

(5) 团队中人的意见沟通具有不同的风格。由于每个人的个性差异，其向别人提供有关自己的信息及接受别人的信息程度也有明显的差异，向别人提供反馈信息的程度也不相同。

(三) 团队中人际沟通的类型

1. 正式沟通和非正式沟通

从组织系统区分,可以将沟通分为正式沟通和非正式沟通。

信息通过组织明文规定的渠道进行的传递和交流是正式沟通。组织内部的文件传达、通知发布、工作布置、工作汇报、各种会议以及组织与其他组织之间的公函往来都属于正式沟通。其优点是信息通路规范、准确度较高。

在正式沟通渠道之外进行的信息传递和交流称为非正式沟通,如员工间的私人交谈及一般流传的"流言"等。因为非正式沟通不但表露或反映人们的真实动机,同时也常提供组织没有公布的内外信息,因此现在的管理者都很重视非正式沟通,常利用私人会餐及非正式团体的娱乐活动等与员工接触并从中获取各种资料,并将其作为改善管理或拟订政策的参考。非正式沟通既具有沟通形式灵活、信息传播速度快等优点,又具有随意性和不可靠性等致命的弱点。

2. 下行沟通、上行沟通和平行沟通

根据信息流动的方向,将沟通分为下行沟通、上行沟通和平行沟通。

下行沟通是上级向下级传递信息。如企业的上级领导向下级发布命令和指示。这种沟通方式大体有五种目的:传达工作指示;促使员工了解本项工作与其他任务的关系;提供关于程序与任务的资料;向下级反馈其工作绩效;向员工阐明组织目标,使员工增强其"任务感"。这种自上而下的沟通能够协调组织内各层级之间的关系,增强各层级之间的联系,对下级具有督导、指挥、协调和帮助等作用。因此,这种沟通形式受到古典管理理论家的重视,今天仍为许多企业所沿用。但是,这种沟通易于形成一种"权力气氛"而影响士气,并且由于曲解、误解或搁置等因素,所传递的信息会逐步减少或歪曲。

上行沟通是指由下级向上级传递信息。如员工向上级报告工作情况、提出自己的建议和意见、表述自己的态度等。在组织中,不仅要求下行沟通迅速有效,而且还应保证上行沟通畅通无阻。因为只有这样,领导者才能及时掌握各种情况,从而做出符合实际的决策。但有关研究表明,有时自下而上的信息沟通即使到达了管理阶层,通常也不会被重视,或根本没被注意到,并且在逐层上报过程中内容会被逐层压缩,细节会被一一删去,造成严重失真。

平行沟通是指同级之间传递信息,如员工之间的交流、同一层级不同部门的沟通等。在企业部门中经常可以看到各部门之间发生矛盾和冲突。除其他因素以外,部门之间互不"通气"是重要原因之一。保证平行组织之间沟通渠道的畅通,是减少各部门之间冲突的一项重要措施。这种沟通一般具有业务协调性质。它有助于加

强相互间的了解，增强团结，强化协调，减少矛盾和冲突，改善人与人之间的关系。

3. 单向沟通和双向沟通

根据发信者与接信者的地位是否变换，可将沟通分为单向沟通和双向沟通。

单向沟通只是一方向另一方发出信息，发信者与接信者的地位不变。发指示、下命令、演讲、报告等都带有单向沟通的性质。双向沟通即指发信者和接信者的位置不断变化，发信者以协商、讨论或征求意见的方式面对接信者，信息发出后，又立即得到反馈。有时双方位置互换多次，直到双方共同明确为止。招聘会、座谈会等都属双向沟通。

单向沟通和双向沟通究竟哪种方式效率更高呢？心理学家曾做过不少实验，实验结果表明：

（1）从速度上看，单向沟通比双向沟通信息传递速度更快。

（2）从内容正确性来看，双向沟通比单向沟通信息内容传递更准确、可靠。

（3）从沟通程序上看，单向沟通安静、规矩，双向沟通比较混乱、无秩序、易受干扰。

（4）双向沟通中，接受信息者对自己的判断有信心、有把握，但发出信息者有较大的心理压力，因为他随时会受到接收者的发问、批评与挑剔。

（5）单向沟通需要较多的计划性，双向沟通无法事先计划，需要当场判断与决策能力。

（6）双向沟通可以增进彼此了解，建立良好的人际关系。

由此可见，单向、双向沟通各有所长，究竟采用何种方式沟通，要视具体情况而定。如果需要迅速传达信息，应采取单向沟通方式；如果需要准确传达信息，以采取双向沟通为宜。一般说来，如果工作急需完成，或者工作性质比较简单，或者发信者只需发布指示，无需反馈时，多采用单向沟通方式。

4. 口头沟通和书面沟通

根据沟通形式区分，可将沟通分为口头沟通和书面沟通。

口头沟通是面对面的口头信息交流，如会谈、讨论、会议、演说以及电话联系等。其优点是有亲切感，可以用表情、语调等增加沟通的效果，可以马上获得对方的回应，具有双向沟通的好处，且富有弹性，可以随机应变。但如果传达者口齿不清或不能掌握要点做简洁的意见表达，则无法使接收者了解其真意。沟通时如果接收者不专心、不注意或心里有困扰，则可能因口头沟通一过即逝，无法回头再追认。

书面沟通即指通过布告、通知、文件、刊物、书信、电报、调查报告等方式进行的信息交流。其优点是具有一定的严肃性、规范性、权威性，信息不容易在传达中被歪曲；沟通内容可以作为档案材料和参考资料以及正式交换文件长期保存；它比口头表达更详细地供接收者慢慢阅读，细细领会。其弱点是沟通不灵活，感情因素较少，对文字能力要求较高。

传统的管理多偏重书面的沟通，现代管理中，口头言语沟通受到重视，书面沟通显然仍是一种重要方式。但采用书面沟通方式时要注意文字的可读性、规范性，应做到：①文字简练；②使用规范与熟悉的文字；③使用比喻、实例、图表等必须清晰易懂，便于理解；④使用主动语态和陈述句；⑤逻辑性强，有条理性。

二、团队沟通网络与沟通障碍

现实中团队的沟通不是单一渠道和单一形式的沟通，而是把各种沟通方式组合起来，形成了沟通网络。

（一）正式沟通网络

在团队和组织中，人与人之间正式的信息交流渠道的集合称为正式沟通网络。美国心理学家莱维特把团队和组织中常见的正式沟通网络归纳为以下5种。

1. 链式

表示信息传递是逐级进行的，信息可由上而下传递，也可由下而上传递。这种信息沟通具有传递速度快的特点。但是，它没有横向联系，成员的满意程度低，只适合组织庞大、需分层授权管理的企业。

2. 轮式

表示主管人员居中，分别与若干下级发生联系的沟通。这种沟通传递迅速、易控制。在这种企业中，速度与控制往往比士气、创造性更被重视，居中心地位的主管因情报多，有较大的权力，因而比较自信和有自主性，心理上也比较满足。但是，由于缺乏联系，各下级成员之间互不了解，信息闭塞，成员满意程度低，有利于保密，不利于协作。

3. 圆式

表示各成员之间依次联系沟通。这种沟通网络具有群体士气高、满意感强的特点，但信息传递速度慢，效率不高。在委员会之类的群体中可以采用此种沟通形式。

4. 全通道式

表示组织内每个人都可以与其他成员直接地、自由地沟通，并无中心人物，所有的成员都处于平等地位。但由于缺乏中心人物，没有权威，信息传递速度也慢。委员会开会即属于这种沟通网络。

5. Y式

表示逐级传递，最上层有多主管。这种沟通网络传递信息速度较快，但成员满意程度不高，尤其是多头领导，要求不一，不利于下级正常开展工作。

上述沟通网络的研究虽然是在实验条件下进行的，而且主要是小型群体的沟通类型，但在企业管理实践中具有不可否认的启发意义。沟通网络代表一个组织的结构系统。事实上，一个组织要达到有效管理的目的，应采取哪一种网络，须视不同的情况而定：如要速度快、易于控制，则轮式较好；如果组织庞大，需要分层授权管理，则链式较有效。

（二）非正式沟通网络

团队中信息的传播，不仅通过正式沟通渠道进行，还通过非正式渠道传播。美国心理学家戴维斯曾在一家皮革制品公司专门对67名管理人员进行调查研究，发现非正式沟通有4种方式。

1. 单线式

这种传播方式即通过一连串的人，把信息传递给最终接收者。

2. 流言式

这种传播方式即由一个人主动地把信息传递给其他许多人。

3. 偶然式

这种传播方式即通过偶然的机会传播小道消息。

4. 集束式

这种传播方式即传播者把小道消息有选择地告诉自己的朋友或有关人。集束式又称葡萄藤式。

戴维斯还发现，小道消息传播的最普遍的形式是集束式。在一个单位里，大约只有10%的人是小道消息的传播者，而且多是固定的一群人，其余的人往往姑且听之、听而不传。总之，一个群体里，有的人是小道消息的"制造者"，有的人是小道消息的"传播者",有的人是"夸大散播者",而大多数人是只听不传者或不听不传者。

戴维斯的研究表明,小道消息有 5 个特点:第一,新闻越新鲜,人们议论越多;第二,对人们工作越有影响,人们议论越多;第三,越为人们熟悉的,人们议论越多;第四,人与人在生活上有关系者,最可能牵涉到同一谣传中去;第五,人与人在工作中常有接触者,最可能牵涉到同一谣传中去。

小道消息由于均以口头传播为主,故易于形成,也易于迅速消失,一般没有永久性的结构和成员。对小道消息的准确性,有人曾做了统计。赫尔希对 6 家公司的 30 则小道消息做了调查分析,发现有 16 则毫无根据,5 则有根据也有歪曲,9 则真实。

在怎样评价非正式沟通渠道的问题上,人们有着不同的见解。一些人认为传播小道消息是散布流言蜚语,应该加以禁止。另一些人则认为小道消息的传播可以满足组织内成员的需要,而且有助于弥补正式沟通渠道不灵活的缺陷。一般来说,在一个企业里小道消息盛行是不正常的,会破坏企业的凝聚力,不利于企业的管理。研究表明,小道消息盛行常常是大道消息不畅的结果。因此,完善和疏通正式沟通渠道是防止小道消息传播的有效措施。另外,由于小道消息常常是组织成员忧虑心理和抵触情绪的反映,所以管理者应该通过谣传间接地了解员工的心理状态,研究造成这种状态的原因并采取措施予以解决。

(三) 团队中常见的沟通障碍

团队中常见的沟通障碍有以下几种:

1. 过滤

过滤是指信息发送者有意操纵信息,以使信息显得对接收者更为有利。比如,如果一名管理者告诉上级的信息都是上级想听到的东西,这名管理者就是在过滤信息。过滤的主要决定因素是组织结构中的层级数目。组织纵向层级越多,过滤的机会就越多。不过可以预期,只要存在地位上的差异,过滤活动就会存在。诸如害怕传递坏消息、希望取悦自己上司等,都会导致员工只告诉上司那些他们觉得上司想听到的内容,这也导致了自下而上沟通的失真。

2. 选择性知觉

在沟通过程中,接收者会根据自己的需要、动机、经验、背景及其他个人特点有选择地去看或者去听信息。信息接收者在解码过程中,还会把自己的兴趣和期望带进信息中。如果一名面试考官认为女职员总是把家庭放在事业之上,则会在女性求职者身上看到这种情况,无论求职者是否真有这种想法。人们看到的往往不是客观事实，我们常常是对自己所看到的东西进行解释，并称之为事实。

3. 信息超载

个体加工资料的能力是有限的。当需要处理的信息超过我们的加工能力时，就会出现信息超载（information overload）的状况。在电子邮件、电话、传真和会议的包围下，以及要在自己领域中跟上时代脚步的需要面前，越来越多的管理者和专业技术人员在抱怨他们承受着信息超载的苦恼。

4. 情绪

在接收信息时，接收者的情绪感受也会影响到他对信息的解释。你在愤怒和暴躁时接收的信息，与你在快乐时接收的同样信息，所做出的解释常常不同。极端的情绪体验，如狂喜或悲痛，更可能阻碍沟通的效果。在这种状态下，常常使我们无法进行客观而理性的思维活动，而代之以情绪化的判断。

5. 语言

同样的词汇对不同人来说意义却会不同。年龄、教育和文化背景是这方面的三个最主要的影响变量，它们影响着一个人所使用的语言以及他对于词汇的界定。在一个组织中，员工常常有着不同背景。另外，部门划分也使得专业人员发展了各自的专业用语和技术用语。在大型组织中，成员的地域分布十分分散，而每个地区的员工都使用当地特有的习惯用语。纵向等级的存在同样带来了语言上的问题。比如，对于诱因、配额这样的词汇，不同管理层有着不同的含义，高层管理者常常把它们作为需要，而基层管理者则把它们理解为操纵和控制，并由此而心生不满。

6. 跨文化

在全球化时代，跨文化沟通也逐渐成了团队沟通中的一个重要问题。不同文化背景的人除了在语言沟通习惯上存在差异外，在价值观和生活方式上也存在很大差异。忽视这些差异，不仅会造成实际沟通中的障碍，而且还可能造成实际的损失，甚至引发不必要的冲突。比如在成就观念上，东方侧重守业，表现出集体精神，而西方追求创业，以利益为先；在自我概念上，西方强调"自我"，强调"个人主义"，东方强调"无我"，强调"集体主义"；在强调"个人主义"的文化里，往往把生活的各个部分分配得很清楚，在工作、家庭、朋友之间有着明确的界限，而在强调"集体主义"的文化里则往往会把生活和工作放在一起，在工作、家庭、朋友之间存在着模糊的界线。对于跨文化的沟通者来说，不仅要了解不同文化背景中的人的生活和工作方式的差异，而且还应尊重其生活和工作方式上的差异，只有这样才能减少沟通上的误解。

三、团队中的冲突与冲突管理

只要是有人群的地方，就必然会有冲突。从某种意义上说，冲突比压力和挫折对群体的危害更大，它可以成为影响群体生活的严重问题，甚至会造成混乱的局面，使得员工几乎无法在一起共同工作。当然，从另一个角度看，冲突也有其积极的方面。只是在工作和日常生活中，人们往往容易忽略其积极方面。

（一）冲突的界定

人们在描述冲突时，通常是指那些具有典型性的对立言行，如愤怒的言辞、仇恨的对视以及一些表示反对意见的行动。但是，这些外在的现象只是冲突的一小部分。如图6-5所示，冲突的过程开始于冲突源，比如对立的目标、不同的价值观，以及其他一些使个体或组织觉察到的存在冲突的条件。如果把冲突定义为一种过程，那么当一方感觉到另一方对自己关心的事情产生不利影响或将要产生不利影响时，这种过程就开始了。

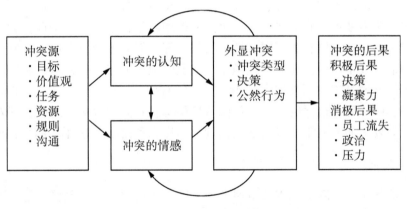

图6-5 冲突结构模型

资料来源：（加拿大）史蒂文·麦克沙恩、（美）玛丽·安·冯·格里诺：《组织行为学》，汤超颖译，中国人民大学出版社2008年版，第267页。

冲突是任何群体与生俱来的、不可避免的事情。早期的管理理论把冲突和暴力、破坏、无理取闹等同起来，认为所有冲突都是有害的。在20世纪30—40年代，大多数研究群体行为的人仍持这种观点。即使是在为霍桑实验下结论时，心理学家们也是把冲突单纯视为由于信息交流不善、人际关系不良、管理部门不能满足员工的需要所带来的后果。

在20世纪40年代末至70年代中叶，人际关系观点在冲突理论中占据统治地位。人际关系理论认为，冲突对群体和组织来说是客观存在、不可避免的。由于冲突无法避免，所以他们提倡接纳冲突。在人际关系理论看来，冲突不但不可能被彻底消除，而且有时会对群体的工作绩效有益。

人际关系观点接纳冲突，而相互作用观点则鼓励冲突，认为冲突是新事物产生的基础。在交互作用观点看来，冲突并不总是坏事，不能一概反对和避免冲突。冲突有破坏性的，也有建设性的。破坏性的冲突阻碍群体目标的达成，起消极作用；建设性的冲突却有助于群体目标的达成，起积极作用。因此，在企业管理中应该促进、发展建设性的冲突，化解、避免破坏性冲突。

基于对冲突概念的上述理解，可以将冲突过程分为 4 个阶段，即潜在对立阶段、认知与个人介入阶段、行为阶段和结果阶段。

1. 潜在对立阶段

潜在对立阶段是产生冲突条件的酝酿时期。这些冲突条件包括不良的沟通、不良的组织结构和不良的个人因素。

2. 认知与个人介入阶段

认知与个人介入阶段指随着各种潜在冲突条件的具备，以及由此而不断产生的恶化，使人形成明显的知觉，并伴有不良的情感体验。

3. 行为阶段

行为阶段是指冲突已不可能在第二阶段低水平的较量中得到解决，双方的冲突便开始升级，展开全面公开论战。此时，双方的"脸皮"都撕破了，能用的手段都用上了，冲突达到了白热化。

4. 结果阶段

结果阶段是指采取一系列措施处理外显冲突后所产生的结果。各类冲突不外乎有四种结果：一是成功—失败结果，即一方成功，一方失败；二是折衷—和解结果，即双方斗了半天和解了，都未受损，也都没有满足自己的要求；三是失败—失败结果，即两败俱伤；四是成功—成功结果，即双方都胜利了，都获得了利益，这是最好的结果，能得到这种结果的冲突多属建设性冲突。

（二）冲突的原因

冲突的原因往往有以下几种：

1. 信息的冲突

这是由于人们信息沟通的渠道不同，彼此之间又互不交流而造成的冲突。例如，一个企业在制订生产计划时，计划科长与营销科长发生了冲突，计划科长坚决主张多生产本厂的传统产品，供销科长主张多生产新产品，究其原因，是因为计划科长的信息来源于上级的规则，而供销科长的信息来源于市场调查，这是由于信息来源的不同而造成的冲突。

2. 认识的冲突

由于人们的知识、经验、态度、观点等不同，对于同一事物会有不同的认识。基于认识不同所造成的冲突就是认识的冲突，这种冲突在企业中相当普遍。人们在采用新设备、处理问题、发展企业的方式方法、用人等各方面都会有不同的认识，从而引起冲突。

3. 价值观的冲突

价值观是指人对是非、善恶、好坏的一般概念。由于个人的价值观不同，也会造成冲突。有些管理者认为提高产量是企业的首要任务，有些管理者则认为提高质量才是首要任务；有人认为企业的首要任务是生产，有人则认为首要任务在于经营，这都是由于价值观的分歧而造成的冲突。

4. 本位的冲突

企业中的个人都在某一单位工作，因此在处理问题时往往首先考虑本单位的利益。如果不同部门的两个人都只考虑本单位的利益，则往往容易引起冲突，这就是本位的冲突。

（三）冲突的管理

虽然冲突在组织中并不鲜见，但它过去常常分散在科层结构、正式规章制度以及组织的意识形态之中，多少有些隐藏。在环境比较稳定的时候，谈判和冲突化解主要是部分人的责任。但在新型组织里，每个单位和细微之处都存在冲突，冲突管理已经成为个人和组织都必须掌握的能力。

美国的行为学家托马斯（K. Thomas）和他的同事基尔曼（D. Kilmann）提出了一种两维模式，以沟通者潜在意向为基础，认为冲突发生后，参与者有两种可能的策略可供选择：关心自己的需要和关心他人的需要。其中，分别以"对自己需要的关注"和"对他人需要的关注"为纵坐标和横坐标，定义冲突行为的二维空间（见图6-6）。于是，就出现了5种不同的冲突处理策略：

（1）竞争模式。当一方比较关心自己的需求，对对方的需求并不在意时，他采用的就是竞争模式。竞争行为表现出比较强的权力意识和支配性，其结果往往是一胜一负。

（2）回避模式。双方都想合作，但既不采取合作性行为，也不采取冲突性行为。"你不找我，我不找你"，双方回避这件事。

（3）顺应模式。这是一种向对方让步的做法，它高度关注对方的需求，忽视自己的需求。

（4）妥协模式。冲突双方都有部分合作，但又都有冲突。这种情形下双方"你让三分，我让三分"，双方都让出一部分要求和利益，但同时又保存了一部分要求和利益。

（5）合作模式。将冲突作为需要双方来共同处理的问题，通力合作，努力寻求双赢的结果。

一般来说，前三种处理冲突的方式效果不佳，它们可能进一步加剧冲突，或者使问题搁置起来、隐藏起来，得不到解决。后两种处理冲突的方法虽比较有效，但是并不见得能用于所有情境。

一些研究发现，冲突处理模式存在文化差异。例如，美国文化更注重竞争，在冲突管理中更倾向于采用竞争模式。中国文化比较强调"和为贵"，推崇合作。像美国和欧洲一些个人主义文化中，人们通常以相对直接的方式处理冲突，他们比较关心自己的自尊与利益，并主动将自己与对方分离开来；而在集体主义的文化中，人们处理冲突的方式往往比较间接，所关注的是保全对方的面子并尽可能维持一团和气的关系。

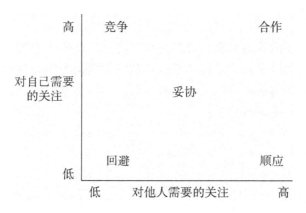

图6-6 托马斯—基尔曼的人际冲突处理模型

资料来源：沙莲香：《社会心理学》，中国人民大学出版社2011年版，第61页。

托马斯认为解决冲突必须适当地确定解决问题的次序，以求得冲突的建设性解决。冲突处理的结果，可以是一方胜利一方失败，也可以是双方都有所得亦有所失，但最好的处理结果是"胜对胜"。为实现这样的结果，在管理过程中应注意发扬民主，加强信息沟通，提倡友谊、谅解、信任、支持，以便减少隔阂和缩短心理距离。在解决冲突的过程中，可以采用如下具体方法：

（1）协商妥协。这是解决冲突最常用的方法。当两个部门发生冲突时，双方派出代表进行协商，各自提出自己的困难，阐述自己可以做出的让步，最后本着顾全大局、互谅互让的原则使冲突得以解决。

（2）第三者调解。当一再协商都达不成协议时，就需要请第三者出面调解。调解者必须有权威，或者是冲突双方的上级，或者是有地位、有影响的专家、社会贤达。

（3）权威裁决。当调解无效时，只好请有正式权力的上级主管部门或由有关的权力机关做出裁决。如我国近年来设立的经济法庭就是这种机关。权威裁决的实质是强制解决，因此它往往不能消除引起冲突的原因。

（4）不予理睬。这是拖延的变相方式。不作决定，不表态，相对于决定拒绝所引起的冲突要小些，对于双方的伤害也轻些。所以，这也是一种应对冲突的有效办法。但是，应该看到，这是一种消极的办法，有时还会使冲突加剧。

（5）和平共处。冲突的双方采取克制态度，互相停止攻击和敌对行动，承认对方的存在，和平共处。这尽管不能解决冲突，但可避免冲突激化。

本章小结

本章简要介绍了团队的概念、类型及团队与工作群体和学习型组织的区别与联系，并在此基础上探讨了如何建设高绩效团队和如何使个体转变成团队队员，以及团队中的沟通方式和沟通在团队工作中的重要作用。本章的重点和难点内容是高绩效团队建设。本章的主要概念是：

1. 团队
2. 学习型组织
3. 自我管理团队
4. 交叉功能团队
5. 虚拟团队
6. 沟通
7. 冲突

> **本土案例**

试分析复星集团的团队构成和团队建设有哪些独到之处。

在福布斯公布的2005年中国富豪榜中,有74位浙商上榜,而在这74位浙商中,有4位来自复星集团早期的创业团队。38岁的董事长郭广昌位列第7位,37岁的副董事长梁信军位列第25位,36岁的汪群斌和范伟同列第115位(5人创业团队中,35岁的谈剑未进入富豪榜)。

当年创办广信科技,源于郭广昌和梁信军的名字,1993年更名为复星科技时,郭广昌是复旦大学团委干部,梁信军是校团委调研部部长,汪群斌是生命学院团总支书记,范伟是学校誊印社的经理,谈剑还在读书。如今,在复星多元化的产业链条中,郭广昌成了整个企业集团的灵魂;梁信军是副董事长兼副总裁,成为复星投资和信息产业的领军人物;汪群斌是复星实业总经理,专攻生物医药;范伟掌管房地产;谈剑负责体育及文化产业。

在梁信军眼中,郭广昌是个极有魄力的领导者。当年他带着一帮刚走出校门的年轻人靠38 000元开始创业,如今已经坐拥200多亿元资产,复星集团也成为中国民营企业三甲,并在医药、房地产、钢铁、商业四个领域都有出色表现。虽然涉及的行业不少,但复星选择扩张对象的底线是,非要行业龙头不可。复星董事会的人数已由最初的5个增加到7人,新增的是财务、法律、人力资源等方面的专家。"做重大决策我们从来不举手表决,遇到矛盾时通过充分沟通以达成共识,没有形成共识的就放弃,以做到科学决策。"梁信军说。

当年推举郭广昌做领头人时,梁信军这样表述他的理由:"郭广昌情商高,能很好地整合与协调团队;另外在战略思考上,每次当一件事达到一个水准,大家觉得可以歇一口气的时候,他都能提出一个新的像大山一样的目标;他善思辨,新奇的想法从来不断。"2004年,在王均瑶去世后,浙江东阳人郭广昌接任上海浙江商会会长。"在我和郭广昌身上表现出来的更多是浙商与台州商人的共性",梁信军说。

梁信军坦言,浙商以"四千精神"(走遍千山万水,道尽千言万语,想尽千方百计,吃尽千辛万苦)著称,台州商人有浙商的共性,也有差异,比如低调,比如喜欢单打独斗(很多在外地的台州商人,当年都是背着修鞋机、挑着货郎担白手起家的),但在复星集团,他们把企业文化与团队精神放在一个战略高度。

梁信军的口才好、反应快、精力充沛、善于沟通交流,这些特点几乎是复星创业团队公认的,所以让他做了集团的党委书记和新闻发言人。梁信军称自己其实也是性情中人,坦言今天很多人都只看到了复星成功的一面。"其实是'一将功成万骨枯',"梁信军慨叹,"复星走过的13年中,民营企业面临的难题,我们都经历过，只是在大的成功面前，外界都习惯于把小的失败淡化。"

当年"五虎将"里的另外3个，如今都在复星多元化产业里独当一面。"当年分工时就考虑到汪群斌、范伟和谈剑可能更适合做产业，做具体事情。"梁信军说，"如果没有汪群斌、范伟和谈剑他们兢兢业业地去操劳，再好的战略也等于零。"在复星的5人团队中，英俊的范伟略显沉默，也极少在媒体露面，不过他麾下的复地集团在房地产业倒是让人刮目相看。"他做的比说的要多。"梁信军评价道。

在5人之中，梁信军、汪群斌、范伟均为复旦遗传学专业毕业生，这样的一个团队注定了会与医药行业结下不解之缘。汪群斌最早和研究部门的技术人员开发成功了复星第一个核酸试剂——乙肝DNA核酸试剂盒，为复星进军医药行业打下了坚实基础，后来他提出的"生物医药新经济"概念也引起了业界广泛关注。1995年，PCR乙型肝炎诊断试剂的成功为复星的"五剑客"赚到了第一个1亿元。"汪很擅长组建联合舰队似的企业团队，在制造业上很有优势。"

而5人中唯一的女性谈剑的特殊优势则在政府公关等事务，同时她还是上海星之健身俱乐部总经理。从2000年复地房产在开发楼盘时，为了制造卖点，在小区内建设了一个足球场的无心插柳开始，如今，"星之"已有了12家门店，她的身影出现在很多住宅小区的会所中。这样的选址，既避开了市中心商务楼昂贵的租金压力，也让健身与普通市民走得更近，这样一举多得的策略是谈剑成功的秘籍之一。

对此梁信军称他们5个人就像5根手指，哪根也少不得。5根手指攥紧，就是一只拳头。复星强调的是团队管理。梁信军认为，创业团队要经得起成功、失败的考验而不散，仅靠友谊是不够的。他们几个人除了在学校就建立起来的良好关系之外，浙商的精神也在他们身上有所体现，由这种共同的文化演绎而成的企业文化，是五人同心的最大基础。

跨文化案例

分析下述各案例是在沟通的哪些环节出了问题。

区区几个词的误解就能产生生与死的差异吗？在航空业中确实如此。众多空难事故在很大程度上源于沟通方面的问题。我们来看看下面的几个例子：

历史上最惨重的空难发生于1977年大雾中的特内里费岛，它是加那利群岛中最大的一个岛。荷兰皇家航空公司一个航班的机长以为空中交通管制员明确指示他起飞，然而管制员只是想给他一个始发指示。尽管荷兰籍机长与西班牙籍的管制员之间都使用英语，但由于存在口音以及用语不当的问题，从而造成了语义混淆。结果其驾驶的波音747飞机在飞行跑道上撞到了一架全速前进的泛美公司的波音747飞机，造成583人丧生。

第六章 团队与团队建设

1990年，哥伦比亚国家航空公司由于恶劣天气在机场上空盘旋待命若干次之后，飞行员向交通管制员报告说，他们就在纽约肯尼迪机场附近，而且他们的波音707"燃料供给不足"。管制员总是听到类似的理由，所以他们并未采取特别行动。尽管飞行员清楚地知道问题的严重性，但他们并未使用一个关键术语"燃料告急"——这句话会促使管制员把哥伦比亚的飞机排在所有飞机之前，并以最快速度保证它的降落。肯尼迪机场的人员根本没有理解飞行员所面对的真正问题。最终，耗尽燃料的飞机坠毁于距肯尼迪机场16英里处，73人丧生。

1993年，中国飞行员驾驶美产MD—80飞机试图降落在大雾中的中国西北城市乌鲁木齐，飞行员被飞机上报警系统发出的警告语言给难住了。就在悲剧发生之前，驾驶舱内的黑匣子记下了一名飞行员用中文询问另一名飞行员："pull up是什么意思？"最终，飞机由于碰到高压电线而坠毁，12人身亡。

1995年12月20日，美国航空公司965航班即将着陆哥伦比亚卡利机场。飞行员认为要不就是听到"按照提交计划飞行"（意为按照离开迈阿密前报告的飞行计划），要不就是"按照指示飞行"（意思是从所在地直飞至卡利机场，与飞行计划稍有变动）。但飞行员听到的都不是这些内容。管理员本意是告诉他"按照提交计划飞行"，但却说成了"按照卡利飞行"。飞行员把这句话解释为"直飞"。当他再度核实时，管理员说的是"确认"。此时，双方显然完全混淆了彼此的意思。这架飞机的坠毁导致160人身亡。

1996年11月，新德里附近发生一起半空爆炸事件，沙特航空公司的波音747飞机和哈萨克斯坦航空公司的飞机空中相撞。调查人员认为，相撞事故是由于哈萨克斯坦飞行员与印度空中交通管制员之间的不良沟通所导致的。撞机事件死亡349人。

1997年9月，印度嘉鲁达航空公司的客机坠毁于丛林之中，地点在苏门答腊岛的棉兰机场向南仅20英里处，机上234人全部丧生。空难的原因是飞行员与航空管制员在"左"与"右"的概念上发生了混淆，而当时飞机要降落的机场处于能见度极差的条件下。

> **思考题**
>
> 1. 如何定义团队？它与工作群体有哪些区别？
> 2. 学习型组织有哪些特点？
> 3. 团队有哪些基本类型？它们各有哪些特点？
> 4. 如何建设高绩效团队？
> 5. 怎样将个体转变成团队队员？

6. 团队中的人际沟通有哪些特点？
7. 试述团队沟通的主要类型及其特点。
8. 试述团队沟通中的常见障碍及其克服措施。

【网络情境练习】

在网上搜索国内外知名企业的网点，并对它们采用团队方式进行工作的情况作一简要的归纳和总结。

【真实情境练习】

与几个同学或同事组成一个团队，大家在一起共同完成一项比较复杂的学习或工作任务，然后对整个团队的工作过程进行总结。

第七章 领导心理概述

学习目标

1. 掌握领导与领导者的概念
2. 了解影响领导者影响力的主要因素
3. 了解领导者必备的心理品质和常见的心理障碍
4. 清楚规划的作用、内容和制定要求
5. 了解决策过程和提高决策有效性的方法
6. 了解授权的意义及应该注意的主要问题

引导案例

一个人能让组织的业绩发生改变吗？雅芳公司总裁兼首席执行官钟彬娴用自己的行动证明这是完全可以的。钟彬娴1994年加入雅芳公司，此前曾在Bloomingdale等零售行业工作过。她在雅芳的第一项任务是创建一个全球品牌。她做到了。钟彬娴综合并规范了公司的标识、包装和广告，把它们统一成为一个新形象，她大力推行现在的公司口号："为女性的公司。"基于她在改善雅芳市场营销方面获得的成功，1999年公司董事会任命她为总裁兼首席执行官。

钟彬娴就任总裁时公司正陷入极大的困境中。"雅芳小姐"的日子似乎已经随风逝去了。继续签约做雅芳销售代表的女性越来越少，公司的销售额也在不断下滑。然而，上任仅仅4周之后，钟彬娴就推行了一个破天荒的计划：雅芳要开发全新的产品线，要发展重量级的产品，要开始在零售店里销售雅芳产品——这些是长期以来从没做过的事情。为了能使具有重量级的产品尽快投放市场，她将雅芳的研究与开发预算增加了46%。这促成了再生素产品（一种抗衰老的护肤品）的启动，并且最终大获成功。另外，维生素和治疗油这些新产品线也获得了成功。她还把雅芳供应商的数量从316家减少到75家，仅这一项措施每年就为公司节省了6 000万美元。可能最为重要的还是，钟彬娴为"雅芳小姐"的称号注入了新的生命。为了重新组建公司的销售队伍，她建立了多层级的营销方案，如果现任销售人员可以发展新的销售代表签约，则会获得奖励。一名纽约东洛克威地区的雅芳小姐，在18个月的时间里就发展了350名新代表。

两年之后，在钟彬娴的领导下，雅芳的业绩有了巨大改观。销售增长率从每年的1.5%上升为6%，营业利润从4%增长为7%，公司的股票价格也上涨了70%。

从雅芳的例子中我们可以看出，一个出色的领导人对企业的生存和发展是何等的重要。在中外企业发展的历史上，像钟彬娴这样善于抓主要矛盾，在企业濒临绝境时通过大刀阔斧的改革使企业起死回生的例子还有很多。这些企业家的共同之处是，能够通过授权将常规性管理工作交给得力的下属去做，而自己则专注于思考和解决企业发展中的重大的方向性、战略性问题。但是在现实生活中，我们也经常会见到这样的领导，他们一天到晚总有忙不完的工作，总是觉得自己特别累，而且经常是一年下来许多该做的大事没时间做，大部分时间都被企业中那些看起来十分紧迫，但细想起来并不是很重要，而且完全可以委托其他人处理的琐事占据了。要想从根本上解决这个问题，首先应该了解什么是领导，领导与管理有什么区别，在组织中领导的主要职责是什么。然后在此基础上去培养领导者必备的心理品质，并在实践中逐渐学会如何进行规划、决策和授权。

第一节 领导与领导者

领导活动与领导者一直是管理心理学研究的重要内容。从某种意义上说，对领导者在领导过程中的心理活动规律揭示得越清楚，对管理的认识就会越深刻，对实际管理工作的指导性就越强。但在以往的管理工作和管理心理学研究中，还有许多认识上的误区和对基本概念界定的模糊和误用。因此，在对管理中的领导心理问题进行深入的专门研究之前，有必要对领导心理的一些基本问题进行较为系统的澄清和梳理。

一、领导与领导者的概念

领导（leadership）是组织取得成功的一个重要条件。国外的统计资料表明：每100个新的企业中约有1/2企业在成立两年内倒闭，绝大多数失败是由于领导不得力。因此，如何培养具有领导能力的人才，注意研究领导行为和领导方式对企业经营好坏的影响，是管理心理学研究的一个十分重要的课题。国内外有关领导的研究较多，对领导的界定也是多种多样。下面仅就其中有代表性的观点作一个简要的介绍。

（1）孔兹（Koontz）的观点。孔兹认为领导是一门促使部属充满信心、满怀热情地去完成他们的任务的艺术。

（2）泰瑞（G. R. Terry）的观点。泰瑞认为领导是影响人们自动为达成群体目标而努力的一种行为。

（3）坦南鲍姆（R. Tannenbaum）的观点。坦南鲍姆认为领导就是在某种情况下，经意见交流的过程所实行出来的一种为了达到某个目标的影响力。

（4）布朗卡特（Blanchard）的观点。布朗卡特认为领导是一项程序，使人得以在选择目标及达成目标上接受指挥、引导和影响。

（5）施考特（W. Scott）的观点。施考特认为领导是在某种情况下，影响个人或群体达成目标行动的过程。

（6）戴维斯（K. Davis）的观点。戴维斯认为领导就是一种说服他人热心于一定组织目标的能力。

综合上述研究，我国管理界将领导界定为：领导是指引、影响个人或组织在一定条件下实现组织目标的过程。该过程的活动结果是领导者、被领导者、环境三因素相互作用的函数，三者的关系可用公式表示为：

领导 = F（领导者·被领导者·环境）

从上式可见，领导是一种行为和影响力，这种行为和影响力可以引导和激励部属满怀热情地去完成他们的任务。从领导的实施过程看，这种行为和影响力并不排斥行使组织所赋予的职位和权力，但更重要的是通过领导者个人依据组织内的实际情况，运用领导艺术和领导技能，采取正确的领导方式和领导行为，团结和带领全体员工高效地实现组织目标。

领导者（leader）是一个被指派到某一职位上具有职权、责任和义务来完成组织目标的人。任何组织和团体，无论其规模大小，总会有领导者存在，以便于对内主持和领导整个群体，对外代表群体的全体。这种领导者有的是自然产生的，有的是由上级组织委派的，有的是由群体内互相推选产生的。在组织中，领导者的作用就是要促使集体和个人做好本职工作，为组织目标的实现作出积极的贡献。从上述界定和说明中可以看出，领导者是实现领导过程的特定人物，他（她）是任何组织中都普遍存在的关键要素和最难得的资源。

领导者并不意味着只有伟人、杰出人物才能担任，也不意味着领导者是一个终身的头衔，更不意味着某一部门或群体的领导者可以胜任一切领域。在一种活动中可以胜任领导任务的人，在其他活动中却未必能胜任。比如学术团体的领导就不一定能够胜任企业部门的领导。所以，也可以将领导者理解为在人类行为或群体生活的某方面可以影响一群人的人。

就企业而言，领导者的使命就是要促使每个人做好本职工作，为企业目标的实现做出积极的贡献。促使集体和个人共同努力、实现企业目标的全过程，就是领导行为。从大的方面看，领导者指的是在各类社会群体中起引导、率领、组织作用的人。领导者一般都是所在群体中影响力最大的人，包括由上级组织委派的或由群体成员推选产生的领导者，也包括虽未担任正式职务，但具有影响力的领导者，还包括那些自发产生的非正式群体中的领导者。

领导者实际有两种。一种是集影响、信任和权力于一体的领导者。这种领导者虽然被授予权力，但不是仅靠权力行事，而主要是靠自己的影响力、品德、才干、学识和事业心赢得被领导者的信任，这种领导者，即使不再担任领导职务，仍能保持自己的影响力。另一种是权力与影响、信任的分离体。其中又有两种情况。一种是领导者并不具有多大的影响力，没有取得被领导者真正的信任，只靠权力进行领导。这种人一旦离开了自己的职位，对群体的影响随即消失。另一种领导者在群体中没有正式的职位和法定的权利，却拥有崇高的威望和广泛的影响力，被人们信赖，能起到实际的领导作用。在正式群体和非正式群体中，都存在着这种在长期实践中形成的、令人敬佩而被公认的领袖。在群体中，如果正式领导者的领导作用发挥得不好，非正式的领导者的作用就显得比较突出。

二、领导与管理的区别

在我国，人们习惯于把领导和管理当作同义词来使用，似乎领导者就是管理者。但实际上领导和管理是两个区别较大的概念。领导侧重于大政方针的决策，面向全局，面向未来；而管理则偏重于执行决策，组织力量达成组织目标，侧重追求当前某项工作的落实。虽然在通过一定的方式方法率领部属达成组织目标的过程中，领导与管理有一致之处，具有管理的一般特性，即从广义上说，领导与管理是相同的，但在具体的工作过程中，两者是有明显区别的。这种差异具体表现在：

（1）在制订工作日程计划上，管理侧重于计划与预算，建立实现预期结果的详细步骤和时间表，分配必要资源，保证获得预期结果；领导则侧重于确立远景，开发未来远景以及实现远景的战略。

（2）在工作日程计划、人员使用上，管理侧重于组织与人员配置，建立完成计划的结构，配备与结构相应的人员，制定政策与程序，指导员工开展工作；领导则侧重于联合人员，运用各种方式与各个工作团队的成员沟通，使他们理解与认同远景与战略。

（3）在执行计划上，管理侧重于控制和解决问题，仔细监控工作结果，识别偏差，纠正偏差；领导则侧重于激励和鼓舞，供给员工克服障碍的能量，满足他们的各种需要。

（4）在结果上，管理侧重于产生可预测的结果，如按时提供顾客所需的产品；领导则侧重于发现客观发生的各种巨大变化，如顾客所需新产品、员工所需的劳资新关系等。

我国学者俞文钊在其《管理心理学》一书中，将领导与管理进行了比较，见表7-1。从表7-1中可见，在思维过程、指导组织、与员工的关系、执行模式、决策方法等方面，领导与管理是有区别的。领导的责任是形成观念和愿景，并以自身的行为来影响他人接受这些观念和愿景，以及在人力和其他资源上做出艰难决策。而管理则是诸如规划、组织、控制和决策之类活动的总称，在这些管理活动中，由领导者引发对员工的激励，由管理者协调各项管理职能，使管理的目标得以实现。

三、领导者的影响力

领导者要实现有效的领导，其影响力是一个非常重要的因素。所谓影响力，就是一个人在与他人的交往中，依据自己的目的，影响和改变他人心理和行为的能力。影响力并不是领导者所独有的，普通人影响他人心理和行为的能力也叫影响力，只不过领导者的影响力是根据组织目标影响他人心理和行为的能力。

表 7–1 领导与管理的比较

类别	管理	领导
思维过程	发起 集中于事 检视内部 接受现实	创始 集中于人 观察外界 调查现实
指导组织	执行计划 改善现状 即时结算 "只见树木"	建立愿景 创造未来 开拓新市场 "看见森林"
与员工的关系	严格控制 隶属关系 教导 指导与协调	授权 结交 学习 相信与发展
执行模式	效能感（正确地做事） 询问"怎么做" 处理复杂性 管理变革	有效感（做正确的事） 询问"是什么" "为什么" 包容复杂性 创造变革
决策方法	政策、制度与程序 依靠过程与系统 不负所望 为高层管理者服务	价值观与原则 制造观念与人力 追求卓越 为顾客与客户服务

资料来源：俞文钊：《管理心理学》，东方出版中心 2002 年版，第 515 页。

（一）权力影响力

权力影响力源于组织的授予，是一种强制性影响力，具有强迫性、不可抗拒性等特征。这种权力来自于领导者所担当的职务，有了这个职务，领导者就有了这个职务法定的权力，下级不能随便不接受他的领导。所以，这种权力也叫位置权力或地位权力，它取决于个人在组织中的地位。这种权力影响力通过外部压力形式起作用，往往产生被动的服从。它的核心是权力，所以，它对下属的心理和行为的激励作用是非常有限的。构成权力影响力的要素主要包括传统因素、职位因素和资历因素三个方面。

1. 传统因素

传统因素是指人们对领导者的一种传统观念。长期以来，由于官本位体制的影响，人们怕"官"，对领导者有一种自然而然的观念（不是法定的），认为领导者都不是一般人。今天他是个普通的群众，也不觉得他有什么特别的地方，明天他成了领导者，就觉得他有能力、有胆识，比普通人强。这种观念逐渐形成某种潜意识的社会"规范"，使人们从小就打上了深刻的烙印，影响着被领导者对领导者服从感的形成与持续。当然，由传统因素引发的服从感随着民主思想观念的深入人心和自我意识的增强正在逐渐弱化、淡化。

2. 职位因素

职位因素是指个人在组织中的职务与地位。居于领导地位的人，组织授予他一定的权力。而权力使领导者具有强制下属的力量，凭借权力可以左右被领导者的行为、处境、前途以至命运，使被领导者产生敬畏感。领导者的地位越高，权力越大，别人对他的敬畏感越大，他的影响力就越强。职位因素所造成的影响力是以合法的权力为基础的，表现为影响的强度和范围，与领导者本人的本质条件没有直接关系，它是由社会组织赋予领导者的一种力量。

3. 资历因素

资历因素是指领导者的资格和经历。较长的工龄、丰富的经验等是领导者高资历的突出表现。资历因素是个人历史性的东西，一般人对资历较深的领导者比较敬重，由此产生的影响力也属强制性的。

（二）非权力影响力

非权力影响力是与合法权力相对的，它既没有正式的规定，也没有组织授予的形式，所以，它是一种自然影响力，是靠领导者的自身威信和以身作则的行为来影响他人的。它的产生基础比权力影响力广泛，表面上无合法权力，无正式规范，没有上级的授予，只是依靠威望取得信任，依靠合理取得赞同，依靠令人心悦诚服取得支持。构成非权力影响力的因素主要有如下几个方面：

1. 品格

品格是指反映在人的一切言行中的道德、品行、人格、作风等的总和。这是非权力感召力的本质要素。优良的品格会给领导者带来巨大的感召力，使群体成员对其产生敬爱感。一个适应社会的好的品格，常被人们作为典范来效仿。品格优良、作风正派的领导，必然带出一大批正直的下属。袁采说："己之性行为人所重，乃可诲人以操履之详。"一个领导应该懂得，无论他（她）职位有多高，倘若在品格上出了问题，其政治威望（感召力或亲和力）就会荡然无存。

2. 能力

能力是指能够胜任某项工作的主观条件，这是非权力感召力的实践性要素。人的能力是多方面的，如果一个领导能够在安排下属的工作中，避其所短，扬其所长，比如使下属的专长得到充分的发挥，使本群体的各项工作更加井然有序，这就是领导者识人、用人的本领和能力。古人曰："有才者不难，能善用其才则难。"说的就是这样的道理。

3. 知识

知识是指人们在改造客观世界的实践活动中所获得的直接经验和间接经验的总和。这是非权力感召力的科学性要素。知识是一个人的宝贵财富，是领导者领导群体成员实现群体目标的重要依据。丰富的知识会给领导者带来良好的感召力，会使下属对其产生依赖感。领导者如果具有某种专业知识，那么，必然会对他人产生影响，具备这种素质的领导要比不具备这种素质的领导在行使权力上顺利得多。

4. 情感

情感是人对客观事物（包括人）主观态度的一种反映。这是非权力感召力的精神性要素。领导者深入基层，时时体贴关心下属，和下属同甘共苦，与下属建立良好的情感，就容易使下属对其产生亲切感，下属的意见也容易反映到领导处，从而使领导做决策时可以根据群众的工作情况和思想状况做出更科学、合理的决策。

任何一个在位的现职领导者都同时拥有两种影响力——强制性影响力和自然性影响力。强制性影响力来源于领导者的地位权力，下级被动接受其影响，影响力持续的时间是短暂的；自然性影响力来源于领导者的个人条件，下级主动接受其影响，影响力持续的时间是持久的。不同风格的领导者两种影响力组成的结构比例是不相同的。国内外常用两个性质不同的指标同时对领导者进行分类，即硬指标——工作目标是否达到，软指标——自然影响力变化的方向。根据这两个标准，可把领导者分为三种类型：一是不成功的领导者（工作目标没有达到）；二是成功而无效的领导者（工作目标虽然达到，但自然影响力下降）；三是成功而有效的领导者（不仅工作目标达到，而且自然影响力也在不断提高）。

第二节 领导者的主要职责

在大多数组织中，领导者最重要的职责是规划、决策和授权。从某种意义上说，组织中领导者作用发挥得如何，主要是看他在这三个方面的作用发挥得如何。因此，领导者要想胜任自己的工作，既要具有良好的心理品质等一般性素养，也要具有较强的职业知识和职业能力。而规划、决策与授权，正是领导者最基本的职业知识和职业能力。

一、规划

规划是为了实现组织的总体目标所做出的预先考虑和安排，它既包括组织的大政方针和总体布置，也包括具体的行动策略、程序和步骤。规划是组织目标确立后的继续，是实施总目标的重要手段和依据。早期的管理学家大多把规划和执行区别开来，认为规划是领导者的事情，而规划的执行则主要由管理人员来完成。而现在的理论则主张执行者也应当参与规划的决策与设计。

西方管理理论认为，规划从职能上说主要应该包括四方面内容：一是确立目标以及目标的优先次序；二是预测对实现目标可能产生影响的未来事态；三是通过预算来执行规划；四是提出和贯彻指导实现预期目标活动的政策。在西方学者看来，以上四个部分是相互联系、相互依赖的，必须依靠它们制订出全面的规划从而引导组织达到预期的目标。

规划是领导者的首要职能。规划做得好坏不仅直接体现出领导者水平的高低，而且直接关系到组织的前途和命运。通用电气前董事长韦尔奇曾经说过："我整天没做几件事，但有一件做不完的事，那就是规划未来。"可见，规划对领导者是多么重要。规划作为领导者的首要工作，它的制订必须遵循以下几项基本原则：

（1）规划必须统揽全局、重点突出。它要求规划既要从全局出发，注意各方面的综合平衡；同时，在资源分配上又要有明确的先后主次和轻重缓急之分，要集中力量抓好关键环节。

（2）规划必须方向明确。只有方向明确，才会使大家士气高涨、步调一致，工作效率提高，自然管理效能也会相应提高。如果方向有误，干劲越大只会使损失越大。

（3）规划必须要有系统性。组织不可能脱离社会这个大系统独立存在，所以在制订规划时，必须从促进整个社会发展的大局出发，借势而为而不是逆势而行。

（4）规划必须富于创新和开拓精神。这就要求领导者不畏风险、大胆革新，有敬业精神和创新能力，努力开创企业发展的新局面。

除上述原则外，领导在制订规划时还应认真考虑组织目前面临的形势和期望达到的目标，充分估计实现目标的过程中可能会遇到的阻力和障碍，并尽量将目标分解和具体化，从而使目标既具有科学性、合理性，又具有激励作用。规划一经制订就应具有严肃性和法规性，领导者应当全力以赴保证其实施。具体要求是：第一，规划的实施应持之以恒，切忌朝令夕改，以免下属无所适从；第二，规划的实施，必须依靠强有力的政策和行之有效的措施保证；第三，规划实施过程中还应当加强信息反馈，并进行定期检查，发现问题及时采取应变措施进行调整。

二、决策

决策是领导者管理能力的重要方面，也是领导职责的主要内容。从管理心理学的角度看，决策就是对一个缺乏确定情景的事情的抉择反应。决策的关键是所面对的问题的不确定性，因为如果对于某项事情只有一个抉择，那就根本没有任何选择，从而也就没有决策问题。从这个意义上说，决策是对不确定事件的选择反应。选择的结果可能是获得了最佳的方案，也可能是选择了失败的方案。

（一）决策的分类

（1）战略性决策与战术性决策。战略性决策是一种非程序化的决策。这种决策由于受许多不能控制的变动因素的影响，所以无法依靠一种固定不变的决策程序来解决。它的成败只能依靠决策者本人的知识、经验、掌握的信息、决策能力、承担风险的魄力等个人因素。企业中关于组织体制、人事变动、技术革新等许多重大问题的决策均属于战略性决策。战术性决策是一种程序化的决策，它的先行条件一般都比较稳定，影响的因素也可以控制，因而可以依靠固定的决策程序来解决。企业中许多日常的管理业务，如制订生产计划、选择有效工艺等均属于战术性决策。

（2）确定型决策、非确定型决策和竞争型决策。确定型决策具有确切的客观依据，因而决策的结果可以精确无误。例如加工某产品，可以在三个车间中安排，但因为技术水平的差异，三个车间工作效率不同，其中 A 车间需 8 小时完成，B 车间需 8.5 小时，C 车间需 7.5 小时，经过比较，很容易判断选择 C 车间为最佳方案。非确定型决策具有两种以上不以决策人的意志为转移的客观状态，因而决策人对决策结果无法作肯定性判断。例如，某建筑公司要决定是否承包一项工程，如果承包后天气好，按期完工，可以获得利润 5 万元；如果承包后天气坏，则要付赔偿费 1 万元；如果不承包，不论天气好坏都要付窝工损失 1 千元。天气究竟如何，气象台虽有预报，但却有一定的误差，所以决策人不管选择"承包"或"不承包"，都要担当一定风险。竞争型决策指有竞争对手的决策，如军事决策、占领市场决策等都属于这类决策。

(3) 领导者个体决策与群体决策。领导者个体决策与群体决策各有其适用条件和适用范围，也各有其优势和劣势。一般而言，群体决策在帮助员工形成积极的价值观念、调动员工的工作积极性和提高工作效率三个方面有着重要的作用。与领导者个体决策相比较，群体决策的准确性更高，但风险水平更高，而且决策的速度也不如个体决策快。群体决策还容易出现下述问题：一是小集团意识。群体在少数人的控制下，以表面一致的压力阻碍不同意见的发表，使群体决策流于形式。二是极端性转移。群体决策由于不需要个人负责，以致决策的结果比个体决策具有更大的风险性和更大的保守性。三是"一言堂"。即出于各种原因对一把手意见完全肯定。在这种情况下的"众口一词"和"一致同意"，最容易出现决策错误。

(二) 决策程序

决策过程是一个比较复杂的过程。由于决策问题的性质和决策者的个人风格不同，决策的时间和决策的方法也不相同。决策的基本程序一般都包括如下三个步骤。

(1) 确定决策目标。目标是指在一定的条件下，在预测的基础上所要达到的预期结果。有了目标，才能拟定出各种达到目标的方案。

(2) 分析实施目标的限定条件。在目标确定之后，充分分析实施目标的限定条件，必须探索和拟定若干个有一定质量要求的备选方案。

(3) 提出可供选择的行动方案。为了正确地进行方案选择，必须做好以下几方面工作：①要考虑环境变化，预测每个备选方案的结果；②要确定决策方案的评价标准；③采用合理的评价方法；④制订应变措施；⑤选出最有利于达到目标的行动方案。

为了使决策方案在实施过程中取得较好的效果，需要做好以下工作：①要做好宣传教育工作；②要健全机构，做好决策的组织工作；③要注意跟踪检查、及时反馈；④及时总结经验教训，进行必要的跟踪决策；⑤确立反馈制度。

(三) 决策的有效性

对于同一个损益（损失、利益）的期望值，不同的决策人往往会有不同的反应。例如，某决策者在一次投资中，有 0.5 的概率可获利润 200 元，还有 0.5 的概率会损失 100 元。有的决策人为了追求 200 元的利润，乐意承担损失 100 元的风险；而有的决策人为了不损失 100 元，甘心错过获得 200 元的机会。决策人对于利益和损失的独特的看法、感觉、反应或兴趣，称为"效用"。效用实质上代表了决策人对风险的态度。

我们可以通过心理测验，测量人在一系列不同损失或收益条件下的效用值，并把测量结果记录到一个以"效用值"为纵坐标，以"损益值"为横坐标的图中，所得的曲线称为效用曲线，见图7-1。

根据效用曲线，可把决策人划分为图7-1所示的三种类型。

（1）A型决策人——对利益反应迟钝，对损失反应非常敏感。

（2）B型决策人——对损失反应迟钝，对利益反应非常敏感。

（3）C型决策人——对利益与损失反应均等。

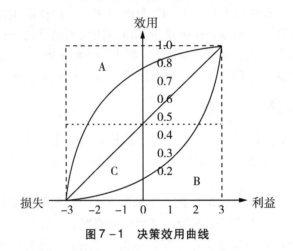

图7-1 决策效用曲线

资料来源：俞文钊：《管理心理学》，东方出版中心2002年版。

决策实施后产生的客观效率称为决策的有效性。国外许多研究认为，决策的有效性取决于决策的质量和决策的认可程度，两者的关系可用公式表示为：

$$ED = Q \times A$$

其中ED（effective decisions）代表决策有效性；Q（quality）代表决策质量，即决策本身符合客观规律的程度；A（acceptance）代表认可，即执行决策的人对决策的理解、接受和支持的程度。公式说明，只有提高决策质量和认可水平才能保证决策有效性。

为了在决策过程中正确处理好质量与认可的关系，美国心理学家迈尔提出了决策问题四分图（见图7-2）。该图用决策"质量"为横坐标，"认可"为纵坐标，把管理中常见的决策问题以坐标位置为依据，分为四种类型，并强调只有对不同类型的决策问题采取不同的决策途径，才能保证决策的有效性。

（1）Q/A类问题的性质是高质量、低认可，应当由领导者和专家决策，通过确保决策质量来提高决策有效性。

（2）A/Q类问题的性质是低质量、高认可，应当请执行决策的人员参与决策，通过确保决策的认可水平来提高决策有效性。

（3）O/AQ 类问题的性质是低质量、低认可，为了避免使原本无所谓的问题复杂化，可以考虑运用随机的手段来进行决策。

（4）AQ/O 类问题的性质是高质量、高认可，可以通过专家（或领导者）决策保证质量，再运用有效的宣传措施提高认可水平，或通过领导（或专家）有效地组织群体成员民主决策来提高决策的有效性。

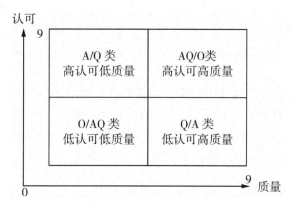

图 7-2　决策问题四分图

资料来源：俞文钊：《管理心理学》，东方出版中心 2002 年版，第 595 页。

（四）群体决策支持系统

群体决策支持系统（Group Decision System，即 GDSS）是企业中高层决策者共同对复杂问题进行求解的计算机支持系统。在日益复杂和动态多变的市场竞争下，知识和信息的数量大大增加，一个组织面临需要解决的问题繁多且复杂，由于个人的能力、精力等均有限，越来越复杂的组织活动远远超出了个人独立完成的能力。GDSS 将通信技术、计算机技术和决策理论结合在一起，促进具有不同知识结构、不同经验、共同责任的决策会议中对半结构化和非结构化问题求解，最大限度地减少决策过程中的不确定性，提高决策的质量。

国际上，GDSS 从 20 世纪 80 年代初期研制以来，现在处于第三个发展阶段。其中，第一阶段为 20 世纪 80 年代初至 1989 年，GDSS 概念主要用于支持面对面的小群体决策；第二阶段为 1989 年至 1992 年，这是 GDSS 飞速发展的时期，由单纯地支持小群体决策发展到支持各种大群体的合作活动；第三阶段为 1993 年至今，这是 GDSS 在应用和概念上的突破时期，其特征是和 AI（人工智能）相结合。

1. GDSS 研究的主要内容

（1）GDSS 的设计：在设计 GDSS 时的一个主要难点是不能将用户的参与作为系统分析的主要输入。因为在使用 GDSS 前用户不能说出他们需要什么，因此，如何进行有效的系统设计是 GDSS 研究的发展趋势之一。

（2）信息交流的模式：GDSS 是群体成员间信息交流的结果，GDSS 的目标是改变群体内交流过程。GDSS 的研究者应该研究群体成员间相互作用的流程，发现 GDSS 技术对群体的认识、行为、感情以及信息交流的属性和决策结果关系之间的影响，采用系统的、可靠的方法去研究与 GDSS 的设计、设置和任务等相联系的信息交流模式。

（3）成员参与效果：群体中使用决策支持的结果表现在 GDSS 对讨论中成员参与质量的影响，认真研究 GDSS 对群体参与模式的影响是一个重要方面。

（4）权力的影响：GDSS 对权力和势力过程的影响，包括在会议内和会议外的是 GDSS 研究者应该研究的一个重要领域。

2. GDSS 的应用类型

（1）决策室（decision room）。每个决策者有一台计算机或终端，在同一会议室内，各自可以在自己的计算机或终端上利用各自的 GDSS 系统进行决策制订，GDSS 的组织者协调和综合各决策者的决策意见，使 GDSS 得出群体决策结论。

（2）局部决策网（local decision network）。利用计算机局部网络使各决策者在各自的办公室中进行群体决策。

（3）远程会议（teleconferencing）。两个或者多个决策室通过可视通信设备连接在一起，使用电子传真会议技术组织会议进行决策。

（4）远程决策制订（remote decision making）。每个决策者都拥有一台"决策工作站"，在站与站之间存在不间断的通信联系，其中任何一个决策者可在任何时候与群体的其他成员取得联系，共同做出决策。

3. GDSS 的发展前景及意义

我国在 GDSS 领域重视理论研究，而具体开发和应用的成功案例几乎没有，这反映了我国的 GDSS 研究还处于概念和实验室的学术研究阶段。目前，我国处于 GDSS 发展的早期并存在大量的对 GDSS 的需求，又可借鉴和吸收国外 GDSS 领域的研究成果，因而，开发中国文化下的 GDSS，将 GDSS 运用于我国大型组织的群体决策活动将具有重大意义。

三、授权

当 Beddoe 和别人合伙创办 WestJet 航空公司时，他想创建一种组织，让员工可以自由地不受严格约束地向顾客提供服务。他解释说，世界上大多数其他航空公司都有军事化的管理。"你从他们的飞行制服和公司的专制做法就可以看到这一点，" Beddoe 指出，"如果是在战场，就必须严格遵守操作手册和政策，但是这不是为顾客服务的最好方式。" WestJet 的做法与之相反。"我们给员工授权，鼓励他们自由思考，以任何方式做任何他们感觉最适合解决顾客问题的事情。"

WestJet 创造了一种使员工被较大程度地授权的工作环境。授权是一个在企业界含义不一的概念，是学术界富有争议的话题。但是，最为广泛接受的定义是，授权是由四个维度代表的心理学概念：自我决定、意义、能力、组织中个人角色的影响。自我决定是指被授权的员工自我决定，包括自由、独立、判断自己工作的行动；意义是指感觉被授权的员工关注自己的工作，相信他们所做的是重要的；能力是指被授权的员工有自我成就感，表示他们对自己做好工作的能力有信心，有能力迎接新的挑战；影响是指被授权的员工把自己看作组织的积极参与者，即他们的决策和行动影响着企业的成功。

从这一定义中可以看出，授权不是个性特征，虽然个性会影响人们感觉被授权的程度。人们也会经历授权，它随工作环境的变化而变化。有时你会听到公司领导说他们给员工"授权"，这些经理的真实意思是他们改变了工作环境以支持授权。无数的个体、工作设计和组织因素支持授权。在个体层面，员工必须拥有完成某项工作以及应付附加的决策制订要求的必要能力。人们也提出了其他个体因素（如控制点），但是他们对员工是否感到被授权没有实际的影响。工作特征明显地影响授权的行动。对自我决定的一般理解是，员工必须对工作有高度的自主性和最少的行政干预。为了保持意义感，工作必须有高度的任务同一性和任务重要性。为了保持自信感，工作必须提供充足的反馈。

组织因素也影响着授权的信仰。员工在信息和其他资源易获得的企业里感到较多的授权。授权也需要一种学习导向的文化。也就是说，只有在提倡员工学习价值，把合理的错误看成学习过程的自然部分的企业里，授权才会成功。此外，授权要求公司领导信任员工，愿意承担授权带来的风险。"高层必须放弃控制，信任有能力者的力量。"位于圣保罗的 Semco 公司总裁雷卡多·赛米勒建议。

在个体、工作特征、组织环境都符合要求的情况下，授权就会对激励和绩效产生显著的效果。例如，一项对银行职员的研究结论是，授权可以提高对客户的服务质量，减少员工和上级之间的冲突。一项对护士的研究总结说，授权伴随着高度的管理信任，这种信任最终会影响工作满意度、信仰、对组织目标的接受度、价值观和有效的组织委派。授权允许员工直接运用他们的知识，对问题和机会的反应更灵敏。它也会提高个人的主动性，因为员工更加认同自己的工作，在心理上对工作有更多的所有权。

第三节 领导者的心理品质

在领导活动中，领导者个体和集体的心理品质与心理状况，对领导活动的质量具有非常重要的影响。由于心理品质的复杂性和研究方法的局限性，传统的领导科学研究对这一问题没有给予应有的关注。近年来，随着相关研究工具的不断成熟和广泛使用，领导者的心理品质也开始逐渐受到重视。因此，我们认为有必要在这里对领导者必备的心理品质，以及领导者常见的心理问题作一简要的介绍。

一、领导者必备的心理品质

领导者的心理品质，不仅会对领导者个人的成长和发展产生重大影响，而且会在一定程度上决定其所在组织的胜败兴衰。自觉地培养积极的个体心理品质，努力消除不利的个体心理品质，是领导者和组织成功的重要前提。那么，就个体而言，领导者应该具备哪些积极的心理品质呢？

（一）开阔的视野和宽广的胸怀

领导者在组织中的独特地位和作用，决定其必须具有开阔的视野和宽广的胸怀。当今世界，企业要想生存和发展，不但要练好内功，而且要了解社会的发展变化，并在变化中寻找自己的发展机遇。所以，作为组织的设计师和领路人，领导者一定要有开阔的视野，从战略的高度把握组织的发展方向。从前述领导与管理的区别中我们知道，领导不但要能够规划和设计组织未来的发展目标和发展愿景，而且要能够激励和带动部属去实现组织的目标。而要做到这一点，首先就需要领导者有一个能容纳人的宽广胸怀，能够放手让自己的下属去充分发挥自己的才干，并能给下属犯错误和改正错误的机会。当然，这种胸怀说起来简单，要真正能够做到，却需要非同寻常的历练。对此，领导者需要经常提醒自己注意"人非圣贤，孰能无过"的道理，要清楚不仅一般人难免犯错误，即便是领导者自己，甚至古往今来的"圣贤"，要做到完全"无过"也是不可能的。

（二）积极的自我评价和主导型心理与行为

自我评价就是个体对自己生理和心理特征的自我判断。美国心理学家詹姆士认为，随着个体自我意识的发展，人们的自我评价也相应地经历了如下几个不同的发展阶段：生理的自我阶段；社会的自我阶段；心理的自我阶段。对一个成熟的领导者而言，其自我评价应该进入了心理的自我阶段。其特点是已经超越了自卑和虚荣，能够客观地看待和评价自己的优势和不足，并有较强的自尊心和自信心。俗话说"人贵有自知之明"，但在现实生活中，一个人要想真正做到正确地评价自我，并不是一件容易的事情。古时候所谓"改过迁善"、"吾日三省吾身"等都包含着这个道理。积极的自我评价，对领导者具有非常重要的意义，它不但能使领导者在工作中客观冷静地看待各种事物和正确地把握各种机会，而且有助于其协调好各种人际关系，充分调动各方面积极性去实现组织的目标。领导者的成熟还表现在其具有主导型心理与行为，即遇事有主见、敢决断，不人云亦云，不依附他人，能独当一面。

（三）坚韧不拔的意志和较强的决策能力

组织的发展不可能一帆风顺，领导者必须要有坚韧不拔的意志，才能战胜各种挫折和失败的打击，并最终带领部属实现组织的既定目标。领导者在领导过程中还将面临许多决策问题，包括经营、管理、业务、人事等各个方面，这些决策的正确与否往往会对企业的命运产生重大的影响。中国古语中提到的"运筹帷幄之中，决胜千里之外"，就可说明这个道理。现代管理科学虽然已为领导者提供了"决策论"这一科学决策的工具，但是目前它只能在先定概率非常明确的条件下使用，即使在这种条件下，"决策论"也不能完全代替领导者个人的才能和机智，也不能排斥和代替人类无与伦比的思维。所以我们说，决策能力是领导能力中的一个重要组成部分，领导者必须具备决策能力。决策能力是一项综合性的能力，它由分析问题的能力、逻辑判断能力、决断勇气、组织群体决策的能力四部分组成。

（四）发散灵活的思维与求真务实的作风

发散灵活的思维是领导者创新意识、创新精神和创新行为的基础，它具体表现在对新鲜事物敏感，富有想象力，思路开阔，不受任何条条框框的束缚和限制，勇于探索和开拓，善于提出新设想、新方案，并能用意义深远的新目标激励部属前进。发散灵活的思维还表现在选择方向和处理问题时不僵化刻板，能够具体问题具体分析，而当遇到错综复杂的紧急事情时，能凭借直觉迅速找到解决问题的办法。领导者既要勇于创新，也要求真务实。对领导者而言，只有新观念、新想法是远远不够的。他还必须能够判断想法的可行性，并能带领部属将想法变成现实。因此，领导者必须要养成求真务实的作风,以及用事实、用业绩说话的习惯。当面对艰巨的任务和挑战时,应该主动去承担去行动,而不是夸夸其谈。在组织制度的设计上,也要讲求实效,要让真正干实事的人得到应有的回报。

二、领导者常见的心理障碍

领导者的心理障碍指的是在领导活动中,领导者所表现出来的不良心理状态。这种心理状态对其自身的心理健康以及领导工作有许多消极影响。因此,分析领导者的心理障碍,加强领导者心理素质锻炼,使其心理状态与客观环境达到平衡,具有十分重要的意义。在实际工作中,常见的领导者心理障碍有以下6种。

(一) 权力欲

领导者在组织内担任一定的职务,掌握一定的权力。这种权力本应是领导者履行岗位职责,实现组织目标,为被领导者谋利益的手段,但由于个人素质和思想认识水平的差异,使得一些领导者对权力的认识发生了偏移,在一定程度上出现了心理障碍。产生这种心理障碍的原因,除了领导者个人素质因素外,还受到传统观念和长期封建专制及家长制的不良影响。如有的领导者以强权为核心原则考虑问题,恣意实施所谓"权力性影响",依仗强权手段,迫使被领导者绝对服从自己的个人意志,领导活动笼罩着主奴关系的气氛;有的领导者以自我为中心,把自己凌驾于被领导者之上,头脑中充满着等级观念、尊卑意识;有的领导者在领导活动中,虽然不依仗强权手段,但强调权力的主体作用,一意孤行地实施其领导行为,一旦取得领导绩效,便过分夸大领导者的作用,始终有一种居高临下,甚至是"救世主"的心态;有的领导者对其所作的决定和决策,只愿听赞同意见,不愿听反对意见,不愿意"纳谏"等。这种心态严重影响了领导者的心理健康,人为地造成精神压力和心理负担,这对领导工作的开展是极为不利的。

(二) 嫉妒

嫉妒是一种消极的、有害的心理。嫉妒的行为特征主要表现在:喜欢自我表现,什么都想比别人抢先;凡事以我为中心,从自身利益出发,对他人缺乏理解与认同;富于攻击性,揽功推过;缺乏自信又惴惴不安,对竞争者虎视眈眈;貌似和蔼亲切,其实冷酷无情;等等。领导者的嫉妒大多是由于社会对自身的评价产生的,嫉妒的中心往往是对方的地位、名誉、权力和业绩。从积极的方面说,嫉妒可以成为竞争的动力和源泉,但其消极影响远远大于积极影响。嫉妒往往使领导者变得偏激,带来一定程度的心理紧张和攻击性行为,甚至会让其做出违反道德准则和法律法规的事情。消除嫉妒的理想方法,首先,要树立靠自己的努力去超过对手的思想，要把不服输落实在行动上，而不要停留在口头上。其次，要有达观、平和的心态，客观公正地评价客观环境，审视事态的发展，对于自身的能力和他人的能力，要有一个比较客观的分析和判断。最后，要理智地剖析、认识嫉妒的原因。领导者只要深入地思考一下就会明白，如果固守己见，一味地嫉妒，就会失掉更有价值的东西。

（三）多疑

多疑的人在心理上总是处于不安全、痛苦的猜测状态中。这种不正常的心理反应往往是由于人们对客观环境或他人的主观判断存在失误，而又没有认识到这种失误所引起的心理上的失控。"杯弓蛇影"这个成语讲的就是这种疑心病。在现实生活中，有的领导者会因为某一次遭受上级批评而怀疑上级不信任自己；有的领导会因为由于自己的突然到来终止了他人的谈话而怀疑别人正在议论自己；有的领导会怀疑自己的下属对自己是否忠诚；等等。这种不健康的心理状态如果不加以矫正，就会逐渐发展成为一种病态，影响个人的发展。而且多疑会破坏组织内部的团结，造成人与人之间互相不信任，在工作中不能密切配合。这样，就会严重破坏组织的凝聚力，造成人心涣散的局面，对实现组织目标、提高领导绩效极为不利。

（四）焦虑

焦虑是一种消极的情绪反应，是个体对环境即将出现的变故或者需要做出的努力，在主观上引起紧张和不愉快的期待情绪，包括自尊心的损伤，自信心的丧失，失落感和内疚感，以及相互交织的不安、忧虑，甚至惊恐等情绪状态。对于领导者来说，产生焦虑的原因是多种多样的，青年领导者可能会由于工作压力过大、人际关系复杂、需要不能及时满足以及担心不慎会失去领导职位等原因产生焦虑；中年领导者可能会因为长期不能打开工作局面、工作进展不大、生活压力比较大等原因产生焦虑；老年领导者则可能会由于即将离开自己工作多年的岗位，既留恋原有的工作，又担心退休之后自己的社会地位和生活待遇等受到影响而焦虑。与焦虑相伴的往往是烦躁不安，情绪波动。领导者的焦虑情绪使其不能够冷静地思考和处理问题，丧失积极的进取精神，同时还会损伤领导者的自信心，使得领导者对工作和生活缺乏热情，因而会在一定程度上影响到被领导者积极性的发挥。

（五）虚荣

虚荣和自卑是由于自尊心失调而造成的两极表现。领导者的虚荣主要表现为：自我炫耀，文过饰非，弄虚作假，对表扬沾沾自喜，对批评耿耿于怀，工作中讲门面、讲排场、不务实。虚荣心是对自尊心的曲解，其产生的思想基础是对荣誉和获得荣誉的手段的不正确认识。领导者的虚荣心不仅会使领导者个人陷入荣誉的漩涡不能自拔，迷失自己应该追求的正确目标，而且会给工作造成一定的损失。

（六）自卑

领导者的自卑感通常表现为：对自己的智力和能力估计不足，遇事不敢决断，不敢触及矛盾的焦点，不敢独当一面，生怕被别人讥笑，对自己的意志力缺乏了解。自卑感的产生，往往是在受到挫折之后，自尊心长期受到压抑的结果。克服自卑感，关键在于领导者要保持心理平衡，客观评价自己，正当表现自己，适当补偿自己。在自卑感占上风时，不妨多找找自己的优点，多想一些自己成功的事例，以此增强自信心和自尊心。

本章小结

本章简要介绍了领导、领导者的概念，领导者的影响力，领导者必备的心理品质和常见的心理障碍。在此基础上着重探讨了领导工作中的规划、决策和授权。本章的重点和难点内容是决策的有效性。本章的主要概念是：

1. 领导
2. 领导者
3. 规划
4. 决策
5. 授权

本土案例

试分析钟大姐为什么不能成为一个好的领导者。

我经常看到一些做批发的小老板，自己坐在柜台前，一边打扑克牌，一边料理生意。我敢说，如果不改变方式，这些人永远都是小老板，不可能变成大老板。

我们公司山东济南的总代理，我们称之为钟大姐。她是我们所有代理商中业绩最差的一个，连北京的一个小批发商都不如。为此，她从省级总代理降到市级代理。来年，她就要从市级代理降为批发点了。

我不知道说过多少次，她始终听不进。结果，排名永远是倒数第一。

我始终认为，她的业绩之所以差，就是不会做老板。每次我去济南考察，总看到她在店铺里忙碌，接待顾客的是她，接待厂家代表的也是她，连整理货柜的都是她。除了偶尔请她老公、弟弟搬运几件货之外，再也没有人来为她工作，这也难怪她的生意做不大。

凡是生意做得大的人，都懂得雇用人的道理，越是会雇用人，生意做得越大；越是生意做得大，雇用的人也就越多。这是一个千古不变的良性循环。

我忍不住问道："钟大姐，你到底想不想做老板？"她说："当然想呀。"我接着说："现在，你到底是在做老板，还是在做雇员呢？"

她听了，红着脸说："没办法呀，摊子小，雇不起人，只好自己做。"

我一听，启发她："到底是因为你不会用人，导致生意做不好呢？还是因为生意做不好，才雇不起人呢？你连请个人替你看柜台都舍不得，又怎么能够把生意做大呢？毕竟做代理商的人，不能光靠自己卖，还要组织大家一起卖。你这个老板，天天待在柜台里，不出去跑，不去处理那些销售渠道上的事，整天泡在柜台上做营业员，不是本末倒置吗？你看北京的张大哥，整天不在店里，不是开着车到外面谈生意，就是在俱乐部打麻将，他的生意却做得很大。归根到底，就是因为他懂得用人，懂得组织协调，懂得做老板。他是真正在做老板，就会变成一个大老板；而你是在做员工，连小老板的身份都快要保不住了。"

现在，不妨好好问一问自己，是否也有与钟大姐类似的情况。你到底是在做老板，还是在做员工呢？

跨文化案例

试分析玛丽·凯·阿什的领导理念和领导艺术。

玛丽·凯·阿什是美国一个大器晚成的女企业家。她重视妥善地管理下属，认为下属是一个企业中最宝贵的财产，企业管理的关键是对下属的管理。她强调作为一名经理应尽量公正待人，论功行赏。有时，一名经理必须采取解雇下属的行动时，首先必须表现出极大的克制和同情，同时也可用另一个正确的方式解决问题。

玛丽·凯·阿什在阐述她的做法时说："我每次遇到下属不称职时，总采取一种与众不同的做法。我的第一个行动，是同这个下属商量，看他采取哪些具体办法可改进工作。我规定一个合情合理的期限，这样，他也许会马上获得成功。不过，如果这种努力仍不能奏效，那我必须考虑采取对下属和公司都可能是最好的办法。我常常发现，一个下属不能胜任工作时，最不好受的是这个下属本人。

"例如，要是我的一个负责公共关系的下属在大庭广众之下不敢发表讲话，也就是说，要是此人身上缺乏号召其他人所必须具有的那种能力，我就会用'我们希望别人怎样对待我们，我们也应该那样去对待别人'这条处世方法来解决问题。我会问一问自己，假如我是这个下属，我会怎样想？

"于是，我会对他说：'我们在一起工作了两年，每当我看见你在大庭广众之下不敢发言，我就知道你浑身不自在。我看到你在这种场合如同活受罪一样。我衷心希望这不是真的，不过，我认为让你干这种工作确实不太合适。我们喜欢你，希望你能成功。请问，你想不想试试别的工作？'如果在我们公司内实在无法为他找份到一合适的工作，我们就积极帮助他在能够使其才能得到发挥的其他公司找到一份合适的工作。我不会像扔废纸那样抛弃一名下属。

"有些经理肯定不同意我的这种见解，他们认为，一旦你解雇某人，某人就必须'收拾东西滚蛋'。但是，每当遇到这种事，我宁愿'宽厚待人'，不愿过分强调公司需要的是中坚分子。"

在玛丽·凯·阿什看来，热爱自己的下属是经营者之本。一个优秀的领导者，只有做到了让下属们认识到自己存在的价值和具备了充足的自信之后，才有可能与下属们产生内心的共鸣，事业才能迅猛发展。

思考题

1. 试述领导与领导者的区别。
2. 试析领导者影响力的主要来源。
3. 领导者应该具有什么样的心理品质？
4. 试析领导者常见的心理障碍。
5. 制订规划应该注意哪些问题？
6. 试述决策的基本程序。
7. 如何提高决策的有效性？
8. 什么是授权，它的本质是什么？

网络情境练习

在网上搜索有关领导力培训课程的介绍，试分析它们是从哪些方面培养领导力的，然后考虑一下如果有条件的话，自己会选择参加什么样的培训课程。

真实情境练习

读一本你喜欢的领导者的传记，并分析他（她）的人格特征和在事业上取得成功的主要原因，然后与人分享你读后的感受。

第八章 领导有效性理论

学习目标

1. 了解领导有效性的几种特质理论
2. 掌握领导行为四分图模型和领导行为方格模型
3. 熟悉领导行为模式理论
4. 理解坦南鲍姆和施米特的领导行为连续体理论
5. 领会并能灵活运用菲德勒模型和领导规范

> **引导案例**
>
> 　　松下幸之助，1894 年出生于日本和歌山县的一个农民家庭，由于其父母相继去世，他 9 岁时便辍学当徒工糊口。1918 年，他创办了"松下电子器具制作所"，后更名为松下电气公司，公司历经磨难之后，终于成为日本举足轻重的大公司。1985 年，松下电气公司的营业额达 34 241 亿日元，在日本同行中居第一位，在全世界居第三位。它每年的纳税额占公司所在地——日本第二大城市大阪市纳税总额的六成，松下幸之助连续十几年蝉联"日本最高纳税人"。日本政府于 1965 年，将"二等旭日勋章"颁发给松下幸之助。1984 年，当松下幸之助 90 岁时，日本天皇又颁发给他"一等旭日勋章"。他的照片，以日本实业家的身份，第一个上了美国《时代》周刊的封面。
>
> 　　松下幸之助被日本同行尊称为"经营之神"。但是，这位"神"信奉这样一句话："挨骂就是进步的原动力。"在这个座右铭下，松下的下属中不知道有多少人被骂得狗血淋头，甚至昏倒在地，但这些人中却没有人因此而辞职，反而积极地围绕在松下的周围，对之既敬又怕又佩服。而这一切，皆归功于松下对下属的"骂技巧"。
>
> 　　一次，松下手下的一位厂长做错了事，把松下给激怒了，他暴跳如雷，破口大骂，并边骂边用握在手里的火钳猛敲火炉，以至于把火钳都敲弯了。嚎叫的声调与语言的恐吓交织，致使那位厂长不支倒地，昏了过去。后来松下用酒将其灌醒，同时温和地对他说："这火钳是为你而敲弯的，你可以回去了，但走之前，必须弄直它。"在厂长走出松下办公室的大门后，松下的秘书已遵嘱守在门口，等着护送他了。秘书送厂长回家后，又按松下的嘱咐，暗地里告诉厂长夫人注意厂长的举动，以免他伤极自毁。
>
> 　　第二天一大早，松下就致电厂长："你是否还在意昨天的事？"稍加抚慰，结果使那位厂长既为自己的过错而内疚，又对松下的恶骂感到害怕，因而只有拼命地工作并少出纰漏以减少自己的窘态。一段时间之后，他终于成为一名优秀的管理者。松下幸之助"骂得狠，收得妙"的责备技巧恰到好处，令下属佩服得五体投地，只好以自己的工作作为回报。这竟成了松下公司发展的一个原动力。

　　在影响组织凝聚力和员工积极性的各种因素中，领导心理和行为是一个关键性的因素。因为不同的领导心理和行为，会造成组织的不同社会心理氛围，从而影响组织成员的积极性。可以说，要把一个组织搞好，没有素质过硬的领导者不行，而领导者必须具备的各种素质中，心理素质是一种非常重要的素质。在上述案例中，我们看到像松下这样一个性格暴躁的人，却能得到其下属的真心拥戴。而在实际生活中，我们还会看到有一些领导看起来非常悠闲，却把企业治理得秩序井然，蒸蒸日上。这些看起来令人费解的现象在揭示一个问题：领导的有效性从何而来？下面我们就来看一下以往的管理理论是怎样回答这一问题的。

第一节 领导有效性的特征理论

领导的有效性是决定企业前途的最重要因素。正如美国管理大师德鲁克所言："管理者是任何企业中最基本、最稀有的资源。"领导的有效性与哪些因素有关？我们应该如何提高管理者的领导有效性呢？早期的领导有效性研究，主要集中在领导者应该具备的特殊品质上。由于这一时期的研究更侧重领导者与生俱来的特质，并且忽视了环境和条件因素，所以没能在管理实践中发挥应有的作用。而现代特质理论认为，领导者的特质不是与生俱来的，而是在后天的社会实践中培养和锻炼出来的，是可以逐步积累和不断增强的。

一、领导素质理论

现代领导素质理论的产生，始于美国学者斯托格第尔（R. M. Stogdill）的研究。斯托格第尔于1948年整理了从1904年开始所能搜集到的124篇有关领导者个人品质的报告，并发现有的品质与领导有效性有关，如智力、坚毅、自信、主动精神、关心下级人员的需要、勇于承担责任并有占据支配地位和控制地位的欲望等，在此基础上他发表了在管理界颇有影响的论文《与领导有关的个人因素：文献调查》。

1974年，斯托格第尔又把最近20年来的163篇有关报道进行了整理，从而得出成功领导者应当具备的如下品质：①面对复杂情况善于应变；②注意外部环境动向；③有雄心和成就欲；④果敢沉着；⑤善于与人共事；⑥忠诚可靠；⑦当机立断；⑧有支配欲；⑨充满活力、精力旺盛；⑩坚毅自信；⑪能承受压力；⑫勇于承担责任。

此外，领导还应具备如下特质：①聪明灵活；②思维清晰；③有创新意识；④有交际手段；⑤口才流利；⑥明确团体目标与任务；⑦有组织能力；⑧有说服力；⑨容易相处。

美国心理学家吉赛利（E. Chiselli）的研究是领导素质研究的转折点。他突破了以往领导研究以简单的描述性统计和定性分析为主要手段的低水平重复，运用更为先进的方法对领导素质进行研究，并发现领导效能与领导者的才能、管理能力、首创精神、自信以及个人的工作方法之间存在着重要的关系。而紧随其后的戴维斯（Keith Davis）的研究也发现，一般来说，领导者确实具有较高的才智、广泛的社交兴趣和老练成熟、取得成就的强烈愿望，而且极其尊重和关心职工。此外，美国普林斯顿大学教授鲍莫尔也提出，优秀的企业领导人应当具备十大条件：合作精神、决策能力、组织能力、精于授权、善于应变、敢于创新、勇于负责、敢担风险、尊重他人、品德高尚。

美国管理学会调查了 4 000 名在事业上取得成功的管理人员，从中又选出 1 800 名进行研究，得出结论，优秀的管理者必须具备以下 5 类能力：①企业家特征：工作效率高，有主动进取精神，总想不断改进工作。②才智方面的特征：逻辑思考能力强，善于分析问题，有概括能力，有较强的判断能力。③人事方面的特征：有自信心，能帮助他人提高，能以自己的行为影响别人；善于用权，善于调动别人的积极性，善于利用交谈，热心关心别人；能使别人积极而乐观地工作，实行集体领导。④心理上的成熟个性：有自我克制能力，能自行做出决策，能客观地听取各方面的意见，能对自己有正确的估价，能依靠他人补己不足，勤俭。⑤知识，指技术和管理业务方面的知识。层次越高，需要管理知识越多，层次越低，需要技术知识越多。

综合近年来我国学者对领导者素质的有关研究，可以将公认为最重要的优秀领导者素质概括为以下四大方面：①道德素质。包括良好的政治品质和工作作风，有理想、有干劲，勇于进取、品行端正。②知识素质。领导者应该精通一般的社会科学和自然科学，尤其是管理学方面的专业知识，要有丰富的生活经验和工作经验。③能力素质。包括筹划和决断能力、组织指挥能力、人际交往能力以及创新应变能力。④身体素质。要求体魄健全、精力充沛，能够负荷繁忙的日常工作。

二、领导风格理论

美国依阿华大学著名心理学教授勒温和他的同事们从 20 世纪 30 年代起就进行了关于群体气氛和领导风格的研究。勒温等人发现，群体中的领导并不是以同样的方式表现他们的领导角色，领导者们不同的领导风格对群体成员的工作绩效和工作满意度有着不同的影响。勒温等研究者在他们的研究中，着重进行了三种领导风格的调查分析，即专制型、民主型和放任型的领导风格。

（一）领导风格理论的基本内容

勒温认为，这三种不同的领导风格，会造成三种不同的群体氛围和工作效率。专制型的领导者只注重工作的目标，仅仅关心工作的任务和工作的效率，对群体的成员不够关心，导致被领导者与领导者之间的社会心理距离比较大，领导者对被领导者缺乏敏感性，被领导者对领导者存有戒心和敌意，容易使群体成员产生挫折感和机械化的行为倾向。民主型的领导者注重对群体成员的工作加以鼓励和协助，关心并满足群体成员的需要，营造一种民主与平等的氛围，领导者与被领导者之间的社会心理距离比较近。在民主型的领导风格下，群体成员有较强的工作动机，责任心也比较强，群体成员自己决定工作的方式和进度，工作效率比较高。放任型的领导者采取的是无政府主义的领导方式，对工作和群体成员的需要都不重视，无规章、无要求、无评估，工作效率低，人际关系淡薄。

勒温等人试图通过实验决定哪种领导风格是最有效的领导风格。他们分别将不同的成年人训练成为具有不同领导风格的领导者，然后让这些人充当青少年课外兴趣活动小组的领导，主管不同的青少年群体。进行实验的青少年群体在年龄、人格特征、智商、生理条件和家庭社会经济地位等方面进行了匹配，也就是说，几个不同的实验组仅仅在领导者的领导风格上有所区别。这些青少年兴趣小组进行的是手工制作活动，主要是制作面具。结果表明，放任型领导者所领导的群体的绩效低于专制型和民主型领导者所领导的群体；专制型领导者所领导的群体与民主型领导者所领导的群体工作数量大体相当；民主型领导者所领导的群体的工作质量与工作满意度更高。

基于这个结果，勒温等研究者最初认为民主型的领导风格会带来良好的工作质量和数量，同时群体成员的工作满意度也较高，因此，民主型的领导风格可能是最有效的领导风格。但研究者们后来发现了更为复杂的结果，民主型的领导风格虽然在一般情况下会比专制型的领导风格产生更好的工作绩效，而在另外一些情况下，民主型领导风格所带来的工作绩效可能比专制型领导风格所带来的工作绩效低或者仅仅与专制型领导风格所产生的工作绩效相当；而关于群体成员工作满意度的研究结果，则与以前的研究结果相一致，即通常在民主型的领导风格下，成员的工作满意度会比在专制型领导风格下的工作满意度高。当然，在实际的管理中，很少有极端型的领导，大多数领导者都是介于专制型、民主型和放任型之间的混合型。

(二) 领导风格理论的实践意义

勒温能够注意到领导者的风格对组织氛围和工作绩效的影响，区分出领导者的不同风格和特性并以实验的方式加以验证，这对实际管理工作和有关研究非常有意义。许多后续的理论都是从勒温的理论发展而来的。例如，坦南鲍姆和施米特的领导行为连续体理论，就是为解决勒温等人提出的问题而提出的。但是，勒温的理论也存在一定的局限。这一理论仅仅注重了领导者本身的风格，没有充分考虑到领导者实际所处的情境因素，因为领导者的行为是否有效不仅仅取决于其自身的领导风格，还受到被领导者和周边环境因素的影响。

勒温有关领导作风与工作效率的实验研究表明：放任自流型领导者工作效率最

低，他所领导的群体在工作中只达到了社交目标，而没有达到工作目标，产品的数量和质量都很差；专制型领导者的工作效率中等，他所领导的群体达到了工作目标，但群体成员的消极态度和对抗情绪也在不断增长；民主型领导者工作效率最高，他所领导的群体不但达到了工作目标，而且达到了社交目标。

继勒温之后，许多心理学家都开展了对领导作风的研究，有人支持勒温的观点，把民主作风定义为最佳的领导作风，但也有人不同意勒温的观点，认为任何领导作风都可能导致成功，也可能导致不成功。领导是一个动态的过程，领导工作的效率取决于领导者、被领导者和环境的相互作用。而作风理论的研究脱离了被领导者的特性，脱离了环境特性，孤立地研究领导作风的影响，必然得不到全面的、符合实际的结论。

三、有效管理者理论

有效管理者理论是由美国管理大师德鲁克（P. Druker）提出来的。德鲁克1909年出生于奥地利首都维也纳的一个贵族家庭，先后在德国和英国边工作边学习，1929年成为伦敦一家国际性银行的报纸通讯员和经济学者，后因不满欧洲的"怀旧"政治气氛而于1937年移居美国，终身以教书、著书和咨询为业，是当代国际上最著名的管理学家，被称为"大师中的大师"。在美国，他曾任由若干美国银行和保险公司组成的财团的经济学者，美国通用汽车公司、克莱斯勒公司、IBM公司等大企业的顾问，美国佛蒙特州的本宁顿学院的政治和哲学教授，纽约大学商学院管理学教授，纽约大学高级教授，加利福尼亚州克拉蒙研究院的社会科学客座教授。

德鲁克于1945年创办了德鲁克管理咨询公司，自任董事长。1967年，他出版了《有效的管理者》，该书一出版即获得了一致好评，赢得了广大的读者。在《有效的管理者》一书中，德鲁克首先分析了管理的环境，明确了要提高管理者的工作效率必须首先解决认识问题。最终告诉大家：我们为什么需要有效的管理者？谁是管理者？管理者的工作中面临哪些现实问题？有效性是可以学会的吗？等等。通过讲故事般的叙述，德鲁克以其卓越的睿智告诉人们：管理者的效率，往往是决定组织工作效率的最关键因素；并不是高级管理人员才是管理者，所有负责行动和决策而又有助于提高机构工作效能的人，都应该像管理者一样工作和思考。他对管理工作中面临的现实问题的描述，更是成为经典，被人们到处引用。

例如，管理者的时间一般容易"属于别人"；管理者除非采取积极行动去改变他们生活和工作的现实，否则他们只好继续这样"工作"下去；只有当别人利用管理者贡献出来的东西时，管理者才具有有效性；管理者在组织之内，但是如果要有效工作，还必须努力认识组织以外的情况；等等。德鲁克认为，这四个现实问题，是管理者无法改变的。它们是管理者存在的必要条件。但是，管理者必须明白，如果他不努力学会有效性，他将成为无效的管理者。

德鲁克通过自己的研究和观察，提出了管理者要做到有效性所需要的条件，他认为要成为有效的管理者必须养成5种思维习惯：

（1）知道把时间用在什么地方。管理者应该清楚，属于自己支配的时间是有限的，他们必须利用有限时间进行系统的工作。关于利用时间，德鲁克提供了简便易行的办法：记录时间、安排时间和集中时间。把管理者对时间的分配情况记录下来，然后问一下这样的问题："这件事如果根本不做，会出现什么情况呢？"如果没什么，就不去做。"哪些事是可以让别人办，效果也一样好的？"如果有，就安排给别人。"我是否浪费了别人的时间而无助于发挥人家的有效性？"如果有，减掉这样的事。而减少时间浪费，就是要找出：①由于缺乏制度或远见而造成的时间浪费；②人浮于事造成的时间浪费；③组织不健全带来的时间浪费（例如会议太多）；④信息失灵造成的时间浪费。对于利用时间更为重要的，是要善于集中利用可供支配的"自由时间"。

（2）注重外部作用，把力量用在获取成果上，而不是工作本身。在开始一项工作的时候，有效的管理者首先应该想到的问题是"人们要求我取得什么成果？"而不是像现实生活中的许多管理者那样，从要做的工作开始着手。

（3）把工作建立在优势上——他们自己的优势，他们的上级、同事和下级的优势，以及形势的优势，即建立在他们能做什么的基础上，而不是把工作建立在弱点上。配备人员，要用人所长，看他是否具备完成这项任务的能力和素质，而不是看他是否让自己喜欢。当然，还要运用上级的长处，为提高自己的有效性服务。他们不着手进行他们不能做的事。

（4）把精力集中于少数主要领域。在这些领域里，优异的工作将产生杰出的成果。他们给自己定出优先考虑的重点，并坚持重点优先的原则。他们知道，他们只有将首要的事情先做，次要的事情不做才能成功，否则必将一事无成。

（5）做有效的决策。有效的决策常常是根据"不一致的意见"做出的判断，而不是建立在"统一的看法"基础上的。他们知道，快速做出的许多决策都是错误的决策。所需要的决策为数不多，但却是根本性的决策，所需要的是正确的战略，而不是令人眼花缭乱的战术。

第二节　领导行为理论

由于早期的领导特质探索没有取得预想的成果，人们开始转向研究是否有些特殊的领导行为能导致领导的成功。在行为研究者看来，行为研究的意义不仅在于这种方法具有可观测性，因而能提供更准确的关于领导本质的答案，更在于如果能证明行为论对领导起决定作用，就可以通过教育训练的方式源源不断地培养领导。

一、领导行为四分图模型

领导行为理论的探索，始于20世纪40年代末期美国密执安大学调查中心有关领导者的行为特点以及它们与工作绩效的关系研究。密执安大学在大量调查的基础上，把领导者的领导行为划分为员工导向与生产导向两个维度。他们认为，领导者若倾向于员工导向，就特别重视工作中的人际关系，表现出关心人、重视人的个性与需要的倾向。而领导者若倾向于生产导向，则特别重视工作中的生产与技术，关注群体任务的完成情况，把员工看作是实现组织目标的工具。

密执安大学研究得出的结论，强力支持组织采用员工导向的组织方式。员工导向的领导方式会提高劳动生产率和下属的工作满意度。生产导向的领导方式则会导致生产率下降，并使员工满意度降低。

在密执安大学进行上述研究的同时，美国俄亥俄州立大学也进行了一系列与领导行为相关的研究。这些研究者也是希望在实证的基础上，能够确定领导行为的独立维度。他们经过大量艰苦的调查研究，在1 000多种对领导行为的描述中，概括出"结构维度"和"关怀维度"两大类因素。

（1）结构维度。结构维度是指领导者为达成组织目标，愿意界定和建构自己与下属的角色和程度。它包括工作安排的划分、进行组织设计、明确职责关系和确定工作目标等。高结构特点的领导者向小组成员分派具体的工作任务，要求员工保持一定的绩效标准，并强调工作的最后期限。

（2）关怀维度。关怀维度是指领导者尊重和关心下属的看法和情感，愿意建立互相信任的工作关系的程度。高关怀维度的领导者对下属的生活、地位和工作满意度等问题十分关心，他们友善而平易近人，能公平地对待每一个下属，并愿意帮助下属解决个人问题。

根据上述两个维度，他们设计了《领导行为描述问卷》，每类列举了15个问题，分发调查。结果发现，两种领导行为在一个领导者身上有时一致，有时并不一致,因此他们运用"领导行为四分图"来概括这一项研究成果(见图8-1)。

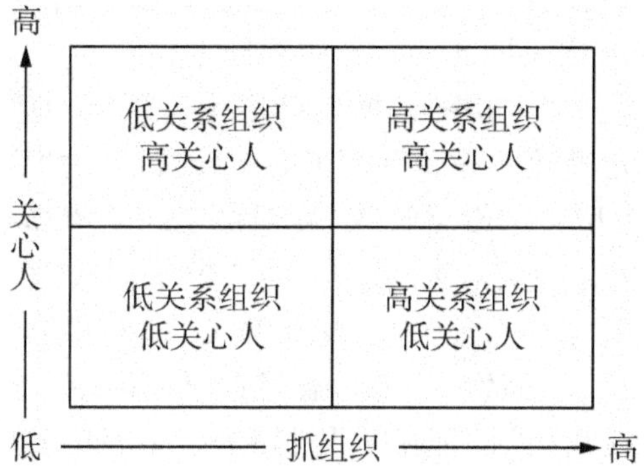

图8-1 领导行为四分图

资料来源:李靖:《管理心理学》,科学出版社2006年版。

从图中可以看出,领导行为可以分为四种情况:一是低关心组织结构和低关心人的领导者,他们对组织和人都不关心,往往是最不受欢迎的领导者;二是高关心组织低关心人的领导者,他们最关心的是工作任务;三是高关心组织高关心人的领导者,他们对组织和人都比较关心,既能取得较高的工作绩效,又能使员工感到满意;四是低关心组织高关心人的领导者,他们重视相互尊重和相互信任的工作氛围,通常能与下级较好合作。当然,这四种领导行为哪种最好、哪种最差不能一概而论,要视具体情况而定。

二、领导方格模型

美国得克萨斯大学的行为科学家罗伯特·布莱克(Robert R. Blake)和简·莫顿(Jane S. Mouton)出版了《管理方格》一书。该书倡导用方格图表示和研究领导方式。他们认为,在企业管理的领导工作中往往出现一些极端的方式,或者以生产为中心,或者以人为中心,或者以X理论为依据强调监督,或者以Y理论为依据强调相信人。

(一)领导方格理论的基本主张

为避免趋于极端,克服以往各种领导方式理论中的"非此即彼"的绝对化观点,他们指出:在对生产关心的领导方式和对人关心的领导方式之间,可以有使两者在不同程度上互相结合的多种领导方式。为此,他们就企业中的领导方式问题提出了管理方格法,使用自己设计的一张纵轴和横轴各9等分的方格图,纵轴和横轴分别表示企业领导者对人和对生产的关心程度。第1格表示关心程度最小,第9格表示关心程度最大。全图总共81个小方格,分别表示"对生产的关心"和"对人的关心"这两个基本因素以不同比例结合的领导方式。

图8-2是一张9等分的方格图,横坐标表示管理者对生产的关心程度,纵坐标表示管理者对人的关心程度。评价管理者时,就按他的两方面行为的交叉点来确定他的类型。例如,1.1型("缺乏管理")对员工和生产都不关心;9.1型("任务管理")只抓生产任务,不关心人;1.9型("俱乐部式管理")企业内部充满轻松友好气氛,但是生产任务得不到关心;9.9型("战斗集体管理")生产任务完成得好,员工关系协调,士气旺盛,员工利益与企业目标结合;5.5型("中间式管理")多数是"仁慈式独裁型",完成任务过得去、不突出。

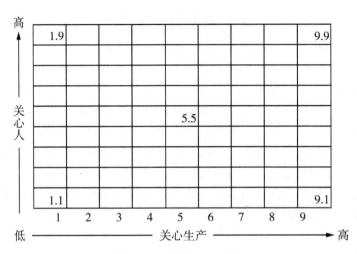

图8-2 领导行为方格图

资料来源:李靖:《管理心理学》,科学出版社2006年版。

除了那些基本的定向外,还可以找出一些组合。比如,5.1方格表示准生产中心型管理,比较关心生产,不大关心人;1.5方格表示准人中心型管理,比较关心人,不大关心生产;9.5方格表示以生产为中心的准理想型管理,重点抓生产,也比较关心人;5.9方格表示以人为中心的准理想型管理,重点在于关心人,也比较关心生产。还有,如果一个管理人员与其部属关系会有9.1定向和1.9体谅,就是家长作风;当一个管理人员以9.1定向方式追赶生产,而在这样做的时候激起了怨恨和反抗时,又到了1.9定向,这就是大弧度钟摆。

(二)领导方格理论在实际管理工作中的运用

布莱克和莫顿认为,9.9管理方式表明,在对生产的关心和对人的关心这两个因素之间，并没有必然的冲突。他们通过有情报根据的自由选择、积极参与、相互信任、开放沟通、目标和目的、冲突的解决办法、个人责任、评论、工作活动这9个方面的比较，认为9.9定向方式最有利于企业的绩效。所以，企业领导者应该客观地分析企业内外的各种情况，把自己的领导方式改造成为9.9理想型管理方式，以达到最高的效率。这两位作者还根据自己从事组织开发的经验，总结出向9.9管理方式发展的5个阶段的培训。

阶段1：组织的每个人都卷入方格学习，并用它来评价自己的管理风格。

阶段2：进行班组建设，以健全的协作文化取代传统的实践，建立优秀的目标，增强个人在职位行为中的客观性，等等。

阶段3：群体间关系的开发，利用一种系统性的构架来分析群体间的协调问题，恰当地利用好群体间的对抗，以从中发现组织中存在的管理问题，利用这种有控制的对抗和识别，是为建立一体化所必须解决的症结问题，为使各单元之间的合作关系不断改善做下一次实施计划。

阶段4：设计理想的战略组织模型，要确定最低限度的和最优化的公司财务目标，在公司未来要进行的经营活动、要打入的市场范围和特征、要怎样创造一个能够具有协力效果的组织结构、决策基本政策和开发的目标等方面有明确的描述，以此作为公司的基本纲领和日常运作的基础。

阶段5：研究现有组织，找出目前营运方法与理想战略模型的差距，明确企业应该在哪些方面进行改进，设计出改进的目标模式，在向理想模型转变的同时使企业正常运转。

布莱克和莫顿认为，通过这样的努力，就可以使企业逐步改正现有管理模式中的缺点，逐步进步到9.9的管理定向模式上。

管理方格理论在美国和许多工业发达国家受到一些管理学者和企业家的重视。《管理方格》一书对美国经理阶层及管理学界有较大影响，出版后长期畅销，印数接近100万册。该书于1978年修订再版，改名为《新管理方格》。

三、领导行为模式理论

领导行为模式理论是一种较新的领导行为理论。1985年，贝斯（R. Bass）在以往研究的基础上，正式提出了交换型、魅力型和变革型领导行为模式。贝斯的理论以一个"走在大街上的"普通人的视角，来看待和研究领导行为，从而使其提出的理论较为接近实际，并有一定的可操作性，在管理实践中得到了广泛应用。

（一）交换型领导行为模式

交换型领导行为模式的基本假设是："领导—下属"间的关系是以两者一系列

的交换和隐含的契约为基础的。该种类型的领导以奖赏的方式领导下属,当下属完成特定的任务后,便给予承诺的奖赏,整个过程就像一项交易。其主要特征是:

(1) 领导者通过明确角色和任务要求,指导和激励下属向既定的目标活动,领导者向员工阐述绩效的标准,意味着领导者希望从员工那里得到相应的回报。

(2) 以组织管理的权威性和合法性为基础,完全依赖组织的奖惩来影响员工的绩效。

(3) 强调工作标准、任务的分派以及任务导向目标,倾向于重视任务的完成和员工的遵从。交换型领导者倾向于将绩效目标与明确的物质报酬联系起来,并认为领导者与下属的交易是形成更为亲密的关系的基础,没有交易这个基础,期望经常是不明确和靠不住的。

(二) 魅力型领导行为模式

早在20世纪初,德国社会学家韦伯就提出过领导者"超凡魅力"的概念。20世纪80年代,美国学者康格和卡纳尔在广泛研究的基础上,概括出魅力型领导者具有努力改革现状、目标远大、自信心强、善于表达、超凡行为、对环境变化敏感、创新开拓、具有人格魅力等9项人格特征,并认为这些特征是可以通过训练而习得的。贝斯认为,魅力型领导是那种主要通过调动下属情感上对共同价值观和愿景的强烈认同来激励下属的领导。魅力型领导的广义概念包括以下特性:强调共同的愿景与价值观;有理想的行为模式;能反映出自信的力量。这一模式强调,有魅力的领导者通过下属对他们的认同而拥有权力。魅力型领导的狭义概念包括以下5种因素:

(1) 有一个天赋与品质超群的人。

(2) 社会或组织出现危机或者情景令人失望。

(3) 领导者提出一个激进的愿景或一系列观念能解决危机。

(4) 下属被领导者吸引并相信其不凡的能力与激进的愿景。

(5) 领导者超群能力与激进愿景能解决危机,并在实践中被反复成功地证实。

(三) 变革型领导行为模式

变革型领导行为模式是一种建立在交易型与魅力型领导行为模式基础上的新模式。变革型领导行为是一种领导向员工灌输思想和道德价值观,并激励员工的过程。在这一过程中,领导除了引导下属完成各项工作外,常以领导者的个人魅力,通过对下属的激励、刺激下属的思想、对他们的关怀去变革员工的工作态度、信念和价值观,使他们为了组织的利益而超越自身利益,从而更加投入于工作中。该领导方式可以使下属产生更大的归属感,满足下属高层次的需求,获得高的生产率和低的离职率。变革型领导行为的前提是领导者必须明确组织的发展前景和目标,下属必须接受领导的可信性。其主要特征为：

（1）超越了交换的诱因，通过对员工的开发、智力激励，鼓励员工为群体的目标、任务以及发展前景超越自我的利益，实现预期的绩效目标。

（2）集中关注较长期的目标，强调发展的眼光，鼓励员工发挥创新能力，并改变和调整整个组织系统，为实现预期目标创造良好的氛围。

（3）引导员工不仅为了他人的发展，也为了自身的发展承担更多的责任。

第三节 权变理论

鉴于领导行为理论、领导作风理论偏重于领导者本身特性与行为的研究，而对决定领导行为效果的其他因素没有予以充分考虑，在领导理论研究中便又出现了一种新的取向——权变理论。权变理论是一种研究领导行为如何随着工作情景而改变的规律的理论，在权变理论基础看来，没有一种能适应于任何情况的领导模式，只能提出在特定情况下相对来说是最有效的领导方式。

一、专制—民主连续体模型

坦南鲍姆和施米特（W. H. Schmidit）于1958年提出该模型。它把专制的领导行为和民主的领导行为描述为一个连续统一体中的两个极端点，在两个极端点之间，存在着多种不同的专制与民主水平的领导行为。该理论强调领导者应该根据具体的情境，如历史条件、问题性质、工作的时间性等条件，适当地选择某种领导行为，才能达到有效的领导。

坦南鲍姆和施米特认为，管理者在决定何种行为（领导作风）最适合处理某一问题时常常遇到困难。他们不知道是应该自己做出决定还是授权给下属做决定。为了使人们从决策的角度深刻认识领导作风的意义，他们提出了下面这个连续体模型。

领导风格与领导者运用权威的程度和下属在做决策时享有的自由度有关。在连续体的最左端，表示的领导行为是专制的领导；在连续体的最右端表示的是将决策权授予下属的民主型的领导。在管理工作中，领导者使用的权威和下属拥有的自由度之间是一方扩大另一方缩小的关系。在高度专制和高度民主的领导风格之间，坦南鲍姆和施米特划分出七种主要的领导模式：

（1）领导做出决策并宣布实施。在这种模式中，领导者确定一个问题，并考虑各种可供选择的方案，从中选择一种，然后向下属宣布执行，不给下属直接参与决策的机会。

（2）领导者说服下属执行决策。这种模式同前一种模式一样，领导者承担确认问题和做出决策的责任。但他不是简单地宣布实施这个决策，而是认识到下属中可能会存在反对意见，于是试图通过阐明这个决策可能给下属带来的利益来说服下属接受这个决策，消除下属的反对。

（3）领导者提出计划并征求下属的意见。在这种模式中，领导者提出一个决策，并希望下属接受这个决策，他向下属提出一个有关自己的计划的详细说明，并允许下属提出问题。这样，下属就能更好地理解领导者的计划和意图，领导者和下属能够共同讨论决策的意义和作用。

（4）领导者提出可修改的计划。在这种模式中，下属可以对决策发挥某些影响作用，但确认和分析问题的主动权仍在领导者手中。领导者先对问题进行思考，提出一个暂时的可修改的计划。并把这个暂定的计划交给有关人员征求意见。

（5）领导者提出问题，征求意见做决策。在以上几种模式中，领导者在征求下属意见之前就提出了自己的解决方案，而在这个模式中，下属有机会在决策做出以前就提出自己的建议。领导者的主动作用体现在确定问题，下属的作用在于提出各种解决的方案，最后，领导者从他自己和下属所提出的解决方案中选择一种他认为最好的解决方案。

（6）领导者界定问题范围，下属集体做出决策。在这种模式中，领导者已经将决策权交给了下属的群体。领导者的工作是弄清所要解决的问题，并为下属提出做决策的条件和要求，下属按照领导者界定的问题范围进行决策。

（7）领导者允许下属在上司规定的范围内发挥作用。这种模式表示了极度的群体自由。如果领导者参加了决策的过程，他应力图使自己与群体中的其他成员处于平等的地位，并事先声明遵守团体所做出的任何决策。

坦南鲍姆和施米特认为，不能抽象地认为哪一种模式一定是好的，哪一种模式一定是差的。成功的领导者应该是在一定的具体条件下，善于考虑各种因素的影响，采取最恰当行动的人。当需要果断指挥时，他应善于指挥；当需要员工参与决策时，他能适当放权。领导者应根据具体的情况，如领导者自身的能力、下属及环境状况、工作性质、工作时间等，适当选择连续体中的某种领导风格，才能达到领导行为的有效性。通常，管理者在决定采用哪种领导模式时要考虑以下几方面因素：

（1）管理者的特征——管理者的背景、教育、知识、经验、价值观、目标和期望等。

（2）员工的特征——员工的背景、教育、知识、经验、价值观、目标和期望等。

（3）环境的要求——环境的大小、复杂程度、目标、结构和组织氛围、技术、时间压力和工作的性质等。

根据以上这些因素，如果下属有独立做出决定并承担责任的愿望和要求，并且他们已经做好了这样的准备，他们能理解所规定的目标和任务，并有能力承担这些任务，领导者就应给下级较大的自主权力。如果这些条件不具备，领导者就不应把权力授予下级。

坦南鲍姆和施米特的领导行为连续体理论对管理工作的启示在于：首先，一个成功的管理者必须能够敏锐地认识到在某一个特定时刻影响他们行动的种种因素，准确地理解他自己，理解他所领导的群体中的成员，理解他所处的组织环境和社会环境。其次，一个成功的领导者必须能够认识和确定自己的行为方式，即如果需要发号施令，他便能发号施令；如果需要员工参与和行使自主权，他就能为员工提供这样的机会。

这一理论的贡献在于不是将成功的领导者简单地归结为专制型、民主型或放任型的领导者，而是指出成功的领导者应该是在多数情况下能够评估各种影响环境的因素和条件，并根据这些条件和因素来确定自己的领导方式和采取相应的行动。

但坦南鲍姆和施米特的理论也存在一定的不足，这就是他们将影响领导方式的因素即领导者、下属和环境看成是既定的和不变的，而实际上这些因素是相互影响、相互作用的，他们对影响因素的动力特征缺乏足够的重视，同时在考虑环境因素时，主要考虑的是组织内部的环境，而对组织外部的环境以及组织与社会环境的关系缺乏重视。

二、菲德勒模型

弗雷德·菲德勒（F. Fiedler）是美国当代著名心理学和管理学专家。他从1951年起由管理心理学和实证环境分析两方面研究领导学，提出了"权变领导理论"，开创了西方领导学理论研究的新阶段，使以往盛行的领导形态学理论研究转向了领导动态学研究的新轨道，对以后的管理思想发展产生了重要影响。他的主要著作和论文包括《一种领导效能理论》（1967）、《让工作适应管理者》（1965）、《权变模型——领导效用的新方向》（1974）以及《领导游戏：人与环境的匹配》等。

菲德勒是第一个把个性测量与情境分类联系起来研究领导效率的心理学家。他通过15年调查之后，提出有效的领导行为，依赖于领导者与被领导者相互影响的方式及情境对领导者的控制和影响程度的一致性。其具体贡献在：

（1）提出了每个领导者的个性特性基本上处于稳定状态，可以运用LPC问卷的测量来确定领导者的个性特性。其中，LPC成绩好的领导者属于面向关系的个性特性，LPC成绩不好的领导者属于面向生产的个性特性。

（2）在调查基础上，分析出三种基本情境因素——领导者与员工的关系、任务结构和领导者的职位权力，再根据三种因素的"好"与"差"的多种组合，把工作群体所处的情境分为 8 种类型。

（3）在对 1 200 个群体的调研基础上，测量了 1 200 个领导者的个性特征的 LPC 分数，分析了领导者个性、群体的情境类型与群体绩效之间的关系。

在许多研究者仍然争论究竟哪一种领导风格更为有效时，菲德勒在大量研究的基础上提出了有效领导的权变模型，他认为任何领导形态均可能有效，其有效性完全取决于所处的环境是否适合。在其权变理论模型中，菲德勒提出了影响领导形态有效性的三个环境因素：

（1）领导者与下级的关系。即领导者是否受到下级的喜爱、尊敬和信任，是否能吸引下级并使下级愿意追随他。

（2）职位权力。即领导者所处的职位能提供的权力和权威是否明确充分，在上级和整个组织中所得到的支持是否有力，对雇佣、解雇、纪律、晋升和增加工资影响程度的大小。

（3）任务结构。指工作团体要完成的任务是否明确，有无含糊不清之处，其规范和程序化程度如何。

菲德勒认为，领导风格是与生俱来的，不可能改变领导者的风格去适应变化的情境。因此，提高领导者的有效性实际上只有两条途径：一是你可以替换领导者以适应环境。比如，如果群体所处的情境被评估为十分不利，而目前又是一个关系取向的管理者进行领导，那么替换一个任务取向的管理者则能提高群体绩效。二是改变情境以适应领导者。菲德勒提出了一些改善领导者与下级的关系、职位权力和任务结构的建议。领导者与下属之间的关系可以通过改组下属组成加以改善，使下属的经历、技术专长和文化水平更为合适；任务结构可以通过详细布置工作内容使其更加定型化，也可以对工作只做一般性指示而使其非程序化；领导的职位权力可以通过变更职位充分授权，或明确宣布职权来增加其权威性。

菲德勒模型强调，应该从提高领导有效性的需要出发决定采取什么样的领导行为，而不是从领导者的素质出发强调应当具有什么样的行为，这为领导理论的研究开辟了新方向。菲德勒模型表明，并不存在一种绝对的最好的领导形态，领导者必须具有适应力，自行适应变化的情境。同时，也提示管理层必须根据实际情况选用合适的领导者。菲德勒模型在应用方面仍存在一些问题，比如 LPC 量表的分数不稳定，权变变量的确定比较困难，等等，但在实践中还是具有重要的指导意义。

三、领导规范模型

规范模型是弗鲁姆（U. H. Vroom）和耶顿（P. W. Yetton）提出的一种较新的领导权变理论。该理论认为，领导者可以通过改变下属参与决策的程度来体现自己的领导风格。其基本特点是将领导方式即决策方式同（员工）参与决策联系起来，根据员工参与决策程度的不同，把领导风格（决策方式）分为三类五种，具体内容见表8-1。而有效的领导者应该以决策者有正确经验为基础，根据不同的环境来选择最为合适的领导风格。

弗鲁姆认为，各种类型决策最终的有效性取决于决策者对决策质量、决策的可接受性以及决策耗时等因素的重视程度，同时也取决于采用不同的决策方法所获得最终结果的差别程度，因为决策方法本身是不会随环境变化的。不存在对任何环境都适用的领导（决策）方式。管理者在进行决策时，应当将精力集中在对环境特征性质的认识上，以便更好地针对环境要求选择领导方式和制订决策。

表8-1 领导风格（决策方式）分类

类型	领导风格（决策方式）	参与程度	代码
独裁专制型（A）	1. 领导者运用手头现有的资料，自行解决问题，做出决策	最低	AⅠ
	2. 领导者向下级取得必要的资料，然后自行决定解决问题的方法。向下级索要资料时，可以说明情况，也可以不说明。在决策过程中，下级只向领导提供必要的资料，而不提供或评价解决问题的方案	较低	AⅡ
协商型（C）	3. 以个别接触的方式，让有关下级了解问题，听取他们的意见和建议，然后由领导者做出决策。决策可以反映下级意见，也可以不反映	中等	CⅠ
	4. 让下级集体了解问题，并听取集体的意见和建议，然后由领导者做出决策。决策可以反映下属意见，也可以不反映	较高	CⅡ
群体决策型（G）	5. 让下级集体了解问题，并且与领导者共同提出和评价可供选择的决策方案，努力就决策方案的选择取得一致。讨论过程中，领导者仅作为组织者而不用自己的思想去影响群体，并愿意接受和落实任何一个集体支持的方案	最高	GⅡ

为进一步将构成规范模型的基本环境和问题的特征分清，使领导者能够根据自己的条件正确认识所处的环境特性，有效地使用规模模型选择决策方式，弗鲁姆将对决策环境的描述用2类7个问题加以概括。这2类问题分别与决策质量和决策者掌握的决策所需信息有关。决策者通过对这7个问题逐个做出"是"或"否"的回答，用"决策树"的方法，按照选择法则的逻辑程序，筛选出一个或若干个可行

的决策方式。

在规范模型中，弗鲁姆还提出了 7 项基本法则来保证决策质量和决策的可接受性。

（1）信息法则。如果决策的质量很重要，而你又没有足够的信息或单独解决问题的专门知识，就不要采用 AⅠ 方式。

（2）目标合适法则。如果决策的质量很重要，而下属又不将组织目标当作大家的共同目标，就不要采用 GⅡ 方式。

（3）非结构性工作问题法则。如果决策的质量是重要的，但你却缺乏足够的信息和专门知识独立地解决问题，而工作问题又是非结构性的，就排除采用 AⅠ、AⅡ、CⅠ 这三种方式。

（4）接受性法则。如果下属对决策的接受是有效执行决策的关键，而由领导者单独做出的决策不一定能得到下属接受的话，就不要采取 AⅠ、AⅡ 方式。

（5）冲度法则。如果决策的可接受性很重要，而领导者的个人决策不一定被下属接受，下属对于何种方案更适合可能抱有相反的看法，这时不要采取 AⅠ、AⅡ、CⅠ 方式。

（6）公平合理法则。决策的质量并不重要，而决策的可接受性却是关键，这种情况下最好采用 GⅡ 方式。

（7）可接受性优先法则。如果决策的可接受性是关键，专制决策又保证不了可接受性，下属是值得信赖的，应采用 GⅡ 方式。

对某一个特定的工作问题，如果应用这些基本法则进行选择，决策者可以得到一组可行的决策方式。这恰恰是弗鲁姆的规范理论与其他领导理论相比的优势所在：更接近实际，更具有实用价值。该模型在任何决策环境中，均能满足决策者的要求，具有令人满意的实用效果。

本章小结

本章简要介绍了目前较有影响的领导有效性理论。它们是以领导素质理论、领导风格理论和有效管理者理论为代表的领导特质理论，以领导行为四分图模型、领导方格模型和领导行为模式理论为代表的领导行为理论，以领导行为连续体模型、菲德勒模型和领导规范模型为代表的领导行为有效性的权变理论。本章的重点和难点内容是领导有效性的权变理论。本章的主要概念是：

1. 领导有效性
2. 领导特质
3. 领导风格

4. 领导行为

> **本土案例**

运用本章所学理论分析 B 公司销售制度改革中首席执行官的作为。

一次，B 公司销售人员拜访一家为足球赛提供鲜花的客户。这家客户用丝带把大菊花扎成参赛球队的颜色，然后在体育场销售。这家客户提出订货要求："我原来的供货商的地被水淹了，无法再给我供菊花了。可是我在星期三之前就得要 1 万枝菊花，因为还得花几天将它们扎起来。你们公司能不能供上这批货，开价多少？"

销售人员告诉这位客户，他首先要和公司联络查看存货数量。但当公司的库存控制员终于能在电话上回答问题时，可能已经是几个小时后甚至第二天了。最后销售人员终于查清楚了菊花的库存情况，并将结果告知了这位客户："我们库里有 6 000 枝菊花，星期四早晨会有 15 000 枝到货。这样我可以在星期三给您供货 6 000 枝，星期四中午将剩下的 4 000 枝运到。您觉得这样安排如何？"

客户回答说："十分感谢，不过我今天早上已经和另一家供货商联络过了，并已将订单给了他。因为我实在不敢冒你无法供货的险，太抱歉了！"销售经理对此事的看法是，若能稍加培训可能会有另外一个结果，起码那个销售人员应该尽力挽留那位客户承诺等上个把小时，以便了解能否供货。

于是，销售经理决定，从技术和信息两个方面着手改进。第一，所有销售人员，无论新手还是老手，都要参加营销培训更新知识。第二，所有销售人员都配备上带有调制解调器的笔记本电脑。库存数据将输入电脑，这样如果销售人员在拜访客户时碰到有关库存货物的问题，就可以通过上网随时掌握库存情况。

改进措施实施后取得了不错的效果。第一个月的销售增长了，并在该季度剩下的两个月中保持增长的趋势。于是，销售经理和培训经理向首席执行官报告措施和取得的结果。当首席执行官得知这种双管齐下的方法进行得很顺利时，他并没有问："库存数据上网和营销技能的提高，各自提升销售多少个百分点？"而是和两位经理握了握手，说了句："继续努力！"

理由很简单，他认为经理不需要也没必要知道太多。实际上，多数经理们对统计还是持怀疑态度的，他们真正需要知道的是，人力资本在多大程度上影响结果，他们需要知道员工会在多大程度上利用如电脑化这样的资本投入。

> **跨文化案例**

试运用本章所学理论分析本田宗一郎的领导风格。

本田宗一郎是日本著名的本田车系的创始人。他为日本汽车和摩托车业的发展作出了巨大的贡献，曾获日本天皇颁法的"一等瑞宝勋章"。在日本乃至整个世界的汽车制造业里，本田宗一郎可谓是一个很有影响的重量级传奇人物。

1965年，在本田技术研究所内部，人们为汽车内燃机是采用"水冷"还是"气冷"的问题发生了激烈争论。本田是"气冷"的支持者，因为他是领导者，所以新开发出来的N360小轿车采用的都是"气冷"式内燃机。

1968年在法国举行的一级方程式冠军赛上，一名车手驾驶本田汽车公司的"气冷"式赛车参加比赛。在跑到第三圈时，由于速度过快导致赛车失去控制撞到了围墙上。紧接着，油箱爆炸，车手被烧死在里面。此事在社会上引起了巨大反响，本田"气冷"式N360汽车因此销量大减。

这时，本田技术研究所的技术人员要求研究"水冷"式内燃机，但却仍被本田宗一郎拒绝。一气之下，几名主要的技术人员决定辞职。本田公司的副社长藤泽感到了事情的严重性，就打电话给本田宗一郎："您觉得您在公司是当社长重要呢，还是当一名技术人员重要呢？"

本田宗一郎在惊讶之余回答道："当然是当社长重要啦！"

藤泽毫不留情地说："那您就同意他们去搞水冷引擎研究吧！"

本田宗一郎这才省悟过来，毫不犹豫地说："好吧！"

于是，几个主要技术人员开始进行研究，不久便开发出适应市场的产品，公司的汽车销售量也大大增加。为此，这几个当初想辞职的技术人员均被本田宗一郎委以重任。

1971年，本田公司步入了良性发展的轨道。有一天，公司的一名中层管理人员西田与本田宗一郎交谈时说："我认为我们公司内部的中层领导都已成长起来了，您是否考虑一下该培养一个接班人呢？"西田的话很含蓄，但却表明了要本田宗一郎辞职的意愿。

本田宗一郎一听，连连称是："您说得对，您要是不提醒我，我倒忘了，我确实是该退下来了，不如今天就辞职吧！"

由于涉及移交手续等方面的问题，本田宗一郎没能在当天辞职，但是几个月后，他便把董事长的位子让给了河岛喜好。

对于下属所提出的想法和意见，甚至让其辞职，本田宗一郎都很爽快地接受了。这样一位能虚心听取下属意见的领导人，怎么会不让下属们敬佩呢？无怪，本田公司至今屹立不倒，本田宗一郎本人在日本甚至整个世界的汽车制造业里享有如此高的声誉。

作为一个领导，无论你地位有多高，或者你拥有多么巨大的成就，都不可避免地会犯这样或那样的错误。虚心听取下属的意见，能使你的领导地位更加稳固，能使你受到更多的拥护。无论是谁，每个人都会过时，由昨日的先锋、权威成为今日的不合时宜，这并不可怕，可怕的是你仍以昨日的感觉坐在位子上发号施令。

思考题

1. 试述三种领导理论的联系与区别。
2. 阐述领导特质理论的优点和不足。
3. 什么是领导方格理论？
4. 试述领导行为四分图模型。
5. 试述勒温的领导风格理论。
6. 领导行为连续体理论的主要特征是什么？
7. 比较菲德勒模型和领导规范模型的异同。

网络情境练习

在网上搜索有关韦尔奇的各种文字和视频资料，并用学过的领导理论对他的领导风格进行分析，然后准备一份 20 分钟的 PPT 讲稿。（如果教学时间允许，可组织一个讨论会）

真实情境练习

三人一组对下面两个问题进行讨论。
1. 领导者是否是一个组织成败的决定因素？
2. 领导者所取得的结果可以为他的手段辩护吗？

组织结构与组织文化

第九章

学习目标

1. 理解组织的概念及组织与一般群体的区别
2. 了解组织层次与管理幅度的关系
3. 了解古典组织理论与新古典组织理论的联系和区别
4. 掌握组织结构概念、影响因素和设计方法
5. 知道如何创建、保持和发展组织文化

引导案例

　　玫琳凯是员工满意度非常高的公司。它的成功，取决于其自始至终所坚持的尊重企业中每一个人的尊严与权力、全心全意地为顾客着想、最大限度地让顾客满意的企业文化。在玫琳凯公司，既有"和为贵"的氛围，又有"和而不同"的想法，员工可以自由地表达相反的意见，而上司也愿意谦虚地倾听部属的不同意见。在工作中，每一个员工都能感到自己存在的价值，因此都能积极主动、富于创造性地进行工作。

　　在玫琳凯的眼里，人才远比计划重要。当你跨进达拉斯的公司总部时，会看到一张比真人还大的照片，那是公司的全国性推销指导员。在其他公司也许喜欢用图画、雕像或是自己的产品来装饰门面，而玫琳凯要表现的是"我们是一家以人为主的公司"。

　　如果你是一位新进玫琳凯公司的雇员，你就会得到一块刻有该公司"金科玉律"铭文的大理石。上面写着："你愿意别人怎样对待你，你也要怎样对待别人。"如果你确实想依据黄金法则的规范生活，那么你的每天、每个行为，甚至每个理念都应遵循"你愿意别人怎样对待你，你也要怎样对待别人"的规范。这样你的生活，以及你周围其他人的生活，都会赋有新的含义。

　　玫琳凯公司强调，要让每项决策都建立在黄金法则的规范之上。它时刻提醒员工，只有当你丰富了别人的生活时，你的生活才能真正地丰富。玫琳凯人相信，你所给别人的一切都会得到回报。如果你给别人最好的，那么你最终也会得到最好的回报。

　　组织、群体、个人三者是密不可分的整体。由个人组成某一群体，而群体又存在于组织系统之中。个人不能孤立地存在，作为一个社会成员，他必然要生活、学习或工作在一个特定的组织环境中。个人的心理和行为既要受特定的组织环境的制约和影响，又要影响组织功能的发挥。玫琳凯女士创办的玫琳凯公司，以其独特的经营理念和企业文化，为员工创造了一个温馨、和谐的组织环境。而玫琳凯公司的员工，不仅在公司能够舒心愉快地工作，而且能把她们对生活的热爱和对美的追求传递给她们的客户和家人，从而使这个世界变得更加美好。那么，怎样才能创办一个像玫琳凯那样深受员工热爱和社会欢迎的企业呢？下面我们就从组织结构和组织文化的角度对这个问题进行分析和探讨。

第九章 组织结构与组织文化

第一节 组织概述

管理心理学家巴纳德（C. I. Barnard）认为："组织是一个有意识地协调二人以上的活动或力量的合作体系。"施恩（E. H. Schein）认为："组织是为了达到某一特定的目标，通过各部门劳动和职务的分工合作和不同等级的权力与责任的制度化，有计划地协调一群人的活动。"孟尼（T. D. Mooney）和雷列（A. C. Reiley）认为："组织是为达成共同目的的人所组合的形式。一个组织群体，如果想有效地达成其目标，就必须在协调合作的原则下，各人做各人不同的事。"可见，组织是一个群体，但又不同于一般的群体，它是为完成共同的目的而结合起来的活动单位。组织的任务是：规定每个人的责任，规定各成员之间的关系，调动组织内每个成员的积极性。

一、组织的概念

传统的组织理论把组织看成是为了达到特定的共同目标，经由各部门分工合作及不同层次的权力和责任制度而协调运行的群体活动。这个定义包括如下含义：

（1）组织有一个共同的目标。人们是为了实现共同目标走到一起的，没有共同的组织目标，便不会有协调的活动，也不会有真正的组织。

（2）组织包括不同层次的分工合作。组织目标单靠个人无法实现，必须分工合作，由不同层次结构的团体来实现。有分工就有权力和职责，在一个企业（组织）中，各车间、班组、科室有各自不同的权力和职责范围。组织的层次结构是组织区别于小群体的重要特征之一。

（3）组织的功能是协调人们为达到共同目标而努力工作。协调即指统一所有人员的思想和行动，调动各层次人员的积极性、主动性和创造性。

传统的组织概念存在三个明显的缺陷：一是只探讨了复杂组织的某一部分或某一方面；二是仅从组织内部来说明组织的特征，把组织视为一个与外界隔绝的封闭的系统；三是不考虑人的需求、满足感和变化，把组织看成是非人化的物的组合。

现代的组织理论把组织看成开放的社会技术系统，这个系统由若干个相互依存的子系统组成。这些子系统相互作用，不但共同承担着组织的各项任务，而且与外部环境发生着错综复杂的联系，使组织与外界能够保持协调、稳定的共生关系。组织概念的外延十分广泛，生活中的生产企业、公司、学校、医院、军队和政府部门等，都是组织的具体形式。

为了研究和实际工作的方便,人们从不同的角度对组织进行了分类。其中较为典型的分类方式有:一是根据组织的目标,可以把组织分为互益组织、工商组织、服务组织和公益组织。二是根据组成组织的原则,将组织分为正式组织和非正式组织。三是根据个人与组织的关系,将组织分为功利性组织、规范性组织和强制性组织。

二、组织层次与管理幅度

组织层次是指管理系统的等级数,管理幅度则是指一名上级管理人员所直接领导和管理的下级人数。组织层次一般决定组织的纵向结构,而管理幅度决定组织的横向结构。组织层次与管理幅度是紧密联系在一起的,它们对组织结构有重要的影响。

法国管理学家法约尔认为,每一名最高经理人员通常拥有不超过四五名的直属下级。在实际的组织工作中,管理幅度主要受以下几个因素影响:一个是组织层次。管理幅度与组织层次成反比关系,组织层次越多,管理幅度越窄;反之,则越宽。另一个是受管理者与被管理者的才能、素质等因素影响。此外,组织的工作效率、集中程度、工作制度以及组织成员之间的相互联系等因素也与管理幅度有关系。

按组织层次的多少和管理幅度的大小,组织可分为高耸的组织结构和扁平的组织结构。高耸的结构具有管理层次多,管理幅度小,沟通渠道多等特点。其优点是管理严密,分工明确,上下级容易协调;缺点是管理层次多、费用高,信息沟通速度慢,下级人员满意度较低等。扁平的组织结构管理层次少,管理幅度大,沟通渠道少。其优点是管理费用低,信息交流速度快,下级成员满意度较高;缺点是不能严密监督下级的工作,上下级协调较差。

在实际管理工作中,采用高耸结构还是扁平结构,应考虑如下因素:

(1) 工作任务的相似程度。工作任务越相似,管理幅度可能就越大,可采用较扁平的结构减少管理层次;工作任务差异大,则应缩小管理幅度。

(2) 工作岗位的接近程度。员工工作岗位较接近的情况下,可以加大管理幅度,采用较扁平的结构;反之,应采用较高耸的结构。

(3) 员工的经验和思想水平。员工缺乏经验,应减小管理幅度,加强对员工的指导;员工工作自觉性高,责任感强又有工作能力,则应提高工作的自主性,让员工自己管理自己,发挥创造性,可以采用扁平结构。

(4) 工作任务所需协调的程度。如果工作任务要求各部门之间或一个部门内部高度协调,则应减少管理幅度,以较为高耸的结构为宜。

三、组织理论

关于组织的理论研究，可追溯到20世纪初期德国社会学家韦伯的组织研究。综观组织理论发展的历史，从总体上看，传统的组织理论都把组织看成一个高度结构化的封闭系统。而现代组织理论则倾向于把组织看成是一个开放的社会技术系统，这个系统由若干个相互依存的子系统组成，与外部环境发生着错综复杂的联系，因而应当用系统的、应变的观点去理解组织的全部内容。1960年以后，组织理论有了急速的发展，在传统组织管理的基础上，加上了心理科学和管理科学的内容。这种理论跨越自然科学、生命科学和社会科学，并以这些理论为基础建立起自己的组织理论体系。

（一）古典组织理论

古典组织理论是德国社会学家韦伯于1910年提出来的。该理论认为，组织应是一个层峰结构体（即金字塔的结构），具有集权、职责明确、管理严格等特点。这种组织结构的优点是：

（1）有明确规定的职权等级制度。每个下级都处于一个上级的控制和监督之下，职务和权力是明文规定的，制度不变，人员可以调换。

（2）专业化强、分工明确。每个人的工作都分成简单的、例行常规的、明确规定的作业。

（3）规章制度明确。用规章制度来保证和巩固组织内各层次和人们之间的一致性。

（4）不受个人情感因素的影响。即指理想的组织，必须受正式的程序支配，而对个人的情感与个性的因素不予考虑，只是根据制度实行奖赏与惩罚。

（5）员工的选择和提升主要根据技术能力。即各级行政人员必须具有特殊的才能方可任职，采用公开竞争和考试等方法来选择员工。

这种组织结构的缺点是：

（1）组织中的沟通容易被曲解，因而造成单位之间和单位与整个组织目标之间的冲突。

（2）组织是机械式的，不能适应周围环境的变化。

（3）容易压制员工的创造性。

（4）不考虑人的积极性，不考虑员工的心理因素、情感因素。实质上是把人看成是组织中的一个机器零件。

（二）新古典组织理论

这种理论的主要代表人物是斯科特（J. Scott），他以古典的层峰结构理论为基础，吸收了心理学、社会心理学和行为科学的关于行为规律和非正式群体的知识，对古典组织理论做了一定的修改。它与古典组织理论相比，有如下几点不同：

（1）在集权和分权的问题上，主张更多的分权。因为分权可以使更多的人参加决策，有利于调动员工的积极性。美国通用汽车公司总裁斯隆提出的"集中政策，分权管理"主张，就是这一思想的体现。

（2）从组织形态来看，不主张高耸的组织结构，而倾向于扁平的组织结构。根据新古典理论的观点，传统的科级组织模式可以分为尖三角形结构（即高耸的组织结构）和扁三角形结构（即扁平组织结构）。前者为集权制度，控制幅度小，后者较易推行分权，分层负责和专业化。

（3）提倡部门化。古典组织理论提倡分工和专业化主要是针对个人而言；新古典理论所倡导的部门化，实质是部门专业化。大学和医院等就是以部门化为基础的组织。

（三）系统与应变的组织理论

社会学家霍曼斯（George Casper Homans）认为，任何一个社会系统都存在于物理环境（工作场所、气候、设施的布局）、文化环境（社会的规范、目标、价值观）和技术环境（系统为完成任务所具备的知识和手段）之中，这些环境决定着社会系统中人们的活动、相互作用以及在此基础上产生的情感。霍曼斯把这些由环境所决定的活动、相互作用和情感称为外部系统。他提出，随着人们交往和相互作用的加强，不仅会有新的情感，还会产生新的行为规范、新的态度。这种新的规范、态度、活动方式并不是由外界环境引起的，而是由社会系统中的内部系统（即非正式组织）引起的。同时，内部系统与外部系统是相互依赖的，内、外两个系统与外部环境也是相互依赖的，其中任何一个系统的变化都会引起另一个系统的变化。霍曼斯组织理论用应变的观点看待组织，提出了进行组织研究的分析单元，为更精确的组织研究奠定了基础。

美国密歇根大学教授利克特（Rensis Likert）认为组织是由互相关联、发生重叠关系的群体组成的系统。这些互相关联、发生重叠关系的群体是由同处于几个群体重叠处的个人来联结的。这种起联结作用的个人称为"联结针"或"联结针角色"。承担"联结针"的人，既是本单位的领导人，又是上级组织的成员，在组织中起承上启下的作用。同时，整个组织同环境之间也需要依靠在组织与环境之间占有重要地位的关键人物来起"联结针"的作用，使组织与环境较好地互相协调。重叠群体模型打破了过去组织理论中严格分工的一人一职一位观念，在强化管理人员的联络功能方面具有重要意义。

第二节 组织结构

任何一个组织在确定了组织的目标之后,接下来就要考虑为实现组织目标设计、建立一定的组织结构。形成组织结构是为了便于管理,因为只有有了组织结构,才能把人、财、物等分散的要素结合起来,形成一个有机的整体。组织结构是为实现组织目标服务的,不同的组织目标,往往要求建立不同的组织结构,而这些不同的结构,又会对员工的态度和行为产生不同的影响。

一、组织结构的概念和基本类型

(一) 组织结构的概念

组织结构的概念有广义和狭义之分。狭义的组织结构,是指为了实现组织的目标,在组织理论指导下,经过组织设计形成的组织内部各个部门、各个层次之间固定的排列方式,即组织内部的构成方式。广义的组织结构,除了包含狭义的组织结构内容外,还包括组织之间的相互关系类型,如专业化协作、经济联合体、企业集团等。我们通常所说的组织结构指的是狭义的组织结构,它包括以下内容:

(1) 基于专业化的工作任务划分。为了完成所要做的全部工作,首先要把这些工作划分成适于员工完成的专门的具体的任务。这些任务的专业化,就为这项工作和做这项工作的人提供了一个标志,即工作界限。这个标志确定了工作人员要做什么,怎样去做,组织为此给予什么样的报酬。

(2) 基于工作任务的部门划分。部门划分就是将工作和人员组编成可以管理的单位。部门化的根本目的在于有效地分工,它实际是机构和人员的分工化。

(3) 建立责权系统。建立责权系统就是将划分的工作部门按性质及相互关系分为高、中、低几个层次,并明确各层次间的权力分配、业务隶属关系,明确各自的责、权、利。

(二) 组织结构的类型

组织结构有以下几种类型:

1. 直线制的组织结构

这是早期的组织结构形式。其特点是组织的各级行政部门,从上到下实行垂直领导，指挥与管理职能基本上由行政主管（如厂长）一人承担，对行政主管在管理知识和专业技能方面都有较高的要求。这种机构的优点是简单灵活，职权明确，活动范围较固定，组织结构较稳定。缺点是结构呆板，缺少弹性，事无巨细均由领导来处理，下级的主动性、积极性不易被激发，上级要求下级绝对服从，缺乏民主，容易专断独行，组织成员之间缺乏合作精神。这种组织结构适合于规模小、生产过程简单的企业，对大中型企业和管理任务繁重复杂的组织不适用。

2. 直线职能制的组织结构

这种组织结构在直线制基础上增加了职能管理人员，他们作为管理方面的参谋，没有对下级行使直接指挥和决策的权力。这种结构既保证了集中统一的指挥，又能充分发挥专业人员的才能、智慧和积极性，有利于将复杂的工作简化，可在规模较大、生产技术复杂的企业推行。增加横向联系的信息渠道，有利于提高工作的计划性、预见性和准确性，有利于从各方面强化专业化管理职能，提高科学管理的效能。但过于正规化容易使机构不够灵活，行政管理部门与职能部门的职责权限容易混淆，领导的决策指挥与职能部门的建议可能不一致，下级无所适从，增加层次、扩大机构容易造成多头领导，在组织规模越来越庞大、环境变化日益剧烈的情况下，适应性较差。

3. 事业部制组织结构

这是根据集中决策指导下分散经营的方针而建立的组织结构。它把组织下属单位按产品、业务或地区分组，并组成各个事业部。每个事业部都是实现公司目标的基本经营单位，实行独立核算，自负盈亏。各事业部拥有相对独立的充分的自主权，高层管理部门则实行有限的控制，以摆脱行政管理事务。事业部制的优点是各事业部职权分明、自主权大，能积极灵活地开展生产经营活动，适应市场变化的能力强；其缺点是事业部权力较大，有可能导致职能机构的作用削弱，不利于统一决策和指导。

二、影响组织结构的主要因素

组织结构定义工作任务如何被正式划分、如何组成群体以及如何协调。当管理者设计组织结构时，应当考虑6个关键要素。它们分别是工作专门化、部门化、指挥链、控制幅度、中央集权与地方分权以及正规化。表9-1显示这些要素的每一个都是对某个重要的结构性问题的答案。

表9-1 在设计合适的组织结构时管理者应当考虑的6个问题

关键问题	由谁回答
1. 把任务分解成相互独立的工作单元时,应细化到什么程度?	工作专门化
2. 对工作单元进行合并组合的基础是什么?	部门化
3. 员工个人和群体向谁汇报工作?	指挥链
4. 一名管理者可以有效指导多少员工?	控制幅度
5. 决策权放在哪一级?	中央集权与地方分权
6. 规章制度在多大程度上可以指导员工和管理者的行为?	正规化

资料来源:(美)斯蒂芬·P. 罗宾斯:《组织行为学》(第10版),孙健敏等译,中国人民大学出版社2005年版,第467页。

(一) 工作专门化

工作专门化的实质是将工作分成若干步骤,每名独立的员工执行其中的某一步,而不是一个人完成整个工作。到了20世纪40年代后期,工业化国家的大多数制造工作都通过高度工作专门化来完成。管理层将这看成最高效地使用员工技能的一种方法。在大部分组织中,某些工作任务需要高技能,而另一些任务则可由未经训练的工人来完成。如果每名工人都从事组织生产过程的所有步骤,那么所有人都必须拥有执行最难和最容易任务的技能。结果是,除了执行最拿手的或最熟练的任务时之外,员工会在其技能水平之下工作。而且由于熟练工人的工资要高于不熟练工人,其薪水反映最高技能水平,让拥有高技能的工人做容易的工作结果会导致大材小用,浪费组织资源。

管理者同时寻找其他可以通过工作专门化达到的功效。通过重复执行同一项任务,员工技能会顺利提高,而且节省了更换任务、放回上一个工作步骤所用到的工具或设备、准备下一个工作步骤的时间。从组织的角度来看,专门化培训效率更高这一事实同样很重要。培训员工做专门的和重复的工作,与培训他们做很宽范围的不同工作相比较,更方便也更合算。对于高度精密和复杂的工作任务尤其如此。例如,如果让一个人制造整架飞机,瑟斯纳公司能在一年时间内制造出一架喷气式飞机吗?不可能!此外,工作专门化通过鼓励创造专用发明来提高工作效率和生产率。

对于20世纪上半叶的许多管理者来说,他们将工作专门化看作增加生产率的无限源泉。这在一定程度上可能是正确的。由于在当时专门化还未被广泛实践,它的引入几乎毫无例外地会带来高生产率。然而到了20世纪60年代,越来越多的证据表明事情做得太过火了,出现了下述情形,由于专门化带来的不利因素——表现为厌倦、疲劳、紧张、低生产率、质量差、旷工增加、高离职率等——超过由它带来的经济利益(见图9-1)。在这种情况下,可通过扩大而不是缩小工作内容的范围来提高生产率。此外,有些公司发现,通过让员工做各种不同的工作,让他们完成完整的任务,或者将他们分配到需要可互换技能的团队中,员工们的产量显著提高,同时满意度也增加。今天大多数管理者对工作专门化的观点是,它既没有过时也不是增加生产率的无限源泉。

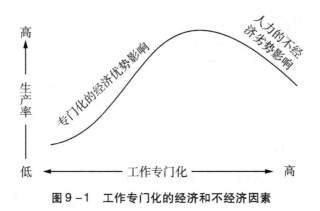

图9-1 工作专门化的经济和不经济因素

资料来源:(美)斯蒂芬·P.罗宾斯:《组织行为学》(第10版),孙健敏等译,中国人民大学出版社2005年版,第469页。

(二)部门化

一旦通过工作专门化将工作细分之后,就需要将这些工作组合以便协调整个工作任务,而将工作组合的基础就是部门化。部门化最流行的一种方法是根据所执行的功能进行组合。制造厂的管理者可能将工程师、会计、制造工人、人事人员及采购人员分到不同的部门。当然,根据功能部门化可用于各种类型的组织。如一家医院可分为专门从事研究、病人护理、费用结算及其他的部门。这种组合方式的最大优点是,通过将同一类的专家安排在一起而获得效率。按功能部门化通过将具有相同技能和方向的人安排在同一部门,而获得规模经济。

部门还可以按照组织所生产的产品类型进行划分。例如宝洁公司按产品线对其组织结构进行了改组。每一种主要产品,如汰渍、帮宝适、魅力或品客现在分别由一位在全球范围内对该产品负全责的执行长官监督。这种部门化的优点是增加了产品业绩的责任明晰性,因为所有与某特定产品有关的行为都仅由一位管理者指导。另外一种部门化基于地理或地域。例如,销售可以分为西部、南部、中西部及东部地区，每个区都是按地理有效地组织起来的一个部门。对于组织的客户分布在很大的地理区域范围的情形，这种部门化很有价值。最后一种部门化则根据组织所寻求的特定的客户类型划分部门。例如，办公室租赁公司执行销售职责的人可分为三个部门，分别负责零售、批发和面向政府部门客户。基于客户部门化的假设是每个部门的客户具有一组共同的问题和需要，而每个专门的部门可以满足这种需要。

大型组织可能会使用上面提到的所有的部门化。例如，一家日本电子公司按照功能组织其各大部门；根据生产过程划分其制造单位；将其销售按地域分为 7 个区；而每个销售区域则按不同客户分为 4 块。然而，有两种趋势在过去 10 年得到了发展。第一，客户部门化逐渐流行。为了更好地跟踪客户的需求及更好地响应这种需求变化，许多组织强调按客户划分部门。第二，严格地按功能分类正在被跨越传统部门界限的团队所取代。由于任务变得越来越复杂并且需要更多不同的技能来完成这些任务，管理者开始将目光投向跨功能型团队。

（三）指挥链

指挥链是指从组织的最高层扩展到最低梯次的完整的职权链，确定谁向谁汇报。它向员工回答诸如"如果出了问题我找谁？"及"我对谁负责？"等问题。在 20 世纪 70 年代，指挥链的概念是组织结构设计的基础。但是在今天，指挥链的重要性已经削弱了很多。然而尽管如此，管理者在决定如何构造其组织时，仍然会考虑它所带来的启示。

如果不讨论两个当代的新概念——职权和指挥的统一，就无法讨论指挥链。职权是指一个职务所固有的发布命令和要求服从命令的权力。为了方便管理，组织为每个管理职位在指挥链中安排一个位置，而且每个管理者被给予一定的职权以便完成其职责。指挥的统一原则帮助保持完整的职权链概念。它指出每个人只对一位上级直接负责。如果指挥的统一被破坏，下级职员就可能要处理来自多位上级的相互矛盾的要求和优先权。

时代在变，组织设计的基本原则也在变化。由于计算机技术的进步以及员工获得授权趋势的发展，指挥链、职权以及指挥的统一等概念已不再那么重要。现在，一位下级员工只要花几秒钟时间就可以获得在 20 年前只有最高管理者才能看到的信息。类似地，联网的计算机使得组织中的员工无论在什么地方，都可以与其他人沟通，而无须借助正式的渠道。而且，随着基层员工被给予在从前仅属于管理者的决策权，职权和维持指挥链的概念显得越来越不重要。自我管理和跨功能型团队的流行，拥有多位老板的新组织形式的创建，以及指挥的统一的概念所具有的重要性降低，这些都丰富了这一变化趋势。当然，仍然有不少组织发现它们能够通过强化指挥链来获得最大的生产率。但这种情况在今天似乎已经越来越少。

(四) 控制幅度

一位管理者能够有效并高效地管理多少名下级呢？控制幅度这一问题之所以重要，是因为它在很大程度上决定着一个组织中划分多少级别以及有多少管理者。在其他条件相同的情形下，控制幅度越大，则组织的效率越高。下面的例子可证明该陈述的正确性。

假设有两个组织，每个组织的基层人数都大约为4 100人。如果其中一个组织的控制幅度固定为4人，而另一个为8人，那么具有宽控制幅度的组织要少两个级别，管理者的人数大约少800人。如果每名管理者平均每年获得50 000美元收入，则宽控制幅度的组织每年将节省40 000 000美元的管理者薪水。显然，从成本的角度来看，宽控制幅度的组织效率更高。但是宽控制幅度的组织有时会降低绩效。也就是说，当控制幅度过大时，由于管理者不能及时地提供必要的领导和支持而会导致员工的绩效受损。

最近的管理趋势，在朝着宽控制幅度发展。宽控制幅度与近年来公司在降低成本、削减管理费用、加快决策速度、增加灵活性、接近客户以及授权于员工等方面的努力相一致。然而，为了确保员工绩效不因为控制幅度过宽而受损，组织在员工培训上投入了大量资本。管理者认识到，如果员工能够知道他们工作的方方面面或者在遇到困难时向同事求教，那么宽控制幅度就更容易操作。

(五) 中央集权与地方分权

在有些组织中，顶层管理者做出所有的决定，低层管理者仅仅执行顶层管理者的指示。另一个极端是组织的决策权下推到与"行动"最接近的管理者。前一种组织为高度中央集权化，而后一种则是地方分权化。

中央集权化指的是在组织内决策集中于单独一点的程度。这个概念仅包括正式的职权，也就是某个职位所固有的权力。典型地，如果顶层管理者在没有或者很少下级人员参与的情况下做出关键决策，这种组织就是中央集权化的。相反，如果下级人员参与决策或者被给予实际的决断力越充分，则该组织越地方分权化。

以中央集权化为特征的组织与地方分权化组织有内在的结构差异。在地方分权化组织中，解决问题所采取的行为更加迅速，更多的人参与决策，而且员工不太可能与那些影响他们工作寿命的决策者们有疏离的感觉。

(六) 正规化

正规化是指组织内工作的标准化程度。如果一项工作高度正规化，则工作职责对于做什么、什么时候做以及应当怎样做等要求最少的决断力。员工总是正好在同一时间处理同样的输入数据，最终得到连贯的和始终如一的输出结果。在高度正规化的组织中,有明确清晰的工作描述、大量的组织规则以及清楚界定的工作过程及程序。而在正规化低的组织中,工作行为相对非程序化,员工在工作中有很大的自由度实施决断力。员工在工作中的决断力,与该工作被组织预先规定好的行为的量成反比。因此,标准化程度越高,员工对工作的投入越少。标准化不仅排除了员工从事可选择行为的可能性,甚至免去了员工考虑可选行为的必要。

正规化的程度在组织内和组织间存在巨大差别。例如,某些工作是众所周知具有低正规化特点的。大学图书推销员——出版商的代表,他们打电话通知大学教授其出版社的最新出版物——在工作中就有很大的自由度。他们没有标准的销售"饶舌",控制他们行为的规则和程序也很少,他们只需每周提交一份销售报告并提供一些关于应该强调哪些选题的建议。而另一极端是,同一出版社的文书和编辑则必须每天在上午八点之前准时到达工作地点,否则将被扣罚半小时的工资收入,而且他们一旦在工作岗位上,就必须遵循管理者规定的一系列精确的工作程序。

三、组织结构设计的方法

(一)早期的组织结构设计

1. 简单结构

简单结构以不是什么而非以是什么为特征。简单结构不是精心制作的。这种结构的部门化程度低,控制幅度宽,正规化程度低。简单结构是一种"扁平"结构,它通常只有 2~3 层垂直等级,员工群体结构松散,且只有一个人持有决策权。简单结构主要出现在管理者和所有者为同一人的小型企业。但由于其施行中央集权管理,这种结构同时也是出现临时危机时的一种首选结构。

简单结构的优点在于其简单性。它快捷、灵活、维护费用少,并且责任分明。这种结构的最大缺点是它只适合于小型组织。随着组织成长,这种结构会越来越不适用,因为其低正规化和高中央集权会在高层产生信息过载。随着规模增大,决策会变慢并且可能最终停滞,因为唯一的执行官必须做出所有的决定。这种结果是导致许多小型企业失败的原因。当组织雇用的人数达到 50~100 人时,对于老板兼经理来说要做出所有的决定已经非常困难。如果组织结构不改变和设计得更细致,公司将会失去动力并可能最终破产。

2. 官僚机构

官僚机构流行的高峰期大约在 20 世纪 50 年代和 60 年代。在这段时期,几乎世界上所有的大型公司都是官僚机构组织。虽然今天官僚机构已经过时——主要是因为它难以迅速地对变化做出反应——但是大部分大型组织仍然呈现出官僚机构的特征。官僚机构的特征是通过专门化来完成常规的操作任务，有非常正规化的规则或规章制度，特定任务由相应功能型部门执行，职权中央集权化控制幅度小，并且按照指挥链进行决策。

官僚机构的主要优势在于它能够非常高效地执行标准化行为。将相近的专业放在同一功能部门内，可产生规模经济，使人事和设备的重复最小化。官僚机构允许才能较低的中、下层管理者存在。规则和规章制度的普遍深入取代了管理者的决断力，标准化操作配合以高度正规化，使得决策可以高度集权化。因此，高级执行官的下属无须再有创新的和有经验的决策者。官僚机构的最大弱点是专门化产生子单位矛盾，功能性单位的目标可能会凌驾于组织的总体目标之上。官僚机构的另一个主要弱点是他们过分强调服从规则，当出现的情况与规则不能精确符合时，毫无更改的余地。

3. 矩阵结构

矩阵结构是一种多元式的结构。为了达到一定目标或完成一个项目，在已有的直线职能制结构中，从各部门抽调专业人员，组成临时或长期的专门机构。这种专门机构领导人有权指挥机构的成员，并同有关部门进行横向联系和协调。参与专门机构的成员同自己原来的部门保持隶属关系，接受他们的领导，打破了一个员工只能接受一个领导的传统模式，把不同部门和不同专业的人员汇集在一起，有利于解决复杂的技术问题。矩阵结构从本质上说，综合了两种部门化形式——按功能部门化和按产品部门化。矩阵结构的最大优势在于它的协调能力，这种优势在组织有多个复杂而相互依赖的任务时会显得更加突出。

随着组织规模逐渐扩大，其处理信息的能力可能会出现超负荷现象。在矩阵结构中，不同专业的直接而频繁的接触，有助于更好地沟通并带来更多的灵活性，使信息穿透组织障碍迅速到达需要考虑该信息的人。矩阵结构的双重职权链，减少了部门成员为了保护其部门小天地的利益而将组织整体利益摆在第二位的可能性，促进了专家的高效配置。当拥有专门技能的个体处在功能型部门或产品型部门时，他们的才能被垄断因而利用率不高。矩阵组织则通过同时向组织提供最佳人力资源和确保资源高效配置的方法来获得最大的经济效益。矩阵结构的最大缺陷在于其带来的混乱，可能引起权力斗争，以及会对员工造成压力。当抛弃指挥的统一概念时，会大大地增加含糊，而含糊则经常会产生矛盾。

（二）组织结构设计的新选择

1. 团队结构

团队已经成为组织工作行为的一种普遍方式。一个将团队作为其中心协调机器的组织具有团队结构。团队结构的主要特征是，它打破了部门间的屏障并且将决策权下放到工作团队层次。对于大型组织，团队结构经常可以弥补官僚机构的缺陷。而在小公司中，团队结构可定义整个组织。例如，波士顿的一家高级餐馆 Radius 公司雇用了 30 名员工，全部都按团队组织。

2. 虚拟组织

按照组织结构的语言，虚拟组织高度中央集权化，很少或者没有部门化。它们可以在没有自己的制造设备的情况下从事几亿美金的商业买卖。这些虚拟组织创造了关系网络，使得公司可以将生产、发行、销售或者管理者认为其他人能够做得更好或更便宜的业务功能承包给其他公司做。虚拟组织与典型的官僚机构呈鲜明对比，官僚机构有太多的纵向的管理层次而且要控制整个庞大的组织结构，在这种组织中，研究开发在公司内部办公室里进行，生产过程在公司所拥有的车间里进行，市场销售也由公司自己来执行；虚拟组织则完全不同，它们将许多业务都承包出去，而将精力集中于他们做得最好的事情上。

3. 无边界组织

通用电气公司的前任 CEO 杰克·韦尔奇先生创造了"无边界组织"这个词来描述他理想中的 GE 公司。韦尔奇希望将他的公司变成"600 亿美元的家庭杂货店"。也就是说，尽管公司规模庞大，他希望能够在 GE 内部清除纵向的和横向的边界，并且打破公司与外部客户及供货商之间的屏障。无边界组织寻求清除指挥链，具有无限的控制幅度，并且以授权的团队取代部门。GE 目前还没有到达无边界状态——也许永远不能够到达——但是它已经取得很大进展。像惠普、美国电报电话公司、摩托罗拉公司等也都取得类似的进展。

20世纪80年代以来，组织理论发展的一个显著特点，是对组织中的人有了更为深刻的认识，把人在组织和管理中的作用提高到了前所未有的重要地位。组织文化这一新概念的出现，就是这一变化的明显标志。在这里，组织文化指的是组织成员中的一个意义共享的体系，它使组织像个体一样有了自己的个性。这种个性可能是呆板的，也可能是灵活的；可能是冷漠的，也可能是热情的；可能是积极主动的，也可能是消极保守的。例如，同是美国的知名企业，通用电气公司的办公室布局和员工特点与通用面粉公司的就不一样；哈佛大学与麻省理工学院虽然仅有一河之隔，但他们却各有自己独特的情感和个性。

第三节 组织文化

组织文化最早作为影响员工态度和行为的一个独立变量，其起源可以追溯到50多年前的制度化概念。当组织开始了制度化，它就有了自己的生命力，独立于组织的创建者和任何组织成员之外。另外，当组织制度化后，它本身便有了价值，而不仅仅是因为它所提供的产品或服务才有价值。组织的制度化运作，也使组织成员对于什么是恰当的行为，或者从更根本上说，什么是有意义的行为，有了共同的理解。因此，一个组织具有持久的制度化后，对员工来说，哪些是可以接受的行为模式便一目了然、不言而喻了。我们将会看到，这其实与组织文化所做的事情完全相同。因此，了解组织文化的构成内容，以及它的产生、维系和学习的方式，将有助于提高解释和预测员工工作行为的能力。

一、组织文化概述

（一）组织文化的界定

什么是组织文化？国内外学者对此众说纷纭。由于西方学者所概括的组织文化大都以企业组织为典型，因此它与企业文化在许多场合是一致的，有时是在同一意义上使用的。但从严格的意义上说，组织文化的概念要比企业文化广泛得多，因为除了企业文化以外，还存在着各种不同类型组织的文化。

综观国内外组织文化的研究成果，可以看到其有关组织文化的界定，大致有如下三种类型：

(1) 三层次说。认为组织文化由三个层次的内容组成。第一层次是文化外显层，如厂房、设施等物质形态；第二层次称为制度文化，如规章制度、公约纪律等制度形态；第三层次为核心层或精神文化，指组织的价值观念、理想等精神形态。这三个层次总合起来，便是组织文化。

(2) 二元说。认为组织文化是由组织中物质文化与精神文化两个方面因素总合成的。物质文化指的是有形的、可见的、外显的东西，又称外显文化或表层文化，如机器、设施、厂容厂貌、技术设计、商品包装、商标等；精神文化指的是无形的、看不见的方面，又称为隐形文化或深层文化，如组织中的共同价值观、信念、传统、气氛、作风、行为准则等。

(3) 精神文化说。认为组织文化是以价值观为核心的，包括信念、作风、行为规范在内的各种精神现象。它体现在物质形态之中并发挥其影响和制约作用，但不能把物质形态的东西包括在内，否则组织文化就失去了其独立存在的价值，同时也很难对其进行研究和建设。

国内外学者对组织文化的理解虽然各有见地，但从中也不难看出他们的共同之处，这就是他们都承认以价值观为核心的精神文化是组织文化的最主要成分。目前，在管理心理学和组织行为学领域，得到相对广泛认同的组织文化界定是：组织文化（organizational culture）指组织成员共有的一套意义共享的体系，它使组织独具特色，区别于其他组织。组织文化是共享假设、价值取向和信仰的一种基本模式。它被认为是思考和解决组织面临的问题和机遇的正确方式，它区分了组织中什么事情是重要的，什么事情是不重要的。

组织文化是一个描述性概念，它关注的是员工如何感知到组织文化的这些特点，而不在于他们是否喜欢这些特点。这一点很重要，因为它是组织文化与工作满意度的差异所在。对组织文化方面的研究致力于测量员工如何看待自己的组织：它鼓励团队精神吗？它奖励创新吗？它压抑员工的主动性吗？相反，工作满意度试图测量的是人们对工作环境的情感反应。它关心的是员工对于组织期望、报酬体制等方面是否感到满意。这两个术语之间毫无疑问存在一定的重叠，但是，组织文化是描述性概念，工作满意度则是评价性概念。

（二）组织文化的特性

组织文化代表了组织成员所拥有的共同认知，当我们把组织文化界定为一个意义共享的体系时，这一点已经很明确了。因此，我们应该预期，组织中来自不同背景或处于不同层级的员工，倾向于使用相似的术语来描述组织文化。但是，当我们在承认组织文化具有一些共同性质的同时，还必须承认组织文化的多样性和复杂性。事实上，很多大型组织中都存在一个主文化以及众多的亚文化。

主文化（dominant culture）体现的是一种核心价值观，它为组织中绝大多数成员所认可和共享。当我们谈到一个组织的文化时，通常就是指组织的主文化。正是这种宏观角度的文化，使组织具有自己独特的个性。亚文化（subculture）是指在大型组织内部发展起来的，反映了其中一些成员所面临的共同问题、情境和经历的文化。这些亚文化通常可能在组织内部的部门设计和地理分隔的基础上形成。例如，采购部可以有本部门成员共享的、独特的亚文化。它既包括主文化中的核心价值观，又包括采购部成员所特有的一些价值观。同样，如果组织的某个办公室或工作单元远离组织总部，它也可能表现出不同的风格特点。如果组织中没有主文化，而仅仅是由多种亚文化组合成了其组织文化，那么，这一组织文化作为独立变量的价值就会大大减弱。因为在这种情况下，员工对于哪些行为恰当、哪些行为不恰当缺乏一致的解释。正是由于组织文化中的"意义共享"，才使得组织文化成为引导和塑造员工行为的有力工具。

在组织文化研究中，划分强文化与弱文化的观点正在日趋流行。这种观点指出，强文化对员工行为的影响更大，并与降低流动率有着更直接的关系。在强文化（strong culture）中，组织的核心价值观得到强烈而广泛的认同。接受核心价值观的组织成员越多，对核心价值观的信念越坚定，组织文化就越强。与这种界定相一致，强文化会对其员工的行为产生巨大影响，因为这种高强度以及高度的认同感会在组织内部创造一种有力的行为控制氛围。例如，以西雅图为基地的诺德斯特姆公司（Nordstrom），在零售业中创建了一种十分强劲的服务文化。该公司的员工对于公司期望自己所做的事情十分清楚，这种期望又对塑造他们的行为有着相当深远的影响。强文化能使员工的流动率更低。在强文化中，组织成员与组织的立场保持着高度的统一。这种目标的一致性造就了内聚力、忠诚感和组织承诺。反过来，这些特征又降低了员工脱离组织的可能性。

（三）组织文化的作用

从上述组织文化的界定中可以看出，组织文化既是无形的、不可捉摸的，同时又被视为无处不在的、理所当然的。每个组织都会发展出一套核心的假设、理念以及隐含的规则来管理工作环境中员工的日常行为。不管是高层管理者，还是一线员工，只要有人违背这些规则，就会受到普遍的指责和严厉的惩罚。而遵循这些规则，则被视为理所当然的，它是得到奖励和向更高方向发展的基本前提。

组织文化是组织中占支配地位的领导集体率领广大员工在长期的调查研究和工作实践基础上，经多年培育、维持而创建的。其内含的价值观、行为规范、传统作风等核心因素虽然来自于组织，但却不仅具有相对的独立性和稳定性，而且反过来对组织在以下5个方面具有巨大的能动作用。

（1）划界作用。组织文化首先起着划清界限的作用。通过它能使得一个组织与其他组织区别开来。

（2）导向作用。组织文化能将全体员工的思想行为统一到组织发展的目标上来，不仅对组织个体的心理、行为具有导向作用，而且对组织整体的价值取向和行为具有导向作用。

（3）凝聚作用。组织文化对员工的思想、兴趣、习惯等因素具有潜移默化的作用，能使他们自觉或不自觉地接受组织共同的信念和价值观，从而把个人融入集体，促使其归属感增强，凝聚力提高。

（4）激励作用。员工能通过组织文化认识自己组织的特点与优点，理解自己工作的意义和价值，产生热爱集体的荣誉感、自豪感，激发巨大的工作热情。

（5）稳定作用。组织文化是一种社会黏合剂，它通过为组织成员提供言行举止的恰当标准，以及由此产生的认同感，使员工愿意长期留在组织中。

（四）组织文化的评价维度

组织文化是由组织观念、组织精神、道德规范、行为准则、历史传统、组织制度、组织的内外部环境、组织形象等构成的。因此，它的评价也应围绕这些内容。霍尔斯特德（G. Horstode）等人在20世纪90年代初通过案例研究，提出了10项组织文化的评价维度。

（1）组织成员的认同感。指组织成员认同整个组织还是只认同自己工作的程度。

（2）强调群体的程度。指工作活动以群体为主还是以个人为主的程度。

（3）单位整合度。指鼓励组织中各单位彼此协调配合的程度。

（4）以人为本。指领导者进行决策时，主要是考虑完成任务还是考虑该决策对组织成员的影响。

（5）控制水平。指对组织成员进行控制的严格程度。

（6）风险容忍度。指鼓励组织成员积极进取、创新和冒险的程度。

（7）奖励准则。指组织对员工实施加薪、晋升时，是根据绩效还是根据资历及其他非绩效性因素。

（8）冲突容忍度。指鼓励组织成员把冲突公开并进行批评的程度。

（9）组织取向。指组织的管理者是重视目的、结果还是重视达到目的的过程和手段。

（10）以开放系统为中心。指组织对外界环境变化反应的灵敏程度。

应当指出，上述10个特征应被看成是从一个极端到另一个极端的连续体，也就是说，应把上述特征看成是评定组织文化的维度。根据对这10个维度的测量并加以综合，就可了解某一组织的组织文化全貌。当然，用这10个维度来评定和测量组织文化，是否能完全概括组织文化的全部内容，还有待进一步的研究和检验，但霍尔斯塔德等人的研究为我们研究组织文化提供了参考框架并指出了进一步研究的方向。

二、组织文化构成要素

从系统科学的观点看，组织文化作为一个系统，必然有其自身的结构和功能。这种结构和功能虽然对不同的组织而言都有其特殊的构成和发挥作用的方式，但就总体而言，它们又都有一些共性的、基本的构成要素，以及一般的、共性的作用方式。图9-2是组织文化的基本结构图。它用形象的方式说明了组织文化的构成要素，以及各个要素存在和发挥作用的方式。如果我们把组织文化比作一座冰山，其露出水面的部分是组织的物理结构、语言、仪式典礼、故事和传说，即所谓人造器物，它们代表的是组织文化的外在表象；而在水平面之下的部分，则是组织文化的内部结构，即组织的信仰、价值观和人性假设。

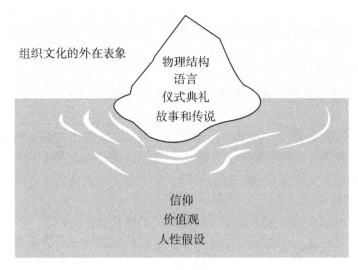

图9-2　组织文化的基本结构

资料来源：（加拿大）史蒂文·麦克沙恩、（美）玛丽·安·冯·格里诺：《组织行为学》，汤超颖译，中国人民大学出版社2008年版，第326页。

（一）组织文化的内部结构

组织文化的内部结构，即精神文化指的是组织文化中无形的、看不见的方面，又称为隐形文化或深层文化，如组织中的价值观、信仰、人性假设，以及传统、气氛、作风、行为准则等。有人把组织文化比作组织中的DNA——肉眼虽然看不见，但却无处不在，并对组织的存在和发展产生着深远的影响，它是塑造什么在工作场所中发生的一个强有力的模板，组织和组织成员的行为、活动，无不带有组织文化的印迹。

1. 信仰

信仰是人类特有的心理现象，是人们对一定世界观、人生观、价值观等的信奉和遵循，是统摄其他一切意识形式的最高意识形态。在信仰的历程中，人们赋予信仰对象以绝对真实性，把它作为生命的价值和意义的承担者，并随之产生敬畏、虔诚、舍弃自我的心理状态。信仰是以人的最高信念为核心的，它不是人口头上信什么，而是内心里信什么，不是某种外在的力量要人信什么，而是自己真正认同什么。因此，信仰是人类心灵的自律，是人类道德品质中信任、忠诚、奉献等品格的基本动力。它包含着人类对自身存在意义的体认，包含着人生态度、价值取向、道德准则，反映着人类对自我及其处境的整体认知与评价，是人类通过思维和行为超越自我、超越有限性的精神活动。在组织文化中，信仰代表着组织的最高信念和追求。例如，阿里巴巴信奉的是"唯一不变的是变化"，所以他们提出了"永不把赚钱作为第一目的"、"客户第一，员工第二，股东第三"、"永不谋求暴利"等响亮口号。

2. 价值观

价值观是指个体对物质财富、精神财富的选择态度和行为准则。它既可以表现为一种自发的价值意向，与日常生活、风俗人情相联系，又可以表现为一种自觉的观念体系，即经过了理性的反思，升华为观念结构或系统模式，辐射到社会成员的日常文化心理及行为方式中，给人以精神上的定位。价值观是人们对自身生活意义的反思和追求，它决定着人类行为的取向，决定着人们以什么样的心态和旨意去开创自己的生活。在组织文化中，价值观处于比信仰更深层的位置，它决定了组织中各种事情应该是怎样的，以及组织中什么是最重要的。2001年1月13日，阿里巴巴第一次将企业文化总结、提炼、固化为文字，这就是"独孤九剑"，即九大价值观。"独孤九剑"有两个轴线。一是创新轴，包含创新、激情、开放、教学相长，其中激情是核心；二是系统轴，包含群策群力、质量、专注、服务与尊重。贯穿创新和系统轴线的是简易。创新要简易，系统也要简易，简易就是防止内部产生官僚作风，防止办公室政治。作为价值观，"独孤九剑"在阿里巴巴灌输了3年多，它不但成为员工的行为准则，而且进入到员工的绩效考核体系中。

3. 人性假设

人性假设是对人的本性的根本看法。在现实的管理活动中，人们总是以他们对人性的假设为依据，运用不同的方式来组织、领导、控制和激励人。从某种意义上说，接受一种人性假设的管理人员会趋向用一种方式来管理，而接受另一种人性假设的管理人员会趋向用另一种方式来管理。人性假设在组织文化中居于最深层，通常体现为组织或组织成员对某一特定情境中适宜行为与反应的无意识的假设。因为它是不需要我们思考就能产生的反应，所以是理所当然的，不成问题的。著名组织文化研究专家施恩对此的解释是：当解决问题的方法被反复运用后，就会成为理所当然的了。当初仅仅为一种价值观所支持的假设，后来就渐渐被当作是真实的，我们也逐渐相信事情本来就应如此。这些基本假设在组织中是无对抗性的、无争论的，一经确立就很难变动。例如，在前述案例中的玫琳凯公司，人们相信人的本性是善良的，你所给别人的一切都会得到回报。如果你给别人最好的，那么你最终也会得到最好的回报。因此，"你愿意别人怎样对待你，你也要怎样对待别人"就成了企业的金科玉律和衡量人们一切行为的基本准则。

（二）组织文化的外部表象

组织文化的外部表象，即"人造器物"（artifacts）是组织文化可观察到的象征和标志。公司问候来访者的方法、物质分配的方式以及如何对员工进行奖励等，都是组织文化的外部表象。因为一个组织的文化通常是微妙、复杂和包罗万象的，所以许多专家在对组织文化进行研究时，往往要在公司每天的日常记录和员工在工作场所的行为中来归纳和概括其组织文化。下面我们就通过四类较常见的"人造器物"来对组织文化的外显部分进行分析。

1. 企业故事和传说

在亨利·福特二世担任福特汽车公司董事长期间，当福特公司的管理者们骄傲自满时，福特先生就会提醒他们："福特公司的大楼上写的是我的名字。"其意思很明确：不要忘记公司的历史！耐克公司的很多高层管理者也用相当多的时间讲述公司的故事。他们的故事实际上传递着这样一个信息，即耐克是什么。当他们讲到公司创立者之一比尔·鲍曼（Bill Bowerman）为了制造更优质的跑鞋，亲自进入工作间往他太太的华夫饼干模具里灌橡胶时，他们其实在说耐克的创新精神。当新员工听到俄勒冈赛跑明星斯蒂夫·普莱弗特尼（Steve Prafontaine）为使跑步成为职业运动和为获得更高水平的运动设备而奋斗的故事时，他们学到的是耐克对于帮助运动员的承诺。

许多组织中都流传着这样的小故事。它们通常是有关以下方面的内容：发生在组织创建者身上的故事、规则的打破、从乞丐到富翁的发迹史、裁减劳动力、员工重新安置、反省过去的错误以及组织的应急事件等等。这些小故事能够起到借古喻今的作用，还可以为目前的组织政策提供解释和支持。绝大多数情况下，这些故事是自然而然产生的，但也有一些组织实际上在试图管理文化学习这一要素。例如，在美国北卡罗来纳州的一个大型多纳圈生产商——脆奶油多纳圈连锁店，有一位全职"文化大使"，其主要职责是记录与顾客和员工访谈的过程。他们所讲的故事而后会被选入公司的音像杂志中，用以描述该公司的发展历史和价值观。

2. 仪式

仪式（rituals）指的是表现组织文化的程序化了的重复性活动。例如，集体唱店歌是沃尔玛公司最著名的公司仪式之一，从公司的创始人山姆·沃顿（Sam Walton）开始，一直把它作为一种激励和团结员工队伍的方式："给我一个W，给我一个A，给我一个L，给我一个波浪线，给我一个MART。"这已经成为公司的一种仪式，把沃尔玛的员工紧紧联系起来，并强化着山姆·沃顿的信念——员工对于公司的成功十分重要。IBM、爱立信、德意志银行和普华永道国际会计师事务所等，也有类似的仪式。

在美国，大学教师追求终身雇佣资格的过程，也是一种典型的仪式过程。一般来说，他们的试用期为6年。试用期满时，他们的同事要做出二选一的决策：要么授予他"终身教授"，要么仅仅续签最后一年执教合同。在大多数学校，是由已获"终身教授"者来评价候选人6年来的工作绩效，看其是否适合这个组织。在美国，每年都有几百名大学教授未能获得这一资格。究其原因，在某些情况下是因为他们的水平不够，但在大多数情况下，则是因为候选人在决策者重视的领域中表现不佳。

3. 组织语言

许多组织和组织内部的工作部门，都使用特定的组织语言作为识别组织文化或组织亚文化的手段。通过这种语言的学习和使用，成员可以表明自己对该文化的接纳，同时，这样做也有助于保护该文化。Knight Ridder Information 是一家以加利福尼亚为基地的生产数据路由器的公司，该公司员工常常使用很多术语，如 accession number（给每个个体在数据库中分配的一个数码）、KWIC（一系列有关文中内容的关键词）和关联运算符（在数据库中按一定顺序搜索姓名或关键词），等等。

随着时间的推移，组织往往会发展出一些特定术语，用来描绘与自己业务有关的设备、办公室、关键人员、供应商、顾客和公司产品，等等。一般来说，新员工最初会对这些短语和行话困惑不已，经过6个月的工作之后，这些内容会完全成为他们语言中的一部分。一旦员工掌握了这些术语，它们就会成为一个共同特征，把特定文化或亚文化中的成员联系在一起。工作场所的语言传达了大量的企业文化，员工彼此间如何称呼，用什么样的方式回答客户问题等，都是组织文化口头上的象征物。

4. 物质象征

在一些组织，建筑物大小、形状、位置和年龄等，都反映着其价值取向、精神风貌和工作氛围等。这些建筑物可能在设计时就赋予了塑造组织文化的使命，或成为现有组织文化的"人造器物"。即使建筑物没有传达出更多的意思，人工制品里也蕴含了组织的文化内容。桌子、椅子、办公区和墙上的悬挂物便是可能传达组织文化的几种物品。漫步在加利福尼亚州帕洛阿托市的 IDEOR 的办公区域，你很快就会发现这家工业设计公司具有创新精神、团队合作、平等主义的企业文化。在这里，每个员工私人办公区的大小都差不多，相互挨着，组成一个团队的办公区。在其对面，是一张不对称设计的桌子，这张桌子就是整个团队的"中央公园"。这些人工制品可能单独传递的意思并不多，但是把它们集中起来，这家公司的文化价观就比较容易被破译。

美国铝业公司的总部与典型的公司总部办公室并不一样。这里很少有独立的办公室，甚至对于高层经营者也是如此。它主要由间隔、公共区和会议室组成。总部办公室的这种非正式格局向员工传递着这样一种信息：美国铝业看重的是开放、平等、创新和灵活。有些公司为高级管理者提供高档轿车并配备专职司机，出差旅行时可以随意使用公司的喷气式客机。另一些公司却仅支付轿车和飞机费用，轿车只不过是雪佛兰轿车，坐飞机也只是普通商用客机的经济舱。公司总部的布局、公司给高级管理者配备的车型以及是否给他们提供私人飞机，这些都是物质象征的例子。这些物质象征向员工传递这样的信息：谁是重要人物、高级管理者期望什么样的平等程度以及哪些行为类型是恰当的。

三、组织文化创建、保持与发展

组织文化是在长期经营管理过程中逐步实现的，具有实践性和独特性。组织文化的这一特性，决定了它不可能一蹴而就，也不能简单模仿，必须将其纳入组织的发展战略，通过有意识的培育和扎扎实实的长期建设，才能最终形成并保持和发展。

（一）组织文化创建

组织当前的惯例、传统、做事的一般方式，在很大程度上是沿袭过去的传统。这使得我们找到了组织文化的源头——组织的创始人。组织的创始人对组织早期文化影响巨大，他们为组织应该做的事情勾画了一幅愿景规划，他们不受以前的习惯做法和思想意识的束缚。新建组织的典型特点是规模比较小，这非常有利于创始人把自己的愿景灌输给所有的成员。

创始人对组织文化形成的影响是通过以下三种途径实现的：首先，创始人仅仅聘用和留住那些与自己的想法和感受一致的人员；其次，他们对于员工的思维方式和感受方式进行灌输和社会化；最后，创始人把自己的行为作为角色榜样，鼓励员工认同这些信念、价值观和假设，并进一步内化为自己的想法和感受。当组织成功时，创始人的愿景被人们视为成功的主要决定因素。在这一点上，创始人的整个人格特点就会植根于组织文化之中。

现代公司是韩国的企业巨人，它的企业文化在很大程度上是创始人郑周永的个人写照。现代公司激烈的竞争型风格以及纪律严明、高度权威的特色，也都是描述郑周永的特点。在当今时代，有关创始人对组织文化有着极大影响的例子还有比尔·盖茨对微软的影响，英格瓦·坎普拉对宜家的影响，荷伯凯·勒荷对西南航空公司的影响，弗莱德·史密斯对联邦快递的影响，玫琳凯·艾施对玫琳凯化妆品公司的影响以及罗纳德·布朗森对维珍集团的影响。

（二）组织文化的保持

组织文化一旦建立，组织内部就会采取一些措施使其得以保持和传承。组织的员工甄选过程、绩效评估标准、培训和职业开发活动以及晋升程序等，都在进一步确保组织雇用的是适应这种文化的员工，奖励的是支持和拥护这种文化的员工。那些挑衅组织文化的员工则会受到惩罚。在维系组织文化的过程中，有三个因素起了举足轻重的作用：甄选活动、高级管理层的举措和社会化方法。

1. 甄选

组织的甄选过程有着明确的目标：识别并雇用那些有知识、技能和能力的人，从而成功完成组织中的工作。通常能够满足某项工作需要的求职者肯定不止一位。在这个时候，所雇用的人显著受到决策者对于求职者是否适合组织判断的影响。这种试图确保员工与组织相匹配的努力，不管是有意还是无意，都会促使受聘员工的价值观与组织价值观大体一致，至少与组织价值观中的相当一部分保持一致。另外，甄选过程也为求职者提供了一些有关组织的信息，如果求职者发现自己的价值观与组织价值观存在冲突，他们会自动退出候选人之列。因此，甄选过程成为一种双向选择过程，当雇主和求职者相互不匹配时，它允许其中一方终止他们之间的联姻。通过这种方式，甄选过程过滤掉了那些可能对组织的核心价值观构成攻击或威胁的人，从而维系着组织的文化。

2. 管理活动

最高管理层的活动也对组织文化有着重要影响。高层管理者通过自己的举止言行建立起规范，并将其渗透到组织当中，例如，公司是否鼓励冒险；管理者应该给自己的下属多大自由度；什么样的着装是得体的；什么样的活动可以得到加薪、晋升或其他奖励；等等。罗伯特·凯尔林（Robert A. Keirlin）是美国最大的一家专营螺栓与螺母的零售商店 Fastenal 的董事会主席兼首席执行官，公司有 6 500 名员工，而他的年薪仅为 6 万美元。他仅有 3 套西装，而且都是二手货。他自己开丰田车上下班，出差时住在价位较低的汽车旅馆。罗伯特·凯尔林真的需要一分钱掰成两半花吗？要知道，他拥有市场价值达 3 亿美元的公司股票。但是，他喜欢节俭的个人生活风格。凯尔林认为他的行为应该向所有员工传递这样一个信息：我们不应浪费公司里的任何东西。凯尔林把自己视为一个节俭的榜样，该公司的员工也确实学会了跟随他这个榜样。

3. 社会化

不管组织在人员的甄选和选拔录用方面工作做得多好，新员工都不可能完全适应组织文化的要求。因此，组织需要帮助新员工适应组织文化，这种适应过程称为社会化（socialization）过程。星巴克是一家大型咖啡连锁店，它所有新员工都要经过24小时的培训。他们这些课程为所有新员工提供成为咖啡调制顾问的一切必要知识。新成员还学习星巴克的经营理念、公司的行话及如何帮助顾客针对咖啡豆、研磨以及咖啡机做出决策。其结果是，面对顾客的都是那些了解星巴克文化的员工，他们表现得热情而有知识。社会化可以概括为一个包括三个阶段的过程：第一阶段包括新成员进入组织之前的所有学习活动，这是一个组织要尽力把外来者塑造成"合格"员工的阶段，那些未能掌握重要而关键的角色行为的员工，将会被当作"违规者"或"反叛者"，甚至会被开除。第二阶段为碰撞阶段，新成员看到了组织的真实面貌，并可能面对个人期望与真实现实相脱节的问题。第三阶段为调整阶段，在发生了相对长期而持久的变化后，新成员掌握了工作所需的技能，成功完成了自己的新角色，并且调整自己以适应工作群体的价值观和规范。这个三阶段的社会化过程，会影响到新员工的生产率、对组织目标的承诺，并最终影响到员工在组织中的去留决定。

（三）组织文化的发展

组织文化虽然具有稳定性，但却不是一成不变的。对一个健康的组织而言，保持组织文化与社会和谐相处和同步发展是非常重要的。在知识经济时代，创建学习型组织，形成具有学习型组织特征的组织文化，成了众多企业的组织文化发展目标。基于这种情况，我们结合学习型组织的组织文化建设，来进一步说明如何改进和发展组织文化。

1. 树立学习理念

树立学习理念也就是树立学习型价值观，是创建学习型企业文化的重要一步。价值观是联结员工之所想和所做的纽带，对员工的行为具有重要的约束和支配作用。要树立学习型价值观，必须重视在员工中倡导以下学习理念和价值取向：文凭不等于水平，学历不等于能力；学习是生命的源泉，创新应变的根本，竞争取胜的法宝，实现人生价值的阶梯，活出生命意义的根基；社会变动发展，学习永无止境；未来的文盲是"没有学会怎样学习的人"，习比学更重要；凡有学习心，处处皆学问；个人学习开发个人智力，团队学习开发集体智力，集体智力高于个人智力的总和。

2. 构建共同愿景

共同愿景可以唤起员工的希望，改善员工与企业的关系，极大地激发出员工为实现愿景而做任何事情的勇气。要建立起真正的愿景，就必须进行如下修炼：鼓励建立个人愿景，个人愿景可以真正激发员工的智慧和力量，使其义无反顾地投入，共同愿景只有建立在个人愿景之上，其威力才会锐不可当；塑造组织整体形象，共同愿景的实现要靠组织成员的共同努力，只有当更多的人分享共同愿景时才会形成完整的组织形象；融入企业理念，共同愿景实际上是企业理念的一部分，它本身就包含企业目的、企业使命和企业核心价值观，愿景如果与员工信奉的价值观不一致，就无法激发员工的热情；学会双向沟通，对管理者而言，应当运用双向沟通技术向员工阐明共同愿景，而不仅仅是自上而下地传达，必须经过不断交谈，并学习聆听别人的想法，在聆听过程中逐渐融汇出更好的构思；忠于事实真相，要认识现状到愿景之间的差距，指明作为员工个人应该怎样做才能逐步实现愿景。

3. 搭建学习平台

学习平台是指人人平等参与、互动沟通、交流共享的学习场所、学习机会和学习工具。主要的学习平台有网络学习平台、图书资料库平台、培训平台、会议平台和学习活动平台。组织要注重营造学习氛围。首先，营造有助于组织和员工终生学习和知识共享的文化氛围。要为员工创造良好的学习环境和机会，使学习成为企业的一种文化和机制；要培养员工终身学习的习惯；要促进员工间的相互学习和共同学习，提高整个组织的学习力和竞争力。其次，培育勇于挑战和创新的精神。组织要鼓励员工挑战传统，摒弃不合时宜的经验和做法，在实践中创新管理模式、创造新的管理经验和方法。组织要非常重视员工的想象力、灵感、原创性和主动性的发挥，为企业的发展注入更多创新的动力。组织要鼓励员工通过创新进行学习，并通过这种创新和学习不断提高企业的应变力和竞争力。最后，营造宽容创新失败的文化环境。创新是有风险的，不可能每一次创新都能成功。企业应该采取一些措施来营造宽容的文化氛围，允许员工有不超出规定宽容范围的失败，鼓励他们从冒险和失败中获得享受并学习到知识。

4. 健全学习机制

用学习型企业文化引领学习型企业的创建，是一个有始无终、复杂而漫长的过程，离不开组织机制的配合和支持，必须建立一套鼓励学习的组织机制。一是要建立知识和信息宽松交流机制。应充分利用已建立起来的内部沟通网络，增强员工间、团队间的相互学习和交流，促进知识和信息宽松交流机制，如每日早会碰头机制、圆桌会议机制、午餐会议机制、周末沙龙机制等。二是要建立开放的知识交流机制。可以采取网络、研讨、恳谈、集会、互访、参观学习或建立项目小组等方式进行交流，使企业和员工能够多渠道获得各方面的知识和信息。三是要建立外部知识内化机制。按照长、中、短期发展规划的需要，有计划地请专家来讲解、培训最新的业务技术、管理技术和经营思想，并将外部专家所传授的知识加以整理，使之成为企业内部可共享的知识。四是要建立学习型企业的激励机制。要通过建立起物质的和精神的激励机制，营造一种鼓励学习、崇尚创新的制度环境，为培育学习型企业文化、创建以创新为本质特征的学习型企业，提供有力的动力保证。

本章小结

本章简要地介绍了组织的概念、结构与分类等组织心理研究的基本问题。并在此基础上探讨了组织的层次与管理幅度，组织管理的基本理论，组织结构的影响因素和设计方法，以及组织文化的创建、保持和发展等组织管理中的核心问题。本章的重点和难点内容是组织结构的设计和组织文化创建。本章的主要概念是：

1. 组织
2. 组织结构
3. 组织层次
4. 管理幅度
5. 组织文化

本土案例

读完案例后请回答如下问题：研祥的企业文化有什么特点？研祥的企业文化与其创始人陈志列有什么关系？

陈志列于1993年在深圳注册成立了研祥机电实业有限公司，专营嵌入式产品的代理销售和技术开发。凭借丰富的市场经验和技术出身的优势，陈志列稳扎稳打，通过做代理的方式，挣到了第一桶金。为了进一步扩大公司的经营规模，研祥开始通过在报纸上刊登招聘广告，来招揽公司发展所需人才。

1994年2月，研祥智能公司的门口迎来了一个年轻人，他就是不远千里从宁波赶来公司应聘的朱军。公司的门开着，朱军走进去，房间里的人个个都在忙个不停，没有人注意到他，更不用说停下来和他打招呼了，朱军一下子有点不知所措。

过了一会，坐在角落里一直埋头处理仪器的高个子男人终于发现了他，他站起来，问明朱军的来意后，便请朱军到另一个小房间里聊聊。一番攀谈之下，朱军才知道这个高个子就是陈志列，不由得对他产生了好感。原来，陈志列的技术和能力在业内已经小有名气，而他之前也正好代理过朱军所在单位的产品，两人曾经就产品的性能等问题通过书信。在这里意外碰到，两人都觉得特别有缘分，所以很快就消除了陌生感。

陈志列对朱军的到来充满好奇，因为他知道朱军技术过硬，在单位里很受重视，而且父亲还是宁波市的领导。他为什么放弃优越的条件，千里迢迢地来到他们小小的公司呢？"这是你们登的那则广告吗？"朱军说完，递了一份报纸给陈志列。陈志列一看，只见报纸的分类广告一栏登着他们公司的广告，但陈志列还是不明白，这则普通的广告有什么特别的地方能把朱军吸引过来呢？

可是，当他仔细一看，不由得哈哈大笑。原来，由于打字员的疏忽，招聘广告上的"高薪诚聘高手"，被打成了"高手诚聘高手"。本来就是"高手"的朱军，看到这则广告马上对这家公司产生了好感，觉得这家公司够胆量，有自信，于是决定过来会会"高手"。听完陈志列的解释，朱军也哈哈大笑起来。

陈志列问他："你现在知道实情了，后悔吗？"朱军边笑边使劲摇头："不，不会，你的确是高手！我没有来错！"朱军就这样留在了研祥智能公司，并且很快就和陈志列一起，成了公司下班最晚的人。但是他觉得很快乐，和自己过去的单位相比，这里的工作强度大，时刻要面对挑战、解决问题，工资也不高，更没什么福利。顶多在周末或者不忙的时候，陈志列会组织大家去路边的大排档吃饭聊天。可陈志列幽默风趣、口才了得，有他在的地方就有笑声，员工们都非常喜欢和他在一起。

当然，除了这些，朱军更喜欢这里的工作气氛。他注意到，即便是陈志列提出的方案，也经常遭到大家的否决。在这里，完全没有官本位思想，大家都可以畅所欲言，不需要去理会对方的级别是否在你之上。这种宽松民主的气氛，如同一块磁铁一样深深地吸引了朱军。对于这个世界上许多有理想有抱负的人来说，能和一群志同道合的人在一起，享受那种思想上的碰撞、精神上的愉悦，比丰厚的物质享受更为重要。

研祥的创业是从做代工开始的，但陈志列并不满足于此。"当时很多企业都是从做代工开始的，因为没有很高的技术要求，仅仅满足生产条件就可以了。在刚下海的时候，我也曾计划着赚钱之后和兄弟们一起开着越野车到西藏玩玩，但在创业过程中这个想法逐渐转变了。"陈志列说，一方面，代工始终是在为别人"打工"，没有形成自己的品牌；另一方面，代工产品的利润率非常低，不适合企业长期的发展需求。

经过仔细考虑，陈志列把投资自主研发的想法在公司集体会议上公布了出来，没想到的是，研祥领导团队全部举手通过。这可以说是研祥第一次的转变。1995年，研祥成立了产品研发部，开始挖掘新产品开发能力。在这个阶段，研祥一边卖自己开发的产品，一边继续做代工。之后，研祥相继成立成都、北京、上海分公司，初步完成了全国销售网络布局。

陈志列是个天生的演说家，他用富有感染力的话语，激发公司年轻人身上的冲劲。"中国制造应该成为过去，中国创造时代正在来临！""我们立志，要做最好的产品，不久的将来，让每一个中国人可以对世界说，您要买最好的产品，还是用我们中国产的！"陈志列的这些话，如同一个准备出征的将军对士兵们的战前宣言一般掷地有声，在他的感染下，一股为民族品牌争光的社会责任感，在研发人员心中油然而生。

经过几年的努力，陈志列的理想终于变成了现实。研祥是做控制系统的，在深圳地铁一期的时候，因为地下较潮湿，好多设备都是裸露的，用某著名的国外品牌的东西和研祥的东西一家一半。在许多人看来，国外品牌的东西一定比研祥可靠。可一期的试运行表明，如果有10次故障，9次是国外品牌出的。结果从二期开始到四期，深圳地铁不用国外品牌的东西了，只用研祥的。陈志列对此自豪地说："这个东西公关也没戏，这个责任谁能承担，两车要追尾了，这个事故是要枪毙人的，现在广州地铁从一期开始，北京从五期开始只用一家——研祥。"

跨文化案例

试运用本章所学理论分析松下公司创始人、董事长松下幸之助的价值观，以及它们对松下公司的影响。

松下幸之助认为，一个人的能力是有限的，如果只靠一个人的智慧指挥一切，即使一时取得惊人的进展，也肯定会有行不通的一天。因此，松下电器公司不是仅仅靠总经理经营，也不是仅仅靠干部和管理人员经营，而是依靠全体职工的智慧经营。松下经常告诫公司管理层："事业成败取决于人"，"没有人就没有企业"。在这种理念指导下，松下非常重视职工的在职培训和发展成长，他对年轻的职工说，如果顾客问"松下电器公司是制造什么的"，就这样回答："松下电器公司是制造人才的，兼而制造电气器具。"

对于人才，松下有他自己的理解。他认为，公司招募人才，要以适用为原则，程度过高不见得一定有用，而且还可能不甘心或不安心。一个人只要人品好，肯苦干，肯学习，技术和经验是可以学到的。他的人才标准是：虚心好学的人，不墨守成规而常有新观念的人，爱护公司和公司成为一体的人，不自私而能为团体着想的人，有自主经营能力的人，随时随地都有热忱的人，能得体地与上司相处的人，能忠于职守的人，有气概担当公司重任的人。

基于上述认识，松下公司的各级各类人才主要立足自己培养。他不愿意挖别人墙脚，认为挖来的人不一定都是优秀的人，而且有的人还不一定可靠。在松下公司、课长、主任以上的干部，多数是公司自己培养的。即使是一些新的技术领域，也往往立足让本企业的员工去学习和探索。为此，松下公司不但建立了系统的教育培训机构和研发机构，形成了系统的教育培训制度，而且还在干部选拔和人事安排上，形成了与之相适应的独特、灵活的用人机制。在松下公司，员工可以自己申请调动或升职，也可以自己申请到公司的教育中心学习各种专业或管理知识。在如何培养人才上，松下有自己独特的见解：

（1）注重员工的人格培养。松下认为，造成社会混乱的重要原因，是人们忽视了身为社会人应有的人格锻炼。人格的培养需要千锤百炼，良好的人格品质是形成商业道德的基础。在松下公司的职工教育中，人格教育是第一位的，知识的传授只是教育的第二意义。

（2）注重员工的精神教育。松下视对员工精神和常识上的教导为经营者的责任，他不但向员工介绍公司创业的动机和传统，而且让员工了解公司的目标和使命，努力培养员工的向心力。

（3）培养员工的专业知识和价值判断。没有足够的专业知识，就不能满足工作上的需要；没有正确的价值判断，就不能形成强有力的团队。所以，公司不但重视员工的业务学习，而且倡导员工之间要相互学习，在交流中形成正确的价值判断。

（4）训练员工细心的品质。松下认为，许多看起来微不足道的小事，却往往会影响大局。所以他非常注重工作中的细节，并要求所有员工都必须养成细心体贴的品质。

（5）培养员工的竞争意识。松下认为，无论政治或商业，都因比较而产生督促自己的力量，所以一定要有竞争意识，才能彻底发挥公司的潜力。

（6）注重知识与实践相结合。松下常引用福特说过的一句话："越好的技术员，越不敢活用知识。"他认为，年轻人具备高程度的学问、知识是好事，但不要被知识限制住。他告诫他们去做实际工作，在工作中发挥知识的力量，而不是显示知识的弱点。

（7）人才要配合得当。聚集智慧相等的人，不一定能使工作顺利进行，要把适当的人放在适当的位置上。一个部门里每个人都是一流的，每个人都有自己的主张，结果必然是无法决断，无法统一行动。

（8）任用就信任。松下主张，用人就要信任，不信任就不要用，这样才能让下属全力以赴地工作。否则会让人感到是奉命行事的机器，事情成败与自己无关。

（9）采用强过自己的人。松下认为，员工在某些能力方面超过自己，领导者才有希望。然而，一般人最容易犯的错误，就是高估自己的能力，不肯接受他人的忠告，不愿意让身边的人超过自己，领导者最应留意这点。

（10）创造能让员工发挥所长的环境。工作的性质往往会影响个人能力的发挥，所以在人员配置、任务分配和管理方式等方面，要力求适应每一个人的情况，特别是在企业规模变大时，要尽量避免官僚主义。

（11）不能忽视员工的升迁。适时地提升员工，不但能激励被提升者的干劲，同时还会带动其他人的努力。提升员工职位，应以员工的才能高低作为主要标准，年资和考绩应列为辅助材料。

（12）在恶劣的环境中培养人和发现人。松下公司不但在企业发展顺利时注意培养人，就是在面临各种困难时，也不忘记人才培养，认为恶劣的环境比顺利的环境更能锻炼和考验一个人的人格和能力。

思考题

1. 什么是组织？
2. 试述组织的基本结构。
3. 怎样确定组织的层次与管理幅度？
4. 试析古典组织理论与新古典组织理论的区别与联系。
5. 有哪些因素会影响组织的结构？
6. 什么是矩阵结构？
7. 组织结构设计有哪些新的选择？
8. 组织文化是由哪些要素构成的？
9. 怎样创建、保持和发展组织文化？

网络情境练习

在网上搜索三个企业的网站，认真观看其中的内容，包括图片、视频和产品介绍，然后回答下面两个问题：网页中描述的它们的企业文化的内容是什么？什么样的价值观在支配着你搜索的企业的组织文化。

真实情境练习

在你看来，你所在的学校或企业有着什么样的组织文化？你是从哪些方面感受到这种文化的？谈谈你喜欢它的地方和不喜欢它的地方。

组织发展与组织变革

第十章

学习目标

1. 了解组织发展的概念和基本特征
2. 熟悉组织变革过程的基本模型
3. 能够区分组织变化的动力与阻力
4. 掌握组织发展与变革的策略
5. 熟悉组织发展与变革的方式和干预途径

> **引导案例**
>
> 　　记者云喜问海尔集团CEO张瑞敏："敢问海尔之道？"张瑞敏笑答："道可道，非常道！"张瑞敏的回答颇具神秘色彩，他好像没有告诉云喜，也好像告诉了云喜。正因为如此，引发了云喜对海尔集团企业管理的浓厚兴趣。十多年来，云喜一直在追索张瑞敏的管理密码：海尔之道，可道吗？在海尔集团总部，每天都有许许多多的企业和人到海尔学习、取经。云喜到了自己的一些客户那里，也经常看到他们在学习海尔，模仿海尔。海尔可以学习吗？海尔可以克隆吗？张瑞敏说，企业在不断的否定中才能得以发展，别人今天学到的所谓"海尔管理"，也许正是海尔今天要抛弃的东西。
>
> 　　张瑞敏最信奉老子的一段名言：我有三宝，持而保之，一曰慈、二曰俭、三曰不敢为天下先。张瑞敏说："真正的企业不应该发生激动人心的事情。"一个健康的企业拒绝神话，拒绝传奇，拒绝戏剧性，应该平淡、自然而然，这也就是张瑞敏所崇尚的"平常心"。十多年来，云喜从心底一直默念一句话：海尔无故事！我希望听不到海尔什么新闻。尽管有很多人想为海尔制造一些"故事"，但张瑞敏以其特有的定力，一直坚持至今。至于海尔能否一直保持"平淡"，谁也不敢断言。
>
> 　　在市场战略方面，张瑞敏有一句名言：市场唯一不变的原则，就是它一直在变！海尔的市场策略体现出了易经的变易、不易和简易的基本模型，以变应变，以变制变，成为张瑞敏的制胜法宝。在企业发展战略方面，张瑞敏对老子文化的应用更是出神入化。老子说："天下万物生于有，有生于无。"张瑞敏提出了"以无形资产盘活有形资产"。海尔对外扩张，不是靠有形资产，而是靠无形资产，即依靠企业文化扩张。同样，海尔的企业管理，主要靠企业文化的管理，即无形之手的管理。

　　海尔今天已经是一个家喻户晓的知名大公司，可在二十多年前张瑞敏刚接手它时，海尔却只是一个濒临破产的街道小厂。最近海尔拍了部专题片，名字叫"海尔求变"。这部专题片记录了海尔在变革中不断发展壮大的成长历史。海尔的故事告诉我们：一个企业只有随着社会的发展不断地进行自我调整和改革创新，才能够生存和发展，否则就会被时代所淘汰。

第一节　组织发展与组织变革概述

组织不是一个静态的封闭系统,而是一个随环境变化而变化的开放系统。社会在发展,科学技术在进步,人的能力和思想意识在不断变化,因而组织也必然会随社会环境系统的变化而发展和变革。本节主要阐述组织发展的概念、主要特征和理论基础,以及组织变革的概念、征兆和基本过程。

一、组织发展的概念、特征和理论基础

组织发展(organization development,简称 OD)是适应环境的变化而对组织提出的必然要求,它是在组织理论的指导下,着重改善和更新人的行为、人际关系、组织文化、组织结构及组织管理方式,从而使组织达到更高的效能。组织发展尽管至今还没有统一的定义,但它的客观价值在理论上或实践中均受到普遍关注。

(一)组织发展的界定

早期组织发展的研究是从极微观的角度进行的,他们把组织发展看成是"敏感性训练"的同义词。例如,美国"全国训练实验室"认为,组织发展专门致力于组织中人事的改革,诸如处理对个人的激励、权力、知觉、人际关系、群体内部和群体间关系等过程。以贝格哈特(Beckhard)为代表的组织发展理论家,则从目的性和方法论的角度提出,组织发展是运用行为科学的知识,进行有计划的、全面性的自上而下发动的努力,目的在于通过对组织内各种过程的有计划的干预,以增进组织的有效性和健康发展。后期组织发展的研究,对组织发展的内涵和外延都进行了较大的拓展,其中有代表性的观点如下:

(1) OD 是一种有计划的、从高层开始实施的、在整个组织范围内的,利用行为科学知识,意在提高组织效率和健康的努力。

(2) OD 是对更新的回应,一种意在改变组织的信仰、结构、态度、价值观和意识以使它能更好地适应新的技术、市场、挑战和日新月异的变化的培训策略。

(3) OD 意指更新,并且如果我们认为改善组织运营意味着发生了更新,那么,广义地定义,OD 指组织更新。

(4) OD 集中于确保部门之间和部门内部的关系健康发展,协助团体的发展、管理、更新,着重于个人和团体之间的关系与联系。它的主要方法是影响个人和团体之间的关系以对作为一个系统的组织产生一定的冲击。

(5) OD 是由高层管理部门支持的、具有长期性的努力。它在顾问的帮助下利用行为科学专门致力于正式工作小组、临时工作小组和小组间协调，通过一种更为有效的调查分析和组织管理文化来改进组织、解决问题和更新的过程。

(6) OD 是一系列有计划的过程，人力资源通过增强解决问题的能力来增强组织效力并得到利用和进一步发展。

在对上述组织发展概念进行系统梳理的基础上，本书将组织发展界定为：组织发展为开发组织的自我更新能力和提高组织的经营效果，综合运用管理科学和行为科学等知识，有计划地改善和更新组织的过程。组织发展是一个通过长期努力来改进和更新组织的过程，它既是提高员工积极性和自觉性的手段，也是增进组织效率的有效途径。

（二）组织发展的特征

组织发展具有以下特征：

1. 组织发展有一定的目标，而且是一个连贯的不断变化的过程

人们在这一过程中可以开诚布公地交换意见，学习新的知识和技能，解决相互之间存在的问题，明确群体和组织的目标。当然，组织发展并不是一次就可以完成的，它有一个不断提高的过程。不应把组织发展看成暂时解决组织中存在问题的办法，而应该认识到，组织发展是要通过较长期的相互作用，经过一系列变革活动，不断提高组织效能。因此，组织发展也是一个动态的过程，它实际上包括了两个方面：一是解决企业和组织中当前存在的问题，二是使企业和组织成员获得解决与管理将来可能出现的问题的能力。可见，组织发展的关键之一，就是学习解决问题，这也是组织发展的一个重要基础。

2. 组织发展是以有计划的再教育手段实现变革的策略

组织发展的基本假设之一认为，规范形成了行为的基础，通过再教育，可以使人们抛弃不适应形势发展的旧规范，建立新的规范，从而达到组织发展的目的。在企业和组织中，规范的基础是各成员的态度和价值体系，所以，组织发展不只包括改变有关知识和信息交流等方面，还包括了态度、价值观念、技能、人际关系和组织气氛等各个方面。

3. 组织发展是一个动态的系统

系统分析的观点，是组织发展的另一重要基础和特点。这就是强调各部分的相互联系、相互依存和相互作用。就组织发展而言，有以下几方面含义：在组织发展中，企业或组织中的各种事件和情况是相互关联的，所以不但要了解事件本身，而

且要考察它们之间的关系；企业或组织所处的环境错综复杂，必须以多因素方式来分析，才能对现实问题做出准确的描述；一个部门或一个方面所进行的组织发展，必然影响其他部门或方面，所以应预测发展所引起的多种效应；从整个组织系统出发进行组织发展，既要考虑各部分的工作，又要从整个系统功能最佳的角度出发，协调各部分的活动，并调节其与外界的关系，否则就难以取得全局稳定的效果。

（三）组织发展的理论基础

1. 系统理论

组织发展首先接受了现代系统理论的观点，把组织看成为一个开放的、有机的、复杂的社会技术系统。一端是原材料、资金、能源、劳动力和信息的输入；另一端是产品、劳务和利润等的输出，其中间的转换过程必须经过生产、技术、人事等分系统。这些系统中任何一个子系统的改变，都会影响其他子系统甚至整个系统的变化。变革的原动力往往要追溯到人的行为和人际关系。因此，典型的组织发展计划是通过改变职工的态度、价值观和信息交流，使他们认识变革的必要性并参与和实现组织的变革。

2. 情景理论

组织发展也接受了现代情景理论的观点，认为企业必须根据自身所处的内外环境，即情景的变化来确定任务。管理关系应以环境情景（包括企业内人的心理变化）作为自变量，管理作为因变量，要有的放矢地使管理适应情景。管理心理学家贝尼斯认为，现代组织必须解决好以下与人的因素有关的基本问题：工作者的需要与管理目标的综合；权力分配；在企业中调解冲突；组织对变化条件的适应；组织的成长。贝尼斯还认为，具备以上条件的企业就是"有机适应结构"类型的组织，"领导"是其中的"联系环节"。

3. 行为理论

行为理论也是组织发展的重要理论基础。根据行为理论的观点，企业中人的行为是作为组织和个人相互作用的结果，企业组织能影响和控制人们的行为，同时不同的组织结构可以产生不同的群体气氛，从而影响职工的行为和组织的经营效果。组织发展要有意识地改变人的行为风格、价值取向、工作的熟练程度，与此同时还要改变管理人员的认知方式，以及考察和解决组织问题的方法。

二、组织变革的条件、征兆和主要方式

所谓组织变革,是指组织为了适应其内外部环境的变化,对组织的目标、结构及组成要素适时而有效地进行各种调整和修正的过程。组织变革需要打破原有的平衡状态,所以它的实施要在具备一定条件的情况下才能进行,否则不但很难达到变革的效果,而且可能会使组织蒙受巨大的损失。

(一) 组织变革的条件

(1) 组织成员要求变革。组织成员对组织现状强烈不满,期待通过变革得到改善;组织成员羡慕其他运行良好的组织,要求达到同样水平;组织成员向管理者施加变革的压力,促使其尽快做出决策。

(2) 组织领导者勇于变革。组织变革要有一个好的领导者,他应该有胆有识,素质完备,同时又拥有相当的独立决策权。

(3) 组织外部环境有利于变革。组织自身的改革离不开外部环境的支持,要在外部环境允许的范围内进行。

(4) 组织变革的成功经验支持变革。各种同类组织的成功经验,包括自身组织内部变革的实验,都可以成为变革的有力支持,正面论证变革的可行性,增强组织对变革的信心。

(二) 组织变革的征兆

组织变革是一个渐进的过程,它的发生通常会有一些征兆。西方管理学家西斯克(N. L. Sisk)对组织变革的征兆进行过深入的研究,认为当组织内部出现下列征兆时,就需要变革:

(1) 决策形成过于滞缓或时常做出错误决策,以致坐失良机。

(2) 组织内沟通不良,人事纠纷严重。

(3) 组织的主要功能显得无效率,或不能发挥其正常功能。例如,不能完成生产任务,生产成本过高,产品质量下降,销售前景不良,财务状况恶化,人力素质太差,人际关系紧张,员工的积极性不高与工作绩效下降,等等。

(4) 组织缺乏创新观念和创新精神,组织的发展与成长停止不前。

在出现上述征兆以后,为了稳妥起见,还需要辨别变革的必要程度。美国利特尔咨询公司的格莱彻尔提出了下列判断公式:

$$C = (a, b, d) > x$$

式中:C——变革;

a——对现状的不满；
b——对变革可能结果的把握；
d——现实的起步措施；
x——变革所付出的代价。

可见，组织要实施变革，并不是一件简单的事情。它不仅要求具有进行变革的内外部条件，还取决于需要变革的各种因素的乘积是否大于变革所付出的代价，如果变革的成本过高，实施变革就没有经济意义。当然，这并不意味着因为成本过高、代价过大，就可以不进行变革。只是在这种情况下，应该谨慎行事，先积极地从各方面为变革的进行做好必要的准备，待时机成熟再将变革付诸实施。

（三）组织变革的主要方式

虽然根据不同的组织状况和不同的变革要求，组织变革的方式各不相同，但从总体上看，组织变革主要是通过以下四种方式进行的：

1. 通过改变组织结构来实现变革

改变组织结构即指对组织进行调整，包括成立新的部门或者合并某些部门；协调各部门的工作；调整领导班子；调整管理层次和管理幅度；实行承包制，建立责任制，试行股份制，扩大基层单位的自主权；对各层次管理人员与员工实行优化组合。通过改变结构来实现组织变革的方法比较直接，见效快，常常可以使组织发生根本性的转变。

2. 通过改变技术来实现变革

改变技术有两层含义：一是直接工作技术的改变，即由引进一种机器或引进一种人—机系统所引起的变革，直接工作技术的改变包括新机器、新设备、新工艺、新技术的引进和使用，以及挖掘潜力、改进技术、提高产品质量、控制生产进度等；二是改革管理技术，包括采用现代化的办公系统及文件处理系统、现代化的监控处理系统、现代化的工程管理或程序管理等。

3. 通过改变组织成员的动机、态度和行为实现变革

改变人的心理状态与特点，提高人的心理素质是推动组织改革的重要因素和基本条件。通过理解、关心、教育、帮助、支持员工的方式，提高员工的思想觉悟，转变员工的态度，激励员工的行为动机，增强员工的心理承受能力，培养树立员工的集体意识、责任心、主人翁感、荣誉感、成就感、效益感等，有助于推动组织的变革。

4. 通过控制和调节外部环境实现变革

从系统论的观点来看，组织和外界环境是相互作用的。组织不仅仅要适应外部环境的变化，而且要主动地调节、控制和改造环境，使其适应组织的发展。这方面的工作包括开发和占领新的市场、扩大与外界的信息交流、及时掌握信息情报、治理经济环境、优化组织功能等。

三、组织变革的过程

由于组织的适应性、革新性、稳定性和持续性对于其生存和发展都是必不可少的。所以，组织的变革就必须要有足够的稳定性，以保证组织在目标和方法方面进行有秩序的变革；要有足够的适应性，以保证组织能够对外部的机会和要求以及内部的变化条件做出合适的反应；要有足够的革新性，以便使组织在条件允许的情况下主动地进行变革。而要切实做到这一点，首先应该对组织变革的过程以及相关的理论研究有一定的了解。

（一）勒温的组织变革过程模型

关于组织的变革过程，勒温通过力场分析法（force field analysis）进行了专门的研究，并提出了一个包括三个步骤的组织变革过程模型（见图10-1）。他认为，对于一项变革，企业中存在着两种力量：一种是推动力，指有利于变革实现的力量，它能引发一种变化或使变化继续下去；另一种是抑制力，即阻止或降低推动力的力量，它阻止变革的发生或进行。当这两种力量相等时，便能达到平衡。在推进变革的过程中，勒温主张通过解冻现有状况，来达到期望的状况，然后重新冻结这种状况，以便它能够维持这种状况，使有效的变革发生。

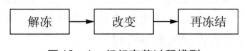

图10-1 组织变革过程模型

资料来源：（美）斯蒂芬·P. 罗宾斯：《组织行为学》（第10版），孙健敏等译，中国人民大学出版社2005年版，第616页。

1. 解冻

解冻是要激发要求变革的动机，这里首先应使员工认识到，照老办法不能达到希望的结果。为了做到这一点，一方面要对旧的态度和行为进行弱化和否定；另一方面要使员工感到变革的迫切性，只有当员工自己认识到旧态度、旧行为确实行不通，迫切要求变革、愿意接受新事物时，变革才有可能实行。此外，还要创造一种心理上的安全感，扫除害怕失败、不愿变革的心理障碍，使员工感到变革安全、感到有能力进行变革。

2. 改变

改变是指明改变的方向并实施变革，使员工形成新的态度和行为。在这一步骤中，学习一种新的观点或确立一种新的态度的最有效的方法之一，就是看看其他人是如何做的，并且以这个人作为自己形成新态度和新行为的榜样。其次要从客观实际出发，在复杂的环境中筛选出有关自己特殊问题的信息。勒温认为变革是个认知的过程，它通过获得新的概念和信息得以完成。但上述过程形成的前提条件是员工有真正愿意变革的动机，否则上述的一切都只是一句空话。

3. 再冻结

再冻结是利用必要的强化方法，使新的态度和行为方式固定下来，使之持久化。我们经常可以发现，引导形成新态度和新行为的方案在开头很见效，但一旦受培训的人回到老地方从事原来的工作，改革效果就不能持久。因此，为了确保变革的稳定性，需要注意以下几点：首先，要使员工有机会来检验新的态度和新的行为是不是符合自己的具体情况。其次，员工应当有机会检验与其有重要关系的其他人是否肯定和接受新的态度。

勒温的变革模型还强调，要将支持改革和反对改革的所有因素排队，比较其强弱，然后采取措施，增强支持因素，削弱反对因素，避免采用高压手段。在贯彻变革的过程中，如果遇到阻力，可以用这个方法去分析企业中支持变革和反对变革的所有因素，分析、比较其强弱，然后采取措施，通过增强支持因素和削弱反对因素的办法推行变革。

（二）施恩的组织变革过程模型

著名组织管理专家施恩也对组织变革过程进行了专门研究。施恩的研究特别重视信息的传递，即消息情报传递的过程。在他提出的包括6个步骤的组织变革过程模型中，不但提出了每个步骤的具体内容，而且指出了容易遇到的困难，以及解决困难的方法。施恩组织变革过程模型提出的6个步骤是：

（1）洞察内部环境及外部环境中产生的变化；

（2）向组织有关部门提供有关变化的确切情报资料；

（3）根据输入的情报资料改变组织内部的生产过程；

（4）减少或控制因变革而产生的不良副作用；

（5）输出变革产生的新产品及新成果等；

（6）经过反馈，更进一步观察外部环境状态与内部环境的一致程度，评定变革的结果。

施恩指出，在组织适应环境变化的过程中，倘若进展顺利当然最为理想，但如果碰到困难，建议采用如下解决办法：

（1）组织无法洞察环境中的变化，或作错误的诊断。为了解决这一困难，可以运用市场调查、民意调查等新方法。

（2）有关单位无法掌握确切的情报资料。有时调查部门或参谋单位所提供的资料无法被上级的决策单位所采纳，因为接受下级提供的新资料及意见有时可能对主管部门的自我概念、原始态度及现行工作程序、管理方式等产生一种威胁。要解决这一困难，一方面，主管部门应主动提高自己对变革的认识，另一方面，应采用各种方式收集情报和资料，也可以请其他单位的管理专家或心理学家帮助了解情况，并共同讨论和研究，以解决存在的问题。

（3）无法使生产系统作必要的改变。在组织内部进行实际变革，比只了解改变的必要性困难得多，因为不管是增加生产还是改变工作方式，或采纳新技术，如果执行不当，都将遭到抵制。同时，组织内的各部门自成一个体系，都有其独立的工作方式、人际关系、行为规范、价值观念以及应付环境的方法。因此，组织的负责人不能采取简单命令的方式要求改变，而应该在引导教育的同时，协助各单位了解改变的必要，让各单位参与决策过程，大家共同讨论应该如何履行必要的变革。

（4）忽略变革的结果对其他单位所产生的影响，或无法将本身的变革固定下来。例如，某一部门在其管理上进行了一些改革后，影响了其他部门，使其不能协调工作，最后管理者为了保全整个组织的工作积极性，不得不放弃该项改革。因为组织的各部门是互相联系的，上下左右任何一项改革不但应考虑这种联系，同时也应该利用这种联系，将一项好的改革推广到其他单位。一般来说，组织最高阶层的态度改变，容易扩展到下级，所以，一项改革必须由领导部门率先推行。

（5）无法将新的产品及新的成果或新的情报资料输出外界。新产品等输出外界，既是满足人民的需要，也是开拓市场，除了靠产品、服务等的数量、质量外，还得靠宣传能力。

（6）无法得知改革是否成功。这与第一项的察觉环境中的变化问题一样，对外需要定期地进行市场调查、民意调查，对内要进行态度、士气调查，或专门设立一个小组进行调查、评估变革是否成功，是否有修正的必要。

第二节　组织变革的动力和阻力

对于组织变革，人们通常是欢迎的。因为大多数人都希望把自己所在企业发展得好一些、快一些，创造更多的财富，积累更多的资金，对国家作出更大的贡献；同时，也希望工作环境更舒适些，劳动保护和住房等生活条件更好些；等等。可是一旦真正实施某项变革，人们又会感到不习惯、不舒服，甚至会产生对变革的抵制。"对变革的抵制"一词是从心理治疗中借用来的。心理治疗专家对心理异常的病人进行治疗，常常利用"对变革的抵制"方式，即进行某种处理引起病人的不满，从中找到一种使病人满意的方法，然后进行医治。因此，心理治疗专家要学会如何预防这种"抵制"。同样，管理人员也要学会如何预测可能发生的"抵制"，并且设法克服抵制，以便使对组织变革的阻力成为动力。

一、组织变革的动力

随着经济社会的发展，特别是全球化进程的加快，无论是发达国家的企业，还是发展中国家的企业，都普遍面临着巨大的压力，不得不重新考虑公司的结构和运作方式，以适应形势变化的要求。组织变革既面临来自外部环境的压力或动力，同时也受到来自组织内部条件变化和员工对组织要求的推动和引导。下面我们就对这三方面因素分别加以介绍。

（一）组织外部环境的变化

组织外部外境的变化包含以下内容：

（1）宏观社会经济环境。例如，国家政治、经济政策的调整，新法规的建立，产业结构的调整等；国际政治经济形势的变化，世界局部地区的军事冲突；等等。

（2）科技进步的影响。新技术的推广和使用、机器设备的更新和生产流程的变化等，都将对生产组织的设计、制造工艺、检测能力、经营方式等提出了新要求。

（3）国内外市场竞争的影响。例如，国内外同行业的竞争，能源和原材料的供应，顾客的收入、爱好与价值观念的变化，相关企业的兼并、重组，等等。

（二）组织内部条件的变化

组织内部条件的变化包含以下内容：

（1）结构因素。采用新的结构形式，例如，混合公司、跨国公司、矩阵结构等；对工作任务和工作部门的重新划分、增设临时机构；等等。

（2）管理因素。管理层对企业和组织的工作与生产活动所做的预测和规划，对生产活动中的各种要素和各个环节进行协调和控制，对组织成员进行激励和教育，等等。

（3）心理因素。例如，组织成员的士气、动机、态度、行为等的改变，组织内部的群体动力状态和人际关系、组织内部的信息交流与沟通、非正式组织的变化，等等。

（三）组织成员的期望与实际情况的差异

（1）成员希望得到富有挑战性并能促进个人成长的工作，但组织仍然倾向于工作简化及专业化，因而限制了成员的成长与发展。

（2）成员逐渐倾向于能够相互影响的管理模式，他们希望公平、平等相待，但组织仍然以等级层次、地位差别和指挥链为其特性。

（3）成员对组织的承诺，逐渐表现为工作本身所能产生的内在利益、人性的尊严和对组织产生的责任，而组织仍在强调着物质的报酬、成员的安全，忽略了成员的其他需要。

二、组织发展与变革的阻力

变革的阻力有可能最终导致组织变革的失败，阻碍组织的适应和进步。但变革的阻力也有一定的积极作用，它能使组织行为具有一定的稳定性和可预见性，否则组织将变得混乱和随意，而在一定程度上来说，稳定对于任何组织和个人都是必要的。变革阻力的存在能够使我们更加谨慎地对待组织变革。变革的阻力表现在以下两个方面。

（一）个人阻力

个人阻力表现在以下四个方面：

1. 习惯

组织变革的阻力有很大一部分来自人类本性中的惰性和心理惯性。人们总习惯处于"惯例"和"他们自己的方式之中"，总有安于现状的习性，对变革有一种天然的抵触情绪。人们在组织生活中形成了包括思想观念、动机需要与行为方式等方面的心理定式，已经习惯于原有的一切管理制度、作业方式、行为规范，任何变革都将会使他们感到不习惯、不舒服、不自然，从而带来心理上的躁动与不安。例如，在变革之前，人们的工作常常是熟悉的、稳定的，这在心理上有一种安全感。

而当人们面临变革时，这种"职业认同"受到一定影响，于是就产生对变革的抵制。

2. 利益

人们在组织中的既得利益包括权力、地位、荣誉、威信、工作岗位、技术优势及经济收入等。当组织变革可能损害到人们的既得利益时，他们就会极力反对变革，以维护自己的利益。比如，变革之后，如果会导致权力减小，地位降低，劳动强度加大，缺少工作自由，甚至是失业，那么，人们自然不愿意变革。

3. 恐惧

组织变革是一种创新，是在探索中前进，变革本身具有一定的风险性和不确定性，其结果可能成功，也可能失败。而组织成员通常都有这种恐惧心理，不敢面对变革的风险，因而对组织变革采取消极拖延、躲避，甚至抵制的态度。尤其是在变革结果并不明确，或者组织并未清楚地作出有关变革结果的解释时，容易出现各种有关变革不良后果的推测和谣传，这会造成组织成员对变革后果的错误设想，从而对组织变革构成阻力。变革的恐惧还可能来自于变革程序计划和执行方式的非公开性，这是因为管理者害怕公开后，人们会事先找到阻碍变革的方法。但与此相矛盾的是，正是这种保密行为本身，使人们产生猜测、疑虑和恐惧，并出现管理者极力想避免的那种有力的对抗行为。

4. 成见

有时人们之所以反对变革，并不表示他们反对变革本身，而是因为对发起这场变革的人和其他变革的积极参加者怀有成见，进而对他们所推动和参加的变革也看不顺眼。这种对变革的抵制有着强烈的感情色彩。有的管理人员认为，管理部门要进行变革，就意味着自己没有做好工作，因此会产生抵触的态度。另外，员工对本职工作的自豪感，也会由于要改变职业而产生不满。此外，人们习惯于稳定的惯常的工作模式，一旦打破这种工作模式，实行新的变革，就会产生某种压力和不满意感，从而抵制变革的进行。

（二）组织阻力

组织阻力主要表现在以下四个方面：

1. 组织变革的制度障碍

组织的等级层次和部门的划分，可能使组织变革方案因为经过更多的信息沟通渠道而遭到抵制。典型的等级制组织中，强调信息从高层流向基层，成员只能按照特定渠道来沟通信息，只反馈工作的积极信息，对实际存在的问题和应该采取的变革方法避而不谈。这样，等级层次实际上起到了封锁消息、抵制变革的作用。

2. 组织变革的有限性

组织是由一系列相互依赖的子系统组成的。组织内部需要变革的成分可能是多方面的，也可能是某方面的弊端尤为突出。当变革指向某一方面，实行单向推进时，往往造成部分与部分之间或部分与整体之间的冲突，从而构成对组织变革的阻碍。例如，当组织引进先进技术，进行技术变革时，如果没有与之相配套的管理方式、工作制度和人员素质，就会使这种技术变革不大可能被接受。

3. 组织外部环境的滞后

由于组织不是孤立存在的，它是社会大系统中的一个子系统，因此，当组织外部环境尚未发展成熟甚至是严重滞后时，就会对组织变革构成阻力。以我国的企业组织为例，实行政企分开、企业破产等是我国企业改革的重大举措，但是因为政府职能转变的相对滞后、社会保障体系还处在雏形阶段、企业破产后人员无法妥善安置等原因，企业改革在实践中就遇到了重重阻力。

4. 资源投入问题

任何的组织变革都需要投入一定的人力、物力和财力资源，而如果没有充分的可供利用的资源，那么，组织有时不得不维持现状，无法进行相应的变革。如吸收优秀人才、改造旧设备、引进新工艺和研制新产品等，这些变革都是以一定的资源投入为基础的。

三、组织变革阻力的克服

组织变革从总体上虽然是大势所趋，是不以人的主观意志为转移的，但如前所述，组织变革的阻力是客观存在的。为了保证组织变革的顺利进行，必须做好必要的准备，并积极采取各种措施减弱和消除阻力的影响。否则，再完美的变革计划，再有胆识的领导，也可能遭受到变革的失败。克服组织变革的阻力，可从以下几方面进行考虑：

（一）准备

1. 树立阻力意识，正确对待阻力

从大的方面讲，在相当长的时期内，组织变革阻力存在并发挥作用是具有一定

客观必然性的。因此,对组织来说,不能认为组织变革是一蹴而就的突变过程。事实上,组织变革是一种渐进的复杂的博弈过程,只能在各种动力和阻力的相互作用中逐步地实现组织的目标。具体而言,任何一项具体的改革措施和方案,都必须充分考虑到内在的阻力和风险,不仅要把阻力的大小作为确定改革目标的依据之一,把需要和可能结合起来,而且要把阻力作为评估改革措施和方案现实可行性的一个重要因素。

2. 营造良好的变革气氛

人们在一种相对稳定和安全的环境里才会滋生出满足现状、抱残守缺、不思进取、患得患失等守旧心理。要想打破这种心理平衡,必须使个体意识到一种生存危机,感受到压力,从而产生改变现状的紧迫感。在推行变革的过程中,组织要利用各种宣传形式,制造舆论,使组织成员认识到组织所面临的困境,了解变革是别无选择的出路,从而使其抛弃维持现状的幻想。组织要通过与成员进行沟通,避免因信息失真和沟通不良而造成的对变革的错误理解,帮助组织成员真正了解变革的必要性和紧迫性。

3. 充分阐释组织变革的必要性

人们对变革的恐惧心理大多数是出自对变革缺乏了解和对领导者缺乏信任。所以,为实施变革必须使组织成员明确变革的确切性质、变革的目的和前景、变革方案的可行性、将来可能遇到的问题及解决方案、变革的保障措施、变革的时间和范围等。只有这样,组织成员才能降低因变革而带来的未来发展的不确定性,消除疑虑和恐惧心理。组织要通过自上而下的培训教育,使大家学习新知识,接受新观念,掌握新技术,学会用新的观点和方法来看待和处理新形势下的各种新问题,从而增强对组织变革的适应力和心理承受能力,增进组织成员对组织变革的理性认识,使他们自觉地成为变革的积极推动者。

(二) 过程

1. 鼓励组织成员参与变革

鼓励和积极支持所有组织成员参与组织变革,这是保证组织变革的合理性和顺利进行的重要因素。心理学研究表明,人们对某项事情参与的程度越大,他就越会承担责任,把这件事当作自己的事。让职工以不同形式参与变革,对于心理气氛的改善和工作的开展有很大的好处。因为参与变革的活动能增加人们对变革的认同,一般来讲成员个体不会抵制他们自己参与做出的变革决定。所以在进行变革决策之前,应该把支持或者对变革持反对意见的人都吸引到决策过程中来,充分利用各方面的信息和知识，提高变革决策的质量。同时，也可以获得组织成员对组织变革的目标与方向的认同、理解、依赖与支持，从而减少变革的阻力。在执行变革决策过程中，也要保持组织成员的广泛参与。

2. 合理安排变革进程

组织变革的实施要在一定的条件下进行，选择恰当的变革时机，不但有利于克服变革的阻力，而且也会使组织变革收到事半功倍的效果。变革是一件非常复杂、细致的工作，即使不存在对变革的抵制，也需要有足够的时间来完成变革。一般来说，领导常常低估实行变革所需要的时间，他们没有认识到大部分工作是需要密切配合的，员工之间、员工与上级之间的协调配合是需要一段时间才能建立起来的。因此，管理部门和领导要清楚变革的艰苦性，注意合理安排变革的进程。否则即使推行了变革，也需要更多的时间和精力去克服遗留的问题。

3. 注意变革行为的协调性和公开性

心理学研究表明，个体的行为是由很多因素决定的，这些因素的力量通常是相对平衡的。因此，要引起个体的改变，就必须使其中一种或几种因素发生改变，增强或者减弱影响该个体的一种或几种力量。例如，压力能够导致变革，但如果许多加在个体身上的力量的目标各不相同，则改革的方向就较难预计。如果各种压力方向一致的话，就很可能产生预期的结果。此外，组织变革要保持公开性，增加透明度，让广大组织成员掌握变革的实际状况，这有利于增进组织成员对变革者的信任，提高变革积极性和对组织的满意程度。在组织变革的进程中，要与成员进行沟通，了解他们对变革的感受、意见、建议和要求，以便及时解决变革中出现的问题。

（三）方法

克服变革阻力的方法很多，这里仅介绍几种运用"群体动力"进行变革的方法。

1. 形成强烈的归属感

创造一种"我们的"感情，会使变革成功的可能性大大增加。如果要有效地改变某一群体，则群体中那些要改变的人和那些要施加影响使别人改变的人，都要有强烈的属于同一群体的归属感，即把群体看作是自己的群体。

2. 提高组织的凝聚力

一个群体对于其成员越有吸引力，该群体对于成员的影响力就越大。群体越使人称心如意、越团结，成员也越容易接受影响和影响别人。怎样提高群体对个人的重要性呢？心理学家认为，主要应提高对群体目标重要性的认识并加强合作互助，使彼此亲密无间。

3. 注意群体规范

如果一项变革将会使某一成员或群体的一部分在很大程度上偏离群体规范，就可能遇到强烈的抵制，所以一般不宜采用这种方式。为了抵制变革，群体甚至会把该成员排斥于群体之外。因此在进行变革时，应考虑与群体规范的关系，以便采取适当的措施。同时，也应注意适当的引导和教育，建立有利于变革的新规范。

4. 形成共同认识

当群体成员共同知觉到变革确实需要时，就能产生一种强大的要求改变的力量。这种压力存在于群体内部，当群体成员没有这种要求时，即使一位专家提出一系列事实来证明改变的必要，群体也会抵制；但是，如果改变的必要由他们自己发现的话，就大不相同了，他们会自觉地实行变革。

第三节 组织发展的目标、路径和策略

组织发展涉及个人、群体和组织的各方面。从组织发展的上述特点和基础，可以进一步理解组织发展对于提高组织效率和组织成员积极性的重要作用。由于组织的适应性、革新性、稳定性和持续性对其生存和发展都是必不可少的。所以，组织的变革要达到动态平衡的目的，就必须要有足够的稳定性，以保证组织在目标和方法方面进行有秩序的变革；要有足够的适应性，以保证组织能够对外部的机会和要求以及内部的变化条件做出适当的反应；要有足够的革新性，以便使组织在条件允许的情况下主动地进行变革。

一、组织发展的目标

组织发展的总体目标是组织有效性和效率的提高，具体而言，包括组织结构优化、组织功能完善、组织心理环境和谐三个方面。

（一）组织结构优化

组织发展追求一种合理的组织结构，这种合理的结构通常应具有如下特点：
(1) 科学、明确的分工，设置相应的机构，配备合适的人员，机构规模精干。

（2）管理的层次和管理幅度适度，权力分配合理、有效，组织运转高效、灵活，目标一致，指挥统一。

（3）机构中每一个岗位都应达到责、权、利的高度统一，组织成员各司其职，各负其责，各尽其能，各得其利。

（二）组织功能完善

一个良好的组织必须具备完善的功能，这是组织绩效的保证。组织发展最终要使组织具备以下三方面的功能：

（1）决策功能：组织能确立适合于自身的发展目标和方向，能分辨错综复杂的主客观因素，审时度势，决策迅速，准确率高，具有强有力的领导集体和畅达的信息沟通渠道。

（2）管理功能：在达成目标的过程中，良好的管理功能表现为计划和组织的有序性，协调和控制的有效性，投入和产出的效益性。

（3）技术功能：技术功能是指贯彻目标、执行决策的操作能力。当组织具备一定的技术功能时，良好的决策和管理才能得到应有的体现。技术功能一般表现为组织成员在思想、业务及心理上的综合素质以及完成特定组织任务的物质力量。

（三）组织心理环境和谐

组织是一个相互作用的人群系统，个人与个人之间、个人与群体之间、个人与组织之间、群体与群体之间的心理和谐都是组织良好运作的基础。和谐的心理环境是组织目标实现的无形而又重要的因素。它包括以下四个构成要素：

（1）组织成员有强烈的归属感。组织目标能得到组织成员的认同和接受，并内化为个人的一部分，使他们把个人需要的满足与组织发展统一起来，愿意为组织贡献力量。

（2）组织成员有较强的民主参与意识。组织成员有自我责任感，能积极地参与到组织生活中来，能进行良好的自我管理和自我控制。

（3）人际关系和谐。组织成员处于一种良好的组织气氛之中，情感交融，团结合作，而且没有与组织相对立的非正式群体。

（4）组织成员有较高的满意度。成员在组织中能得到个人需要的满足和自我价值的实现。

二、组织发展的路径

（一）技术和结构方面的组织发展

技术和结构方面的组织发展包括社会技术系统和工作任务设计及内容丰富化两

个方面。其中,社会技术系统是通过协调技术系统和社会心理系统的交互影响,使组织中技术和结构与社会相互作用的各方面达到最佳的配合。工作任务设计和内容丰富化是通过增加整个任务的多样性、完整性和实际意义,加强工作本身的激励因素,来提高工作满意度和生产效率。

1. 社会技术系统

社会技术系统的知识来源于两个方面的理论和实践:一是科学管理学和工业工程学,比较注重企业的物理环境和工效;二是普通心理学和社会心理学,比较注重员工之间的关系和个人的需要。因此,社会技术系统的目标就是在改革工作环境和管理制度的同时,在员工之间和上下级之间建立积极合作的关系,并且满足所有成员的不同需要。

2. 工作任务设计和内容丰富化

工作任务设计主要开始于20世纪的科学管理运动。当时,泰勒和吉尔·布雷斯等运用时间和动作分析技术,系统地考察了不同类型的工作,以最大限度地提高工作效益。但是,通过工作任务设计来进行组织发展的研究,还是近年的事情。工作任务设计不但可以提高产量和质量,而且可以增加生产的灵活性和改进员工的工作态度。研究表明,把流水装配线工作设计为比较独立而又相互衔接的工作,不仅使生产时间减少,产品质量提高,而且增加了员工之间的社会和工作方面的交往,提高了工作积极性,增强了组织的效能。

(二) 个人和群体方面的组织发展

这方面的组织发展着重于组织成员和群体活动的整个过程,主要通过敏感性训练、方格训练、调查反馈等专门程序提高组织成员的心理素质与人际交往质量,来达到提高组织绩效的目标。

1. 敏感性训练

敏感性训练是使参加者深入地了解自己和其他人的感情和意见,并从中提高学习和认知的能力。敏感性训练可以通过解决自己与工作中的问题,改变个人的价值观念,培养参加者在实际环境中做出成绩的能力。敏感性训练的主要对象包括员工、中层管理人员、学生以及具有不同文化背景和不同民族的人员。在敏感性训练中,参加的人员自由地讨论自己感兴趣的问题,自由地表达自己的意见,分析自己的行为和感情,并接受对自己行为的反馈意见(批评或者其他意见),从而提高对各种问题的敏感性。

通常员工可以自由参加这种训练,每次一般不超过15人。训练时间一般为3~

14 天，训练大致可以分以下几个阶段进行：

（1）不规定正式的讨论议程和领导，由参加者自由讨论，相互启发，增进彼此之间的了解。

（2）训练者不加评论地、坦率地谈出自己的看法，这是一方面的反馈。对于参加者的主要反馈，来自其他参加者当时的相应行为。

（3）着重增进人际关系，相互学习，促进新的合作行为的不断形成。

（4）根据实际工作中的情景和问题，巩固学习效果。

由于敏感性训练的具体办法各异，针对的问题也不同，因此对训练的评价并不一致。但是，敏感性训练作为管理心理学中的一种训练方法，只要指导正确，是可以解决组织与群体中人际关系方面的某些问题的。

2. 方格训练

在领导有效性理论一章中，介绍过领导行为的管理方格理论。方格训练正是从领导行为的管理方格理论发展而来的组织发展方式。布莱克等人的领导管理方格中，对人和生产都表现出最大的关心，因此这种管理方式就是方格训练的一项目标。方格训练与敏感性训练的不同之处在于：敏感性训练是组织发展的一种工具或手段；方格训练则不只是工具或手段，还是组织发展的一项全面的计划。

方格训练包括六个阶段：

（1）实验室讨论会式的训练。介绍训练用的资料和几种领导作风的概念。

（2）小组发展阶段。同一部门的成员集中在一起，讨论打算如何达到方格中9.9 的位置，并把上一阶段学到的知识运用于实际情景。

（3）群体之间的发展阶段。这个阶段开始了整个组织的发展，确定和分析群体之间的冲突和问题。

（4）订立组织目标阶段。讨论和制定组织的重要目标，增强参加者的义务感。

（5）完成目标阶段。参加者设法完成制定的目标，并一起讨论主要的问题。

（6）稳定效果阶段。对思想和行为方面的训练结果做出评价。

这六个阶段所需的时间，按实际情况不同而异，有的可以几个月完成，有的需要进行 3～5 年。研究表明，这种训练对于提高组织效率有显著作用，因此得到广泛应用。据 1974 年的一项统计，美国至少已有 2 万人参加了公开的方格训练，还有 20 多万人参加了公司内部的方格训练会，方格训练成为最流行的组织发展方式之一。

3. 调查反馈

这种组织发展的基本方法，是通过问卷表调查和分析某单位的工作，发现问题，收集解决问题的方法和意见，并把这些材料反馈给参加问卷调查的人。所调查的单位可以是工作群体和部门，也可以是整个组织。可以通过举行调查反馈的会议，运用所得到的资料，诊断所存在的问题，制订解决问题的行动计划。这方面所采用的一些标准形式，是由密执安大学社会研究所研究和设计的。问卷可以包括三方面的问题，即领导管理过程中的问题，组织的沟通、决策、协调和激励方面的情况，以及员工对组织中各方面情况的满意感。实践证明，这种方法可以比较准确地发现所存在的问题，找到解决的办法，并且促进参加者的态度和行为的转变，改善整个组织的气氛。

三、组织发展的策略

（一）关注工作生活质量

关注、提高和改善工作生活质量，不仅是一项组织发展的策略，而且是一种关于人与组织关系的指导方针和管理哲学。工作生活质量（quality of work life，简称 QWL）的理论基础来源于英国塔维斯特克（J. E. Tarwestoker）所提出的社会技术系统的概念，但其实施方案首先是在美国发展起来的。QWL 是指由工会和管理部门共同合作改善员工生活福利和工作环境，以增加参与决策为手段，达到提高生产率和员工满意度的一项措施。具体内容包括：

（1）合理和公平的报酬。保持员工合理的薪金、福利收入，使员工感到他们获得的报酬同他们工作中所付出的努力和取得的成绩相比较，是公平合理、可以接受的。

（2）安全和健康的环境。为员工在履行职责时提供安全、方便的工作条件，创造有利于员工健康的、舒适的工作环境。

（3）发展人的能力。实施职务专业化和分工化的同时要充分考虑发挥和发展员工的知识和技能。工作设计要力图保持和扩大员工的技能和知识。

（4）参与各层次的决策。组织应创造条件，使员工能够参与各层次的决策和参与解决问题的活动。

一般认为，提高工作生活质量会使人们对自己的工作和工作环境越来越满意，反过来满意感又会提高劳动生产率。但有证据表明，这样的模式过于简单，因而有时难免发生差错。事实上，工作生活质量至少要通过三种途径才能达到提高生产率的目的。

（1）提高工作生活质量措施，要能改善人们之间的交往，加强员工与组织之间的合作，协调不同的职务或部门关系统一，有利于全面完成任务，这样才能提高生产率。

（2）提高工作生活质量措施，要能增强对员工的激励，满足员工迫切的需要，从而激发起员工的工作热情和积极性。当员工拥有必要的能力和技术，并且具有必要的环境和条件时，就能提高生产率。而在某些高度专业化并且个人激励受到严格控制的条件下，恐怕只能在极有限的程度上影响生产率。

（3）提高工作生活质量措施，要能提高员工的素质，使他们能够自行解决群体中的问题，更好地参与决策。工作生活质量措施不但能直接影响和提高生产效率，也能间接影响生产效率，即通过增加员工福利、提供较好的工作环境和提高员工的满意度来影响生产效率。

（二）谨慎制订改革方案

为了适应形势的发展，任何企业都必须在组织结构方面进行有计划的调整和变革，一般有以下三种方案：一是彻底变革。就是采取革命性的措施，打破原状，抛弃一切旧的机构，重新建立新机构。二是改良式变革。即在原有机构的框框内，实行一些逐步演变的办法，做一些细微的变革。三是系统发展。就是在对多种方案进行比较的前提下，提出一种最佳方案和变革模型，交给领导和有关人员进行共同研究、分析、修改，提出具体的方案和措施，最终达到企业最佳化和高效化，同时也达到个人成长的最佳化。

实行彻底变革，陡然打破原状，会招致阻力和破坏；改良式变革，虽可避免激烈的反对，但由于不够彻底，收效甚微；而采用系统发展，可吸引有关人员和广大职工共同参与变革，不仅能加强人们对改革的认识，从思想上、感情上易于接受，增强改革的承受能力，而且还能协调好领导和职工的关系，把职工的积极性充分调动起来，发挥好全体职工的聪明才智，使人们在相互谅解、相互支持的基础上，朝着预定的目标顺利地进行组织的变革。

不同的组织状况存在不同的变革要求，因而要采取不同的变革方法。一般来讲，组织变革的方法可分以下几种：

（1）从组织机构入手，进行调整和重新组织。主要包括：调整管理幅度和管理层次，划分或合并形成新的部门，协调各部门的工作，给基层单位一部分自主权，等等。

（2）从技术入手进行革新和挖潜。即对企业完成组织目标所采取的方法和设备方面的改变，提高机械化和自动化程度或采用投资少、收效快的办法，进行生产过程中的技术改造，以提高企业的经营效益，增强竞争能力。

（3）从人的因素入手，提高组织成员的积极性和创造性，实现变革的目标。主要是通过改革职工的动机、态度和技能来改变职工的行为。

（4）通过调节和控制外部环境，主动地改变环境以适应组织发展的需要，如加强同外界的信息交流、建立广泛的社会联系、开拓新市场等。

（三）实现变革途径、方法与变革目标的匹配

在研究和选择变革的途径和方法时，还应考虑变革方法与变革目标的匹配问题。行为科学家劳伦斯和洛尔希设计了一种匹配表（见图10-2）。该图虽未把许多组织发展的方法列入，但仍然对我们有所启示：变革方法要针对行为改变程度的大小来进行选择，即不同的变革方法所触及的人们的知识和情感的深度也有所不同。

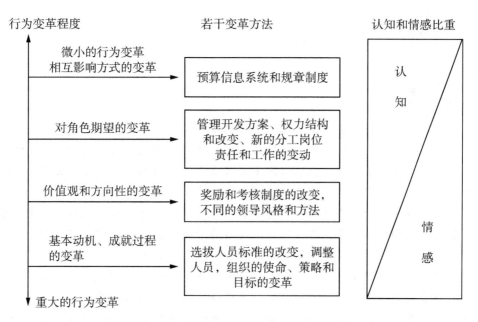

图10-2 变革方法与行为变革程度的匹配

资料来源：龚敏：《组织行为学》，上海财经大学出版社2002年版，第336页。

任何一个组织都是由三个系统组成：一是技术或工作系统，包括工作流程、技术程度、工作角色分派等；二是管理或行政系统，包括组织结构、政策、程序、规章制度、决策方法等；三是人文系统，包括文化、价值、规范、成员的动机、态度、领导方式等。组织发展是这三个系统相互作用的结果。运用管理心理学的基本理论及其他管理知识，对上述三个因素进行系统改革是组织发展的本质。另外，需要特别注意的是，组织发展是要培养企业管理者的一种创新品质和适应环境、解决问题的能力。离开人的发展，组织发展就是一句空话。

> 本章小结

本章简要地介绍了组织发展的概念、特征和理论基础，组织变革的概念、影响因素及主要征兆，并在此基础上分析了组织发展与变革的动力、阻力，以及如何克服组织变革的阻力，探索了组织发展与变革的策略、方式和干预途径。本章的主要概念是：

1. 组织发展
2. 组织变革
3. 工作生活质量

> 本土案例

试运用本章所学理论分析 A 公司的导师制。

A 公司是一家高科技生产企业，由于公司规模的持续扩张和经济效益的稳步提升，现有员工综合素质和技能很难满足公司快速发展的需要。因此，公司高层逐渐认识到应对人力资源管理进行战略性规划和系统优化。

为了解决困扰公司成长的"人才培养、人才流失"等问题，人力资源部策划并推出了员工导师辅导制度，即导师制。所谓导师制，是指企业中富有经验的、有良好管理技能的资深管理者或技术专家，与新员工或经验不足但有发展潜力的员工建立支持性关系。导师制是在企业智力层面构建的一种良好的工作学习氛围和机制，是一种依靠企业内部人才资源，快速培养适合企业发展的人才培养机制。该制度的推出是为了充分利用公司内部优秀员工的先进技能和经验，帮助新员工和部分转岗人员尽快提高业务技能，适应岗位工作的要求。

A 公司员工导师制的具体操作方法是：首先是学员，即新员工或有培养潜质的员工的确定。新员工需要导师制，主要原因是 A 公司作为高新技术企业，应尽快增强新员工对公司的认同感、归属感，降低新员工流失率，缩短新员工的技能成熟期，迅速提高新员工的胜任能力。在企业中有许多不同的"压力点"，表明培训是必要的。这些"压力点"包括绩效不良、新技术出现、内部以及外部顾客产生培训需求、工作重新设计、新的法律法规出台、客户偏好发生变化、新产品出现或者雇员缺乏基本技能等。为了确定进行导师制培训的员工，A 公司采取的方式是部门领导推荐和个人自主结合，调动学员学习的主动性和自愿性，保持积极学习的心态。

其次是导师的确定。导师制是一项利在长久的系统工程，导师素质的高低直接影响着执行的效果，这是高新技术企业实施导师制成败的关键。它要求"导师"必须具备相应的理念、能力和技巧，否则难以达到预期目标。符合任职资格的导师一一般是公司正式任命的干部、确定的后备干部或者部门骨干员工，人品好、工作能力强、工作经验较丰富且乐于助人，认同并理解企业理念、企业精神和企业文化，参加过导师技能培训或已具备指导新员工的实际经验，对实施导师制有积极的态度。导师的聘任在满足导师任职资格基础上，还须考虑员工担任导师的意愿，并且指导的双方都可以提出变更指导关系的请求。对于导师的确定，A 公司人力资源部先根据个人的综合素质、管理能力、业务能力、个人专长等情况，分别确定一级导师、二级导师和三级导师。不同资格的导师带不同层次的学员，每名导师至多带 3～4 名学员，形成梯状的人力资源结构。

再次是确定培养方案。在学员和导师均确定后，A 公司各部门领导及人力资源管理部等相关部门共同负责对导师的辅导和培养，制订系统的培训计划，并定期对导师进行培训，公司向导师提供关于公司经营理念、发展战略、企业文化、指导新员工技能、团队建设、职业生涯发展规划等方面的培训课程，并提供相应管理技能的工具和知识，导师的培训课程将随着指导内容的变化而做出相应的调整。导师对学员的培养方法可以灵活多样，有工作上随时指导、定期指定研究课题、针对性的技能专题培训、谈话式的互动交流等多种方式。培训内容包括企业文化认知、企业规章、岗位职责、业务流程规程讲解、专业知识和工作经验传授等，主要由导师根据学员个人实际情况和公司发展需要，选择相对应的培训内容。培训时间导师可与学员商定。确定了培养方法和内容后，导师要给学生指定相关的研究课题，并把培训计划和培训内容报给人力资源部备案，接受人力资源部的定期检查和监督，确保培训的质量和效率。

最后是考核和优化。根据导师制订的培养计划，公司人力资源部每年根据上下级对导师指导过程的反馈情况和新员工工作表现的结果定期进行考核，对于学习的实际效果、工作中的成绩，人力资源部给予备案。对于优秀学员，人力资源部可以为学员引荐更高一级的导师，并把学员的进步作为导师晋升、晋级的依据之一。对于完不成培训任务、达不到培训目标的，人力资源部可以对导师及学员进行降级处理，并将其作为日后考核的依据。导师的聘任期一般是一年，聘期届满根据考核结果重新评选聘任导师。每年根据考评结果评出一批优秀导师，并将优秀导师列为后备干部队伍，给予重点培养和辅导。针对培训中出现的问题，导师会同人力资源部共同进行调整，不断地改进、完善培训方法和内容，实现内部培训的优化和升级。

跨文化案例

分析案例中存在的问题并提出解决或最小化问题的办法。

Regency 大酒店是一个五星级酒店，位于泰国的曼谷。该酒店建于 15 年前，由当地投资者联合投资，从一开业就由一个泰国的总经理经营。这家酒店是曼谷最有声望的酒店之一，700名员工分享着酒店的声誉。酒店为员工提供良好的福利、高于市场平均水平的工资和工作安全保证。另外，无论酒店的整体绩效怎么样，年终都会给员工4倍于工资的年终奖金。

最近，Regency被卖给一家急于在泰国扩张经营的美国连锁酒店集团。收购公告一公布，总经理决定在公司所有权变更时提前退休。美国酒店保留了所有的Regency员工，虽然有些人换到了其他岗位上。约翰·贝克——一位有着10年的酒店连锁业管理经验的美国人——被任命为Regency大酒店的新总经理，主要是因为他拥有在美国整合新收购酒店方面的成功经验。在以前收购的大多数案例中，贝克接管的都是赢利性差和道德水平低的企业。

贝克是授权的强烈追捧者。他期望员工能够超越规则/标准，根据具体的情形思考客人的需求。即员工必须是以客人为导向的，始终提供优质的客户服务。在他的美国经验中，贝克发现授权提高了员工激励、绩效和工作满意度，这些都促使酒店的利润率和客户服务等级提高。出任Regency大酒店总经理后不久，贝克就引入了授权体系，希望复制他在家乡获得的成功。

Regency大酒店15年来的赢利性非常好。员工总是根据管理者的命令来工作，他们的职责是确保来自于管理者的命令得到很好的执行。在先前的管理中并不鼓励创新和创造。事实上，员工会为错误受到惩罚，没有得到管理层同意的想法不能被采用。结果，员工害怕创新和冒险。

贝克召集Regency的经理和部门负责人开会，解释说酒店将引进授权方法。他告诉他们必须将决策制定权授权给员工，使他们能够运用他们的主动性、创造性、判断力去满足顾客的需求或者有效地、高效率地解决问题。但是，他强调经理要面临更复杂的问题和决策，他们的角色是培训和帮助员工，而不是提供直接的指示。而且，贝克强调允许犯错误，但是同样的错误犯两次以上就不允许了。他建议经理和部门负责人不要和他讨论小问题，也不要就小的决策向他咨询。他告诉他们应该和他讨论重大的问题和决策。在会议的最后，他征求大家的意见。一些经理和部门负责人说他们喜欢并支持这一想法，而其他人只是简单地点了点头。贝克对这种反应很满意，热切地盼望他的计划能够得到实施。

在过去，Regency强调行政控制，在组织中形成了许多官僚化的程序。例如，前台职员在给客人换房之前必须取得前台经理的批准。然后，前台经理必须填写报告，呈送给总经理批复。在贝克和经理们开会后不久，他减少了Regency的官僚规则，授予一线员工更多的决策制定权。这一行动让那些以前对这些事情有决策制定权的人感到沮丧，结果，有些员工离开了酒店。

贝克也开始花费大量的时间观察并接触前台、房间、餐厅和各个部门的员工。和贝克的直接接触使一些员工理解了贝克的想法及他对他们的期望。但是，员工还很难区分重大问题/决策和小问题/决策。管理者常常推翻员工的决策，说这些问题都是大问题，需要经理批准。员工表现出主动性，做出了很好的决策以满足顾客的需求，却很少得到上级的正面反馈。最终，这些员工大多数丧失了制定决策的信心，退回去依赖上级制定决策。

在实施授权后不久，贝克发现他的下属比以前更加频繁地向他咨询建议。大多数人带着小问题来，向他咨询小的决策。他必须花大量的时间来应付下属。很快他就感到筋疲力尽。他常常跟秘书说："除非酒店着火，不要让任何人打扰我。"

贝克认为授权实践可以提高酒店的整体绩效。但是，与他的预期相反，酒店的市场和整体业绩开始恶化。过去很少的顾客投诉率开始上升。现在每个月要收到大量的正式书面投诉，许多顾客直接向酒店员工说明他们的不满。员工犯错误的次数也开始增加。当贝克看到当地的两家报纸和一家海外的报纸对酒店的服务标准进行负面报道时，他沮丧极了。当一家国际旅游杂志称酒店为"亚洲的一家黑店"时，他难过到了极点。

自从引入授权实践之后，员工的压力一直持续增加。因病缺勤的比率增加到了警戒线。另外，员工的离职率也达到了有史以来的最高点。老管理体制下建立起来的良好的工作关系被严重挫伤。员工不再团结和相互支持。当一个人犯错误或发生问题时，他们很快会指责他或背后中伤他。

思考题

1. 什么是组织发展，它有哪些基本特征？
2. 组织变革有哪些征兆？
3. 勒温的组织变革过程模型共有几个阶段，它主张怎样对待变革阻力？
4. 叙述并简单评介施恩的组织变革过程模型。
5. 组织变革通常会遇到哪些阻力？
6. 为什么参与方式被认为是降低变革阻力的有效技术？
7. 为什么变革常常会成为组织中的政治问题？
8. 在组织的发展与变革的过程中可采用哪些策略？

网络情境练习

在网上搜索有关已经并购或正在并购的企业情况的报道，并在此基础上归纳并购给企业员工和企业本身带来了哪些影响。

真实情境练习

与你的父辈们交流我国改革开放 30 年中企业发生的变革,请他们谈一下当时的反应和现在的感受。

参 考 文 献

一、中文部分

[1] （德）库尔特·勒温. 人格的动力理论[M]. 王思明，叶鸣铉，译. 北京：北京理工大学出版社，2014.

[2] （俄）安德列耶娃. 西方现代社会心理学[M]. 李翼鹏，译. 北京：人民教育出版社，1987.

[3] （法）勒庞. 心理学称霸世界[M]. 邓丽蓉，译. 北京：光明日报出版社，2014.

[4] （法）帕特里克·阿玛尔. 管理心理学[M]. 奥蓝格，石京华，译. 北京：中国电力出版社，2014.

[5] （韩）杨昌顺. 管理之心：领导者的内心经营[M]. 千太阳，译. 北京：电子工业出版社，2013.

[6] （荷）阿恩特·佐尔格，（英）马尔科姆·沃特. 组织行为手册[M]. 清华大学经济管理学院，编译. 沈阳：辽宁教育出版社，1999.

[7] （加）史蒂文·L. 麦克沙恩，等. 组织行为学[M]. 井润田，等，译. 第3版. 北京：机械工业出版社，2007.

[8] （美）R. 勒德洛，等. 有效沟通[M]. 李博，等，译. 北京：中信出版社，1999.

[9] （美）W. S. 萨哈金. 社会心理学的历史与体系[M]. 周晓虹，等，译. 贵阳：贵州人民出版社，1991.

[10] （美）保罗·罗森菲尔德，罗伯特·贾卡罗龙，凯瑟琳·赖尔登. 组织中的印象管理[M]. 李原，译. 北京：清华大学出版社，2002.

[11] （美）丹尼尔·A. 雷恩. 管理思想的演变[M]. 孙耀君，等，译. 北京：中国社会科学出版社，2000.

[12] （美）德博拉，等. 组织行为学[M]. 王迎军，等，译. 北京：机械工业出版社，2006.

[13] （美）弗雷德·鲁森斯. 组织行为学[M]. 王垒，译. 第9版. 北京：人民邮

电出版社，2003

[14] （美）哈罗德·J. 利维特. 管理心理学[M]. 张文芝，等，译. 北京：中国人民大学出版社，1989.

[15] （美）哈罗德·孔茨，海因茨·韦里克. 管理学[M]. 张晓君，等，译. 第10版. 北京：经济科学出版社，1998.

[16] （美）赫尔雷格尔，斯洛克姆，伍德曼. 组织行为学[M]. 俞文钊，丁彪，译. 第9版. 上海：华东师范大学出版社，2001.

[17] （美）黑尔里格尔，等. 组织行为学[M]. 岳进，等，译. 北京：中国社会科学出版社，2001.

[18] （美）加德纳·墨菲. 近代心理学历史导引[M]. 林方，王景和，译. 北京：商务印书馆，1980.

[19] （美）罗宾斯. 组织行为学精要[M]. 柯江华，译. 第7版. 北京：机械工业出版社，2005.

[20] （美）乔纳森·特纳. 社会学理论的结构[M]. 邱泽奇，译. 北京：华夏出版社，2001.

[21] （美）桑德拉·黑贝斯. 有效沟通[M]. 李业昆，译. 北京：华夏出版社，2002.

[22] （美）舒尔茨. 现代心理学史[M]. 叶浩生，译. 北京：人民教育出版社，1983.

[23] （美）舒伦伯格. 社会心理学的大师们[M]. 孟小平，译. 沈阳：辽宁人民出版社，1987.

[24] （美）斯蒂芬·P. 罗宾斯. 管理学[M]. 黄卫伟，等，译. 北京：中国人民大学出版社，1997.

[25] （美）斯蒂芬·P. 罗宾斯. 组织行为学[M]. 孙健敏，李原，等，译. 第10版. 北京：中国人民大学出版社，2005.

[26] （英）阿诺德，等. 工作心理学[M]. 沈秀琼，等，译. 第4版. 北京：经济管理出版社，2014.

[27] （英）波特·马金，等. 组织和心理契约[M]. 王新超，译. 北京：北京大学出版社，2000.

[28] 毕然. 组织管理心理学[M]. 长春：吉林人民出版社，1986.

[29] 程正方. 现代管理心理学[M]. 北京：北京师范大学出版社，2003.

[30] 丁茂生. 管理心理学[M]. 合肥：中国科学技术大学出版社，1997.

[30] 冯燕. 组织行为学[M]. 上海：立信会计出版社，1997.

[31] 郭毅，阎海峰，傅永刚. 组织行为学[M]. 北京：高等教育出版社，2006.

[31] 胡宇辰，熊子家，叶清. 组织行为学[M]. 北京：经济管理出版社，2005.

[32] 黄培伦. 组织行为学[M]. 广州：华南理工大学出版社，2001.

[33] 黄希庭. 心理学导论[M]. 北京：人民教育出版社，1991.

[34] 黄种杰. 管理学基础[M]. 北京：经济科学出版社，1996.

[35] 姜宝钧. 实用组织行为学[M]. 北京：高等教育出版社，1998.

[36] 况志华，徐沛林. 管理心理学[M]. 南京：南京师范大学出版社，2003.

[37] 乐国安. 管理心理学[M]. 北京：中国物资出版社，1990.

[38] 乐国安. 西方社会心理学新进展[M]. 广州：暨南大学出版社，2004.

[39] 乐国安. 应用社会心理学[M]. 天津：南开大学出版社，2003.

[40] 乐国安. 中国社会心理学研究进展[M]. 天津：天津人民出版社，2004.

[41] 李建周. 管理心理学[M]. 北京：教育科学出版社，1992.

[42] 李剑峰. 组织行为学[M]. 北京：中国经济出版社，2001.

[43] 李剑锋. 组织行为管理[M]. 北京：中国人民大学出版社，2000.

[44] 李靖. 管理心理学[M]. 北京：科学出版社，2006.

[45] 李磊，马维华. 管理心理学[M]. 天津：南开大学出版社，2006.

[46] 李毓秋，梁栓荣，姚有记. 心理学原理与应用[M]. 北京：经济科学出版社，1999.

[47] 刘建军. 领导学原理：科学与艺术[M]. 上海：复旦大学出版社，2001.

[48] 刘永芳. 归因理论及其应用[M]. 济南：山东人民出版社，1998.

[49] 刘志远，林云，洪登永. 组织行为学[M]. 上海：上海财经大学出版社，2001.

[50] 龙敏. 组织行为学[M]. 上海：上海财经大学出版社，2005.

[51] 卢威忠. 管理心理学[M]. 兰州：甘肃人民出版社，1989.

[52] 罗锐韧，曾繁正. 组织行为学[M]. 北京：红旗出版社，1997.

[53] 彭聃龄. 普通心理学[M]. 北京：北京师范大学出版社，2004.

[54] 全国13所高等院校编写组. 社会心理学[M]. 第3版. 天津：南开大学出版社，2003.

[55] 任宝崇. 组织管理心理学[M]. 北京：华夏出版社，1987.

[56] 芮明杰. 管理学：现代的观点[M]. 上海：上海人民出版社，1999.

[57] 申荷永. 社会心理学原理与应用[M]. 广州：暨南大学出版社，1999.

[58] 时勘，王继承，李超平. 企业高层管理者胜任特征评价的研究[J]. 心理学报，2002（3）.

[59] 时勘. 人力资源管理：心理学的理论基础与方法[M]. 北京：中国劳动与社会保障出版社，2004.

[60] 苏东水. 管理心理学[M]. 上海：复旦大学出版社，1992.
[61] 苏慧文，姜忠辉. 管理学原理与案例[M]. 青岛：青岛海洋大学出版社，1999.
[62] 孙明书，马桂兰. 管理心理学[M]. 北京：北京邮电学院出版社，1992.
[63] 孙彤. 组织行为学[M]. 北京：物资出版社，1996.
[64] 孙彤. 组织行为学教程[M]. 北京：高等教育出版社，1990.
[65] 孙煜明. 动机心理学[M]. 南京：南京大学出版社，1993.
[66] 孙正元. 管人就是管心理[M]. 北京：电子工业出版社，2013.
[67] 唐伟，杜秀娟. 现代管理与人[M]. 北京：北京师范大学出版社，1998.
[68] 王慧. 现代管理心理学[M]. 昆明：云南科技出版社，2002.
[69] 王乐夫. 领导学：理论、实践与方法[M]. 广州：中山大学出版社，1998.
[70] 王希永，晁瑞峰. 管理心理学[M]. 北京：首都师范大学出版社，1994.
[71] 韦克难. 组织行为学[M]. 成都：四川人民出版社，2003.
[72] 吴照云. 管理学原理[M]. 北京：经济管理出版社，2000.
[73] 夏国新. 心理规律在管理中的作用[M]. 北京：中国城市出版社，1995.
[74] 夏书章. 行政管理学[M]. 第2版. 广州：中山大学出版社，1998.
[75] 徐二明. 中国人民大学工商管理MBA案例组织行为卷[M]. 北京：中国人民大学出版社，1999.
[76] 徐联仓，卢威忠. 管理心理学[M]. 北京：科学出版社，1986.
[77] 薛春海. 管理心理学[M]. 石家庄：河北人民出版社，1987.
[78] 薛恩. 组织心理学[M]. 北京：经济管理出版社，1987.
[79] 严学丰，夏健明. 新编管理学[M]. 上海：立信会计出版社，1995.
[80] 杨文士，张雁. 管理学原理[M]. 北京：中国人民大学出版社，1994.
[81] 杨锡山. 西方组织行为学[M]. 北京：中国展望出版社，1986.
[82] 阴国恩. 普通心理学[M]. 天津：南开大学出版社，1998.
[83] 于显洋. 组织社会学[M]. 北京：中国人民大学出版社，2001.
[84] 于秀芬，卢圣兴. 行政管理心理学[M]. 沈阳：辽宁人民出版社，1990.
[85] 俞文钊，苏永华. 管理心理学[M]. 第4版. 大连：东北财经大学出版社，2012.
[86] 俞文钊. 管理心理学[M]. 上海：东方出版中心，2002.
[87] 喻国华，徐俊贤. 普通心理学[M]. 合肥：中国科技大学出版社，1996.
[88] 张德. 组织行为学[M]. 北京：清华大学出版社，2000.
[89] 张康之，齐明山. 一般管理学原理[M]. 北京：中国人民大学出版社，1998.
[90] 张克昕. 现代管理心理学：理论与应用[M]. 北京：航空工业出版社，1998.

［91］张友苏. 管理心理与实务［M］. 广州：暨南大学出版社，2002.

［92］赵慧军. 管理沟通［M］. 北京：首都经济贸易大学出版社，2003.

［93］赵慧军. 现代管理心理学［M］. 北京：首都经济贸易大学出版社，2000.

［94］赵淑文. 心理学新编［M］. 北京：首都师范大学出版社，1996.

［95］周健临. 管理学［M］. 上海：上海财经大学出版社，1996.

［96］周妙群. 管理心理学［M］. 厦门：厦门大学出版社，1990.

［97］周瑛，邱珂. 管理心理学教程［M］. 北京：警官教育出版社，1997.

［98］竹立家. 国外组织理论精选［M］. 北京：中共中央党校出版社，1997.

二、英文部分

［1］Aamodt M G. Applied Industrial/ Organizational Psychology［M］. Belmont, CA：Wadsworth Publishing Company, 1991.

［2］Adams J S. Toward an Understanding of Inequity［J］. Journal of Abnormal and Social Psychology, 1963, 67：422-436.

［3］Adler N J. International Dimensions of Organizational Behavior［M］. 3rd ed. Cincinnati：South Western, 1997：158-166.

［4］Alderfer C P. An Empirical Test of A new Theory of Human Needs［J］. Organizational Behavior and Human Performance, 1969, 5：142-175.

［5］Alderfer C P. Existence, Relatedness and Growth：Human Needs in Organizational Settings［M］. New York：Free Press, 1972.

［6］Anderson T. Step into My Parlor：A Survey of Strategies and Techniques for Effective Negotiation［J］. Business Horizon, 1992, 5-6：75.

［7］Argyris C H. Adult Learning and Leadership［M］. Cambridge, Mass. ：Harvard University Press, 1975.

［8］Argyris C H. Personality and Organization［M］. New York：Harper & Brothers, 1957.

［9］Asch S E. Studies of Independence and Conformity：A Minority of One Against a Unanimous Majority［J］. Psychology, 1956, 70（9）：70.

［10］Bales F. Interaction Process Analysis：A Method for the Study of Small Groups［M］. Oxford, England：Addison Wesley, 1950.

［11］Barrick M R, Mount M K. The Big Five Personality Dimensions and Job Performance：A Meta analysis［J］. Personality Psychology, 1991, 44：1-26.

［12］Baruch Y. The Rise and Fall of Organizational Commitment［J］. Human Systems Management, 1998, 17：135-143.

[13] Beach L R. The Psychology of Decision Making: People in Organization [M]. Thousand Oaks, Calif.: Sage, 1997.

[14] Beer M. Organization Development and Change[M]. [S. 1.]: Good Year Press, 1980.

[15] Bem D J, Wallach M A, Kogan N. Group Decision Making under Risk of Aversive Consequences[J]. Journal of Personality and Social Psychology, 1965, 1 (5): 453-460.

[16] Besser T L. Team Toyota[M]. New York: SUNY Press, 1996.

[17] Blake R R, Mouton J S, Barnes L B, Grenier L E. Breakthrough in Organization Development[J]. Harvard Business Review, 1964, 9-10: 136.

[18] Blanchard K H, Zigarmi D, Nelson R B. Situational Leadership After 25 Years: A Retrospective[J]. Journal of Leadership Studies, 1993, 1: 21-36.

[19] Blanchard K, O'Connor M. Managing by Values[M]. San Francisco: Berrett-Koehler Publishers, 1997.

[20] Bluedorn A C, Kaufman C F, Lane P M. How Many Things Do You Like to Do at Once? An Introduction to Monochromic Time[J]. Academy of Management Executive, 1992, 6 (4): 17-26.

[21] Boggiano A K, Pittman T S. Achievement and Motivation[M]. Cambridge: Cambridge University Press, 1992.

[22] Bolino M C. Citizenship and Impression Management: Good Soldiers or Good Actors? [J]. Academy of Management Review, 1999, 24: 82-98.

[23] Bond M H, Smith P B. Cross-Cultural Social and Organizational Psychology [J]. Annual Review of Psychology, 1996, 47: 205-235.

[24] Bradford S. Fourteen Dimensions of Diversity: Understanding and Appreciating Differences in the Work Place[M]. In: J S Pfeiffer ed. Annual: Volume 2, Consulting. San Diego: Pfeiffer end Associates, 1996.

[25] Brehm B A. Stress Management: Increasing Your Stress Resistance [M]. Boston, MA: Addison Wesley Longman Publishing Co., Inc., 1999.

[26] Brooks K, Anderson K. Educational Administration[M]. Harlow, UK: Longman, 1989.

[27] Buchanan D, Badham R. Power, Politics and Organizational Change [M]. London: Sage, 1999.

[28] Buckley M. Society as a Complex Adaptive System[J]. Modem Systems Research for the Behavioral Scientist, 1968.

[29] Buller P F, Schuler R S. Management Organizations[M]. 6th ed. Cincinnati:

South-Western, 2000.

[30] Burger J M. Personality: Theory and Research[M]. Belmont, CA: Wadsworth, 1986.

[31] Burns T, Stalker G. Mechanistic and Organic System[M]. In: Litterer J A. Organizations, System, Control and Adaptation. New York: Wiley. 1969.

[32] Campbell J P, Pritchard D. Motivation and Theory in Industrial and Organizational Psychology[M]. In: Dunnette M D. H andbook of Industrial Organizational Psychology. Chicago: Rand McNally, 1976.

[33] Carnall C A. Managing Change in Organizations[M]. London: Prentice-Hall, Inc., 1990.

[34] Catlin L, White T. Cultural Sourcebook and Case Studies[M]. Cincinnati: South-Western, 1994.

[35] Christie R, Geis F L. Studies in Machiavellianism[M]. New York: Academic Press, 1970.

[36] Cohen A. Organizational Commitment and Turnover: A Meta analysis [J]. Academy of Management Journal, 1993, 36: 1140 – 1157.

[37] Conger J A, Kanungo R N. Charismatic Leadership in Organizations [M]. Thousand Oaks, Calif.: Sage, 1998.

[38] Cook T D, Campbell D T, Peracchio L. Quasi Experimentation[M]. In: Dunnette M D, Hough L M, eds. Handbook of Industrial & Organizational Psychology. 2nd ed. Poloaeto, Calif.: Consulting Psychologists Press, 1990.

[39] Cordes C L, Dougherty T W. A Review and Integration of Research on Job Burnout [J]. Academy of Management Review, 1993, 18: 643.

[40] Cray D, Mallory G R. Making Sense of Managing Culture[M]. London: International Thomson Business Press, 1988.

[41] Creswell J W. Research Design[M]. Thousand Oaks, Calif.: Sage, 1996.

[42] Cummings L L, Huber G P, Arendt E. Effects of Size and Spatial Arrangements on Group Decision Making[J]. The Academy of Management Journal, 1974, 17(3): 460 – 475.

[43] Daft R L. Leadership: Theory and Practice[M]. Orlando: Harcourt Brace, 1999.

[44] Dalton M. Men Who Manage: Fusion of Feeling and Theory in Administration [M]. New York: John Wiley & Sons, Inc., 1957.

[45] Damserau F, Yammarino F J. Leadership the Multilevel Approaches [M]. Greenwich, Conn.: JAI Press, 1998.

[46] De Bono E. Serious Creativity: Using the Power of Lateral Thinking to Create New

ideas[M]. New York: Harper Collins, 1992.
[47] De Bono E. Lateral Thinking: Creativity Step by Step[M]. New York: Harper & Row, 1985.
[48] De Frank R S, Ivancevich J M. Stress on the Job: An Executive Update [J]. Academy of Management Executive, 1998, 8: 59.
[49] Drucker P F. Management's New Paradigm[J]. Forbes, 1998, 10: 164.
[50] Duarte D L, Tennant Snyder N. Mastering Virtual Teams: Strategies, Tools and Techniques that Succeed[M]. San Francisco: Josses Bass, 1999.
[51] Dunnette M D, Campbell J P, Hakel M D. Factors Contributing to Job Satisfaction and Job Dissatisfaction in Six Occupational Groups[J]. Organizational Behavior and Human Performance, 1967, 5: 705.
[52] Dunnette M D: Handbook of Industrial Organizational Psychology [M]. Chicago: Rand McNally, 1976.
[53] Eagly A H, Chaiken S. The Psychology of Attitude[M]. San Diego: Harcourt, Brace, Jovanovich, 1992.
[54] Ebbesen E B, Bowers R J. Proportion of Risky to Conservative Arguments is a Group Discussion and Choice Shift[J]. Journal of Personality and Social Psychology, 1974, 29: 316–327.
[55] Ettorre B, James B. The Fine Art of Leadership[J]. Management Review, 1996, 85 (10): 13–17.
[56] Eysenck H J. Personality, Genetics and Behavior[M]. New York: Praeger, 1982.
[57] Fang R. Chinese Business Negotiating Style[M]. Thousand Oaks, Calif.: Sage, 1988.
[58] Faure G O. Negotiation: the Chinese Concept[J]. Negotiation Journal, 1988, 4: 137–148.
[59] Ferrell D C, Frederic J, Ferrell L. Business Ethics: Ethical Decision Making and Cases[M]. Boston: Houghton Mifflin College, 2000.
[60] Fidler B, Cooper R. Staff Appraisal in School and Colleges[M]. Harlow, UK: Longman, 1988.
[61] Fiedler F E. Chimers M M. Improving Leadership Effectiveness: The leader Match Concept[M]. 2nd ed. New York: John Wiley & Sons, Inc., 1982.
[62] Fiedler F E. A Theory of Leadership[M]. New York: McGraw-Hill, 1967.
[63] Fiedler F E. Cognitive Resources and Leadership Performance[J]. Applied Psychology: An International Review, 1995, 44: 5–28.
[64] Fiedler F E. Research on Leadership Selection and Training: One View of the Fu-

ture[J]. Administrative Science Quarterly, 1996, 41: 241-250.

[65] Fiedler F E. The Leadership Game: Matching the Man to the Situation [M]. In: Gibson J W, Hodgetts R M, eds. Readings and Exercises in Orgnazational Communication. Orlando, FL: Academic Press, 1985.

[66] Fineman S. Emotion in Organizations[M]. Thousand Oaks, Calif. : Sage, 1993.

[67] Fleishmann E A, Harris E F, Burt H E. Leadership Behavior Related to Employee Grievances and Turnover[J]. Personnel Psychology, 1962, 15 (1): 43-56.

[68] Fox M L, Dwyer D J, Ganister D C. Effects of Stressful Demands and Control on Physiological and Attitudinal Outcomes in a Hospital[J]. Academy of Management Journal, 1993, 36: 291.

[69] Friedman R A. Front Stage Backstage: the Dynamic Structure of Labor Negotiations [M]. Cambridge, Mass: MIT Press, 1994.

[70] Fulmet R M, Gibbs P, Keys J B. The Second Generation Learning Organization Advantage[J]. Organizational Dynamics, 1998, 27 (2): 7-20.

[71] Fulmet R M, Keys J B. A Conversation with Peter Senge: New Developments in Organizational Learning[J]. Organizational Dynamics, 1998, 27 (2): 33-42.

[72] Galbraith J R. Designing Complex Organizations[M]. Boston, MA: Addison Wesley Longman Publishing Co. , Inc. , 1973.

[73] Ganzach Y. Intelligence and Job Satisfaction[J]. Academy of Management Journal, 1998, 41: 526-539.

[74] Goldstone R L. Perceptual Learning[J]. Annual Review of Psychology, 1998, 49: 585-612.

[75] Haynes W W, Massie J L. Management: Analyses, Concepts and Cases [M]. Englewood Cliffs: Prentice-Hall, Inc. , 1969.

[76] Hendry J. Cultural Theory and Contemporary Management Organization [J]. Human Relations, 1999, 52: 557-559.

[77] Maher C A, et al. Organizational Psychology in the Schools[M]. [S. 1.]: Charles C. Thomas Publisher, 1984.

[78] Myers D G. Social Psychology[M]. New York: McGraw-Hill, 1987.

[79] Penrod S. Social Psychology[M]. New Jersey: Prentice-Hall, Inc. , 1993.

[80] Sayles L. Behavior of Industrial work Group: Predication and Control [M]. New York: John Wiley & Sons, Inc. , 1958.

[81] Seibert S E, Grant J M, Kramer M L. Proactive personality and Career Success [J]. Journal of Applied Psychology, 1999, 84: 416-427.

[82] Sternberg R J. In Search of the Human Mind[M]. 2nd ed. Orlando: Harcourt Brace& Company, 1998.

[83] Syer J. How Teamwork Works: the Dynamics of Effective Team Development[M]. Black lick, Ohio: McGraw-Hill, 1997.

[84] Turnians B, Hare A P. Individuals and Groups in Organizations [M]. Thousand Oaks, Calif. : Sage, 1999.

[85] Varma V P. Management of Behavior in School[M]. Harlow, UK: Longman, 1993.

[86] Vroom V. Work and Motivation[M]. New York: John Wiley & Sons, Inc. , 1964.

[87] Weiner B. Human Motivation[M]. Thousand Oaks, Calif. : Sage, 1992.

[88] Wright D. Understanding Statistics[M]. Thousand Oaks, Calif. : Sage, 1996.

[89] Yukl G A. Leadership in Organization[M]. Englewood cliffs: Prentice-Hall, Inc. , 1989.